计算机科学与技术规划教材 信息系统方向

信息系统技术基础及应用

宋金玉 赵水宁 廖湘琳 刘斌 赵成 编著

清华大学出版社
北京

内 容 简 介

本书第1～2章介绍信息、信息技术、信息系统、军事信息技术与系统的概念，信息系统的开发过程与方法，以及应用软件的一般架构等；第3～7章介绍数据库设计各阶段所涉及的理论与方法，包括数据库管理技术、数据库设计的方法与步骤、关系数据模型、关系数据库的逻辑结构设计、数据存储及物理设计等；第8～9章介绍数据库管理系统为实现数据一致性提供的事务并发控制，为实现数据安全性提供的身份认证、授权控制和数据恢复功能等；第10～13章介绍一个案例应用系统的设计，及其所涉及的程序设计思想和语言、应用界面程序设计和数据访问技术等。

本书适合作为高等学校信息技术或信息系统及其相关专业信息管理或数据库系统课程的教材；也可作为从事信息应用系统开发，以及信息系统管理与维护人员的参考书。

图书在版编目（CIP）数据

信息系统技术基础及应用/宋金玉等编著.--北京：清华大学出版社，2015（2021.10重印）
计算机科学与技术规划教材·信息系统方向
ISBN 978-7-302-39711-3

Ⅰ.①信… Ⅱ.①宋… Ⅲ.①信息系统－信息技术－高等学校－教材 Ⅳ.①G202

中国版本图书馆CIP数据核字(2015)第062211号

责任编辑：张瑞庆
封面设计：常雪影
责任校对：焦丽丽
责任印制：宋 林

出版发行：清华大学出版社
网 址：http://www.tup.com.cn，http://www.wqbook.com
地 址：北京清华大学学研大厦A座 **邮 编**：100084
社 总 机：010-62770175 **邮 购**：010-83470235
投稿与读者服务：010-62776969，c-service@tup.tsinghua.edu.cn
质量反馈：010-62772015，zhiliang@tup.tsinghua.edu.cn
课件下载：http://www.tup.com.cn，010-83470236
印 装 者：三河市少明印务有限公司
经 销：全国新华书店
开 本：185mm×260mm **印 张**：24.25 **字 数**：592千字
版 次：2015年5月第1版 **印 次**：2021年10月第4次印刷
定 价：49.90元

产品编号：063001-02

《信息系统技术基础及应用》前言

目前，计算机信息系统在国民经济、科技文化和国防建设等领域得到了广泛应用，信息系统相关基础技术也成为各专业技术领域中技术和管理人员必须具备的基础。

信息是一个复杂的概念，信息技术有庞大的体系，信息技术的综合可生成各种各样具体应用的信息系统，各种信息系统的目的、功能、类型和规模千差万别，所采用的信息技术也各有侧重。本书的编写以教育部高等学校教学指导委员会编制的《高等学校计算机科学与技术专业公共核心知识体系与课程》和《高等学校计算机基础核心课程教学实施方案》为指导，提炼信息系统技术的基础知识，以军事信息系统为实例，帮助学生理解抽象的信息、信息技术和信息系统等概念，以构建一个小型的信息系统为工程技术目标，以掌握一门具体的信息管理技术为学习手段，夯实其信息系统的相关工程技术基本知识，帮助学生具备构建信息系统的基本技能，提高信息管理能力。以此触类旁通，培养学生运用和构建各类信息系统的信息素养。

由于信息系统和信息技术专业方向的人才致力于信息系统相关组织的运行过程中的信息源的获得、配置与管理，利用软件产品（尤其是数据库管理系统）开发为组织提供信息的系统等，因此本书在介绍信息、信息技术和信息系统等相关概念后，以信息管理的主要技术——数据库技术——作为信息系统技术基础的主要内容。掌握数据库技术的基本理论、基本设计方法，以及数据库管理系统中的相关实现技术，并将其应用在实际的信息系统中，对于把握各领域计算机信息系统和装备制造系统控制软件设计中的共性问题，进一步提高计算机应用的能力和水平等，都具有重要的意义。

本书共13章内容，可分为如下4个部分。

第1部分包括2章（第1～2章）。介绍信息、信息技术和信息系统的概念，以及这些概念在军事上的体现；介绍信息系统的开发过程与方法，以及应用软件的一般架构等。

第2部分包括5章（第3～7章）。为帮助学生进一步了解信息系统的开发方法与技术，以信息系统中数据库的设计为主线，介绍数据库设计各阶段所涉及的理论与方法，包括数据库管理技术、数据库设计的方法与步骤、关系数据模型、关系数据库的逻辑结构设计、数据存储及物理设计等。

第3部分包括2章（第8～9章）。介绍数据库管理系统为实现数据一致性提供的事务并发控制，为实现数据安全性提供的身份认证、授权控制和数据恢复功能，帮助学生了解信息系统为保障信息完整性和安全性所采用的技术思想。

第4部分包括4章（第10～13章）。以构建一个小型信息管理系统为目标，帮助学生进一步了解信息系统的基本开发过程，掌握数据库设计和应用软件设计的一般方法和技术。

并介绍实现该案例系统所涉及的程序设计思想和语言、应用界面程序设计以及数据访问技术。

宋金玉编写了第1章和第3～9章，并对全书进行了统稿和审校，赵水宁编写了第2章，刘斌编写了第10章，赵成编写了第11章，廖湘琳负责编写了第12～13章。中国人民解放军理工大学给予了大力的支持和保障，也得到许多专家和同事的指导与帮助，在此一并表示感谢！

由于作者才学有限，书中不足和疏漏之处望相关专家批评指正，并请老师和学生在使用过程中多提宝贵意见，我们将不胜感激。可将您的宝贵意见反馈到 sjyhello@163.com。

作　者

2015年3月于中国人民解放军理工大学

《信息系统技术基础及应用》目录

第1章 信息与信息技术

人类出现伊始就一直在不停地同信息打交道。人类在进化过程中所形成的感觉器官、语言器官、神经系统和思维器官等，就是专门为了同信息打交道而造就的，用感觉器官来获取信息，用神经系统把信息传给大脑进行处理和加工，再由语言器官等把加工出来的信息发送出去。人类不但通过自己天生的这些信息器官来同信息打交道，而且还在长期的实践中创造了许多方法，发明了许多技术来延长、增强和扩展自己天生信息器官的功能。例如，蚩尤同黄帝作战，利用大雾来掩蔽信息；黄帝发明指南车，增强了识别方向信息的能力；烽火告警，使传递信息的速度大大加快；后来，又创造了文字，发明了纸张和印刷术，扩展了人脑存储信息的功能，等等。

长期以来，人们就是这样时时刻刻生活在信息的海洋中，时时刻刻在利用着信息，却不知道信息为何物，更没有自觉地意识到信息是和物质、能量相并列的一种战略资源。

社会发展到近代，生产力的不断发展使生产的深度和广度出现了重大的飞跃，人类活动的领域越来越深入、越来越宽广。与此相适应的是，人类的行动器官功能和体力功能得到了极大的扩展和增强，能够较好地满足社会实践的需要：借助于飞机轮船，人们能够登天入海，日行万里；借助机械和爆破，人们能够移山填海，无坚不摧。然而，相形之下，人类的信息功能却基本上还是靠天生的“肉眼凡脑”，没有得到有效的延伸和扩展，根本无法满足越来越深入、越来越宽广的社会实践对于人类信息器官的功能提出的极为严峻的要求，成为社会生产进一步发展最为严重的技术障碍，成为矛盾的焦点。

电子计算机的诞生，首先拉开了当代信息技术革命的帷幕，开辟了用机器代替人类脑力劳动、扩展人类智能的新时代，造就了以信息技术革命为中心的社会变革。计算机的发展和应用，不仅已成为推动信息技术革命的主要动力，而且日益成为现代社会的重要支柱和社会信息化的重要基础。

1.1 信 息

信息与物质、能量并称为人类可利用的三大战略资源，对信息概念和本质把握得越准确，对信息认识得越透彻，人类就越能充分、合理、有效地利用宝贵的信息资源。

1.1.1 信息的概念

从通俗意义上讲，信息是指人们得到的消息，即原来不知道的知识。实际上，不仅人类能接受信息，其他生物也能接受信息，非生物也都受到信息的作用，只是在不同领域中通常不称其为信息，而称为刺激、激励或影响因素等。

在日常生活中，信息经常与消息、情报、信号、资料、数据、指令、程序等相互交错，与知识、经验、陈述等密切相关，但又不能相互等同。

对信息概念的讨论由来已久，人们从哲学、应用、技术等不同层次对信息的定义与本质进行探讨。

关于什么是"信息",控制论的奠基人维纳(N. Wiener)曾经指出:信息就是信息,不是物质也不是能量。信息论的创始人香农(C. E. Shannon)则认为:信息是用来消除观察者认识上不确定性的东西。此外,还有其他种种不同的信息定义。人们之所以对信息提出了数以百计的不同定义,主要原因就是信息是一个复杂的概念,不同的人局限于不同历史时期的科学发展水平、出于不同的需求、从不同的层次和不同的角度来考察信息,因而得出了不同的认识。例如,哲学家说,信息就是认识论;数学家说,信息就是概率论;物理学家说,信息就是熵;通信专家说,信息是解除不确定度。这就是说,对信息还没有形成一个统一的、完整的、公认的理论。其中,以香农信息论为基础的信息定义具有较大影响。

1948—1949年,美国数学家、贝尔实验室的香农(Claude Shannon,1916—2001)连续发表了"通信的数学理论"(*A Mathematical Theory of Communication*)和"噪声中的通信"两篇论文,从理论上阐述了信源、信宿、信道以及编码等有关通信方面的一些基本问题,创立了通信系统模型,建立了信息量的度量公式,提出了信道的信息容量、信道中以最大速率传输最大信息量的基本途径、信息源的信息表达以及信息编译等。

在香农的通信系统模型中,把许多通信机构和过程归纳为由信源、编码、信道、噪声、译码和信宿组成的一个信息发送、传递、处理和接受的系统。通信是消息的传递过程,即能彼时、彼地、精确地或近似地复现原信号。通信又是一种从不确定到确定的过程,对接受者来说,通信前消息存在不确定性,收到消息后,不确定性部分或全部排除了,收信者就获得了信息。信源是产生消息的源,消息可以是语音、文字和图像等,可以是连续的,也可以是离散的,但都是随机的,即事先不可能知道它们的确切内容,否则通信就没有意义了。编码是把消息变换成适合信道传送的信号,即把语音、文字和图像等能够为人们所感知的物理现象变换成各种电信号,其以提高信息传输的效率为目的。信道是信号传递的通道或媒质,可以是架空明线、电缆、光缆,也可以是通过电离层反射实现信号的传输,常用的磁带、磁盘、光盘和书籍等都可看成信道。由于信号在信道中传输时,不可避免地会受到干扰,信息通过信道传输到目的地后,得到的是信号和各种噪声的混合物,译码就是从这些混合物中尽可能无误地将信号提取出来,还原成消息,最后送到信宿,即人、计算机或机器等。

香农对信息的定义、量化进行了分析,认为所有通信信息可以编码为通用的二进制语言(比特)传输、接受、处理,并引入热力学中的熵概念,给出了熵与信源的输入、输出函数关系,把熵看作信源内含有信息量的度量。香农还把统计论、概率论的观点引入通信理论,重新定义了信息和信息量,认为信息就是负熵,是系统组织程度和有序程度的标记。这是人类历史上第一次对信息的科学定义。

但是随着科学与社会的飞速发展,以及香农信息论的广泛应用,一些新的问题不断地被提出来,也逐步暴露出香农信息论的局限性。不少人认为,香农的信息论只能算是通信理论,所解决的是利用数理统计方法解决通信过程中的技术问题,对信息的含义、真实性、效用等并没有系统阐述,不具有普适的认识论和方法论意义。现代信息科学的发展,正为解决信息的语义和效用问题进行着积极的探索。

如果能从本体论层次和认识论层次上来把握信息的内涵,准确地理解不同层次的信息定义,然后阐明不同层次信息定义之间的联系与区别,那么可以更全面而深刻地认识信息的本质。

从理论研究的意义上说，本体论层次的信息定义是最基本的，因为本体论层次没有任何约束条件，可以在没有任何其他因素的干扰下揭示事物信息的实质。但是，从实际应用的观点来看，认识论层次的信息定义是最有用的，因为不仅考虑了客体因素，而且考虑了主体的因素，更适合于实际应用的需要。

1. 本体论层次

本体论层次的信息定义：事物的信息就是事物的运动状态及其变化方式。

这里，“事物”是外部世界的实在客体和主观世界的精神现象的泛称；“运动”泛指一切意义上的变化，包括机械、物理、化学、生物、思维和社会运动等一切意义上的变化。“运动状态”是指事物内部结构及其外部联系在一段时间内相对稳定的空间结构和行为。“变化方式”是指事物运动状态随时间而变化的式样和规律，例如日出、月落、花谢、鸟啼以及气温的高低变化等都是信息。作为一种“纯客观”的概念，信息与人们主观上是否感觉到它的存在没有关系。

2. 认识论层次

认识论层次的信息定义：信息就是指主体所感受或所表述的事物运动的状态及其变化方式，包括状态及其变化方式的形式、含义和效用。

我国古代有“周幽王烽火戏诸侯”和“梁红玉击鼓战金山”的典故。这里的“烽火”和“鼓声”都代表了能为特定接收者所能理解的军情，因而可称之为“信息”；公元前巴比伦和阿亚利亚等地广泛使用的楔形文字，很长时间里人们都无法读懂，那时候还不能说它是“信息”；后来，经过许多语言学家的努力，它能被人们理解了，于是它就成了信息。鸟语是鸟类的信息，而对人类来说也算不上是“信息”。在数字通信信道上传送的以及在交换、存储系统中进进出出的由“0”和“1”组成的抽象数据流，都具有一定的意义，人们称它为“数字信息”。

比较上述两个层次的信息定义可以发现，两者所关心的内容是相同的，都是“事物运动的状态及其变化方式”，因此，两个层次的信息定义是相通的。不同之处仅仅在于，本体论层次的信息定义不受任何条件的限制，因而适用范围最广，认识论层次的信息定义则引入了一个约束条件——作为观察者的“主体”，即观察和利用信息的人、生物或机器系统，因此，认识论层次的信息必须考虑认识主体，而且必须站在主体的立场来研究问题。

认识论层次的信息又分为两类，其中“主体所感受的事物运动的状态及其变化方式”是主体从外部世界所接收到的关于该事物的信息，即外部世界向主体输入的信息；而“主体所表述的事物运动的状态及其变化方式”则是主体所发出的关于该事物的信息，即主体向外部世界输出的信息。

既然人类作为认识主体感知到的信息永远只能是认识论层次的信息，那么提出最高层次的本体论信息概念究竟有什么实际意义呢？我们认为，提出本体论层次的信息至少在下述两个方面具有重要的理论意义：一方面，它指出了信息的客观性、普遍性和绝对性，信息作为一种战略资源，如同物质和能量一样，是不以人的意志为转移的客观存在。另一方面，如同人类在无限的时空中对客观规律的认识过程是无限的，只能无限接近但永远不可能穷尽宇宙的真谛一样，人类对“客观事物运动的状态及其变化方式”的感知和认识也是一个无限的过程，永远不可能穷尽本体论层次的信息。但是，人类在认识世界和改造世界的无限循环中，通过不断地克服自身的局限性、提高自己的感知和理解能力、改善观察的外部条件、消除外部条件造成的种种偏差，使自己对客观对象的感知认识逐渐，并无限地趋近于本体论层次的信息，才能更好地认识和改造世界。

1.1.2 信息的分类

为了对各种信息分门别类地进行描述和处理，以便更有效地利用信息，需要对信息进行分类。同其他事物一样，信息也有许多不同的分类准则和方法。举例如下。

(1) 信息按其性质可分为语法信息、语义信息和语用信息。

由于引入了作为观察者的“主体”，认识论层次的信息概念就具有了更丰富的内涵。具体来说，由于主体具有观察能力，因此主体将首先关心或注意到“事物运动状态及其变化方式”的形式，这就是“语法信息”。同时，由于主体具有理解能力，因此主体也必然会关心“事物运动状态及其变化方式”的逻辑含义，这就是“语义信息”。正常的主体还具有目的性和评价能力，因此主体必然最终要关心“事物运动状态及其变化方式”对其目的的效用，这就是“语用信息”。

一般来说，“语法信息”是纯客观的，就事物的运动状态及方式的形式方面来考虑，无论谁观察都是一样的。“语义信息”则不然，它与观察者的知识背景有关，能够理解事物的运动状态及方式的观察者才能从中得到相应的语义信息，而其他观察者就得不到。至于“语用信息”，主体因素的影响就更强烈，同样一种运动状态和方式，对于不同观察者的效用可能大相径庭。所以，认识论层次的信息概念与认识主体密切相关。只有在感知了事物运动状态及其变化的形式、理解了它的含义、判明了它的效用之后，才是真正掌握了该事物认识论层次的信息，才能做出正确的决策。因此，语法、语义、语用信息乃是认识论层次信息概念的三位一体，称为“全信息”。

香农信息论或统计理论就是基于概率型语法信息的信息理论。语法信息在传递和处理过程中永不增值。信息可以无限地复制和处理，为多方所共享，但是在复制、传递或其他处理的过程中，其语法信息将永远不会增加，还会因为噪声等干扰造成复制、传递和处理的误差，使得语法信息量有所减少(称为信息损失)。尽管香农信息论在解决通信工程问题方面做出了杰出的贡献，但是，香农的信息论排除了语义和语用的因素，还只是一种狭义的信息理论。对于信息科学来说，特别强调认识论层次信息(全信息)概念的重要意义。全信息及其理论是整个信息科学理论的基石。

(2) 信息按观察的过程可分为实在信息、先验信息和实得信息。

由于引入了主体、主体的观察过程以及主体与客体之间的关系，认识论层次信息还衍生出“实在信息”、“先验信息”和“实得信息”这样一组相当有用的概念。

“实在信息”是指事物实际所具有的信息。它是事物本身所固有的一个特征量，只取决于事物本身的运动状态及其变化方式，而与主体因素无关。

主体关于事物的“先验信息”是指主体在实际观察之前已经了解到的该事物运动的状态及其变化方式，它既与事物本身有关，又与主体的主观因素有关。

主体关于事物的“实得信息”是指主体在具体观察过程中实际观察到的该事物运动的状态及方式，它不仅与事物本身有关，而且与主体的观察能力及观察条件有关。

实得信息、实在信息和先验信息三者之间的关系，在理想条件下可用下式表示：

主体 R 关于事物 X 的实得信息量 = X 的实在信息量 − R 关于 X 的先验信息量

(3) 信息按其地位可分为客观信息(观察对象的初始信息、经观察者干预之后的效果信息、环境信息等)和主观信息(决策、指令、控制、目标信息等)。

(4) 信息按其作用可分为有用信息、无用信息和干扰信息。

(5) 信息按其逻辑意义可分为真实信息、虚假信息和不确定信息。

(6) 信息按其传递方向可分为前馈信息和反馈信息。

(7) 信息按其生成领域可分为自然信息、社会信息和思维信息等。

自然信息是反映自然界事物、由自然界产生的信息,以自然物质为载体的。例如大气、地球、山川和河流等自然环境的变化而传递的多种信息。各种生物接受了自然信息后产生反应,选取适当的环境或调整自身以求得生存,例如候鸟迁徙、昆虫的冬眠等。人类对自然信息(例如海啸前的飓风、地震前的井水升温和人体基因遗传信息等)进行收集、转换和处理,从中可以发现新的规律,以达到认识世界和改造世界的目的。

社会信息是反映人类社会中各个方面的信息。在人类社会内部的生产、经济和社会活动中,时时刻刻产生和交换着大量、复杂的各类信息,对这些信息的处理是各类信息系统的主要任务。

思维信息是指以人脑为载体的信息。人类的大脑具有记忆和思维功能,因此人脑既是信息的载体,也是信息的"加工厂"。信息的开发与利用,终极目的是为了丰富人类的物质和精神生活,从这个意义上说,人脑是信息的终极信宿。

(8) 信息按其源的性质可分为语声信息、文字信息、图像信息和数据信息等。

(9) 信息按其载体性质可分为电子信息、光学信息和生物信息等。

(10) 信息按携带的信号形式可分为连续信息、离散信息和半连续信息等。

还有许多其他信息分类准则和方法。在所有的分类原则和方法中,按信息的性质分类最重要。要针对不同性质的信息,找出不同的具体描述方法和建立相应的度量方法,从而能最有效地把握和利用信息。

总之,描述信息需要考虑的基本信息类型主要是 6 种,即语法信息(包括模糊信息、概率信息、偶发信息和确定型信息 4 种)、语义信息和语用信息。简化的信息分类及基本信息如图 1-1 所示。从信息分类可以体会到,描述信息的一般原则就是要抓住事物的"运动状态"和"变化方式"两个基本环节。

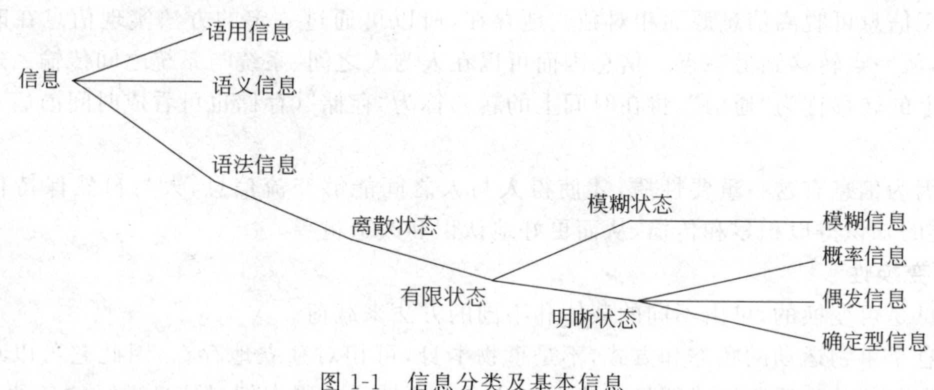

图 1-1 信息分类及基本信息

1.1.3 信息的性质

为进一步理解信息的概念,更有助于人们有效地掌握和科学地利用信息,下面对信息的主要性质进行讨论。信息通常具有如下8条基本性质。

1. 客观性

客观世界的一切事物都在不断地运动变化着，并表现出不同的特征和差异，这些特征变化就是客观实在，且通过各种各样的信息反映出来。信息的客观性还表现在它是以物质的客观性为前提的，即使是主观信息，如决策、判断、指令和计划等，也有它的客观实际背景，并受客观实际的检验。因此，信息是具体和真实的。正因如此，信息才可以被主体（人、生物和人造系统等）所感知、提取、传递、存储、加工、处理和利用，对人类才具有巨大的意义。

2. 普遍性

信息是普遍存在的。宇宙间没有绝对的"真空"，没有绝对不运动的事物，所以从本体论层次上说，信息是普遍存在的。不能简单笼统地说"信息仅仅为生物界和工程控制系统所固有"、"信息仅仅存在于人的头脑里"这类含糊的断语，应当分清层次，明确约束条件。例如，对于认识论层次的信息，当"主体"这一约束条件不成立时，可以认为它（认识论层次的信息）不存在。但是，本体论层次上定义的信息却仍然是无时无处不在的。

3. 无限性

因为宇宙是无限的，宇宙时空中的事物是无穷无尽和不断运动的；即使在有限的空间内，事物也是无限多样的；在无限的时间长河中，事物的发展变化更是无限的；而一切事物运动的状态和方式都是信息，因此信息也是无限的，正如人类对宏观和微观世界的认识。

作为总体而言的"实在信息"是无限量的。当然，人类（特别是某个或某些人）的"实得信息"的总量只是宇宙空间中总体实在信息总量的极小部分，可能是有限的。这一点对于树立正确的世界观和宇宙观很重要。

4. 相对性

不同的观察者由于其观察能力、理解能力、观察方法和目的不同，从同一事物所获得的信息量（实得的语法、语义和语用信息量）各不相同。信息的利用价值因人而异、因时而异和因地而异。

要努力提高观察力和理解力，采用科学的方法，为达到预期目的获得充分的信息。

5. 转移性（可传输性）

由于信息可脱离信息源而相对独立地存在，所以可通过一定的方法实现信息在时空上的转移，从一点转移到另一点。信息因而可以在人与人之间、系统与系统之间传输。通常将在空间上的转移称为"通信"，将在时间上的转移称为"存储"（存储也可看成时间前后之间的通信）。

正因为信息有这一重要性质，才使得人与人之间能够交流信息，人与自然保持信息联系，人类的知识得以积累和传播，从而更好地认识和改造世界。

6. 变换性

信息是可变换的，可由不同的载体和不同的方法来载荷。

信息是事物运动的状态和方式，不是事物本身，可相对独立地存在，因此它可以负载在其他一切可能的物质载体或能量形式上。这一重要性质使得人们对信息进行的各种各样处理和加工成为可能。例如，军事上的"进"与"退"，可以变换成文字进与退，数字0与1，号音长与短，手势上与下，灯光亮与灭，颜色红与白等不同的载体或能量形式，根据不同的条件和需要加以利用；而且能够保持进与退这一"运动的状态和状态改变的方式"的信息不变性。

只要保持"信息不变性",它不仅可以在各种物质和能量形式之间进行变换,而且可以进行不破坏"信息不变性"的一切数学变换。

7. 动态性

宇宙中的事物在不断地运动和变化着,信息是事物运动的状态和方式,所以信息也随之而变化。信息具有动态性质,同时是有时效、有"寿命"的。脱离了母体的信息,由于不再反映变化了的母体的新的运动状态和方式,因而它的效用就会逐渐降低,甚至完全失去效用,这就是信息的时效性。信息的寿命并不完全由它脱离母体的时间长短决定,还必须考虑母体随时间变化的速度。到信息已完全不能反映母体实际的运动状态和方式时,这个信息的寿命也就到了尽头,它至多只能作为母体历史运动状态和方式的记录。

这一性质启发我们要及时发挥信息的效用,要不断补充更新知识。

8. 有用性

信息具有知识的本性,但又比知识的内涵更为广泛。知识是人类主体认识世界的结果和改造世界的方法,它是人类长期实践经验的结晶。由认识论层次的信息定义可知,信息是主体所感知或所表达的事物的状态和方式。显而易见,认识世界就是认识各种事物运动的状态和方式(规律)。改造世界则是依据主体再生和表达出来的事物运动状态和方式(方法)而采取的行动。因此,知识是经过加工的信息,是认识论层次的信息。信息具有知识的本性,它可以改变人类的知识状态,变"不知"为"知",由"知之不多"到"知之较多"。

这一性质告诉我们要尽一切力量来挖掘和利用信息的潜力。

1.1.4 信息的特征

信息与物质、能量之间存在着密切的关系,物质、能量和信息一起是构成现实世界的三大要素。美国哈佛大学的研究小组给出了著名的资源三角形,如图1-2所示。他们指出:没有物质,什么也不存在;没有能量,什么也不会发生;没有信息,任何事物都没有意义。作为资源,物质为人们提供各种各样的材料,能量提供各种各样的动力,信息提供无穷无尽的知识。只要事物之间的相互联系和相互作用存在,就有信息发生,人类社会的一切活动,例如认知、管理、控制、交流和娱乐等都离不开信息。信息早就存在于客观世界,只不过人们首先认识了物质,然后认识了能量,最后认识了信息。

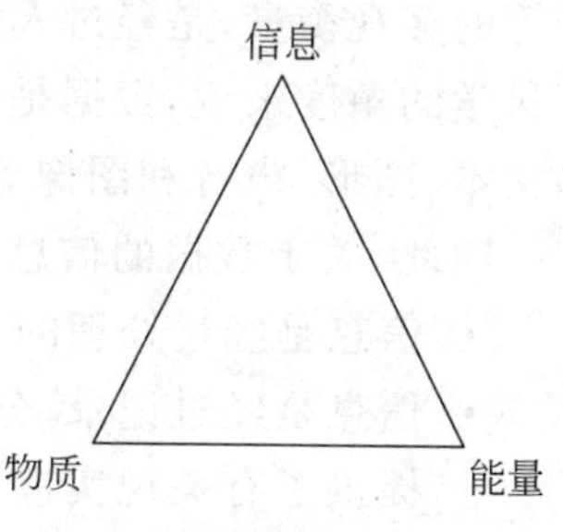

图1-2 资源三角形

信息作为一种特殊的战略资源,具有如下区别于物质和能量的基本特征。

(1) 信息来源于物质,又不是物质本身;它产生于物质的运动,但可以脱离源物质相对独立地存在。宇宙间一切事物都在运动,被主体所感知的或所表述的这种状态和方式就是认识论层次的信息,客观存在的物质当然就是信息源之一。例如,一个物体的运动、一个历史事件、一场战争等都可以通过拍照、摄像或文字记载等方式将有关信息保留下来,经过一定的处理还可以把它们重现出来或反复加以利用。这说明,信息源于事物,但又不是事物本身。

(2) 信息也来源于精神世界,但又不限于精神的领域。思维过程是精神领域的事物运动,当然也是信息的一种来源。例如,人的思想状态、意志、情感、所发出的各种指令、所做的每种决策以及制定的不同方针政策等，都是主体表述的精神世界和思维领域的信息，也具有相对的独立性，可以被记录下来加以保存、复制、重现或利用。所以，精神世界的事物和客观世界的物质客体一样，都可以产生信息，而信息的存在又不限于精神的领域。

(3) 信息与能量紧密相关，但又与能量有着本质的差别。事物运动的状态和方式是信息，事物做功产生运动的本领是能量，信息和能量都与事物的运动相关。传递信息或处理信息需要一定的能量支持，而对能量的控制和利用又总是离不开信息，这是信息和能量密切相关的一面。作为事物做功的本领，能量提供动力；作为事物运动的状态和方式，信息提供知识和智慧，这是信息与能量有着本质区别的一面。

(4) 在一定的条件下，信息可以转化成物质、能量、时间及其他。"知识就是力量"，而知识是经过加工的信息，是认识论层次的信息。信息转化需要条件，最主要的条件是信息必须被有效地利用。科学而有效地利用信息，可以创造出更多的物质和精神财富，开发或节约更多的能量，节省更多的时间、人力和物力；而在战争中则可以更小的代价换取更大的胜利。

(5) 信息可以被众多用户所共享。由于信息能够脱离源事物相对独立地存在并被其他媒体所载荷，可以被无限制地进行复制、传输或分配，因而信息能够被众多用户所共享。一个信息拥有者把它的信息传递给其他一方或多方时，他自己拥有的信息不会丢失。信息的这一特征对于人类具有特别重要的意义。而物质和能量，则不具有共享性。当物质或能量的拥有者将其传递给其他人时，他自己的物质或能量就失去或消耗了。

1.1.5 数据与信息

信息与数据是既有区别又有联系的两个概念。

数据是指未经加工的原始事实，数据是对实体(例如人、地点、事物及事件)的属性或特征等的客观衡量，是经过人或机器的观察、度量而记录下来的能够通信和识别的符号。从信息科学的角度来说，数据是指电子计算机能够生成和处理的所有事实、数字、文字和符号等。当文本、图形、声音和图像等在计算机里被简化成"0"和"1"的原始单位时，它们也成了数据。

因此，关于数据的信息定义有如下一些说法：

- 信息是经过处理的数据。
- 信息是经过记录、分类、组织、关联与解释的数据资料，是对客观世界事物的反映，它提供了有关现实世界事物的消息和知识。
- 在人类沟通中，信息是人类对数据进行转换后的产物。

这些说法反映了信息和数据的关系，从数据的角度，可将信息定义为经过转换而为特定用户所用的有意义的数据。信息是将原始事实按一定意义或特定的方式组织和安排在一起经过加工处理后的数据，是对数据的解释。也就是说，数据并不是信息，而是信息的载体，是信息的某种表述形式。信息是通过解释数据而产生的。

例如，记录在销售记录中的商品名称、数量和金额就描述了关于销售的数据。但是，对于一个销售经理来说，这些都还只是数据而不是信息。仅当这些事实经过适当的组织和处理并产生出有意义的结果后才能成为信息。例如，某个销售员分析得出了某种产品在某个销售区域的销售量，这对于销售经理来说才是有用的信息。

数据可以在物理介质上记录或传输，并通过特定的输入输出设备被计算机接受，经过处理而获得结果。数据中包含着信息，信息可以理解为是按应用要求记录下来的、经过分类的、组织过的、有关联性的或按某种要求来解释以传递某些意义的数据。

从表1-1可以看出，当数据以某种形式经过处理、分析、描述或与其他数据比较时，一些特定的意义就出现了，这就是信息与数据的实质区别。

表1-1 信息与数据之间的区别

数　据	信　　息	数　据	信　　息
2.8GHz	CPU主频	24"	显示器大小
4G byte	内存容量	450W	电源额定功率
500G byte	硬盘大小	≤2小时	故障后上门检修响应时间
7200rpm	硬盘转速	3%	半年内故障率<3%
黑色	机箱颜色		

从表中还可以看出，数据能够以各种不同的方式记载(例如表中有的是数字，有的是描述，还有的是百分比)，数据记载的形式也会影响到人们检索出信息的有效性与易用性。

数据通常都会经历一个增值的处理过程，这一过程称为数据加工或信息处理。在这个过程中，数据的形式被重新整合、处理和组织，信息的内容被分析和评价，最后被放到合适的上下文中交付用户使用。也就是说，针对同样的原始数据，不同的信息存储、信息处理可能会产生截然不同的效果。这就需要在不同的应用需求下选择最合适的数据模型和处理方法。

1.1.6 信息的度量

1948年，美国数学家香农运用概率论和数理统计方法对信息处理与信息传输进行了研究，提出了信息量的定义与度量公式，他将信息定义为"熵的减少"，换句话说，即"用来消除不确定性的东西"。因为熵是不确定性的度量，熵的减少就是不确定性的减少。

信息与消息之间有着不可分割的内在联系，信息是附载在消息上的，信息是消息的内容，消息是信息的具体反映形式。接受、传递信息，实际就是接受、传递含有信息的消息。不同消息中所含信息量是不同的，消息中含信息量的大小是由消除不确定程度决定的。因此，信息量的大小取决于表现信息内容的消息的不确定程度。消息所消除的不确定程度越大，则所包含的信息量越大，反之亦然。

可以根据事件的各种可能情况的变化，利用概率来度量信息。根据香农的通信理论，信息量的单位称为比特(bit)，1比特的信息量是指消除含有两个独立等概率状态的事件所具有的不确定性所需要的信息。如果一个消息所表示的事件是必然事件，即该事件发生的概率为1，则该消息所传递的信息量应该是零。如果一个消息表示的是一个根本不可能发生的事件，那么这个消息就含有无穷的信息量。香农规定，一个消息所荷载的信息量 I，等于它所表示的事件发生的概率 P 的倒数的对数。即信息量为

$$I = \log\frac{1}{p} = -\log p \tag{1-1}$$

如果对数以2为底，则信息量的单位是比特(bit或b)；如果以自然对数e为底，则信息量的单位是奈特(nat)；如果以10为底，则信息量的单位是哈特莱(hartley)。默认以2为

底。需要指出的是,作为信息量单位的比特与二进制数的位比特,其物理意义是不同的。

假设有一个含有两个符号 s_1、s_2 的信息源,两个符号出现的概率相等:$P(s_1)=P(s_2)=0.5$,则接收到其中一个符号 s_i 的信息量为

$$I=-\log_2 p(s_i)=-\log_2\frac{1}{2}=1(\text{bit}) \tag{1-2}$$

按照上述定义所得出的信息量,通常称为自信息量。

考虑一般的情况,假设有一含 m 个符号 $s_2,s_2,\cdots,s_m$ 的信息源,每个符号出现的概率分别是 $P(s_1)=P_1,P(s_2)=P_2,\cdots,P(s_m)=P_m$,那么这个信息源发出的消息中,每个符号的平均信息量为多少?

当消息的符号数目 n 很大时,若第 i 个符号出现的概率为 P_i,共出现了 n 次,则它具有的信息量是 $-nP_i\log P_i$,整个消息所具有的信息量是所有这样的信息量在不同的 i 值下的总和。则平均信息量即为

$$H=\frac{-n\sum_{i=1}^{m}p_i\log p_i}{n}=-\sum_{i=1}^{m}p_i\log p_i(\text{bit}) \tag{1-3}$$

平均信息量又称为熵(entropy),表示用以消除这个消息不确定性所需要的信息量。为区别于热力学中熵的概念,通常称之为信息熵。

信息熵的大小可以表征概率系统的不确定程度。设某概率系统中,事件产生的概率分布为(1,0,…,0),表示该系统中某一事件产生的概率为1,其他事件产生的概率为0,即这是一个确定系统,其不确定度为0,则此类系统的信息熵为 $H=0$。

设某概率系统的概率分布是均匀的,它表示系统中每一事件产生的概率相等。对于这样的系统,人们很难预测某一事件的产生,这种系统的不确定性最大。该系统的信息熵具有最大值(在相同事件数的情况下)。

上述计算信息量的公式与热力学第二定律中熵的公式一致。热力学中熵是系统无序状态的度量,即系统不确定性的度量。而信息熵和熵反映的系统运动过程相反,系统信息量的增加总是表明不确定性的减少,有序化的增加。因此,信息在系统运动过程中可以看成负熵。

信息度量表述了系统的有序化过程,一个系统要从无序状态转变为有序状态,就必须从外界充分获得信息,以消除主体认识事物运动状态和方式的不确定性。由此可以推导出更广泛的信息含义:信息是一个系统的组织性、复杂性的度量,是有序化程度的标志。

1.2 信息科学与信息技术

1.2.1 信息科学的概念

自1948年,香农在其论文中对信息进行了定义,标志着信息论这一新兴科学理论的诞生。香农也通常被认为是“信息论之父”。

可以说,没有信息论,就不会有CD与DVD,不会有移动电话,不会有因特网(Internet),也不会有谷歌地球(Google Earth)上展示的从数十万公里外的太空中传回地球的卫星照片。《财富》杂志甚至称信息论是人类最值得骄傲、最罕有的创造之一,是最深远地

影响了人类对世界的看法的理论。

1. 信息科学的产生

随着科学与社会的飞速发展以及香农信息论的广泛应用，人们逐渐发现香农理论的局限性，它还不能解决大量在信息领域实际遇到的数学问题，这些问题包括：怎样度量一系列颜色或图像给予不同观察者的实际信息？感觉分辨率怎样影响主观信息量？相似事件而不是随机事件提供的信息如何计算与比较？信源和信道可变时信息量如何计算？怎样度量统计数字的信息和信息价值？怎样度量语言、预言（例如天气预报）和谎言的信息和信息价值？将有不确定事件发生时，选择怎样的语句可以提供最多信息或信息价值？给定通信的主观效果和信息价值要求时，客观信息率或平均码长可能压缩到多少？等等。

香农理论无法很好地回答上述问题，是因为它主要基于概率论与数理统计理论，并不研究语义等层次上的信息问题。所以，作为一种对香农信息理论的继承与发展，很多研究者把香农的研究工作称为"狭义信息论"，还有人称之为"经典信息论"或者"电子信息论"，与之相对应的就是所谓的"广义信息论"。从广义的观点看，信息论不仅研究信息的传输和接收、信息的处理和度量等通信方面的问题，还研究语言与图像的统计特性、信息接收器官的特性（如视觉和听觉的生理特点）等一系列问题。

关于广义信息论，目前学术界已经提出了很多种理论，大部分理论都提出了自己的数学模型与数学公式，但从现有的研究成果看来，基本上都不能达到香农当年论文所起的作用。也就是说，既能够继承和兼容"狭义信息论"，又能够运用新理论、新模型解决新问题的理论几乎没有。在广义信息论的领域，学者们还在不懈地努力研究。

几乎在信息论创立的同时，控制论、系统论这两种理论也被维纳、贝塔朗菲等人创立出来，信息论、控制论和系统论三种理论共同对现代科学体系的确立与发展起到至关重要的作用，它们通常被合称为"老三论"。随着现代科学理论的进一步发展，三者又互相渗透、互相交叉，促进了信息科学的产生。

2. 信息科学研究的对象与内容

信息科学是一门新兴的、独立的研究信息及其运动规律的科学。它以信息为主要研究对象，以信息的运动规律和应用方法为主要研究内容，以计算机等技术为主要研究工具，以扩展人类的信息功能为主要目标的一门新兴的综合性学科。信息科学由信息论、系统论、控制论、仿生学、计算机科学与人工智能等学科互相渗透、互相结合而形成。

信息科学研究的对象和内容的最一般也是最抽象的模型如图1-3所示。

该模型是由认识主体、认识对象（客体）以及将它们联系在一起的信息构成的抽象系统。其中，对象（即事物）运动的状态和方式是本体论意义的信息；被主体所感知的该对象运动的状态和方式是第一类认识论意义的信息；由主体所发出的主体思维（即反映了主体意志的、主体表述的事物运动的状态和方式）称为第二类认识论意义的信息。

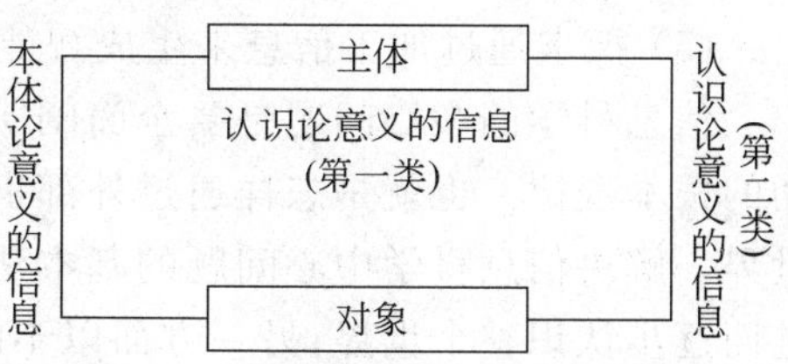

图1-3 信息科学研究内容的抽象模型

信息本身是既不同于物质也不同于能量的独立对象。从由认识主体、认识对象以及把它们联系在一起的信息所构成的最一般的抽象系统来考虑，信息科学所要研究的信息运动规律包括信息产生、信息获取、信息再生、信息施用、信息传递、信息系统优化或自组织、信息过程智能化的规律等。如果从图 1-4 所示的人类认识和改造世界的典型系统模型来考虑，把“主体”认识对象和改造对象的过程进一步具体化，则包括信息感知、信息识别、信息变换、信息传递、信息存储、信息检索、信息处理、信息再生、信息表示、信息检测和信息施用等环节。整个信息过程总是开始于对象初始运动的状态和方式，结束于对象最终的运动状态和方式(也是主体所期望的目的状态和方式)。从主体的角度来看，整个信息过程的实质就是通过信息不断地施用于(控制)对象，对其运动状态和方式进行优化的过程。如果“对象”是某种“系统”，则这个信息过程实际上就是利用信息通过控制(即信息的反作用)来优化系统。

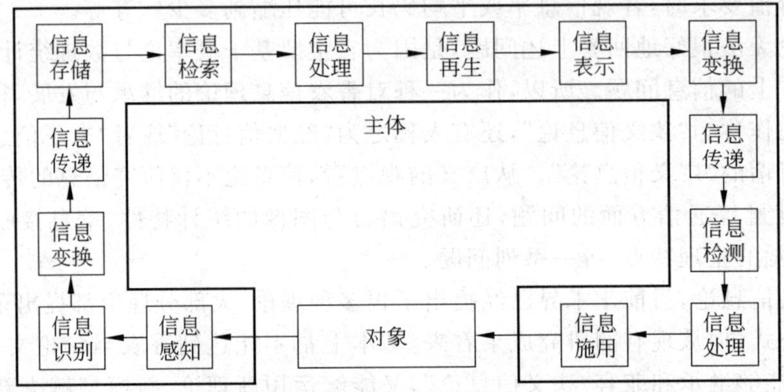

图 1-4 人类认识和改造世界的典型信息过程模型

上述过程中的每个环节都正常发挥作用时，主体才能从本体论意义的信息中提取出第一类认识论意义的信息，并对对象形成正确的认识，在此基础上产生出反映主体意志的第二类认识论意义的信息，再通过它的反作用实现对对象的控制与优化。在整个信息过程中，主体应当具有利用信息的能力(智能)，这是认识和改造世界这类信息过程的基本特征。

以上信息科学的研究内容，可以归纳为 5 个方面：

(1) 探讨信息的基本概念和性质。

(2) 研究信息的数值方法。

(3) 阐明信息感知、识别、变换、传递、存储、检索、处理、再生、表示、施用(控制)等过程的一般规律。

(4) 揭示利用信息来描述系统和优化系统的方法和原理。

(5) 探求通过加工信息来生成智能的机制和途径。

信息科学的中心问题是要全面阐明信息的本质，揭示在人类认识和实践过程中信息活动的根本规律。也就是怎样通过外部世界的信息来认识世界，又如何通过控制信息来改造世界。解决信息科学中心问题的基本法则应当是：一方面通过信息来描述系统，认识系统，进而逐步认识整个世界；另一方面以不断进化的智能，充分有效地利用信息，实现合理的控制，优化和改善系统原有的运动状态与方式，进而逐步改造整个世界。

信息科学的研究范围已经远远超出了香农的狭义信息论，而深入到控制论科学、系统科学、耗散结构理论、协同理论、人工智能理论、认知科学和思维科学等领域。而且，由于信息问题的普遍性，其研究范围还将随着时间的推移和研究的深入而继续扩展，现在还不可能人为地划定一个固定的界限。

由于信息科学的崛起，使以物质和能量为中心的传统自然科学观念，让位于以信息、物质和能量为中心的现代科学观念；以材料和能量科学为支柱的传统科学结构发展成以信息、材料和能量科学为支柱的现代科学体系；以解放人的体力为目标的传统科学技术转变为以解放智力和体力为目标的现代科学技术，从而改变了整个科学的内容、方向、发展前景和科学的思维方式。

1.2.2 信息技术的定义与内涵

信息科学研究的最终目标是扩展人类的智力功能。通过不断地深入研究主体（人和生物）在获取、传递、处理、再生、施用信息等各个方面内在的机制，逐步找到越来越有效的方法复现主体的那些高级复杂信息过程的机制，改进这些机制的工作性能，产生大量高级智能信息系统，并以其优异的性能来补充、增强和扩展人获取、传递、处理、再生、施用信息等各种天然信息功能，尤其是这些功能的综合——智力功能。因此，产生如下几种信息技术的定义。

定义一：信息技术就是能够扩展人的信息器官功能的一类技术。

如图 1-5 所示，人类主要有以下 4 类信息器官。

（1）感觉器官：用以获取信息。通过听觉、视觉、嗅觉、味觉和触觉来感知（获取）外部世界各种事物运动的状态和方式的信息；而平衡感觉器官可以根据运动主体与客体之间的关系来获取平衡信息。

（2）传导神经网络：用以传递信息。通过导入神经网络将感觉器官获得的信息传给思维器官，导出神经网络把思维器官加工出来的信息传给各种效应器官或某些内部器官。

（3）思维器官：加工和再生信息。通过存储、检索、加工信息得到对于外部事物运动规律的认识，通过再生信息来表示主体对于外部事物进行改造的策略和意图。

（4）效应器官：主要功能是施用信息。通过操作器官（手）和行走器官（脚）来执行大脑发出的第二类认识论意义的信息，或者通过语言器官来表达第二类认识论意义的信息，使这些信息产生实际的效果。

人类的这 4 类信息器官相互配合，共同执行一种整体性的高级功能——认识世界和改造世界的智力功能。

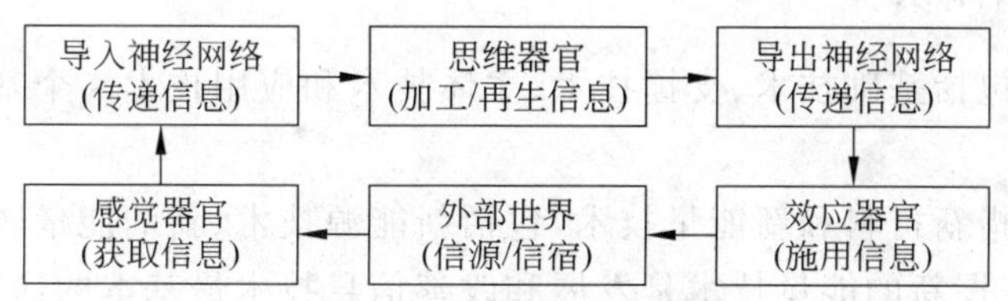

图 1-5 人的信息器官及其功能系统

根据拟人律，信息技术也包括 4 类，称为信息技术四基元。

（1）感测技术：包括传感、测量、遥感、遥测技术等，是感觉器官功能的延长。

（2）通信技术：传递、交换和分配信息，克服空间限制，是传导神经网络功能的延伸。

（3）计算机和智能技术：包括计算机软、硬件技术和人工智能技术，使主体能更好地加工和再生信息。

（4）控制技术：根据输入指令对外部事物的运动状态和方式实施干预，即施用信息，是效应器官功能的延伸。

信息技术四基元相互配合，共同完成扩展人的智力功能的任务，如图 1-6 所示。

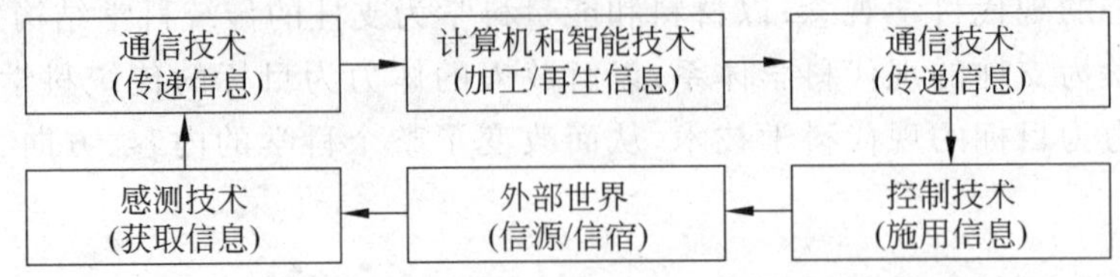

图 1-6　信息技术四基元及其功能系统

由上述可知，信息技术四基元与人的信息器官完全相对应，所实现的功能与人的信息器官功能是一致的。不过，两者之间的性能或功能强弱各不相同。信息技术四基元是一个完整的体系。其中，通信、计算机和智能技术是整个信息技术的核心，感测和控制技术则是核心与外部世界之间的接口。

结合信息技术的组成和功能，由定义一可引出两个等价、更直观的信息技术定义。

定义二：信息技术是一类能完成信息获取、传输、处理、再生和施用等功能的技术。

定义三：信息技术是感测、通信、计算机和智能以及控制等技术构成的整体。

通过对信息技术"四基元"的逻辑综合或分解，可以导出各种各样具体的信息技术应用形式(参见图 1-7)。例如，广播是通信技术逻辑分解的产物；雷达是感测和通信技术的综合；军事指挥信息系统则是信息技术"四基元"高度综合的典型应用。

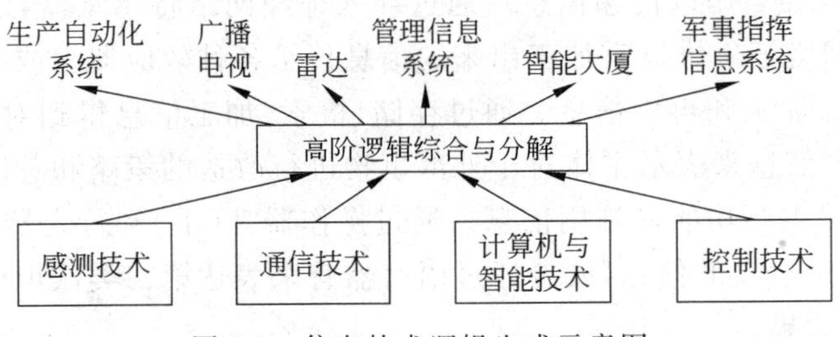

图 1-7　信息技术逻辑生成示意图

1.2.3　信息技术体系

信息技术体系包括基础技术、支撑技术、主体技术和应用技术 4 个基本层次。

1. 基础技术

基础技术主要指新材料和新能量技术，包括新能源技术、新的能量转换和能量控制技术等。开发新材料、掌握新的能量技术是发展和改善信息技术最基本的途径。

2. 支撑技术

支撑技术主要指机械、电子与微电子技术、激光技术和生物技术等。无论是信息的获取(感测系统)、传输(通信系统)、处理与再生(计算机和智能系统)还是信息的施用(控制系统)，都要通过上述技术手段来具体实现。

微电子技术的发展为信息技术革命提供了关键技术基础。信息技术近几十年的发展历程无可辩驳地说明，没有微电子技术的发展，就不可能出现现代信息技术的飞速发展，也就不会有今天的信息技术革命。微电子技术的每一次飞跃都极大地推动了整个信息技术的发展和信息技术革命的深入。

3. 主体技术

主体技术就是指感测技术、通信技术、计算机与智能技术以及控制技术"四基元"。其中最核心的是计算机与智能技术以及通信技术。

通信技术，即信息的传递和交流技术作为社会生产和生活的基本手段，一直是人类社会发展中最活跃的领域之一。进入20世纪以来，随着信息技术的发展，特别是基于微电子技术的现代通信技术与计算机技术(含智能技术)的结合，使得通信技术成为20世纪发展最快的技术领域之一。现代通信技术与计算机技术的结合产物——"英特网"和"个人通信"——的出现使得通信领域发生了根本性的变革。通过"英特网"世界上任何人在任何地方都能创建任何信息，并且把这些信息发送给任何地方的需要这些信息的任何人；而利用"个人通信"，任何人的任何信息在任何地方和任何时间都能无约束地自由传送给其他任何人，并被有效地接收。这不仅将使人类的生产活动和生产效率发生根本性的变革，而且将深刻地影响到人类生活的各个方面，甚至彻底改变人们的生活和工作方式，其影响不亚于个人计算机对人类文明的作用和贡献。总之，通信技术的发展、通信技术与计算机技术的结合把信息技术革命推向了更高、更新、更广的境界。

4. 应用技术

应用技术是针对各种实用目的而由"四基元"派生出来的丰富多彩的具体技术群类。例如，信息技术在科学研究、文化教育、商业贸易、交通运输、医疗卫生、体育运动、文学艺术、行政管理、社会服务以及国防工业、农业等领域中的应用。信息技术对于人类社会各个领域和国民经济各个部门的渗透无孔不入，其影响无所不在。简直不可能穷举信息科学技术的全部应用，如图1-8所示。

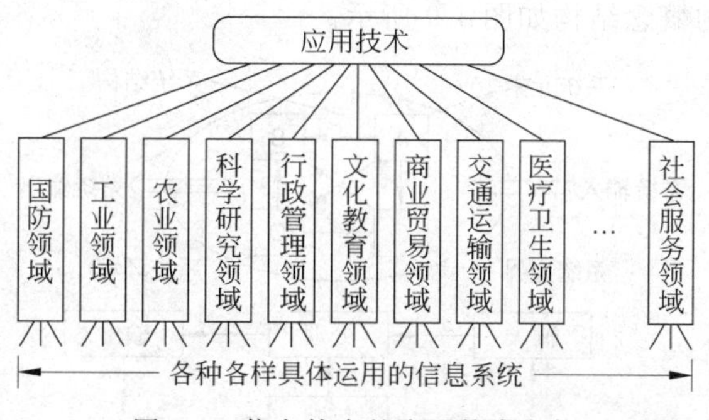

图1-8 信息技术的应用技术举例

1.3 信息系统

随着信息技术的飞速发展，各类信息技术成果已经在生产、生活、经济和军事活动中得到有序而广泛的应用，逐渐渗透并深入到各类社会系统中。信息系统已经作为一个独立的整体逐渐分离出来，并且得到了迅速的发展。

信息系统是基于信息与通信工程技术、计算机技术、系统科学、管理科学等多个学科的交叉领域，是一门跨专业、面向技术和管理等多个层面的、注重将信息技术和工程化方法进行有机结合的技术学科。

1.3.1 系统科学基础

1. 系统的概念与组成

“系统”的概念来源于古代人类的社会实践经验。英文的system(“系统”)一词即源于古希腊语,有“共同”和“给以位置”的含义。美国韦氏(Webster)大词典中,system是“有组织的或被组织化的整体”,并有“结合着的整体所形成的各种概念和原理的综合”,“由有规则的相互作用、相互依存形式组成的诸要素的集合”等说明。目前,系统有各种各样的定义,钱学森对系统做了如下定义:“把极其复杂的研究对象称为‘系统’,即由相互作用和相互依赖的若干组成部分结合成的具有特定功能的有机整体,而且这个‘系统’本身又是它所从属的一个更大系统的组成部分”。例如,C^4ISR系统就是由多个功能系统组成的大系统,又称系统的系统(参见1.4.4节)。

系统是事物存在的形式,也是人类社会和人类自身存在的形式。宇宙空间从基本粒子到庞大的星系,从无机界到有机界,从个体的人到整个人类社会,没有一件事物不自成系统,没有一件事物不从属于一定的系统。系统的定义是逐步演化的。例如,地球上的人类、动植物以及自然环境就共同组成了自然系统,在这个系统中,人类和自然界以及其他生物是相互依存、互相关联的。又如,人体本身是生物系统,数控机床是技术系统,商业组织是社会经济系统。

系统是由一系列为实现一定目标而相互联系、相互作用的元素组成的集合。组成系统的元素本身和它们之间的关系决定了系统是如何工作的,这种关系称为系统结构。一个符合控制论的能进行自我监控、自我调整的系统,具有输入、处理、输出、反馈和控制5个基本组成部分。系统组成的概念结构如图1-9所示。

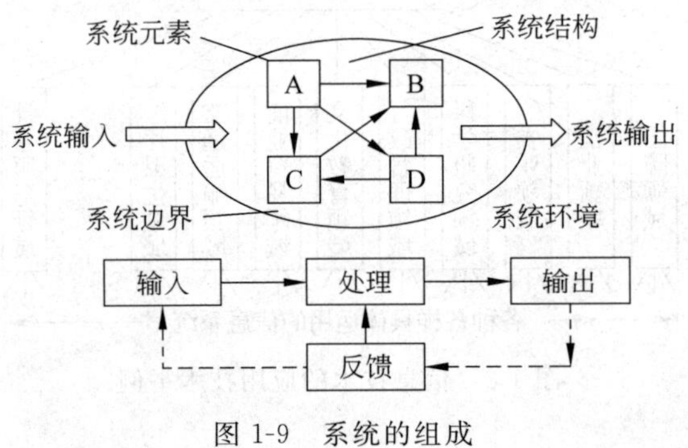

图1-9 系统的组成

系统接受输入,在控制下经过有组织的转换过程后产生输出。例如,一个生产系统是以购入原材料作为输入,以生产出的成品作为输出;一个商业组织是将经济资源经过各种经营处理转化为产品和服务的系统;一个信息系统将信息源的数据作为输入,对它们进行处理后产生的信息作为输出。

2. 系统的特征

系统一般表现为以下主要特征。

1）相关性

系统内部的各组成元素之间是相互作用和相互联系的，系统和其所存在的环境之间也是相互作用和相互联系的。

系统不是存在于真空中的，而是和很多其他系统共同存在于一个环境中进行活动的。如果一个系统是一个大系统的组成部分，那么它就是该大系统的一个子系统，而这个大系统就是它所处的环境。多个系统可以共享一个环境。例如，企业系统就处在国家经济社会的大环境中。

2）目的性

任何系统都有其发生发展的规律，都是适应于一个或几个问题的解决而出现和建立的。系统中的各个组成部分是为了达到共同的目标而有机地组合起来的，系统的一切活动都围绕着系统的目标而进行。例如，企业系统的目标是为客户提供产品和服务；政府组织的目标是为公众提供服务；学校系统的目标是为社会培养人才；而国家系统的目标是保证社会的协调发展和不断进步。

3）层次性

任何一个系统都可以进一步划分为多个分系统，这些分系统也具有系统的基本特征，即具备输入、处理、输出、反馈与控制以及服从系统总目标的分目标。分系统还可以再细分为多个子系统，甚至更小的级别。系统划分为分(子)系统的层次和数量的多少，是根据系统的大小、复杂程度和实际需要而确定的。

系统的层次性是系统有机联系的反映。系统的发展是定向变化的，即从层次较低的有序状态向层次较高的有序状态发展，或反过来，由较高有序状态向较低有序状态发展。

4）动态性

任何系统总是存在并活动于一个特定的环境中，与环境不断地发生物质、能量和信息的交换。系统的环境是不断变化的，系统也必须动态地调整，以适应环境的变化，求得生存。从系统自身来看，系统从输入、处理到输出是连续不断的运动过程，一旦这个过程停止，系统的生命也就结束了。

1.3.2 信息系统的基本概念

信息系统首先是一个系统，具有输入、处理、输出、反馈和控制5个基本组成部分。输入是获取和收集原始数据的活动，可以有多种形式，输入既可以是手工的，也可以是自动的。处理是将数据转换或变换为有用的输出的过程。输出是经过加工处理后的各种信息，通常以文档、图表和报告等形式出现。在某些情况下，一个系统的输出可以是另一个系统的输入。在信息系统中，反馈是一种用来改变输入或处理的输出。例如，反馈回来的误差可以用来修正输入数据，或者改变某个过程。控制用来对系统的输入和处理过程做必要的调整来保证产生合适的输出，使系统朝着目标运行。因此，信息系统是一系列相互关联的可以收集、操作、存储、处理、传播数据和信息，并且提供反馈机制，以实现其目标的元素集合。

信息系统其次又是一个由人和机器共同组成的系统，其中人是系统的核心，人既可以是系统的管理者、操作者，又可以是系统的服务对象，为人类服务是各种信息系统构成的意义所在；而机器的含义较为广泛，它包括在信息的收集、存储、加工、检索和传递等过程中所采用的一切物理设备。

从文明社会早期开始，人们就已经依赖于信息系统进行彼此间的交流了，那种认为有了计算机才有信息系统的看法是错误的。但是，随着社会的进步和科学技术的发展，信息的处理越来越依赖通信、计算机等现代化技术手段，使得以计算机为基础的信息系统得到了快速发展，极大地提高了人类开发利用信息资源的能力。因此，目前普遍认同的信息系统确实是指基于计算机、通信网络等现代化工具和手段，服务于管理领域的信息处理系统，是基于信息科学、计算机科学、管理科学、决策科学、系统科学、认知科学以及人工智能等相互渗透而发展起来的。

因此，可将信息系统进一步定义为："信息系统是以计算机硬件、软件、网络和数据资源管理等信息技术为基础，对信息进行加工、处理、存储、传输和输出，支持组织的运行、管理、控制和决策等功能的人机系统。"

1.3.3 信息系统的产生、发展和应用

1. 信息系统的产生和发展

20世纪50—60年代，计算机在信息处理领域得到广泛的应用。计算机极高的处理速度、极大的存储能力和极广阔的应用领域向人们展示了其强大的生命力。一时间以电子计算机为基本处理工具的信息处理技术和系统风靡整个西方世界。各企业纷纷出巨资购买计算机，并抽出大量人力、财力建立信息处理系统，以取代日常的人工信息系统，解决手工情况下人们所想做而又没有能力做的数据处理、信息分析，甚至管理决策工作，以期为企业带来巨大的经济效益。总的来看，信息系统经历了以下几个发展时期。

1）电子数据处理系统

20世纪60年代以前，大多数信息系统都扮演着简单的角色，仅做些事务处理、记录、记账的工作，被称为电子数据处理（EDP）。电子数据处理系统（electronic data processing system，EDPS），是最早的信息系统。EDPS的功能就是利用计算机完成各类数据的存储、加工、处理、输出和数据交换。EDPS主要利用了计算机的高速处理能力，以及巨大存储量及快速、准确的通信等特点，解决了传统的手工数据处理中工作量大、不精确等问题。

EDPS的出现标志着信息系统的产生，它将计算机的应用推向了一个高潮，计算机的应用从单纯的数值运算扩大到数据处理的广阔领域。但是，EDPS在企业中还只是扮演着简单的角色，仅做些事务处理、记录、记账的工作。

2）管理信息系统

所谓的管理信息，就是为了用作管理目的，并需要使用一定的方法整理、保存以方便使用的数据。同一般的信息不同，管理信息具有一定的数据规模、相对稳定的数据结构和较固定的处理模式等，并需要保存相当长的时期。人事档案数据、调查统计数据、库房管理数据、企业管理数据及金融财产数据等都属于管理信息。

管理信息系统（management information system，MIS）是在EDPS的基础之上发展起来的，避免了EDPS在管理领域的一些弊端，在处理的方法、手段、技术方面都有了长足的进步。

自从20世纪60年代Gallanher提出MIS的设想到20世纪70年代初，MIS经历了一个迅速发展的时期。

20世纪70年代，美国明尼苏达大学的著名学者戈登·戴维斯（Gordon B. Davis）将管

理信息系统定义为“一个利用计算机硬件和软件，手工作业，分析、计划、控制和决策模型及数据库的人机系统。它能提供信息，支持企业或组织的运行、管理和决策功能”。

随着数据库技术、网络技术和科学管理方法的发展，计算机在管理上的应用日益广泛，MIS逐渐成熟起来。

MIS最大的特点是高度集中，它将组织中的数据集中起来，进行快速处理，统一使用。MIS的重要标志是有一个中心数据库和计算机网络系统。MIS的处理方式是在数据库和网络基础上的分布式处理。随着计算机网络和通信技术的发展，企业不仅能把内部的各级管理连接起来，而且能够克服地理界限，使分散在不同地区的计算机网络互联，形成跨地区的各种业务信息系统和管理信息系统。

3）决策支持系统

随着时间的推移，MIS逐渐暴露出来很多问题。其主要问题是：早期的MIS缺乏对社会组织机构和不同阶层管理人员决策行为的深入研究，忽视了人在管理决策过程中的不可替代的作用。因而，在实际工作中特别是在辅助高层的管理决策工作中，MIS常常软弱无力，达不到预期的效果。20世纪70年代初，哈佛大学的Bedder归纳了早期MIS失败的经验和教训，提出了MIS的7个致命伤，在学术界掀起了一场“MIS为何会失败的”讨论。

在这场讨论中，一批学者提出了决策支持系统的概念，把信息系统的研究又推到了一个更新的阶段。经过20年的不断丰富和发展，形成了今天的决策支持系统（decision support system，DSS）。DSS能支持专门的、交互的决策制定过程，这种支持是根据经理们在现实世界中遇到的特殊问题而量身定做的。

20世纪90年代，许多信息系统的新角色也出现了。这是由于微型计算机的处理能力、应用软件包和通信网络的迅速发展，使得用户可以使用他们自己的计算机资源来支持自身的工作需求，而不用等待信息服务部门提供支持。

21世纪初，随着因特网、企业内部网、企业外部网和其他互联网连接的全球网络的迅速发展，根本地改变了信息系统在组织中的地位。基于互联网的企业，全球化电子交易和电子商务系统使现代企业的运作和管理发生了巨大的变革。信息系统在组织中的应用正沿着广度和深度两个维度展开。

2. 信息系统的应用

按照信息系统在组织中扮演的角色和作用，信息系统的应用主要有以下几种基本类型。

1）事务处理系统

事务处理系统（transaction processing system，TPS）是为组织业务运作层服务的基本的信息系统，它应用信息技术支持组织的日常业务处理活动。这些业务处理活动一般高度结构化，遵循严格的步骤和一定的规范，信息处理的量大而且频繁发生，容易用计算机程序来实现。事务处理系统的目标是提高工作效率和质量。

在企业中，事务处理系统支持生产运作、工资核算、销售或采购订单处理、原材料出入库、会计账目管理、人事档案管理等基本的业务活动。例如，销售订单处理系统、物料资源计划系统、总账系统、工资系统等。各种类型的组织中均存在着事务处理系统支持的组织业务活动，典型的事务处理系统有银行储蓄业务处理系统、民航机票预售系统、商场POS收款结算系统等。

现在各类组织的运行已经离不开事务处理系统的支持，而事务处理系统一旦发生故障，往往会给组织带来不可弥补的损失。事务处理系统是组织正常运行的基本保障,也是组织中其他各类信息系统的基本信息来源。因此,要保证事务处理系统运行的安全、可靠,提供的信息准确、及时。

2）知识工作系统

知识工作系统(knowledge work system,KWS)是基于知识的信息系统,它支持创造、组织和传播知识,为组织中的知识工作者提供服务的系统,它处于组织中的业务运作层和管理控制层。知识工作者的工作是创造和集成知识。例如,设计师、科学家、律师、咨询专家等就属于知识工作者,他们所从事的如产品创新与设计、科学规律的发现与探索、案件的承办、管理咨询等工作,需要各种信息技术的支持,以促进新知识的创造。新知识的创造过程需要对已存在的信息和知识进行收集和处理,激发灵感,发挥想象,运用适当的工具或媒介对知识进行表述。因此,知识工作系统要求能广泛收集多方面的信息和情报资源,具有强大的数据处理、数学建模、图形和图像处理以及多媒体处理能力,并且提供多种知识创造的工具和手段。例如,计算机辅助设计系统、三维动画制作系统、投资组合咨询系统、律师办案辅助系统以及虚拟现实系统等。

3）办公自动化系统

办公自动化系统(office automation system,OAS)为组织中的数据工作者提供服务,主要支持组织业务运作层中的各种文件和数据处理工作。数据工作者的主要任务是处理信息。例如,秘书、会计、档案管理员、统计员等就属于数据工作者。办公自动化系统通过应用各种信息技术,支持办公室的各项信息处理工作,实现办公信息的快速、有效的处理和传递,以达到提高办公事务处理的效率和质量、协调和沟通信息的目的。典型的办公自动化系统包括文字处理、日程和会议安排、公文流转处理、文档管理、桌面印刷、统计查询、电视会议、远程会议、电子邮件、语音信箱等。

4）管理信息系统

管理信息系统(MIS)主要面向组织中的管理控制层,通过提供反映组织当前运行状态的常规报告和异常报告、信息的检索与查询等支持组织的计划和控制等功能,支持结构化和半结构化的决策过程。

管理信息系统中的信息来源于组织内部的各个事务处理系统,它对信息进行汇总、综合和处理,由于系统具有数据库和各种经济管理模型的支持,能够向管理者提供关于组织的过去、现状和未来趋势的信息,供计划、控制和决策使用,所提供的信息可以是周期的报告、专门的报告、仿真模型的输出结果、统计与查询的结果等。企业资源规划系统就是一类典型的管理信息系统。

5）决策支持系统

决策支持系统(decision support system,DSS)面向组织的管理控制层和战略决策层,它通过数据库、模型库、方法库和知识库,运用优化技术、人工智能技术、数据挖掘技术等,对数据进行深度的加工、处理和分析,通过交互式的友好的用户界面,实现问题识别、模型构造、规律挖掘、求解评价和交互控制等功能,将处理结果以易于理解和使用的方式提供给管理者,支持半结构化和非结构化决策问题的解决。决策支持系统的信息,不仅来自于组织内部的事务处理系统和管理信息系统,还来自于组织的外部环境,例如政府部门、国内外市场、合作伙伴、竞争对手和最终客户等。

典型的决策支持系统应用包括新产品定价决策支持系统、收益率预测和风险分析系统等。

6）经理支持系统

经理支持系统（executive support system，ESS）是面向组织战略决策层的信息系统，支持组织的高层领导解决非结构化的问题。它综合运用数据通信和数据处理、人工智能和多媒体技术、图形用户界面等，为组织的高级主管提供一个通用的信息获取和通信的平台，以减少他们决策时为获取信息所付出的时间和精力。经理支持系统处理的信息不仅来自于企业内部其他信息系统提供的汇总的信息，还来自企业外部，例如国家法规政策、竞争对手的信息等，系统对这些信息进行筛选、压缩、综合和跟踪，以满足主管经理在决策时对综合信息和细节信息的需求。不同于其他类型的信息系统专门解决某类或某个特定问题，经理支持系统为高级主管提供了一个支持他们解决不确定性、非结构化决策问题的环境。

考虑到经理没有时间熟悉计算机操作、个性化的需求高等特点，系统应以一种简洁明了、高度交互性、容易使用、个性化服务的方式，为组织的高级主管提供他们所需要的信息。典型的经理支持系统包括企业绩效及行业排名分析系统、竞争者动向和市场趋势分析系统、企业战略计划支持系统等。

随着人工智能（artificial intelligence，AI）技术的发展在信息系统中的应用取得了突破性的进展，专家系统（expert system，ES）和其他基于知识的系统为信息系统创造了新的角色。通常，专家系统可以在特定领域像顾问一样为用户提供专家意见。例如，专家系统可以为机器诊断这样的日常事务或者投资组合管理这样的管理决策提供专家建议。

而战略信息系统（stratagem information system，SIS）则将信息技术用到了极致，它能帮助公司在全球市场上获得竞争优势。战略信息系统可以是处于组织任一层级的信息系统，由于它能提供有竞争力的工具，改变了组织的目标、产品、服务、交易过程或是与环境的关系，从而取得相对于其他竞争者的战略优势。

因此，从管理的角度看，信息系统是信息技术与管理相结合的产物，后者包括管理者、管理的方法、组织结构、管理制度和流程等。人是信息系统的主导。

从组织的角度看，信息系统是组织的“中枢神经系统”。当组织面临外界竞争环境的不断挑战时，它是为了提高组织的绩效、赖以生存并加强竞争力所提出的一套基于信息技术的解决方案。

从社会的角度看，信息系统是人类社会在有限的自然资源的条件下，仍能获得持续发展的有效途径。物质资源是有限的，并受地理位置的约束，人类通过对反映物质资源状态的信息资源的挖掘和利用，可以实现对有限的物质资源的管理和优化利用。

1.3.4 信息系统的组成

从资源的角度看，信息系统由三部分组成，它们是人力资源部分、IT基础设施（含硬件资源、软件资源、数据资源和网络资源等）部分以及组织管理基础部分。这些组成部分综合起来，共同完成信息的输入、处理、输出、存储及控制活动，并将数据源转化成信息产品，提供给组织内部和外部使用，以支持组织目标的实现。

人力资源包括系统的最终用户和信息系统专业人员等；IT基础设施中的硬件资源包括设备和介质等，软件资源包括程序和进程等，数据资源包括数据库和知识库等，网络资源包括通信介质和网络等;组织管理基础包括组织机构、人员管理、各类规章制度以及管理的流程和方法等。信息系统的组成如图 1-10 所示。

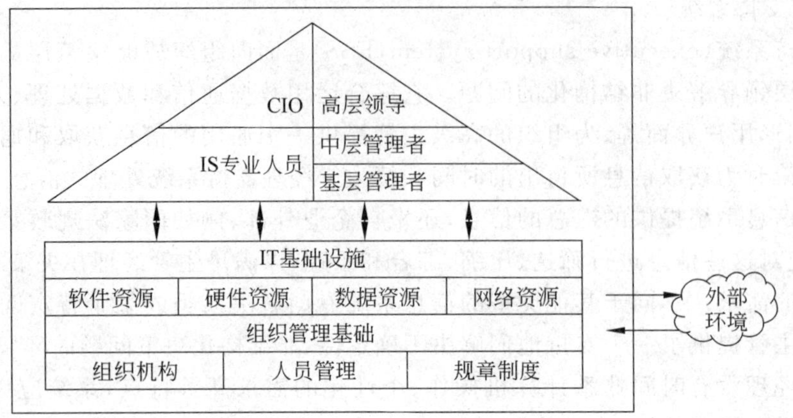

图 1-10　信息系统的组成

1. 人力资源部分

信息系统是人机系统,人员是所有信息系统运作过程中最重要的组成部分。这些人员包括最终用户和信息系统专业人员等。

1) 最终用户

最终用户也简称用户,是指使用信息系统或使用信息系统所产生的信息的人。

2) 信息系统专业人员

信息系统专业人员是指开发、管理和维护信息系统的人员,包括系统分析员、软件开发人员、系统管理员以及其他从事信息系统的管理、技术或行政工作的人员。例如,系统分析和设计员根据最终用户对于信息系统的需求进行系统分析和设计,软件开发人员根据系统分析和设计员的系统设计结果进行程序设计,系统管理员负责进行信息系统和网络的管理与维护。

首席信息主管(chief information officer,CIO)是组织高层领导中特定的一类职务,专门负责组织中有关信息化的重大决策,并对信息中心进行直接管理。

2. IT 基础设施部分

1) 硬件资源

硬件资源包括信息系统中用到的所有物理设备、物质和有形介质。例如,计算机系统及其外部设备。

2) 软件资源

软件资源包括所有的系统软件和应用软件及其相应的文档。

3) 数据资源

数据并不仅仅是信息系统的原始资料。数据应该被组合成有价值的、有组织的资源,才能被组织中的所有最终用户所利用。

信息系统的数据资源可以通过专门的管理技术进行组织、存储和存取,这些技术包括数据库技术、数据仓库技术和知识库技术等。

4）网络资源

网络资源主要包括通信介质和网络支持设备和软件。通信网络由计算机、通信处理机和其他一些通信设备组成，由通信介质相互连接并由通信软件进行控制。

3. 组织管理基础部分

1）组织机构

信息系统建立在一定的组织机构基础上，而新系统的建立往往需要对组织机构进行重新设计。一般组织中都设有专门的机构，例如信息中心或计算机中心负责对信息系统进行开发、管理和维护，而在各个职能部门中也有专职或兼职的人员从事信息的收集等工作。

2）人员管理

信息系统的建立涉及人员分工和岗位职责的重新安排，对各类人员在信息系统的使用和运行中所担负的责任应明确地加以规定，并且和个人的绩效考核直接联系起来。各类人员的尽职尽责和同心协力是信息系统取得成功的重要保证。

3）规章制度

规章制度指那些为信息系统的建立、使用和维护以及保障信息系统的安全而制定的、提供给信息系统的各类人员所使用的规定和管理流程，包括有关数据采集、存储、维护、传输的各种工作规范、技术标准和管理流程以及保障信息系统安全的规章制度等。例如，数据备份管理程序、数据库更新流程与规定、数据编码标准与规定、机房安全管理办法以及紧急事件处理程序等。

1.3.5 信息系统的结构

信息系统是一个结构复杂的系统。按照系统所应用的 IT 基础设施的物理分布，可以分为集中式系统、分布式系统、基于 Web 的系统等。信息系统建立在信息技术基础设施之上，为组织的管理者服务，支持组织的运行。通常从信息处理的功能、组织决策的层次、业务职能这三个维度对信息系统进行结构分析。

1. 信息系统的物理结构

信息系统的物理结构是指系统的硬件、软件、数据等资源空间的分布情况。主要有以下几类。

1）单机结构

单机结构模式通常是指基于微型计算机系统的信息系统模式。早期开发的信息系统一般均是此种模式。在单机结构系统内，多台计算机是各自独立使用的，各自运行自己的信息系统和数据，计算机在这里仅起到了信息处理机的作用，计算机之间不能进行通信和资源共享，系统靠磁盘备份完成不同机器之间的数据传输。单机结构不能直接交流信息，不能共享资源，效率低、实时性差、手段落后。但单机系统具有天然的安全性和易操作性。

2）主从结构

主从结构又称主机模式，采用集中式处理方式，许多用户共享一台大型计算机（如图 1-11 所

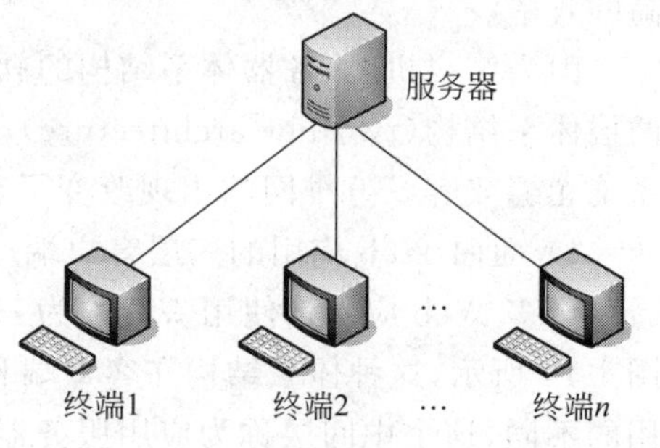

图 1-11　主从结构

示)。主机对各终端用户传来的数据进行分时处理,使每个终端用户感觉像拥有一台自己的大型计算机一样。用户通过终端访问主机,终端只是一种数据输入输出设备,负责将用户键盘输入的信息传到主机,然后显示由主机返回的处理结果。终端没有处理能力,不进行数据的运算和存储,也称为哑终端。

主从结构相对于过去分散的处理方式已有很大的进步,由于数据集中起来进行处理,提高了信息处理的效率,能高效地完成数据归集工作,系统费用低,易于管理控制,也能够保证数据的安全性和一致性。但是,程序运行和文件存取都在主机上,文件的共享只能以轮流的方式来实现,多个用户间不能对相同数据进行同步更新,局域网负担过重,用户完全依赖于主机,容易造成网络堵塞,一旦主机出现故障就会使所有用户都受到影响。所以,主机的性能十分关键,一般采用大型计算机或高档、高配置的计算机作为主机。系统的性能主要取决于主计算机的性能和通信设备的速度。

随着硬件价格的下降,用户将终端换成了个人计算机(PC)或工作站,此后系统逐渐开始利用客户端可用的处理能力,这样就形成了客户机/服务器体系结构。

3) 客户机/服务器结构

20 世纪 80 年代末以来,客户机/服务器(client/server,C/S)模式成为最流行的网络系统模式(如图 1-12 所示)。开发客户机/服务器体系结构是为了处理由大量设备通过网络连接起来而构成的计算环境,其中包括 PC、工作站、文件服务器、打印机、数据库服务器、Web 服务器以及其他设备。

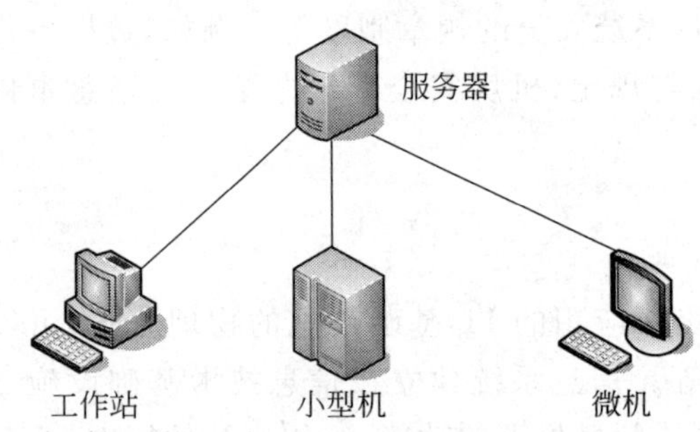

图 1-12　客户机/服务器结构

这种结构对数据的处理分前台和后台,通常情况下客户机只执行本地前端应用,客户机应用软件一般包括用户界面软件、本地数据库、字处理软件和电子表格等;而服务器则运行 DBMS 等系统软件,完成大量的数据处理及存储管理等后台任务,均衡事务处理,充分保证数据的完整性和一致性。客户机不仅只是共享服务器上的打印机、硬盘或是数据文件,而且共享数据处理,这是在信息系统思维方法上的一个突破。

在客户机/服务器结构中,可以将应用逻辑分布在客户机和服务器之间,以提供更快、更有效的应用程序性能。连接到局域网的微型计算机,既能作为独立的本地计算机为用户服务,又能共享网络系统的资源。通过客户端和服务器端的最佳分工合作,使整个系统达到最高的效率。

因为客户机/服务器体系结构的软件组件分布于客户端和服务器两个系统,所以又称为两层体系结构(two-tier architecture),如图 1-13 所示。这种体系结构简单,并可以与现有系统无缝兼容。万维网的出现改变了客户机和服务器的角色,出现了三层体系结构。

4) 面向 Web 应用的三层客户端/服务器体系结构

许多 Web 应用都使用一种称为三层体系结构(three-tier architecture)的体系结构,如图 1-14 所示,这种体系结构在客户端和服务器间增加了一个中间层(middle tier)。根据应用的不同,这个中间层称为应用服务器(application server)或 Web 服务器(Web server)。

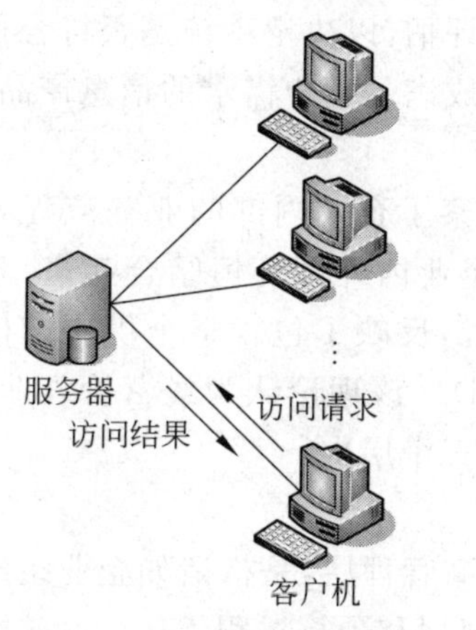

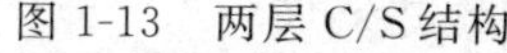
图 1-13 两层 C/S 结构

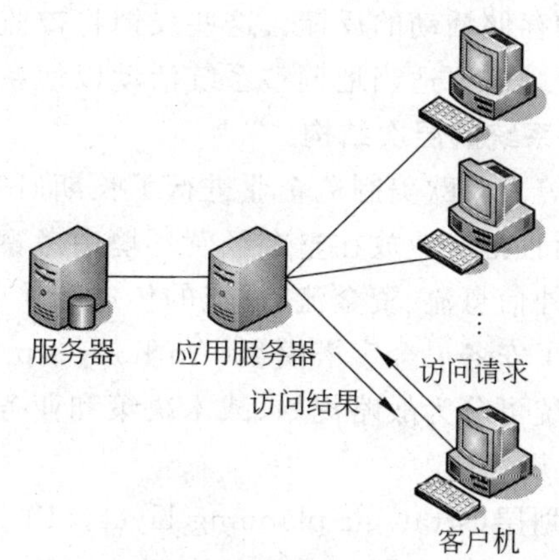

图 1-14 三层 C/S 结构

客户端包括 GUI 界面、Web 界面和一些应用专用的业务规则。中间服务器保存了用于访问服务器中数据的业务规则(过程或约束),接受来自客户端的请求,处理这些请求,并向服务器发送访问命令,然后作为一个通道将来自服务器的(部分)经过处理的数据传递至客户端,可能对数据做进一步的处理和过滤,并以 GUI 形式提供给客户。

这种体系结构的优点是可以更安全地以加密形式将敏感数据由服务器传送给客户,再由客户端进行解密,这样提供了数据安全性。现有的多种数据压缩技术也有助于将大量数据通过有线和无线网络从服务器端传送给客户。

2. 信息系统的功能结构

从信息处理的功能角度分析信息系统的结构,可以分为数据输入、数据处理、数据存储、输出信息产品和控制系统运行 5 个部分。

1) 数据输入

关于组织的业务和其他事件的数据必须通过输入功能来获取,并为处理过程做准备。用户直接将数据输入计算机系统,或者将关于事物的数据以某种物理介质的形式(如纸张)记录下来。数据一旦输入,将被转存为计算机可以识别的形式,直到被处理过程调用。

2) 数据处理

数据处理的功能包括计算、整理、分类、数学建模和仿真运算等。通过这些活动来组织、分析和处理数据,从而将数据转化为适于用户使用的信息。

3) 数据存储

数据存储是信息系统的基础组成和主要功能之一。在这个环节,数据以某种有组织的方式保存下来以备今后使用。存储的数据通常是以数据库的形式来组织,以实现数据的一次存储、多次使用。

4) 输出信息产品

在输出活动中,信息可以多种形式提供给用户。信息系统的目标是向用户提供合适的信息产品。一般的信息产品包括消息、报告、报表以及由视频显示、音频声响、纸质产品、多媒体提供的图解或图画。

5) 控制系统运行

控制信息系统的运行是一项重要的信息系统功能。信息系统必须能够生成关于输入、处理、输出和存储活动的反馈。这些反馈将被监控和评估，以决定系统是否符合预先设定的运行指标，否则需要适当地调整系统活动以使系统生成满足用户需求的信息产品。

3. 信息系统的层次结构

安东尼等人对欧美制造企业进行了长期研究，考察了企业内部的业务流程和信息系统基本结构，而且把企业放在整个经营环境中考察，把企业内外部环境结合起来，系统地描述出了企业内外信息流、资金流、物流的传递和接收过程，反映了包含整个供应链信息管理的全景。提出了安冬尼金字塔模型(Anthony's paramid)。该理论认为经营管理业务活动，即企业管理系统可分为战略规划、战术决策和业务处理三个层次。

1）战略规划层

战略规划层(strategic planning layer，SPL)为最高管理层，是指诸如企业组织目标的设定与变更，为实现该目标所采取的资源政策等计划、规划和预算过程。

战略层系统帮助高层领导处理和解决战略问题，例如制定企业目标和长期规划、确定行动方针。这些问题的解决，需要从组织内部和组织外部收集信息，进行整理、概括和综合，运用适当的数学模型对未来的趋势进行预测，将信息以合适的表现形式提供给决策者，例如提出各种可供选择的方案、图表、图像或报告等。这类系统关心的是，组织如何在激烈竞争的环境中保持和发展核心竞争力，例如企业未来5年的新产品开发计划、未来投资的方向等。

2）战术决策层

战术决策层(tactics decision layer，TDL)又称"管理控制层"，为中间管理层，是为实现企业目标，使企业能够有效地获得并利用资源的具体过程。

战术决策层系统服务于中层领导对组织进行监督、管理和决策。这类系统需要回答的主要问题是组织的一切是否运行正常、是否正在按照既定的目标和方针实施等。它经常需要为管理者提供定期的报表，有时也需要解决"如果……会……"一类的问题。例如，如果增加产品需求，生产安排会受到哪些影响等。

3）业务处理层

业务处理层(business treatment layer，BTL)又称"作业控制层"，为基层管理层，是为确定某特定业务能够被有效地、高效地执行的全过程。

业务处理层系统支持组织基本的业务活动和交易，实现对各种业务信息的计算、统计、查询和文档管理等。业务处理层系统的特点是，处理的信息量大、信息来自于组织内部的业务活动、是当前发生的和精确的、信息的处理遵循预定的规则、适合于用计算机程序来实现等。三个不同层次的决策问题的特点，决定了它们所需要的信息特点的不同，如表1-2所示。这些特点表现在信息的来源、信息的结构、信息的时间性、信息的精确度和信息的形式等多个方面。处于组织不同层次的信息系统必须能为相应的决策层提供适用的信息。

表1-2 决策层次与所需求的信息的特性

信息特性	作业层决策	管理层决策	战略层决策
时间性	实时的	当前的和历史的	面向未来的
来源	内部	内部和外部	主要来自外部
发生率	频繁发生	周期性	突发性

续表

信息特性	作业层决策	管理层决策	战略层决策
结构	严谨	较严谨	松散
精确度	高度精确	精度中等	不过分精确
内容	具体而详尽	一定的综合	高度综合与概括
形式	数字	数字、报表	图形、图表、报告

4. 信息系统的职能结构

信息系统存在于组织中，为组织的目标服务，支持组织实现其特定的职能。因此，从支持组织职能的角度，可以将信息系统划分为若干相互关联的职能子系统。例如，一个制造企业的基本职能有市场营销、生产制造、采购供应、财务和人力资源管理，其信息系统按照职能划分，可以分为市场营销子系统、生产制造子系统、采购供应子系统、人力资源子系统以及财务和会计子系统。这些职能子系统之间既有区别又有联系，企业范围内的信息系统将它们集成在一起，使得信息流、物流和资金流通过关键的业务流程、跨越部门的界限实现整合。

1.3.6 信息系统技术体系

信息系统学科的研究对象是信息系统，主要研究内容包括信息系统的开发、建设、运行、管理以及信息资源开发利用等理论与方法，是一门综合性强的交叉学科。相应地，信息系统技术研究也分为4个主要方向，形成了各自的研究内容，如图1-15所示。

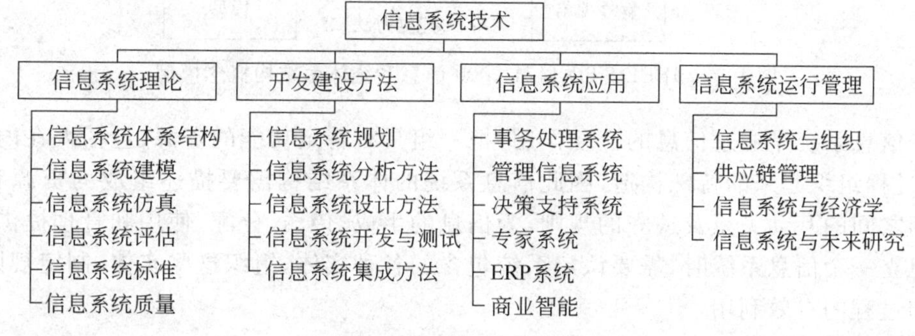

图1-15 信息系统技术体系

上述信息系统技术体系中，信息系统理论和开发建设方法处于技术基础层面，本节只对信息系统的体系结构概念进行简单介绍，信息系统的开发方法等将在第2章中讨论。

一个系统是由实体组成的，实体之间相互关联，按照约定的规则和制约条件彼此交互作用。系统的体系结构描述组成系统的实体以及实体之间的关系，是系统高层次的逻辑抽象。如同建筑物的“建筑结构”，信息系统的体系结构是指系统的顶层设计和基本架构。

根据IEEE(Institute of Electrical and Electronics Engineers，美国电气与电子工程师协会)于1990年公布的IEEE STD 610.12中体系结构的定义：“The structure of components，their relationships，and the principles and guidelines governing their design and evolution over time”，信息系统的体系结构应该描述的是系统的组成结构及其联系，以及系统结构的设计和变化的原则等。当前关于信息系统体系结构广泛采用的标准是IEEE

STD 1471-2000，在该标准中，补充定义了系统及各部分对环境的关系，给出了描述信息系统体系结构所需要定义的各个要素，并且通过一个概念模型对这些要素进行了规定，该概念模型如图 1-16 所示。

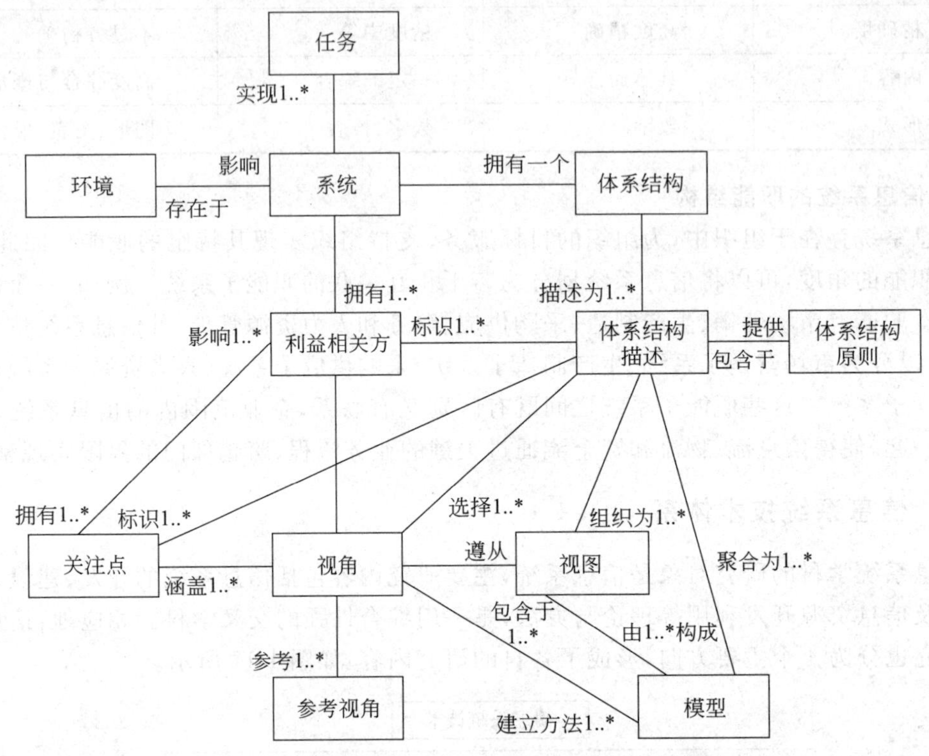

图 1-16　IEEE STD 1471-2000 信息系统体系结构概念模型

由于信息系统是通过信息的交互作用，把一组具有特定功能的资源（包括人在内的相关实体）和过程组织起来的特殊构造，因此信息系统的体系结构需要描述组成的资源和过程，以及它们之间的互动关系及遵守的规则，为信息的生成、传输、分配、使用和管理提供基本的框架。建立一个信息系统时，需要认定系统包含的各种实体，组织这些实体，制定规则，以达到资源和过程的有效利用。

1.4　军事信息技术与系统

1.4.1　军事信息

虽然军事信息的概念被广泛使用，但是目前还没有军事信息的统一定义。军事信息包括所有对军事行动进行决策所需要的敌情、我情、友情、天文、地理、气象和水文等知识。在某种程度上，军事信息等同于军事情报。具有潜在情报价值的信息可分为科学与技术、地缘政治、环境、编制、战斗序列和军事行动 6 类。军事情报是军队指挥的基础，没有军事情报，一切军事活动都无法展开，无法做到“知己知彼，百战不殆”。

军事信息主要分为人工情报和技术情报。技术情报中主要是采用电子技术方法获得的军事电子信息。电子信息容易传输、处理和存储，且在传输和存储过程中容易加密。用其他方法获得的信息，也往往要转换为电子信息。

1.4.2 军事信息技术

军事信息技术是指应用于军事领域的各种信息技术，也就是军事信息系统以及信息武器装备的研究、设计、制造和保障等技术。

军事信息技术是军事信息的内容、载体、流动和效用等基本要素的决定因素。信息的内容主要由信息获取和处理技术决定；信息的载体主要由信息表达技术决定；信息的流动主要由信息传输决定；信息的效用主要由信息施用对象以及信息本身的价值决定。因此，军事信息技术可以划分为以下主要方面：信息获取技术、信息传递技术、信息处理技术、信息对抗技术、信息安全技术、信息系统总体技术和信息基础技术等。

军事信息技术为在信息化战争中夺取信息优势，决策正确，进而取得战场优势奠定了技术基础。

"改变经济和社会的那些力量，也将改变战争"。正如工业革命曾引起军事上的巨大革命一样，信息技术的发展和在军事领域的广泛渗透与应用，也引发了一场新的军事革命。这是社会、经济和科学技术变革在军事领域的必然反映。信息时代的经济是以信息产业为主要支柱的知识经济，信息时代的军事也将是以信息技术为基础和核心的知识军事。1995年，钱学森教授指出："远程核武器的巨大破坏力，再加上现在高度发展的信息技术和电子计算机技术，就形成现阶段和即将到来的21世纪的战争形式：在核威胁下的信息化战争。"

信息技术的发展不仅使信息成为人类赖以生存的重要资源，而且还成为一种重要的战争资源。信息技术及其同物质、能量有机结合物化出的新一代信息化武器系统，从根本上改变了战争的形态，使战争出现了新的特点和新的战争指导规律。朱光亚也指出，信息和知识具有全球扩展、光速传播、非线性效应、用之不竭、多方共享等独特性能，不仅成为信息时代的生产要素，而且能操纵和控制战争中的物质和能量，大大提高作战效能并减少其他战斗力要素的投入。

信息技术应用于武器系统，对热兵器进行"脱胎装脑"的改造，形成了并还将继续发展的精确制导武器、定向能武器和灵巧弹药等一大批信息化、智能化、精确化杀伤武器以及相应的信息化、隐形化、一体化运载平台和投掷系统，使各种武器系统的作战效能成倍地提高。总之，信息化武器所带来的作战效能是以往传统武器所不能比拟的。

信息技术的应用还促进了对典型工业时代特征的单功能武器装备的综合集成，形成了许多高效多能、一体化的新型武器装备(系统)，进一步提高了武器装备的作战效能。例如，精确制导武器就将爆炸杀伤功能、动力推进功能、探测认知功能、制导控制功能和一定的信息处理功能集成为一个有机整体。

所有这些变革都在促使和加速着力量与信息相结合，使以信息为主导的信息化、智能化武器装备系统登上历史舞台。以信息技术等高新技术的广泛应用为特征的军事信息革命，不仅为现代武器装备的发展另辟蹊径，导致了以精确制导武器、计算机化武器系统和C^4ISR系统为代表的一大批高技术信息化武器装备系统的出现，使武器系统真正突破了原来的发展模式和物理极限，而且为军事领域其他方面(包括军事理论、军队编制和作战方法等)的突破性发展和军事领域的整体性变革奠定了坚实的物质基础。

"计算机中一盎司硅产生的效应也许比一吨铀还大"、"携带计算机的士兵多于带枪的士兵的那一天正在到来"等说法，就是信息技术在未来战争中作用的形象描述。

1.4.3 军事信息系统

军事信息系统是指具备军事信息采集、传输、处理、存储、分发等功能，为军队和武器装备的指挥控制以及决策提供服务的专门信息系统，是最重要的信息系统。

随着信息技术的发展，军事信息系统在战场空间的预警探测、侦察监视、军事通信、指挥控制以及综合保障等方面，发挥着越来越重要的作用。

在军队信息化建设中，军事信息系统起着先行带动作用。因为军队信息化的实质是，通过信息技术的广泛应用和信息资源的开发利用，推动军队的整体转型，而军事信息系统是信息技术在军事领域最为直接、最为广泛的应用，也是信息资源开发利用的平台。网络化作战、精确打击、精确后勤等现代战争理论和思想的形成与实现，在很大程度上取决于军事信息系统的能力和水平。离开了军事信息系统，军队信息化建设的整体水平就难以从根本上得到提高，信息化建设也就缺少了根本的物质基础。

1. 军事信息系统的分类

军事信息系统的涵盖范围广泛，目前没有公认的统一分类方法。

(1) 从军兵种角度分类，可把军事信息系统分为陆军军事信息系统、海军军事信息系统、空军军事信息系统、导弹部队军事信息系统和航空兵军事信息系统等。

(2) 从指挥层次分类，可把军事信息系统分为战略级(用于全军的)、战役级(用于各兵种协同作战)、战术级(用于军以下单位)和作战平台级军事信息系统等。

① 战略信息系统：战略信息系统是保障最高统帅部或各军种遂行战略指挥任务的信息系统，包括国家军事指挥中心、国防通信网和战略情报系统等。其中，国家指挥中心是战略信息系统中最重要的部分，一般下辖若干个军种指挥部。国防通信网是军队信息传递和交换的基础，是军队传输指挥信息、管理信息和情报信息的主要载体。战略情报系统是运用预警探测、技术侦察、部队侦察和电子对抗侦察手段组成的全方位的军事情报系统。

② 战役信息系统：战役信息系统是保障遂行战役指挥任务的信息系统，包括战区信息系统、陆军战役信息系统、海军战役信息系统、空军战役信息系统和战略导弹部队战役信息系统等。系统主要是对战区范围内的诸军种部队实施指挥，或者各军种对本军种部队实施指挥。战役信息系统既可遂行战役作战任务，又可与战略信息系统配套。

③ 战术信息系统：战术信息系统是保障遂行战斗指挥任务的信息系统，包括陆军师、旅(团)信息系统，海军基地、舰艇支队、海上编队信息系统，空军航空兵师(联队)和空降兵师(团)信息系统，地地导弹旅指挥信息系统等。战术指挥信息系统种类繁多，功能不一，其共同特点是机动性强，实时性要求高。

④ 作战平台信息系统：作战平台信息系统又称武器控制系统。它不仅能够控制坦克、飞机、舰艇等战役战术武器，而且还能控制像洲际导弹、战略轰炸机等单个战略武器。一个完整的武器控制系统通常包括警戒系统、目标分配系统、引导系统和武器本身。武器控制系统的运用，实现了从发现目标、目标区分、引导攻击到判明打击效果等全过程的自动化，从而使整个作战过程能在极短的时间内完成。

⑤ 单兵信息系统：单兵信息系统又称单兵数字化设备，是保障单个士兵遂行作战任务

的信息系统。它包括整体式头盔子系统、单兵武器子系统、个人便携式电子计算机、通信子系统、全球导航定位系统(GPS)和生存子系统等。单兵信息系统是数字化士兵的主要武器装备，它的出现将大大提高士兵的杀伤力、防护力、保障力和信息处理能力。

(3)从应用领域分类，可把军事信息系统分为指挥控制、预警探测、情报侦察、军事通信、电子对抗和综合保障等军事信息系统。

① 指挥控制系统：有时也称指挥控制中心或指挥所系统。其任务主要是将输入的各种情报和信息快速地进行综合处理，为指挥人员进行决策判断提供可靠的信息；辅助指挥人员拟制作战方案并通过模拟推演和分析判断，为指挥人员下定决心、下达命令提供准确依据；根据作战命令提供各种兵力、兵器的指挥控制和引导数据，通过通信系统传递给有关部队和武器系统，实施指挥和控制。

② 通信系统：通信已成为维系整个战场机器高效运转和影响战争进程、决定战争胜负的关键因素之一。其作用是把各类情报信息从基层单位传送到作战指挥中心，并且把作战指挥中心的命令下达给执行任务的部队，从而使作战指挥中心和作战部队之间构成一个有机的整体。良好的通信保障是实施指挥信息化的基础和军队作战的生命线。

③ 情报系统：包括情报侦察、预警探测和防空防天等。情报信息获取是实现“知己知彼”必不可少的手段，有利于消除战争的迷雾。其作用是搜集敌我双方的各种情报信息，供指挥人员及时了解军情和战场态势。

④ 电子对抗系统：电子对抗的实质就是敌我双方为争夺电磁频谱的控制权(即制电磁权)所展开的斗争。其主要内容包括电子侦察(支持)、电子进攻和电子防护。其基本手段是电子侦察与反侦察、电子干扰与反干扰、反辐射摧毁与反摧毁。

⑤ 综合保障系统：包括后勤保障和装备保障等。现代战争是陆、海、空三军和各兵种密切联合的立体战争，前后方的差别越来越小；军队的武器装备复杂，而且种类多，技术性强；作战行动快，人力、物力消耗巨大，保障任务更加艰巨和繁重，特别是弹药、油料的供应和管理，所有这些使得各类保障任务都上升到非常重要的位置。

2. 军事信息系统的功能

军事信息系统战时用于部队作战指挥、武器控制和综合保障等，平时则用于军事训练、作战模拟、部队管理、战备值班和反恐、维稳、抢险救灾等突发事件处置，其功能和作用具体体现在对军队上述行动及任务的信息获取、处理、传递、利用及信息对抗等信息服务方面。

1) 信息获取

信息获取功能是指系统利用信息探测设备、人员等手段从外界获得所需信息的能力。信息获取通常包括信息采集和信息接收，前者是主动获取，而后者是被动获取。获取的信息种类有敌情、我情、友情、天文、地理和社情等。信息携带的方式有话音、文字、数据、图形和图像等。

军事信息系统把各类信息源联成整体，形成多手段、多层次和全方位的全源信息收集体系，对采集或接收的信息进行识别、分类和评估等处理，使所获得的信息相互补充、彼此印证，确保其及时、全面、准确和可靠地输送给信息中心，进行处理并分发给有关指挥人员，以便进行决策。因此，及时、准确地搜集情报信息是对信息系统的重要要求，是其必备的功能之一。

2）信息处理

信息处理功能是指系统按照一定的规则和程序，对获得的各种信息进行综合加工和处理的能力。信息处理的主要工作是对各种信息进行登录、分类、更新、存储和检索以及坐标变换、运动参数计算、属性识别和威胁估计等的分析和处理。通过对传送到指挥中心的这些孤立零散、迟延重复、真伪混杂，甚至彼此矛盾的情报进行融合、分析、筛选、加工、编辑、存储和分发等处理，可将其转化为具有预测和结论性的通用态势图等可用信息，这就是军事信息系统信息处理的结果。

3）信息传输

信息传输功能是军事信息系统利用多种通信传输手段，按照一定的传输规程和代码格式，把收集到的情报传递到指挥机关，并把指挥员的命令下达到部队，把作战数据传送至各作战平台，实施指挥与控制的能力。对信息传输的基本要求是快速、准确、稳定、可靠、保密和不间断。信息传输类型主要有话音、文字、数据、图形和图像等。

4）信息对抗

军事信息系统支持以电子对抗为主的信息对抗侦察、进攻和防御的情报获取、筹划决策、组织计划和控制协调，体现在支持对电磁环境的侦察、威胁分析与判断；支持通信干扰、雷达干扰、光电干扰和计算机网络攻击等；具备防干扰、防病毒、防泄露、防破译和防渗透等信息防护功能；具备数据容灾备份和战损自毁功能。

5）信息利用

军事信息系统的最终功能是为作战指挥机构和指挥人员提供信息利用的服务。信息利用功能及作用，主要体现在利用系统对部队和武器系统进行指挥控制，进行作战模拟和军事训练，支持军队作战协同、综合保障和战备等级转换等方面，以实现指挥控制的智能化、武器控制的自动化、指挥决策的科学化、军队建设的信息化，最终实现作战效能的最大化。

1.4.4 军事指挥控制系统

军事指挥控制系统是指在军事活动过程中，帮助指挥人员实施各项指挥业务，辅助指挥人员对部队、武器装备进行指挥与控制，使得指挥员能够及时、全面、准确地掌握战场态势，制定合理作战方案，快速准确地下达命令，从而控制战场的主动权的军事信息系统。

指挥控制系统也称为C^4ISR系统，是具有指挥（command）、控制（control）、通信（communication）、计算（computer 或 computing）、情报（intelligence）、监视（surveillance）和侦察（reconnaissance）功能的军事信息系统。

1. C^4ISR 系统的产生与发展

C^4ISR 系统是指美国军队整个信息基础设施、组织机构和那些对信息收集、传输、处理、储存、分发、显示和使用行动的总和，其本身是一个人-机系统，是美国军队轻而易举地打赢近期几场高技术局部战争特别是伊拉克战争的根本保障。美国军队是世界上唯一建成了比较完备的战略级、战役级和战术级指挥信息系统的军队。

20 世纪 50 年代末，在计算机问世不久，美国军队首次把电子计算机用于军队指挥，提出了指挥控制系统（command and control system），简称C^2系统。美国最先建成并使用的“赛其”（semi-automatic ground environment system，SAGE）半自动化防空指挥控制系统，已被国际上公认为指挥信息系统的先驱。该系统是以二战中英伦三岛防空系统为蓝本设计的，在某些环节应用了早期的计算机，首次实现了信息采集、处理、传输和指挥决策过程中部分作业的自动化，开始了作战行动的指挥控制方式由手工作业为主向自动化作业转化的质变过程。尽管该系统的技术水平还不高，发挥的作用有限，但毕竟这是在信息控制和利用方面的一次飞跃，为美国军队充分发挥信息的巨大能量提供了可能，向指挥控制信息化跨进了一步。

1962 年 10 月，爆发了古巴导弹危机。美国利用当时正在建设中的全球军事指挥控制系统(WWMCCS)和战略空军自动化指挥控制系统，实施了一场典型的信息对抗行动，并凭借取得的信息优势，最终迫使前苏联领导人屈于压力，含辱而退。当时，美苏两国冷战正酣，随着远程武器的发展，特别是各种战略导弹和战略轰炸机大量装备部队后，遂行指挥决策与作战行动的各单位之间可能相隔数千公里，甚至更远。这个事件无形中也是对当时美军 C^2 系统建设的一次大检验，从中暴露出军事指挥系统通信能力弱、可靠性差、各系统之间因互不兼容而造成信息传输低速、低效等严重缺陷，引起了美国军方的高度重视，其认为单一的 C^2 系统已无法胜任现代战争的指挥控制任务，也难以实时传输大量的情报信息。为了克服这些缺欠，美国军队又把通信纳入指挥控制系统，扩展成指挥控制通信系统(command control and communication system)，简称 C^3 系统。C^3 概念的出现，表明美国军队已逐渐认识到，在现代战争中指挥、控制与通信应融合为一个整体，其中，指挥与控制是目的，通信是达到目的之必要手段。在现代战争中，如果没有有效的通信手段，基层作战部队、作战指挥中心、武器系统都将成为毫无组织的、孤立的、无所作为的一群武装的单元，不能形成有机整体，根本无法发挥其整体作战效能。因此，取得作战胜利的关键之一是有效的通信。

20 世纪 70 年代以来，由于信息技术的不断发展，军队指挥和控制对情报的依赖性增大，又在 C^3 系统的基础上集成了情报的含义，扩展成后来普遍称谓的 C^3I 系统(command control communication and intelligence system)。C^3I 系统概念对指挥信息系统的综合集成起到了推动作用，在西方国家得到了推广。

20 世纪 80 年代末，在美国出现了 C^4I 概念，即将计算机(computer 或 computing)综合进了 C^3I 系统，称为 C^4I 系统。这是由于不仅计算机和软件在指挥与控制中作用的增长，还由于计算机已广泛应用于通信网络和情报系统之中。计算与通信技术对指挥控制功能的支持提高了指挥员获得信息的速度，加快了战争进展的节奏。

20 世纪 90 年代，受海湾战争的影响和信息战理论的牵引，在迅猛发展的信息技术的推动下，美国军队的 C^4I 建设掀起了又一个高潮。首先提出了“武士 C^4I”这个 C^4I 发展的总纲，要实现各军兵种 C^4I 系统的互通，支持信息时代的联合作战，朝着全军 C^4ISR 综合信息系统一体化方向发展。

美国国防部 1995 财政年度国防报告提出了综合 C^4I 体制，综合 C^4I 不仅包括传统的指挥、控制、通信、计算机和情报，还包括反情报、公共信息管理和信息战。近年来不断发生的局部战争使其进一步认识到掌握战场态势的重要性，提出“战场感知”的概念，美国国防部 1997 财政年度国防报告又把监视(surveillance)和侦察(reconnaissance)综合进 C^4I 系统，称为综合 C^4ISR 系统(集成的 C^4ISR)即 IC^4ISR(integrated C^4ISR)。情报监视与侦察(ISR)技术扩大了对敌侦察和目标导向的范围及纵深，也扩展了部队作战的范围。

阿富汗战争后，美国军队又根据“网络中心战”的作战理论，提出了 C^4KISR 更新的集成概念，将 K(kill，杀伤、摧毁)能力嵌入 C^4ISR 系统之中，即将地(海)面、空中和太空的各种传感器、指挥控制中心和武器平台集成为一体化网络，形成搜索监视、识别、打击和战损评估的杀伤链，使 C^4ISR 系统的各个要素与主战武器的杀伤过程更紧密地结合，实现最佳的作战效能。

美国军队正在开发先进的传感器技术，应用这些技术，可以构成一个无所不在的感知网络。无论敌方部队如何进行机动，总有某个适当的传感器可对其进行监视，除非敌方部队进入地下活动，即便敌方部队身处密林之中，穿透树叶目标传感器也可对其进行探测与跟踪。美国军队的目标是通过 C^4KISR 系统，这个由传感器、信息利用、指挥控制和武器弹药所构成的无缝网络，将作战指挥官与武器装备使用者联系起来，确保始终有某个适当的传感器对敌方部队实施连续监视，并应用适当的作战平台与武器对其攻击杀伤。

C^4KISR 系统实现预警探测系统、通信与指挥控制系统、各种打击系统的一体化，使美国军队较敌方处于更有利的信息地位，从而实现信息优势、决策优势和作战行动的全域优势。随着科学技术的进步和军队指挥理论的不断发展，指挥信息系统的内涵和外延会不断拓宽，其功能会不断地加强和完善。

2. C^4ISR 系统的功能模型

随着技术、认识和应用的发展，学术界和应用领域曾出现综合电子信息系统、作战指挥信息系统、指挥自动化系统等概念和术语，从不同角度、不同层次、不同侧面对军事指挥控制系统进行了描述。不管称呼如何，指挥控制系统的本质内容一直对应着 C^4ISR 系统所描述的各个要素。C^4ISR 系统的基本组成和功能模型如图 1-17 所示。

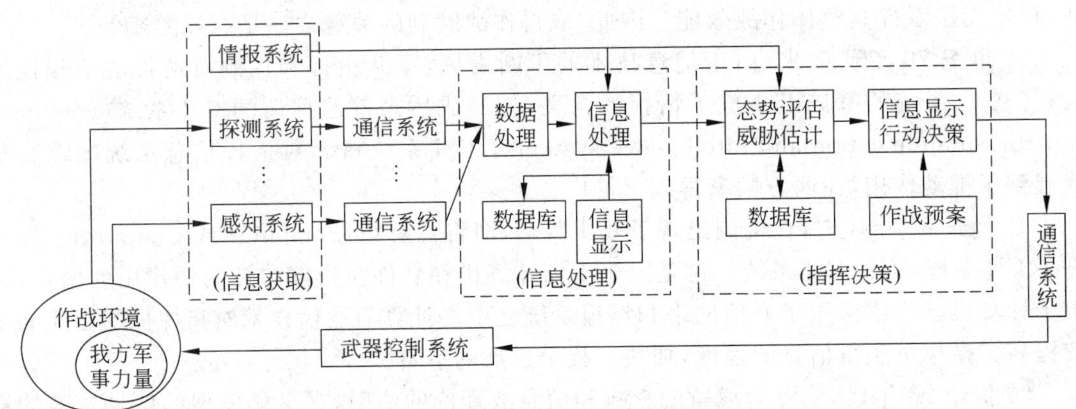

图 1-17 C^4ISR 系统基本组成与功能模型

从技术角度看，C^4ISR 系统是一个信息系统，涵盖了信息流程中的信息采集、信息传递、信息处理和信息利用等环节。

3. C^4ISR 系统的体系结构

1）美国军队开发 C^4ISR 系统体系结构框架的目的

在“海湾战争”中，以美国为首的多国部队依靠 C^4I 系统的情报处理和辅助决策，平均每天指挥 2600 架次飞机攻击数以百计的伊拉克目标，多次摧毁伊拉克的指挥中心和通信枢纽，对伊拉克的雷达和无线电通信施放干扰或进行摧毁。失去“耳目”的伊拉克的飞机和防空武器几乎完全丧失战斗力。

美国的 C^4I 系统尽管为海湾战争的胜利立下了汗马功劳，但也暴露了其许多固有的严重问题。战争期间，利雅得联合司令部每次做出对伊空袭兵力分配决策之后，都必须派人(信使)带上磁盘分乘两架海军飞机分别飞向波斯湾和红海的航空母舰分发作战命令。

这种与现代高技术战争极不协调的下达作战命令的方式是由于美国空军 C^4I 系统与海军 C^4I 系统不能互通造成的。因为在“海湾战争”之前，美国的指挥控制信息系统都是由各军种甚至各兵种独立建设的，所建立的系统都是按传统的技术、词汇和表示方法单独开发研制的，系统具有满足各自特殊要求和特殊目的的体系结构，系统之间很难实现互联，更难实现系统间信息的互通和应用上的互操作，非常不适应多军兵种联合作战，被称为“烟囱式”系统。

在新的军事变革的推动下，美国加紧建设综合 C^4I，以代替各军种独立建设的“烟囱式”的 C^4I 系统。1992 年 6 月，美国参谋长联席会议提出的“武士 C^4I”计划为综合 C^4I 系统的发展提出了需求和目标。“武士 C^4I”计划旨在建设 4 个军种共享的综合 C^4I 系统，采用了可互操作的网络体系结构，能在任何地方、任何时间为指战员提供准确的、完整的、经融合的实时显示作战空间图像、实时和详细的作战任务以及清晰的敌方目标视图，最有效地发挥作战部队与各级指战员的作用。其早期目标是把各军种现有的主要 C^4I 系统综合起来，在它们之间实现最大程度的互通；未来的目标是建立一个覆盖全球、多级、多功能、保密而安全的 C^4I 网络。

为实现“武士 C^4I”计划需要开发一个通用的综合体系结构框架。研究信息系统的体系结构就是要提供标准化、规范化的方法以及技术标准和指南，来确保各军兵种开发的系统的体系结构能够在机构间和机构内互联，而且是可比较的和可集成的。

1996 年 6 月 7 日，C^4ISR 体系结构工作组发布了《C^4ISR 体系结构框架 1.0 版》，并于 1997 年 12 月 18 日颁布《C^4ISR 体系结构框架 2.0 版》。2003 年 8 月 23 日，美国国防部发表《国防部体系结构框架(最终草案)》。而后又在此基础上，于 2004 年 2 月 9 日颁发《国防部体系结构框架 1.0 版》(DODAF1.0)。《国防部体系结构框架》已经成为军事信息系统顶层设计的方法学。正因为如此，美国军方强调使用《C^4ISR 体系结构框架》或《国防部体系结构框架》中已经确定的方法开发具体的体系结构，这已经成为美国国防部开发新型军事信息系统的趋势。这样的案例很多，其中以《全球信息栅格体系结构》的开发最具代表性和最典型。2001 年 6 月发布了《全球信息栅格体系结构 1.0 版》，2003 年 8 月颁布了《全球信息栅格体系结构 2.0 版》，按照 5 种作战任务，分别开发了全球信息栅格的体系结构。现在，美国军方已将与《全球信息栅格体系结构》相一致的要求纳入体系结构开发准则之中。

“框架”是为描述体系结构提供指导而制定的文件，它是制定体系结构的方法或模型的规范，而不是用来描述具体的体系结构。体系结构框架统一了描述体系结构的关键概念，给出了在开发和表述体系结构过程中常用的指导原则、规则以及描述体系结构视图的各种产品的定义、目的和详细构成。框架将为信息系统的体系结构理解、比较和综合集成提供一个共同的基准。

国外和国内的实践表明，框架不仅适用于单个系统的体系结构的开发，而且更适合于综合系统、系统家族和系统网络的体系结构的开发。体系结构框架适用于信息系统制定蓝图阶段，也就是系统立项前的分析阶段，而不是主要用来指导系统立项后的体系结构设计与实现。

2) C^4ISR 系统的体系结构视图

C^4ISR 体系结构框架定义了体系结构的作战(operation)、系统(system)和技术(technology)三个视图(view)及它们之间的逻辑关系(logical interrelationship)。三种视图之间是紧密的相互制约和相互连接的关系,在逻辑上结合在一起完整地描述系统的体系结构,如图 1-18 所示。

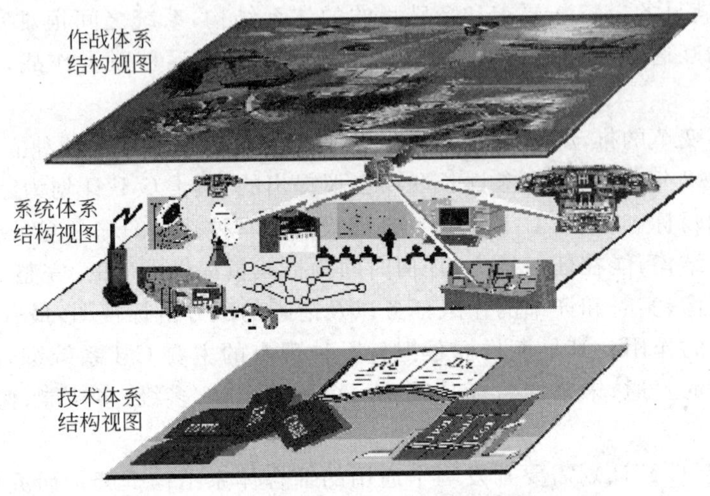

图 1-18　C^4ISR 体系结构框架的三个体系结构视图

(1) 作战体系结构视图

作战体系结构视图(operational architecture view,OV)以战场时间流为主线,对完成一次作战行动任务所应具有的作战编制配置及其在各作战阶段的任务区分、作战活动和信息交换进行规范化的描述,建立用形式化描述语言表述的图形和表格式文档。其中,必须明确作战使命、地理配置、连接能力,要描述作战结点、结点上实现的作战活动和结点的连接能力,要描述结点间需要交换的信息以及信息交换的属性,明确各组织之间的指挥、控制、协调关系,明确作战活动之间的关系及执行这些活动的机制,规定作战规则,描述作战状态和变化过程等。回答了如下问题:在本次作战行动中,在各个作战阶段,谁干什么(即各作战结点的任务),谁和谁发生联系(即各作战结点间的信息交换关系),发生什么样的联系、多少联系(即各作战结点间信息交换格式、内容和信息量)。

(2) 系统体系结构视图

系统体系结构视图(system architecture view,SV)是对系统及保证或支持作战功能的互联(interconnection)的一种描述。描述的主要内容应该包括系统间的关系、系统与系统之间以及系统内部之间的接口和通信连接关系、系统功能之间的信息流以及系统的性能要求和设计,还应该包括系统功能与作战活动的对应关系、系统间的信息交换关系、数据特性、系统状态变化、系统发展进程等。

(3) 技术体系结构视图

技术体系结构视图(technical architecture view,TV)是一些规则的最小集合。这些规则支配系统的一些部件或要素的安排、相互作用以及相互关系。

技术体系结构视图提供了系统实现的技术指南,据此可以制定工程规范,建立通用的构成部件,开发产品基线。它包括一批技术标准、惯例、规则和准则,它们组成了轮廓

(profile),来决定特定系统体系结构视图的系统服务、接口和相互关系,并与特定的作战视图建立了联系。

技术体系结构的开发思路是,最大限度地利用国际商用标准,及时采纳新技术和发展中的标准,逐步淘汰旧技术标准。

(4) 三个视图间的关系

作战体系结构一般由军事人员提出,系统体系结构由军事人员和系统设计人员共同提出,技术体系结构则由设计部门的总体设计人员提出。

作战体系结构以典型的作战行动为背景,通过对作战行动过程中信息活动的规范描述,确定作战指挥在整个作战行动中的信息交换需求,从而进行系统功能和性能的需求分析。它是 C^4ISR 系统需求工程建设的第一步。没有这个环节,系统体系结构设计就会无的放矢、脱离实际,而且因为缺乏共性基础,最终做成一个个的"烟囱"。

系统体系结构主要是对作战体系结构进行功能分解而形成的。它研究系统必须执行的各种功能以及功能间的相互关系,包括系统的功能划分、物理组成接口关系及信息流程等。

技术体系结构主要是指系统的技术体制和运行规则,并据此确定系统所使用的基本技术设备,包括软硬平台、技术体制、共性技术和互联互通标准等,为工程实施提供技术指南。

三者之间的关系就是以作战体系结构体现指挥业务需求,以技术体系结构提供技术开发标准,以系统体系结构体现物理设计指标。也就是在技术体系结构规则的约束下,将逻辑的作战体系结构转换为物理的系统体系结构。作战体系结构规定和影响着系统体系结构,推动着技术体系结构的开发。三种视图之间是紧密的相互制约和相互连接的关系,在逻辑上结合在一起完整地描述系统的体系结构,如图 1-19 所示。

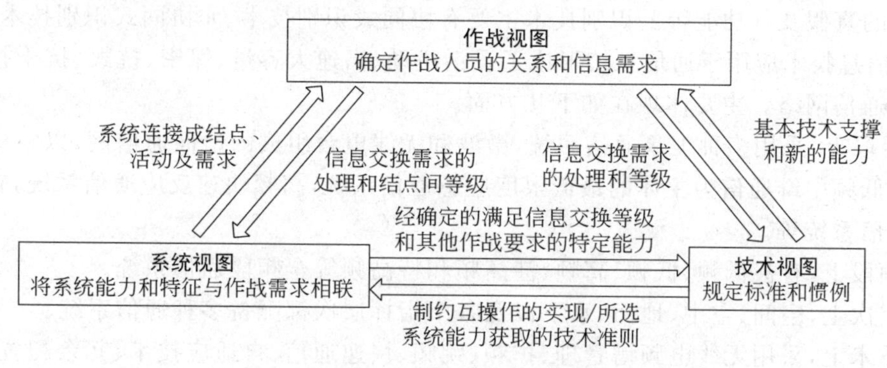

图 1-19 三个视图间的关系

研究 C^4ISR 系统体系结构,有利于我军指挥信息系统的需求的表述、系统总体方案的描述和技术标准的选用的研究,以便形成我军指挥控制信息系统体系结构的统一和规范的开发方法,改进指挥信息系统体系结构的描述过程,提高顶层设计水平。

4. 信息技术在 C^4ISR 系统中的应用

(1) 信息技术应用于指挥控制,形成了被称为"力量倍增器"的 C^2 到 C^3I,再到 C^4I 系统。

指挥控制系统所涉及的技术可分为三个层次,核心层是决策支持技术,主要包括战场态势估计、威胁估计、战术计算、火力分配、计划生成、方案选优和打击效果评估等;第二层是支撑技术层,主要包括信息处理技术(文电处理、图形处理、信息融合等)、信息管理技术(数据库技术、情报检索技术等)和信息显示技术等;第三层是一些与其他领域公用的技术,例如人机接口技术、安全防护技术、可靠性技术、电磁兼容性技术、内部通信技术、系统监控技术、时统技术、定位技术和环境保障技术等。

(2) 信息技术应用于侦察探测系统使得对目标监视探测和定位识别的距离、范围、精确度和分辨率等提高了几个量级。

情报获取技术物化在实际的信息获取装备及其系统中,例如各种雷达、声纳、红外成像仪等,一般都兼有感知、定位和识别三类功能中的一种或一种以上的功能。

① 感知技术:感知技术(cognition technology)是用于发现目标并获取目标所表现出来的外在特征信息的技术。感知技术是信息获取技术的基础,是完成信息获取过程的第一环节。感知技术发展的里程碑是第二次世界大战中雷达的应用。当前,雷达感知技术、电子侦察感知技术、可见光无源感知技术、红外和多光谱感知技术、声波感知技术等是重要的信息获取技术。

② 定位技术:定位技术(location technology)是测量目标的位置参数、时间参数和运动参数等时空信息的技术。在现代联合作战条件下,双方作战力量在陆海空天电一体化的广阔空间行动,机动速度快,变化频繁,准确及时地掌握敌我双方部队以及武器装备的时空信息,对于实施科学、及时、正确的指挥至关重要。因此,定位技术是信息获取的重要技术之一。定位技术主要有雷达定位技术、电子侦察定位技术、全球卫星定位技术和声纳定位技术等。

③ 识别技术:识别技术(recognition technology)是通过感知技术所感知到的目标外在特征信息,证实和判断目标本质特性的技术。目标识别过程是将感知到的目标外在特征信息转换成属性信息的过程。识别技术的重要作用是确定目标的敌我属性、区分目标的类型、辨别目标的真假及其功能等。识别技术主要有协同式识别技术、非协同式识别技术等。

(3) 信息技术应用于通信系统形成了灵活机动、高速大容量、保密、抗毁、抗干扰和全时空的军事通信网络。主要体现在如下几方面。

① 手段上,采用多种卫星通信系统,微波和无线电台组成的地面通信网,以空中指挥所和机载甚低频中继通信为主体的最低限度应急通信系统,高频快速反应通信系统,轻便灵活的新闻通信系统等。

② 频段上,有甚低频、低频、高频、甚高频和特高频等全频段通信系统。

③ 层次上,空间、空中、地面、水下以及各个指挥层次都配备多种通信系统。

④ 技术上,采用无线电频谱管理、扩频、跳频、快速通信、自适应技术、冗余配置、电子方舱和抗核加固等措施,有效地提高通信系统的抗干扰性、抗毁性和机动性。

⑤ 信息传输上,话音、电报、数据及图像通信都得到应用。

⑥ 信息保密上,通信保密覆盖了从最高军事决策当局到前沿阵地的战士之间的各个通信环节,在各种通信设备中均配置相应的保密单元。

1.5 小　结

信息是当代和未来社会最重要的战略资源之一。人类认识和改造世界的一切有意义的活动都越来越离不开信息资源的开发、加工和利用。

信息技术作为现代高技术的主体技术,已经渗透到经济、文化和教育等各个领域,引领人类快速走向信息时代。

信息技术的重要应用之一就是生成多种具体应用的信息系统。军事信息系统是最重要的一类信息系统，具备军事信息采集、传输、处理、存储和分发等功能，为军队和武器装备的指挥控制以及决策提供服务。

新一代军事信息系统的出现从根本上改变了战争的形态，夺取信息控制权和使用权已成为赢得战争胜利的关键，美国著名未来学家托夫勒甚至断言："谁掌握了信息，控制了网络，谁就将拥有整个世界"。根据系统科学的观点，在一定意义上可以把战争看成是人流、物流、能量流和信息流的有序流动过程。而人流、物流、能量流的流向和流量是由信息流指挥和控制的。因此，未来的信息化战争特别强调掌握和运用信息资源的能力和水平，它是驾驭战争能力和水平的重要标志，也是决定战争胜负的关键。

习题

1. 本体论和认识论层次如何定义信息？二者有什么相同和不同之处？
2. 认识论层次将信息按性质分为哪几类？内涵分别是什么？
3. 一般从信息的哪些性质来理解信息的概念？
4. 如何理解信息与物质和能量的关系？
5. 设某系统具有 A_1、A_2、A_3、A_4 4 种状态，其产生的概率分别为

$$p_1=\frac{1}{2},\quad p_2=\frac{1}{4},\quad p_3=\frac{1}{8},\quad p_4=\frac{1}{8}$$

求该系统的信息熵。对于该系统，说明什么样的概率分布可以取得信息熵的最大值，最大值是多少？

6. 试举例说明什么是信息，什么是数据，彼此间有什么关系。
7. 信息科学所要研究的内容是什么？所要研究的信息运动规律包括哪些？
8. 信息技术四基元包括哪 4 类技术？
9. 什么是信息系统？其发展经历了哪几个时期？
10. 信息系统的物理结构、功能结构、层次结构有哪些？
11. 军事信息系统从应用领域分为哪几类？
12. 阐述 C^4ISR 系统概念的演变过程。

第 2 章 信息系统开发

信息系统本身可以当作一类特殊的软件系统，与普通的软件系统不同点在于，信息系统通常需要存储和访问更多类型、更多数量的数据。因此，信息系统的开发除了遵循一般的软件开发过程的规律外，通常还要进行单独的数据需求分析与设计。

早期的信息系统软件主要是指程序。程序的开发采用个体工作方式，开发工作主要依赖于开发人员的个人技能和程序设计技巧。当时的软件通常缺少与程序有关的文档，软件开发的实际成本和进度往往与预计的相差甚远，软件的质量得不到保证，开发出来的软件常常不能使用户满意。随着计算机应用需求的不断增长，软件的规模也越来越大，而软件开发的生产率却远远跟不上计算机应用的迅速增长。此外，由于软件开发时缺少好的方法指导和工具辅助，同时又缺少有关的文档，使得大量已有的软件难以维护。许多软件都推迟交付时间、超出预算、隐含错误，并且不能满足用户要求。上述这些问题严重地阻碍了软件的发展，早在 20 世纪 60 年代中期，人们把上述软件开发和维护中出现的各种问题统称为“软件危机”。1968 年，在德国召开的 NATO 会议上首次提出了“软件工程”一词，希望用工程化的原则和方法来克服软件危机。

本章将从软件工程的角度对信息系统生命周期、开发过程与过程模型、开发方法、构架等方面进行介绍。

2.1 信息系统生命周期

如同人的一生要经历婴儿期、少年期、老年期直至死亡这样一个全过程，任何一个信息系统也都要经历系统定义、可行性研究、需求分析、系统设计、编码和系统维护等阶段直至被淘汰，这一全过程称为信息系统生命周期。

2.1.1 系统定义

系统定义阶段主要解决的问题是待开发的系统要“做什么”，也就是要确定系统的处理对象、系统与外界的接口、系统的功能和性能、界面以及有关的约束和限制。

2.1.2 可行性研究

信息系统的开发通常是一项投资多、耗时长、风险大的工程项目。为了避免盲目投资、减少不必要的损失，新系统开发工作全面实施之前，需要在调查研究的基础上，进行可行性研究，为新系统开发提出依据和建议。

可行性研究(feasibility study)是指在项目投资前(预投资期)对项目建设的各种方案，如新产品方案、技术方案等，以及生产经营方案实施的可能性、技术可行性和经济合理性进行调查研究、分析、计算和评价的活动，其目的是确定研究项目是否可行，并预测建成后可能取得的经济效益，为正确的投资决策提供依据。

可行性研究主要从以下三个方面着手。

(1) 技术方面。根据新系统的目标来衡量所需要的技术是否已经具备,这里的技术包括硬件、软件和应用技术以及从事这项工作的技术人员。硬件方面主要考虑计算机、输入输出设备、通信网络、空调、电源及机房设施等;软件方面主要考虑操作系统、数据库管理系统、语言等配置和功能;应用技术方面主要考虑应用软件、数学模型及管理科学等技术;由于技术是由人来掌握的,系统开发的技术力量不仅要考虑数量,更重要的是质量和水平。

(2) 经济方面。开发信息系统需要有足够的资金保障,因此应估算新系统开发所需要的投资及将来的运行费用,估计新系统建成后带来的收益,进行系统的投资/效益分析。新系统的投资包括硬件、软件、辅助设备费、机房建设和环境设施费、系统开发费、人员培训费、运行费(硬软件的维护、日常消耗的物质、系统人员的工资费用)等。系统的效率主要从改善决策、计划和控制,提高数据处理的及时性和准确性,降低成本,改善服务,提高生产效率等多方面取得。将初步估算的新系统可能获得的经济效益与系统的投资相比较,以评价新系统在经济上的可行性。

(3) 社会方面。新系统建立以后,将引起管理体制、管理思想和方法的变更,这将会对社会或人产生影响。因此,新系统的建立既要考虑社会的、人的因素影响,还要考虑改变不适合新系统运行的管理体制和方法的可能性、人员的适应性以及法律的可行性等。法律方面主要涉及专利、版权和合同责任等方面的问题。

在对上述三个方面的可行性进行分析和比较后,还要写出新系统开发的可行性研究报告。如果可行性通过,则进入系统需求分析阶段。如果某些条件暂时还不成熟,则要创造条件、增加资源或改变新系统的目标后,再重新进行论证;如果可行性研究结果完全不可行则必须放弃系统开发工作。

2.1.3 需求分析

需求分析的任务是确定待开发信息系统的功能、性能、数据和界面等要求,从而确定系统的逻辑模型。需求分析阶段的参与人员主要有用户、项目负责人和系统分析员。该阶段产生的文档有需求规约(requirements specification),一般称为需求规格说明书。

新信息系统是在现行系统(该系统可能并不是一个信息系统)的基础上经过改建或重建而得到的。因此,在分析和设计新信息系统之前,必须对现行系统进行全面、充分的调查研究和分析。系统分析员要采用多种调查方法,得到现行系统的各种有用的资料。这一工作为新系统的开发准备了原始资料,并使系统开发人员对现行系统取得感性及理性认识。

无论采用什么方法,通常首先都需要采用一定的措施获取需求,然后针对获取的需求进行描述和表达,最后对表达的需求进行验证。以下从调查内容、方法两方面来阐述调查研究的相关问题。

1. 调查的内容

以下是所要调查的内容。

(1) 系统的环境和运行状态:包括现行系统的发展历史、目前规模、经营状况、发展战略、业务范围与外界联系等,以便确定系统的边界、外部环境和接口以及目前的管理水平等。

(2) 组织机构和人员分工:了解现行系统的组织机构、领导关系和人员分工情况等,从而了解单位组织的构成、业务分工以及人力资源的开发利用情况。

(3) 业务流程：不同系统进行不同的业务处理，系统分析员要全面、细致地了解单位各有关业务部门的业务内容和流程以及物资和信息的流通情况。除此之外，还要了解各种输入、输出、处理、处理速度、处理量和处理质量。

(4) 各种计划、单据和报表的处理：计划、单据和报表都是信息的载体。在调查中，凡是与业务有关的所有手工保存和传递的载体都要全面收集，并了解其产生、使用的部门、发生周期、用途以及包含的数据项、含义、长度和类型等，为信息的分析和统计所用。

(5) 资源情况：包括人力、物力、资金、设备、建筑和布局情况。对已配置的计算机，还要详细调查其名称、型号、功能、容量、外设配置、操作系统、语言、数据库、汉字能力、目前的使用情况和存在的问题等。

(6) 约束条件：包括现行系统在人员、资金、设备、业务处理的方式、时间和地点以及国家对单位的发展、信息系统建设的有关政策等方面的限制条件和规定。

(7) 薄弱环节：现行系统中的各个薄弱环节正是新系统中要解决和改进的主要问题，也是新系统目标的重要组成部分。因此，在调查中要注意收集用户的各种意见和要求，找出系统中存在的问题，分析其产生的原因。

2. 调查的方法

对现行系统的调查研究是一项繁杂而艰巨的工作，为了使该任务能顺利进行，需要掌握一定的调查方法。调查的方法有多种，常用的有表格调查法、座谈调查法、查阅档案资料法、观察法和抽样调查法等，具体方法的选择由调查的内容和目的来决定。

(1) 表格调查法：对于那些结构性较强、指标含义明确且有具体值的内容，适合用表格来调查。

(2) 座谈调查法：这是调查人员与被调查人员面对面的接触，通过有目的的谈话获取所需资料的一种调查方法。座谈方式有两种：一是调查者事先拟好访谈提纲，有顺序地发问，让被调查者回答；二是调查者与被调查者通过自由交谈，了解所需资料。

(3) 查阅档案资料法：每个单位都有各种各样的定性和定量的文件，如单位的总体规划、年度计划、年终工作总结、库存记录、销售和生产经营报告等，它们揭示了单位目前所处的状况，系统分析员阅读这些资料，可以得到用其他方法无法得到的信息。

(4) 观察法：观察法是系统分析员深入现场，直接对调查对象(人或事务)的情况进行观察和记录，取得第一手资料的调查方法。在实际工作中，观察法往往和座谈调查法相结合，以提高信息的可靠性。

(5) 抽样调查法：抽样调查法是一种非全面的调查方法。它根据概率统计的随机原则，从被研究系统的大量工作任务中抽选出其中部分任务，对其执行过程进行调查，用统计推断方法将其结果推广到整个系统。

如何表达调查获取的需求涉及如何对需求建模的方法问题，这些方法主要分为结构化分析方法和面向对象的分析方法，2.3.1节结构化开发方法中，将更详细地描述该方法的解决办法。系统分析阶段的参加人员有用户、项目负责人和系统分析员。该阶段产生的文档主要为需求分析说明书。

2.1.4 系统设计

系统设计阶段主要解决的问题是该软件“怎么做”。此阶段通常可分成概要设计和详细设计。概要设计的任务是模块分解,确定软件的结构(包含哪些模块、模块之间的调用关系)、模块的功能和模块间的接口,以及全局数据结构的设计。详细设计的任务是设计每个模块的实现细节和局部数据结构。

概要设计阶段的参加人员有系统分析员、构架师和高级程序员,详细设计阶段的参加人员有高级程序员和程序员。设计阶段产生的文档有设计规约(design specification),也称为设计说明书,可分为概要设计说明书和详细设计说明书。根据需要,还可产生数据说明书和模块开发卷宗。

与需求分析阶段类似,设计阶段的方法也可分为结构化设计方法和面向对象的设计方法,结构化开发方法中将更详细地描述该方法的解决办法。

与设计一栋建筑类似,设计软件时,通常也需要先构思好软件的总体结构,以便于软件的修改和扩展,2.4 节主要阐述设计阶段关于软件构架方面的知识。

2.1.5 编码

编码的主要任务是用某种程序语言为每个模块编写程序。编码阶段的参加人员有高级程序员和程序员,产生的文档有程序清单。

与编码阶段相关的工作还包括:

(1) 选择合适的开发语言和开发工具。

(2) 确定相应的代码规范。

2.1.6 测试

测试的主要任务是发现系统中的错误,以便开发人员纠正。测试又可以细分为单元测试、集成测试、系统测试和验收测试 4 个阶段:①单元测试主要是针对单个模块,依据概要设计说明书和详细设计说明书而进行的测试;②集成测试主要是针对完成特定功能的部分模块组合,依据概要设计说明书进行测试;③系统测试主要是针对整个系统所有模块,依据需求说明书和使用说明书,面向功能、性能等方面的全面测试,通常由开发方自己进行;④验收测试的内容与系统测试类似,它是系统开发结束的最后阶段,与系统测试不同的是,验收测试通常由用户或第三方完成。

测试阶段(非验收测试)的参加人员通常由开发方的程序员、系统分析员或专门的测试人员承担,该阶段产生的文档有测试前的软件测试计划、测试方案/细则和测试完成后的测试报告。

信息系统的开发是一项智力劳动,由于人自身能力的局限,在这个过程中不可避免会犯错误。尽管采用了各种方法保证和提高信息系统分析、设计和实现阶段的质量,但是开发出的信息系统还是会隐藏着许多错误和缺陷,信息系统的任何错误都可能引起巨大的生命财产损失。测试就是在信息系统的开发过程中,通过确定的方法,从信息系统建模和程序代码中发现并排除潜在的错误,以得到能够可靠运行的信息系统的过程。

1. 测试原则

为较好地完成信息系统的测试任务，测试应遵循如下原则：

(1) 尽早地进行测试，减少错误造成的损失。

(2) 严格按照测试计划进行测试。

(3) 精心设计测试用例。

(4) 建立独立于开发的测试队伍。

(5) 长期保留测试报告。

2. 测试步骤

除非是测试一个小程序，否则一开始就把整个系统作为一个单独的实体来测试是不现实的。测试过程一般按照单元测试、集成测试、系统测试和验收测试 4 个步骤进行，图 2-1 显示了测试过程。

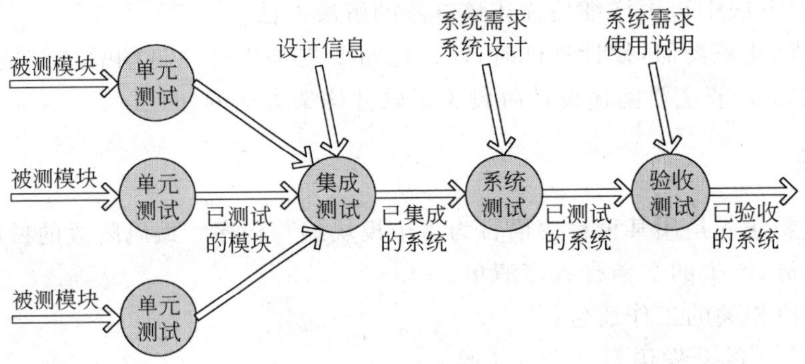

图 2-1 测试过程

(1) 单元测试：又称模块测试，目的是检测模块的子程序或过程的实际功能与该模块的功能和接口描述是否相符，以及是否有编码错误存在。具体测试内容包括模块间的接口、模块内局部数据结构、程序的执行路径和程序的错误处理能力以及边界条件等。

(2) 集成测试：又称组装测试，目的是根据概要设计中各功能模块的说明及制定的组装测试计划，将经过单元测试的模块逐步组装并进行测试。集成测试的内容包括测试模块间的连接、测试系统或子系统的输入输出处理，使其达到设计要求。

(3) 系统测试：是指将经过全部集成后的软件系统与计算机硬件、外设、其他支持软件以及其他系统元素一起进行测试，内容主要包括功能测试、性能测试以及可靠性、兼容性、资源占用性、安全性和安装测试等。

(4) 验收测试：系统测试结束后，得到的是一个完整的软件系统，这时需要进行最后的测试，即验收测试，有时又称确认测试。其任务是根据软件需求说明书中定义的全部功能和性能要求以及确认测试计划，测试整个系统是否达到了要求，并提交最终的用户使用手册。

3. 测试用例

在程序和系统的测试中，不仅要测试正常情况下的运行，还应测试在错误及例外情况下的运行。从某种程度上讲，测试是寻找程序中错误的过程。测试的关键是选择好测试用例，测试用例是测试时所选用的数据。一般认为，测试是通过输入一定的测试数据并运行被测程序来完成的。但是，需要明确的是，要穷举所有的测试数据来测试程序常常是不可能的，因而需要选择一些被认为是好的测试用例。好的测试用例可以理解为：在一定的时间和经费的限制下，能尽可能多地发现错误的测试用例。测试用例应该包括两部分：输入数据和预期输出结果。其中，输入数据即前面说的测试数据；预期输出结果即根据输入数据推断出来的可能输出，之所以把它也作为测试用例的一部分是为了在执行测试之后，能和实际的输出结果相比较。按测试用例，测试可包括以下三种类型。

(1) 随机数据测试：用于测试处理的正确程度和精度。

(2) 逻辑数据测试：测试数据的逻辑范围。

(3) 典型数据测试：将过去手工处理过的数据，让计算机来处理，以评价计算机处理的性能。

4. 测试方法

目前最基本的测试方法有两种，即白盒法和黑盒法。

(1) 白盒法：又称逻辑覆盖法，是指测试时需深入到模块内部。对测试人员而言，整个程序就像一个敞开的盒子，因而使用这种方法的基础是对程序内部的逻辑结构有清楚的了解，即测试时需要有被测程序的源代码。白盒法要求测试用例要尽可能地覆盖程序模块内部的所有逻辑路径。

(2) 黑盒法：和白盒法的测试依据正好相反，黑盒法不需要测试人员了解被测程序内部的逻辑结构，程序内部的源代码就像被一个黑盒子隐藏起来。在黑盒法中，测试人员不是根据程序内部的逻辑结构而是根据程序的功能来设计测试用例。

白盒法和黑盒法各有其优点和不足，应根据其应用的条件和限制加以选择。

2.1.7 系统维护与评价

开发阶段结束后，系统即可交付使用。根据新老系统的情况不同，交付使用一般先进入新老系统的转换阶段。系统转换的工作通常有以下4种。

(1) 直接转换：这种转换方式是新系统直接替换老系统，没有过渡阶段。其优点是转换简单、省费用，但风险大。在实际应用时，应有一定的应急和保护措施。

(2) 平行运行：这种方式安排新、老系统有一段时间的平行运行。这种方式不仅保持转换期间工作不间断，而且新、老系统可以对比，其缺点是费用高。

(3) 试运行方式：该方式类似于平行运行方式，在一些关键处理上进行试运行，待用户满意后再转入新系统全面运行。

(4) 逐步转换：这种方式是分期、分批进行转换。该方式能防止直接转换发生的危险性，也能减少平行运行的高费用，但要注意接口问题，尤其是新、老系统差别较大时，不宜采用该方式。

系统转换阶段结束后，完全进入系统的维护阶段。

1. 系统维护

系统的使用通常要持续几年甚至几十年，在整个使用期间都可能因为某种原因而修改系统，这便是系统维护。引起修改系统的原因主要有三种：一是在系统运行过程中发现了系统中隐藏的错误而修改系统；二是为了适应变化了的环境而修改系统；三是为修改或扩充原有系统的功能而修改系统。因此，系统维护的任务就是为使系统适应外界环境的变化、实现功能的扩充和质量的改善而修改系统。系统维护阶段的参加人员是维护人员，该阶段产生的文档有维护计划和维护报告。

系统维护的任务主要包括：保证系统正常运行及系统资源的有效使用；在运行维护中，使系统不断完善，系统功能得到扩充，系统效率得到提高。

系统维护的内容包括：程序的维护、数据文件的维护、代码的维护、机器和设备的维护以及机构和人员的变动。

有效的系统维护必须从管理、人员和资金三方面落实。严格管理，并从思想上认识系统维护在发挥系统作用中的意义和作用，是最重要的维护措施。系统要想更好地发挥其效益，一支高水平的技术维护队伍是必不可少的，要采取一些特殊政策，使维护技术人员能稳定工作，在技术上、业务上有所长进。维护阶段和开发阶段一样，也需要有必要的经费支持。

2. 系统评价

在系统分析和设计阶段中制定了新系统的目标，这些目标是通过一系列具体功能的执行，即系统的运行来实现的。当系统运行后，对于原设计的目标是否能达到以及达到的程度，应该做出评价。系统评价的内容可以包括以下 4 个方面：

(1) 达到目标的情况及目标分解的合理性。

(2) 系统运行的适应性，包括系统使用、维护的方便性以及系统的可靠性、稳定性及用户的满意程度。

(3) 系统的安全性。

(4) 系统的效益，包括经济和社会效益。

一旦旧的系统在总体上不能适应发展的需要，就要适时地组织和开展新一轮系统调查、系统分析、设计、实现与维护。新旧系统的每一轮交替，就是一个新的信息系统生命周期的开始。

2.2 信息系统开发过程与过程模型

信息系统从定义到开发完成直至投入使用，需要经历分析、设计、编码、测试等完整过程。但是这个过程并不是能一帆风顺地完成，一个实际开发的信息系统，当处于某一个阶段，所有该阶段的任务完成并达到要求后，一般能顺利进入下一阶段，但若出现问题时，往往需要重新进入之前的某一阶段进行查找和处理。此外，不同类型的软件，各开发阶段的重点问题有所差别，导致其所处阶段的任务也有所区别。这一整个过程称为信息系统开发过程。大部分信息系统开发过程一般都遵从一定的“模式”，这个模式就是信息系统开发过程模型。

常见的信息系统开发过程模型有瀑布模型、快速原型模型、增量模型、螺旋模型和喷泉模型等。

2.2.1 瀑布模型

瀑布模型是开发过程中应用最广泛的过程模型，如图 2-2 所示。

瀑布模型有如下几个特点：

(1) 阶段间具有顺序性和依赖性。该特点有两重含义：①须等前一阶段的工作完成之后，才能开始后续阶段的工作；②前阶段的输出文档就是后一阶段的输入文档，因此只有前一阶段的输出文档正确，后阶段的工作才能获得正确的结果。

(2) 推迟实现的观点。一般缺乏信息系统开发实践经验的开发人员，接到系统开发任务以后常常急于求成，总想尽早开始编写程序。但实践表明，对于规模较大的信息系统，往往编码开始得越早，最终完成开发工作所需要的时间反而越长。这是因为，前面阶段的工作没做或做得不扎实，过早地考虑进行程序实现往往导致大量返工，有时甚至出现无法弥补的问题，带来灾难性后果。瀑布模型在编码之前设置了系统分析与系统设计的各个阶段，分析与设计阶段的基本任务规定，在这两个阶段主要考虑目标系统的逻辑模型，通常不涉及系统的物理实现。清楚地区分逻辑设计与物理设计，尽可能推迟程序的物理实现，是按照瀑布模型开发信息系统的一条重要的指导思想。

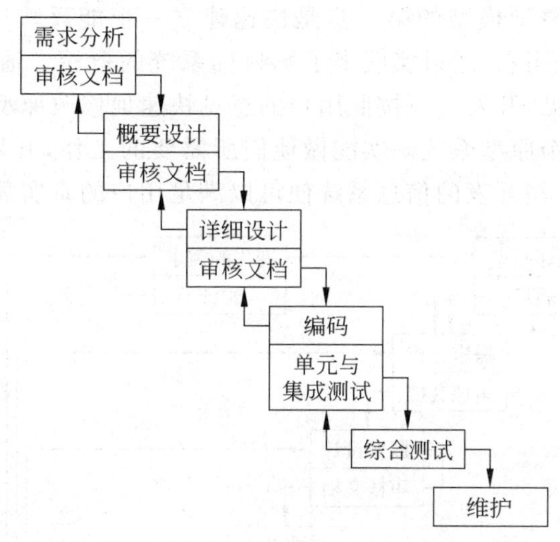

图 2-2 瀑布模型

(3) 质量保证的观点。系统开发过程的基本目标是优质、高产。为了保证所开发的信息系统的质量，在瀑布模型的每个阶段都应坚持两个重要做法：①每个阶段都必须完成规定的文档，没有交出合格的文档就是没有完成该阶段的任务，完整、准确的合格文档不仅是系统开发时期各类人员之间相互通信的媒介，也是运行时期对系统进行维护的重要依据；②每个阶段结束前都要对所完成的文档进行评审，以便尽早发现问题，改正错误。事实上，越是早期阶段犯下的错误，问题暴露出来的时间就越晚，排除故障改正错误所需付出的代价通常也越高。因此，及时审查，是保证系统质量、降低系统成本的重要措施。

瀑布模型有许多优点：可强迫开发人员采用规范的方法(如结构化方法)，严格规定每个阶段必须提交的文档，要求每个阶段交出的所有产品都必须经过质量保证小组的仔细验证。

各个阶段产生的文档是维护信息系统时必不可少的，没有文档的系统几乎是不可能维护的。遵守瀑布模型的文档约束，将使系统维护变得比较容易，从而能显著降低系统维护预算。可以说，瀑布模型的成功，在很大程度上是由于它基本上是一种文档驱动的模型。

但是，“瀑布模型是由文档驱动的”这个事实也是它的一个主要缺点。在可运行的信息系统交付给用户之前，用户只能通过文档来了解产品。但是，仅仅通过写在纸上的静态的规格说明，很难全面而正确地认识动态的信息系统。而且事实证明，一旦一个用户开始使用一个信息系统，在他的头脑中关于该系统应该做什么的想法就会或多或少地发生变化，这就使得最初提出的需求变得不完全适用了。事实上，要求用户不经过实践就提出完整准确的需求,在许多情况下是不切实际的。总之,由于瀑布模型几乎完全依赖于书面的规格说明,很可能导致最终开发出的信息系统不能真正满足用户的需要。下节将介绍快速原型模型,它有助于保证用户的真实需求得到满足。

2.2.2 快速原型模型

所谓快速原型是快速建立起来的、可以在计算机上运行的程序,它所能完成的功能往往是最终产品能完成的功能的一个子集。如图 2-3 所示(图中实线箭头表示开发过程,虚线箭头表示维护过程),快速原型模型的第一步是快速建立一个能反映用户主要需求的原型系统,让用户在计算机上试用它,通过实践来了解目标系统的概貌。通常,用户试用原型系统之后会提出许多修改意见,开发人员按照用户的意见快速地修改原型系统,然后再次请用户试用。一旦用户认为这个原型系统确实能做他们所需要的工作,开发人员便可据此书写规格说明文档,根据这份文档开发的信息系统便可以满足用户的真实需求。

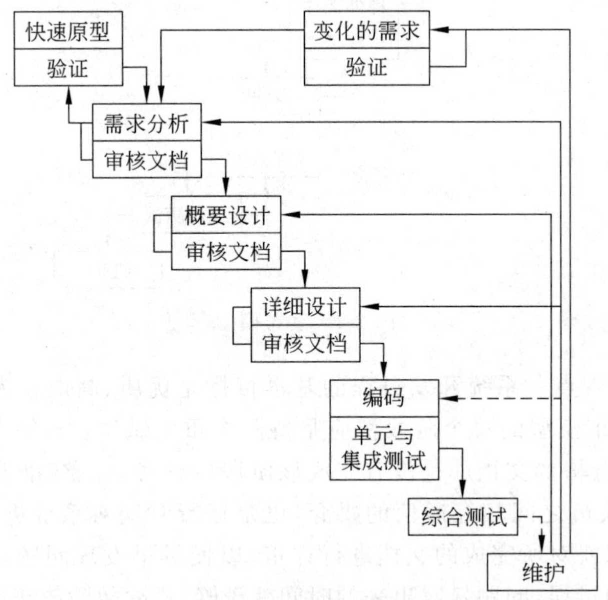

图 2-3 快速原型模型

从图 2-3 可以看出,快速原型模型是不带反馈环的,这正是该过程模型的主要优点:信息系统的开发基本上是线性顺序进行的。快速原型模型能基本上做到线性顺序开发的主要原因如下:

(1) 原型系统已经通过与用户交互得到验证,据此产生的规格说明文档已正确地描述了用户需求。因此,在开发过程的后续阶段,不会因为发现了规格说明文档的错误而进行较大的返工。

(2) 开发人员通过建立原型系统确定许多内容,如确定了"系统不应该做什么,以及怎样不去做不该做的事情",因此在设计和编码阶段发生错误的可能性也比较小,这自然减少了在后续阶段需要改正前面阶段所犯错误的可能性。

信息系统一旦交付给用户使用后,维护便开始了。根据所需完成的维护工作种类的不同,可能需要返回到需求分析、规格说明、设计或编码等不同阶段,如图 2-3 中虚线箭头所示。

快速原型的本质是"快速"。开发人员应该尽可能快速地建造出原型系统，以加速软系统开发过程，节约系统开发成本。原型的用途是获知用户的真正需求，一旦需求确定原型被抛弃。因此，原型系统的内部结构并不重要，重要的是必须迅速地构建原型，然后根据用户意见迅速地修改原型。UNIX Shell 和超文本都是广泛使用的快速原型语言，最近的趋势是，广泛地使用第四代语言(4GL)构建快速原型。

当快速原型的某个部分是利用系统开发工具由计算机自动生成的时候，可以把这部分用到最终的软件产品中。例如，用户界面通常是快速原型的一个关键部分，当使用屏幕生成程序以及报表生成程序自动生成用户界面时，实际上可以把得到的用户界面用在最终的信息系统中。通常，快速原型模型主要应用在系统与用户交互内容较多、交互过程比较复杂的情形下。另外，当开发方有过类似系统的情况下，有时直接将以前开发的系统经过调整后作为原型使用。

2.2.3 喷泉模型

迭代是系统开发过程中普遍存在的一种内在规律。经验表明，系统开发过程各个阶段之间的迭代或者一个阶段内各个工作步骤之间的迭代，在面向对象范型中比在结构化范型中更常见。

一般来说，使用面向对象方法开发系统时，工作重点应该放在生命周期中的分析阶段。这种方法在开发的早期阶段定义了一系列面向问题的对象，并在整个开发过程中不断地充实和扩展这些对象。由于在整个开发过程中都使用统一的概念"对象"，所有其他概念(如功能、关系、事件等)都是围绕着对象组成的，目的是保证分析工作中得到的信息不会丢失或改变，因此对生命周期各阶段的区分自然就不重要、不明显了。分析阶段得到的对象模型，也适用于设计阶段和实现阶段。由于各阶段都使用统一的概念和表示符号，因此整个开发过程都是吻合一致的，或者说是"无缝"连接的，这自然就很容易实现各个开发步骤的多次反复迭代，达到认识的逐步深化(每次反复都会增加或明确一些目标系统的性质，但却不是对先前工作结果的本质性改动)，这样就减少了不一致性，降低了出错的可能性。如图 2-4 所示的喷泉模型是典型的面向对象的软件过程模型之一。

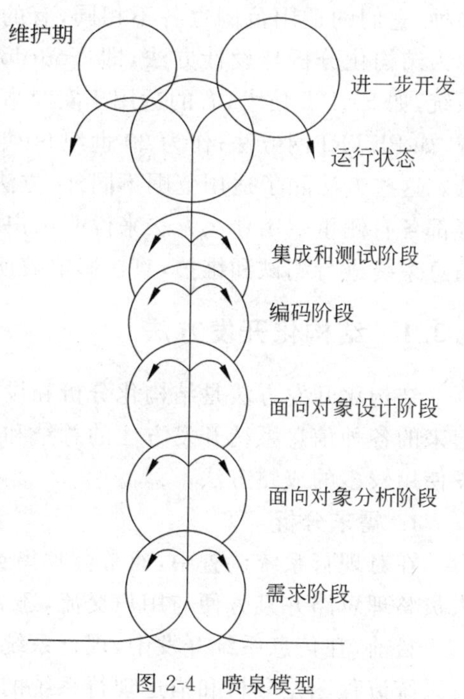

图 2-4 喷泉模型

"喷泉"这个词体现了面向对象系统开发过程迭代和无缝的特性，图 2-4 中代表不同阶段的圆圈相互重叠，这明确表示两个活动之间存在交叠，而面向对象方法在概念和表示方法上的一致性，保证了在各项开发活动之间的无缝过渡。事实上，用面向对象方法开发信息系统时，在分析、设计和编码等项开发活动之间并不存在明显的边界。图中在一个阶段内的向下箭头代表该阶段内的迭代或求精。图中较小的圆圈代表维护。圆圈较小象征着采用了面向对象范型之后维护时间缩短了。为避免使用喷泉模型开发系统时开发过程过分无序，应该把一个线性过程（如快速原型模型或图中的中心垂线）作为总目标。同时也应该记住，面向对象范型本身要求经常对开发活动进行迭代或求精。

2.3 信息系统开发方法

信息系统开发过程模型规定了系统开发活动的阶段组合应用方式，要保证开发活动的高质量，还需要有相应的系统开发方法作为技术支持。近10年来，出现了许多工程化的系统开发方法。例如，20世纪70年代初提出的用于编写程序的结构化程序设计方法，确实起到了提高效率、减少错误的效果。但是20世纪70年代中期，人们认识到编写程序仅仅是系统开发的一个环节，而合理地建立系统结构比编写程序更为重要。所以，研究的重点前移到设计阶段，出现了设计阶段的结构化设计（SD）方法和JACKSON等方法，到了20世纪70年代后期，人们又发现事先对用户的需求进行分析更为重要，故又把重点前移到分析阶段，出现了用于分析阶段的结构化分析（SA）方法、结构化分析与设计技术（SADT）等。随着计算机技术的迅速发展，在20世纪80年代初期的实时、并发和网络等软件的开发过程中，特别是在第五代计算机研究工作中，又提出了面向对象的设计方法。现在流行的方法有多种，它们的适用范围也各不相同，有的适用于一般的数据处理系统，如SA和SD（二者统称为结构化分析与设计方法，即Yourdon方法）、JACKSON方法；有的适用于大型的复杂系统，如SADT技术；有的适用于实时事务处理系统，如FSM方法；有的适用于并发软件系统，如PETRI网方法；作为20世纪90年代代表的面向对象方法，其应用已几乎遍布各个领域。这些方法除了适用范围不同外，方法形成的基础、处理规则和对所开发软件风格的要求等都各有侧重。用什么方法来说明用户的需求、用什么方法来设计系统以及用什么方法对信息系统进行测试和维护，直接影响着所开发软件的质量。

2.3.1 结构化开发方法

结构化开发方法是结构化分析和设计方法的简称，这种方法是对20世纪60年代发展起来的各种信息系统开发方法的总结和优化，出现于20世纪70年代，属于目前信息系统开发使用较多的成熟方法。

1. 需求分析

在对现行系统调查中，通常会收集到大量的资料、报表及业务流程，为了帮助系统分析人员整理思路并且方便与用户交流，还需要借助一定的图表工具。

目前，在信息系统开发中，现行系统流程图和概况表是其中两种常用且简单的图表。现行系统流程图是分析和描述现行系统的重要工具之一，现行系统概况表是对图的概括，二者应配合使用。

系统分析员在接受任务后，进行调查研究，绘制现行系统业务流程图，图2-5给出了现行系统流程图的符号。然后，在流程图基础上，提取系统的基本要素——输入、处理、输出以及数据存储和外部环境等，编制现行系统概况表。流程图经过和用户的多次讨论、核实、修改，逐步形成并最终确定。

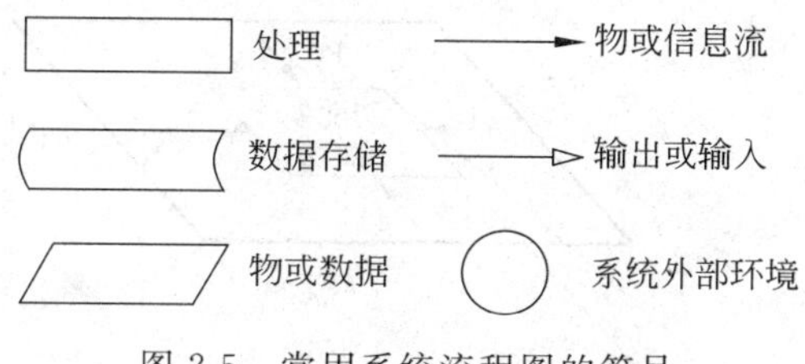

图 2-5　常用系统流程图的符号

除了用现行系统流程图和概况表来描述现行系统的业务活动外，还有现场工作流程图、实体生命周期图和现行系统概况图等也可以用来描述现行系统和某些业务流程细节。此外，组织机构图、平面布置图等应用得也比较普遍。

系统分析是新系统开发工作中的一个重要阶段，该阶段从系统观念出发，应用各种技术和手段，对系统的目标、结构、功能和信息流程等进行全面而深入的分析和评价，找出存在的问题及其产生的原因，并根据现时的目标需求和所处的环境条件，拟定出系统逻辑模型及解决问题的可行性方案。通过需求分析应该能正确和准确地回答“系统必须做什么”。系统分析具体包括以下几个方面。

1）确定系统的综合要求

首先从宏观角度出发，对系统进行综合分析，要求从总体确定系统的功能要求、性能要求（包括响应时间、存储容量、后期存储和安全性等）、运行要求（包括硬件环境、操作系统、数据库管理系统和通信接口等）以及系统将来可能提出的要求（即当前不可能列入系统开发范围，但将来可能会提出的要求）等。

系统的功能分析主要包含功能层次结构分析和层次间的信息关联分析。功能分析的方法有多种，但常用的是结构化系统分析和设计技术（structured analysis and design technique，SADT），这是一种功能和数据分析、分解相结合的技术，这种技术的中心问题是将功能逐层分解为多个子功能，并在功能分析的同时进行相应的数据分析和分解。整个分析过程和结果要借助数据流程图来表达。

图 2-6 是功能层次分解图，表示了用 SADT 如何将系统功能分解为若干子功能。该图共分三层，第一层分解是把顶层功能 P0 分解为 P1 和 P2 两部分子功能，在第一层上所有的输入、输出及其他相应内容应该与顶层一致。第二层中对第一层的两部分子功能做进一步分解。在功能分解的同时，也对数据进行分析和分解。功能分解的细化程度没有一定的标准，要视具体需要而定，一般来说可遵循以下几个原则：①展开层次与管理层次一致；②最细一层的处理能用几句话来表达；③数据存储应是一个实体的描述。

图 2-7 是功能分解的基本元素图，该图表示了功能分解过程、影响因素和输出结果。从图上可以看出，即使是同一个待分解的系统功能，由于分析员的水平、技能和观点不同，加之客观存在的用户观点、资源和约束条件不同，都可能导致功能分解的结果不一样。

2）分析系统的数据要求

一般系统有两方面的特征，即属性特征和行为特征。系统的属性特征可通过其数据结构、数据类型和数据流动体现。由于属性特征相对稳定，变化较小，所以系统的数据分析有助于系统分析的稳定性和有效性。通过系统中的数据来分析系统的需求是一种较有效的分析方法。数据分析主要包括确定系统的输入数据、输出数据、数据结构、数据类型、数据流动

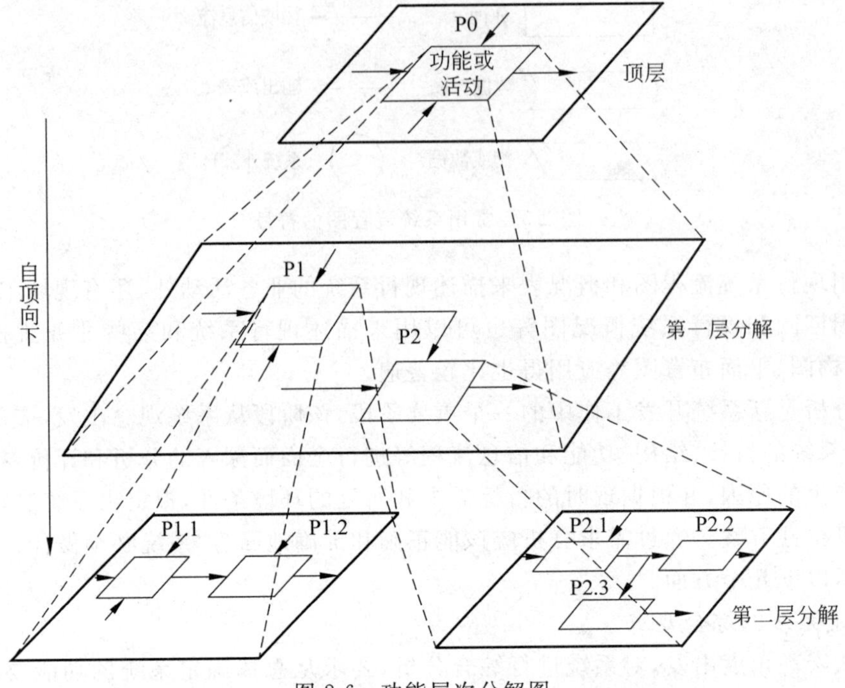

图 2-6 功能层次分解图

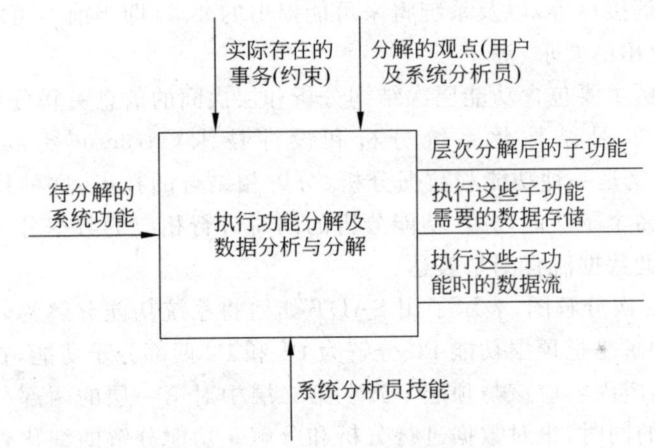

图 2-7 功能分解的基本元素图

和数据加工及输入、输出时所要求的设备等。

3）建立新系统的逻辑模型

系统的逻辑模型是以某种形式说明系统属性和系统行为，它是现实系统的抽象，是对具体系统本质的描述。用户可以通过逻辑模型了解未来的新系统，提出改进意见和要求。图 2-8 是系统逻辑模型构成的示意图，它主要由数据流程图、数据字典、处理逻辑表达工具和数据立即存取图等组成。它们在逻辑上表示要实现新系统目标所应具备的各种功能，同时还表示输入、输出、数据存储、信息流程、系统界限和环境等新系统的概况。

数据流程总图可以视为新系统的总体方案设计图，根据不同需要，总图上的每一个处理功能都可以进一步细化。此外，为了详细说明新系统的数据流和数据存储，可以用数据字典

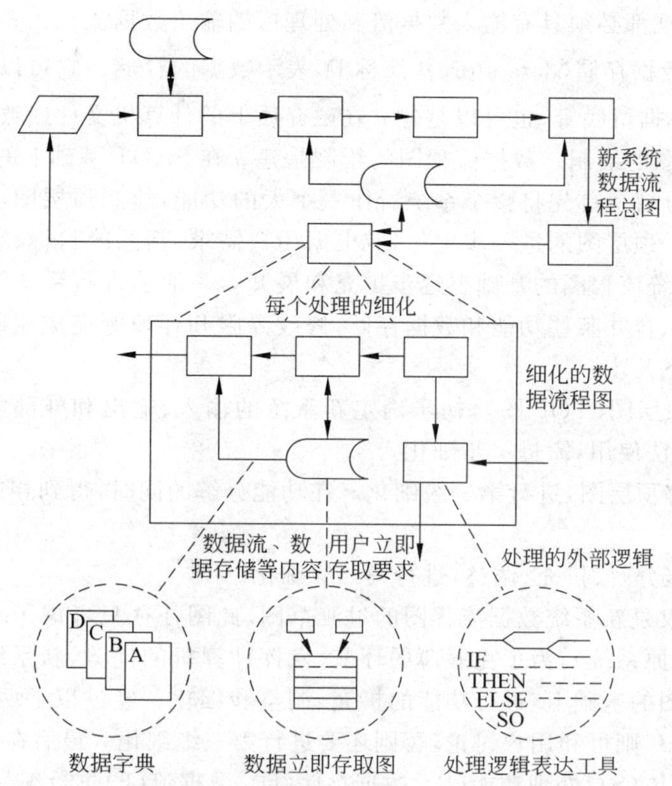

图 2-8 系统逻辑模型构成示意图

描述；为了说明用户对数据存储提出的各种查询要求，可用数据立即存取图来表示；为了进一步阐明处理功能的外部处理逻辑要求，可使用各种处理逻辑表达工具。由以上图表工具相互补充和配合使用，构成了新系统的逻辑模型。

(1) 数据流程图

数据流程图(data flow diagram，DFD)是新系统逻辑模型的主要组成部分，它在逻辑上描述了新系统的功能、输入、输出和数据存储等，而摆脱了所有的物理内容。

① 数据流程图的符号。在信息系统分析与设计中，不同国家使用的标准和符号不尽相同。本书根据英国国家计算中心的标准进行介绍，这种符号简单、方便，而且符合我国GB1526—79信息处理流程图图形符号的规定。

- ▱：数据源/去向(data source/sink)，简称S，可以是一个组织或人，它们处于系统界限之外，是系统的输入源或输出去向。有时也称它为外部实体，是与系统有关的外部事物或外部环境。
- ——→：数据流(data flow)，简称F，表示数据的流向。一个数据流可以是一个或多个记录、组合项或基本项。数据流通常表示计划、单据及报表的传递，也可以表示通信线路或通道中的数据传输。
- □：处理(process)，简称P，表示一个处理过程。处理名称一定包含一个动词，如“建立”、“计算”及“打印”等。一个处理框包含的过程可以是人工或计算机的，也可以是粗或细的，这视数据流程图的具体需要而定，因为处理框是可以逐级细化的。

每个处理框都必须具有输入数据流和处理后的输出数据流。

- ⊂ ：数据存储(data store)，简称 D，表示数据的存储。它可以是一个手工文件，如账册、单据留底等，也可以是建立在磁介质上的计算机文件或数据库。

② 数据流程图的绘制。数据流程图的绘制是建立在 SADT 基础上的，采用自顶向下的结构化方法进行分解。首先将整个系统看作一个大的功能，绘制顶层图，然后逐步细化，直到满足需要为止。顶层图的进一步细化，应根据用户需求、新系统目标、有关的资源和约束条件等，在现行系统流程图的基础上逐步扩充和展开。一般从现行系统图上抽象出信息流程关系，通过增删、合并某些功能和数据存储，修改界限和环境等完成绘制。数据流程图的绘制主要包括如下几步：

第 1 步：画顶层图(TOP 图)，初步确定新系统的输入、输出和外部实体。顶层图高度抽象，在实际中无法使用，需进一步细化。

第 2 步：分解顶层图，进行第一级细化。在功能分解的同时，得到相应的数据流和数据存储。

第 3 步：逐步分解、扩充、调整，进行第二级细化。

第一级细化仅是新系统数据流程图的过渡草图，此图往往只考虑了现有系统所具备的基本功能(即基于原系统)，为了克服薄弱环节、发挥计算机的优势，新系统还必须高于原系统。在一级细化图的基础上，进行功能的扩充、调整和细化。经过以上两级细化后，若认为该图已经比较完整，则可和用户讨论，否则还要进行第三级细化。最后在完成的数据流程图上，还要对外部实体(S)、处理功能(P)、数据存储(D)、数据流(F)进行编号，将可以计算机化的处理用不同的框表示出来。

(2) 过程/数据类分析法

过程/数据类分析方法是用结构化分析进行新系统总体方案设计的较好方法。该方法的基本要点是根据新系统目标，参考现行系统的功能，从上到下划分为若干任务，再把若干个任务分解为多个过程，然后找出各个过程需要的数据类，进行数据类别的分析和调整，最后将分析后的过程和数据类关系进行综合，绘制成过程/数据类表，从而得到数据流程总图。

(3) 数据字典

数据流程图反映了数据在系统中的流向及转换过程，但数据的详细内容却无法在数据流程图中反映出来。数据字典是在新系统数据流程图的基础上，进一步定义和描述所有数据项、数据流、数据结构、数据存储的详细逻辑内容与特征的工具。数据字典由手工生成，也可以由计算机生成。手工生成数据字典一般采用填写卡片的形式，这些卡片内容是根据数据流程图并通过数据调查和分析得到的(见 4.2.3 节)。数据字典可以汇总成清单形式，经过数据分析及规范化后转换成组织模式，进行数据库的逻辑设计，或者用来进行文件设计。数据字典的卡片内容不可能在系统分析阶段都填写完善，还需要在系统设计和实施阶段进行补充和修改。

(4) 处理逻辑的表达工具

在数据字典的处理功能卡片中定义和说明了各种处理，并用文字对处理逻辑进行了概括性阐述。但对于某些处理来说，通常在表达一个处理逻辑时，会存在三类问题：一是界限不精确；二是逻辑条件的次序不明确；三是存在意义模糊的形容词。为了避免上述问题的产生，系统分析员在进行系统分析时，通常采用决策树、判断表或结构英语三种工具来分析和表示一个处理逻辑的功能。

① 决策树：用树的形式来表达不同情况下不同的处理。决策树表达清晰、直观，但缺点是不能表示条件的组合关系。

② 判断表：用表格形式来表示逻辑判断过程。判断表可根据条件组合进行判断，每个条件存在“是”和“非”两种可能。因为条件组合的可能性用2的幂来计算，实际中有些条件可能是矛盾的或无意义的，需要将其剔除；而有些不同条件组合下的行动是相同的，需要将其合并。因此，对原始判断表还要进行整理和合并处理。当条件和行动的个数较多时，条件的组合关系比较复杂时，用判断表比用决策树更简单和明确。

③ 结构英语。结构英语是一种表示处理逻辑的规范化语言，它模仿计算机的语言格式，比自然语言更加严格。

(5) 数据立即存取图

在一个信息系统中，不同的用户有不同的数据立即存取要求，到底哪些数据的立即存取要求是必要的，哪些实时查询能够实现，如何表达用户对数据立即存取的要求，这些正是立即存取分析研究的内容，而数据立即存取图则是表达这一研究的工具。数据立即存取的响应不是依靠主码检索、通过读文件或排序得到的，而是通过建立多重目录、倒排文件及其他有关软件来获得信息和实现立即响应的。

(6) 业务逻辑说明书

业务逻辑说明书(简称逻辑说明书)是新系统分析阶段的成果。在新系统逻辑说明书中，除了包括新系统的逻辑模型及有关图表外，还要进行一定的文字说明。其主要内容如下。

① 现行系统的情况简述：概要阐明现行系统的主要业务、组织机构、存在问题和薄弱环节，以及用户提出开发新系统请求的主要原因等。

② 新系统目标：通过系统分析的多方面工作，对新系统目标已经逐步明确，此时各项指标应该条理清楚，尽量给出数量指标。新系统目标也是新系统的验收标准。

③ 数据流程图的进一步说明：说明新系统与现行系统在界限、处理功能、数据流和数据存储等方面有哪些主要变化，重点是计算机的处理和数据存储部分。

④ 输入、输出的要求：这部分也是系统与环境的接口。这里仅对输入、输出的种类、形式、要求等进行一般说明。

⑤ 数据存储的要求：新系统中要建立哪些文件或者数据库，它们的用途、组织方式及数据共享的方式等。

⑥ 与其他子系统的关系：业务信息系统是整个组织的一个子系统，它的开发和建立将影响与其他子系统之间的关系，对于系统接口和信息流通方面也将带来变化。

⑦ 开发费用与时间的估计：为了使领导层在阶段审查中获得更多关于开发费用和工作量的信息，在当前基础上要对费用和时间做进一步估算。

⑧ 其他方面的内容：新系统逻辑说明书也可视为系统分析员在系统分析阶段的工作报告。虽然设计方案已经优化，但仍是建议性的。为了让领导层有更多的选择余地，在某些方面也可以同时提供几个方案的比较，注明有利和不利条件，以便采取更合适的方案进行新系统的设计。逻辑说明书一旦被批准，将成为新系统开发中的权威性文件，即作为系统设计的重要依据。

4）修正系统开发计划

可行性分析已经根据其分析结果推荐了初步的项目开发计划。由于在系统分析中，对目标系统的认识进一步加深，系统中的功能要求、数据要求和性能要求也逐步明确，因而要根据系统目标分析的结果的难点、要解决的关键问题以及时间进度安排等，对原来的初步项目开发计划进行调整和修正。

5）开发原型系统

若所开发的系统在系统需求分析工作中遇到的困难较大，则可先进行简要的需求分析。通过开发原型系统，利用原型方法来帮助完成系统分析及此后的一些工作。

6）评审

在以上各步实施的过程之中，形成有关的文档。最后，由专家、分析人员、其他开发人员以及用户组成的评审组对需求分析所得到结果的正确性、合理性和有效性进行检查。若通过评审，则可以开始下一阶段工作；否则，需要重新进行需求分析工作。

2. 系统设计

系统设计是信息系统开发的核心，要求把系统分析阶段提出的需求逻辑模型变成系统的物理模型，具体地设计出运行效率高、适应性强、可靠性高且经济实用的系统实施方案和应用软件，其主要解决"系统如何干"的问题。

1）系统设计阶段

系统设计阶段可划分为概要设计和详细设计两个阶段。

（1）概要设计阶段

概要设计是勾划系统的轮廓，划分并确定系统的元素——软件模块和硬件系统的构成，选定信息系统的层次结构模型。概要设计的依据是需求说明书。通过定义模块功能，概要设计完成系统分析工作中数据流图和加工说明所反映出的系统功能。

（2）详细设计阶段

详细设计是在概要设计说明书的基础上，对概要设计中产生的功能模块进行过程描述，设计功能模块的内部细节，包括算法和详细数据结构，为编写源代码提供必要的说明，并建立详细设计说明书。

概要设计解决信息系统总体结构设计的问题，包括整个信息系统的结构、模块划分、模块功能和模块间的联系等。详细设计则要解决如何实现各个模块的内部功能，即模块内部逻辑设计。在概要设计阶段，有时也要进入模块内部，但其目的不是为每一个模块设计算法和数据结构，而是考察该模块的内聚类型，看它是否能被继续分解为更多的模块。

详细设计不是编码，它只是对实现细节进行精确的描述。但是，从某种意义上说，详细设计也是系统的实现，它与编码阶段用具体的语言实现的不同之处在于，它是逻辑上的实现。编码阶段可将详细设计中对功能实现的描述，直接翻译、转化为用某种程序设计语言编写的程序。由于详细设计的结果直接影响代码的生成，所以详细设计的结果基本决定了最终程序代码的质量。因此，详细设计阶段不仅要考虑功能的逻辑实现以及逻辑的正确性和性能是否达到要求，也要关注处理过程应简单易懂、易于理解和易于维护。尽量引导程序员以良好的风格编写高质量的代码。

2）系统设计内容

系统设计包括两个方面：一是硬件系统的设计，二是软件系统的设计。硬件要在概要设计阶段确定，包括物理系统的总体结构设计、计算机系统设计及数据通信网络设计。软件中系统软件应随硬件系统同时确定，而应用软件的层次结构通过结构化系统设计完成，程序的编制则放在系统实施阶段进行。

(1) 结构化系统设计

结构化系统设计是用一组标准的准则和工具，采用模块化方法，进行新系统控制层次关系和模块的分析与设计。把用数据流程图表示的系统逻辑模型变为用控制结构图表示的层次结构以及用过程结构图表示的程序模块结构，是结构化系统分析和结构化程序设计之间的接口过程。关于结构化设计，这里重点需要强调设计原则和结构表示两方面的内容。

① 模块及其设计原则：所谓模块，就是实现某种功能独立、逻辑完整的程序段落。一般子程序、函数、过程、中断、宏、类、程序包等都可称为模块。模块可大可小，可复杂可简单。早期的程序设计不划分模块，但随着程序规模增大，程序结构日趋复杂，不划分模块就无法将结构设计同程序设计分开，程序就必然表现为杂乱无章，难以设计、理解和维护。因而，划分模块是软件设计方法的进步，是软件设计开发中的一项重要工作。

模块是可以组合、分解和更换的单元，是组成系统的基本元素，可以将系统中的任何一个处理功能都视为一个模块。模块本身具有三种基本属性：一是功能，说明该模块实现什么；二是逻辑，描述模块内部如何实现所要求的功能；三是状态，描述该模块的使用环境、条件及模块间的相互关系。根据模块的具体化程度，又可以把它分为逻辑模块和物理模块两类。数据流程图上的模块是逻辑模块，它只反映了系统的逻辑功能，没有说明系统模块的层次结构关系和实现途径。所以，在系统结构设计中，还必须把数据流程图上的各个处理模块进一步分解，确定系统的层次结构关系，把逻辑模型变为物理模型。

模块的分析设计包括内部设计和外部设计。内部设计是定义模块内部各组成部分的逻辑结构；外部设计是设计模块间相互联系的关系。为了使系统有较好的可修改性，每个模块内部自身联系应当紧密，而模块间的相互联系应尽量减少，这是模块设计的两项重要原则。要用模块内聚和模块耦合的概念对这两项标准的执行情况进行度量。

模块内聚是衡量一个模块内部各组成部分动作的组合强度。根据模块的内部构成情况，内聚可以划分为7个等级，按其组合强度由高到低依次排列如下：功能内聚、顺序内聚、数据内聚、过程内聚、时间内聚、逻辑内聚和偶然内聚。

- 功能内聚：如果一个模块内部的各组成部分的处理动作都为执行同一功能而存在，且只执行单一功能，则称该模块为功能内聚。这是一种最理想的内聚方式，其独立性最强。这种模块名称一般可以用一个动词＋名词来表示，如“打印订单”、“读库存文件”等。
- 顺序内聚：如果一个模块内部的各处理功能密切相关，顺序执行，前一个处理的输出直接作为下一个处理的输入，则称这种模块为顺序内聚，其内聚程度为较好。根据数据流图划分模块时，通常得到顺序内聚的模块，这种模块彼此间的连接往往比较简单。
- 数据内聚：如果一个模块内部各组成部分的处理功能是对相同的输入数据进行处理或产生相同的输出数据，则称这种模块为数据内聚模块。其内聚程度为中上。
- 过程内聚：如果一个模块内各组成部分的处理各不相同，但它们受同一控制流支配，决定它们的执行次序，则称这种模块为过程内聚。其内聚程度为中等。使用程序流程图作为工具设计软件时，常常通过研究流程图确定模块的划分，这样得到的往往是过程内聚的模块。

- 时间内聚：如果一个模块内各组成部分关系不大，但它们处理动作必须在同一段时间内执行，则称该模块为时间内聚，如模块完成的各种初始化工作。其内聚程度为中等偏差。
- 逻辑内聚：如果一个模块是由若干个结构不同，但具有逻辑相似关系的功能组合在一起（如一个模块产生各种类型的全部输出），则称这种模块为逻辑内聚。调用这种模块时，常常需要设置一个功能控制开关。其内聚程度为较差。
- 偶然内聚：如果某一个模块是由若干个毫无关系的功能偶然组合在一起构成的，则称该模块为偶然内聚。例如，有时在写完一个程序后，发现一组语句在两处或多处出现，于是把这些语句作为一个模块以节省内存，这样就出现了偶然内聚的模块。其内聚程度为最低。

内聚程度的高低标志着模块构成的质量，在模块分解时，应尽量使其内聚程度较高，其中以功能内聚最为理想。

模块耦合是衡量一个模块与其他模块在连接形式和接口复杂性方面相互作用关系的指标。模块耦合程度的高低直接影响系统的可修改性和可维护性。耦合程度越低，说明模块间的联系越简单，则模块的独立性越强，维护和修改就越容易。模块耦合通常划分为以下三种类型。

- 数据耦合：如果两个模块彼此间通过参数交换信息，而且交换的信息仅仅是数据，则是数据耦合。这是一种最理想的耦合。其耦合程度最低。
- 控制耦合：如果在两个模块之间，除了传递数据信息外，还传递控制信息（尽管有时这种控制信息以数据的形式出现），则称这种连接关系为控制耦合。在系统设计中应尽量避免或减少控制耦合。
- 内容耦合：一个模块直接与另一个模块的内容发生联系，即在一个模块执行过程中直接转移到另一个模块中运行（如访问另一个模块的内部数据），则称这种连接关系为内容耦合。这种耦合程度最高，是最差的一种。

在模块设计时，尽量使用数据耦合，少用控制耦合，不用内容耦合。

以上讨论了模块内聚和耦合的概念，两者有着密切的关系，是模块分解设计的两个方面。在一般情况下，如果模块的内聚程度较高，则它们间的耦合程度就较低，反之亦然。

② 控制结构图：控制结构图也称结构图或系统结构图，它不仅表示了一个系统（功能模块）的层次分解关系，还表示了模块的调用关系和模块间数据流及控制流信息的传递关系，是结构化设计的一种重要图表工具。

③ 过程结构图：计算机处理的实现，最终都必须落实到程序。但直接从控制结构图进行结构化编程还有一定的困难，需要运用过程结构图和伪码等图表工具进行结构化程序模块设计。

过程结构图又称程序结构图，它以控制结构图为基础，考虑具体程序的特点和结构化编程的要求，用三种基本程序结构（顺序、条件、循环结构）再加上一些公共模块来绘制。依据过程结构图可编制伪码，伪码是为表达程序模块结构而设计的一种模仿计算机语言格式的规范化语言，或者说是计算机语言的语法与自然语言的一种结合。

(2) 数据库设计

为高效存储和访问大量数据信息系统中还需要进行数据库设计。数据库系统是由数据库管理系统、数据库和相关程序等组成的。其中，数据库管理系统部分可以从现有产品中选购，而其他几个部分特别是数据库的建立则必须根据用户具体要求进行分析和设计，这项工作称为数据库设计。

从信息系统生命周期的观点来看，可将数据库设计的全过程划分为概念结构设计、逻辑模式设计和物理设计等阶段。其中，数据库概念与逻辑结构设计的方法有多种，常用的有实体联系图和关系模式规范化等方法。本书第3～7章将对数据库设计涉及的相关概念和理论进行详细介绍。

(3) 代码设计

代码就是以数字或符号来代表客观实体的符号。在信息系统中，由于要处理的信息量大、种类多，为便于进行信息分类、校对、统计和检索，就必须设计一套优良的代码方案。

代码设计的基本原则有：

- 标准化：尽可能采用国际标准、国家标准，暂无国标者可使用部标，以减少今后系统更新和维护的工作量，方便信息的交换和共享。
- 唯一性：每个代码所代表的实体必须是唯一的。
- 合理性：编码的方法必须合理，必须与分类体系相适应。
- 可扩充性：编码要留有足够的位置，以适应今后变化的需要。
- 简单性：代码结构应尽量简单，长度尽量短，以方便输入，提高处理效率。
- 适用性：尽可能反映分类对象的特点，做到表意直观，使用户易于了解和掌握。
- 规范化：代码结构、类型、编码格式必须一致。

(4) 输入和输出设计

① 输出设计：计算机系统的各项输出，是用户处理日常管理业务和进行经营决策所直接需要的信息。输出格式设计得好坏，直接影响系统的使用效果。因此，如何针对用户的特点和要求，以精确、及时、适用的方式输出最适合需要的信息，是输出设计要解决的主要问题。

为了进行输出设计，首先要调查清楚可供选择的输出形式的种类。从目前技术水平来看，可供选择的输出形式主要有4种，即打印机输出、显示器输出、转向输出及中间文件输出。其次要进行输出内容的设计，一是确定输出信息使用方面的要求，包括使用者、使用目的、输出速度、使用频率、数量或者份数要求、保密与安全要求等；二是输出信息的内容设计，包括信息形式(表格、图形、文字)、输出项目及数据结构、类型、长度、取值范围和精度等。

② 输入设计：数据输入是用户与计算机的重要接口，也是一项工作量较大、手工作业多的操作环节，所以应采用适宜的输入方式和查错方法，以保证输入的正确性，这是输入设计的核心内容。输入设计包括以下主要工作。

- 选择合适的输入方式。应根据数据量的多少及处理要求来选择输入的方式。若数据量不大，可采用键盘直接输入；若数据量较大，应先将数据存入磁盘或光盘中，使用时再通过磁盘或光盘输入。对于银行、超级市场等专用系统，一般通过光笔阅读器、磁墨字符阅读器等特殊装置直接输入。
- 原始凭证的设计。单位生产经营过程中产生的数据，多数是先记录在原始凭证上，然后再输入计算机，故在输入设计时，要重新设计原始凭证，使之清楚、明确，适应计算机处理的要求。

- 输入数据的校验。输入校验可采用人工校验和计算机校验两种方式。

（5）交互设计

人机交互主要是指在计算机程序运行中，使用者与计算机系统之间通过终端屏幕或其他装置进行一系列交替的询问与回答。人机交互可以采用多种不同的结构方式，如菜单法、填表法、回答法等。在选择一种合适的交互方式时，主要应考虑用户的技能、计算机和终端的物理限制等。

3）系统设计说明书

系统设计说明书是系统设计阶段的主要成果，是新系统的物理模型，也是系统实施的重要依据。其主要内容包括：

① 硬件系统的设计、物理系统的总体结构设计、计算机系统的选型和配置设计、数据通信网络的设计等，也包括系统软件的选择和配置、应用软件包的选购。

② 模块设计。系统中各主要功能的结构图名称和它们之间的关系、功能的简要说明，主要模块的控制结构图、过程结构图及伪码等。

③ 代码设计。各类代码功能、名称，相应的编码表、使用范围、使用要求及代码评价，输入、输出和交互的详细设计说明。

④ 网络设计、计算机过程的设计说明。

⑤ 数据库及文件的设计说明。

⑥ 人工过程的有关设计。包括工作地的平面布置图、人员配备及组织机构的调整建议等。

⑦ 实施方案的总计划。对工作任务进行分解，即对项目开发的各项工作，包括文件编制、审批、打印、用户培训、使用设备的安排等，按层次进行分解，指明每项任务的要求及负责人，对各项工作给出进度要求，做出各项实施费用的估算及总预算。

⑧ 实施方案的审批，参加审批人员除了用户、系统研制人员、程序员外，还包括有关的专家、管理人员。

系统设计说明书与计算机系统选择方案报告是系统设计阶段的全部工作成果。它们是由各方面人员多次协商、讨论与修改，并且用户感到满意时，经审核批准的。一旦确定下来，即成为下一步实施阶段的指导性文件。

3. 结构化开发方法的特点

结构化开发方法的整个过程步骤清晰、规范，每一阶段和步骤均有明确的内容和成果，各阶段衔接紧密，特别注重整体性和全局性。

（1）自顶向下分解设计信息系统，使复杂的系统简单化

该方法从信息系统的总体目标出发，从维护系统总体效益的角度来设计或规划系统，保证了系统内数据和信息的完整性、一致性；注意系统内部或子系统之间的有机联系和信息交流，防止系统内部数据的重复存储和处理，努力减少数据的冗余量，保证了系统运行的有效性。

（2）严格按阶段进行开发

这种有序的安排，不仅条理清楚，便于计划管理和控制，不易出现返工现象。

(3) 工作文档标准化和规范化

文档既是某阶段系统开发工作的重要成果,也是其下一阶段系统开发工作和用户了解并使用系统的依据。为了保证其内容被正确理解,要求文档采用标准化、规范化、确定的格式、术语、图形和图表,使开发人员及用户有共同的语言。

(4) 强调阶段成果的审定和检验

要求加强阶段成果的审定和检验,及时发现并清除系统中的隐患,弥补各阶段工作的不足与过失。根据结构化开发方法的建模原则,只有得到用户、管理人员和专家认可的阶段成果,才能作为下一阶段工作的依据。

2.3.2 面向对象的开发方法

随着面向对象的程序设计语言的发展,面向对象的分析与设计方法在信息系统的开发中得到了广泛的应用,其基本思想是:对问题领域进行自然分割,以更接近人们习惯的思维方式建立问题领域的模型,便于对客观的信息实体进行结构模拟和行为模拟,从而使设计出的应用软件尽可能直接地表现问题求解的过程。由于这种方法符合人的思维习惯,便于实现问题空间与解空间的自然映射,可以应用于复杂问题的系统分析和设计。因此,当20世纪70年代末出现系统应用软件生产落后于硬件生产的危机时,其研究和应用便成了一股强劲的浪潮。经过十几年的发展,产生了以C++、Java和C#等为代表的新一代面向对象的程序语言,并且形成了从信息系统的分析、设计到编程实现的一整套面向对象的方法论体系。

与结构化开发方法不同,面向对象的开发方法以对象为中心,将对象贯穿开发的整个过程,从需求、设计、实现的整个过程都是以对象(确切地讲是类)为中心,是一个从大对象到小对象的逐步求精的过程。因此,面向对象的开发方法中,需求、设计和实现三个阶段并没有非常明确的分界线,整个方法中,一直在解决如下几个问题。

(1) 系统中需要哪些对象?

(2) 每个对象的功能如何?对象需要提供哪些必要的公共方法、私有和保护方法?以及相应的成员信息?

(3) 对象之间的关系如何?哪些需要继承?哪些需要组合?每个对象需要与哪些对象进行消息通信?

如果说,在结构化分析方法中,一个系统应用软件主要是由模块(文档+数据)+模块调用关系组成的;而在面向对象的方法中,系统应用软件主要是由类(文档+数据)+类的继承与组合关系+对象+对象之间的消息通信组成的。

此外,面向对象的开发方法主要采用UML(统一建模语言)定义的9种图(具体参见UML建模相关书籍)来规范描述整个建模过程。通常面向对象的方法其开发过程主要遵从喷泉模型。与结构化方法相比较,面向对象的方法在系统的可重用性、可扩展性、适合大规模系统、计算机辅助设计与实现等众多方面都有着明显的优势,正因如此,面向对象的方法越来越成为大型系统开发的主要方法。更多关于面向对象的相关知识可参见本书第10章。

2.4 应用软件架构

在开发过程中，初级程序人员对出现的相似的功能经常复制代码，那么同样的代码为什么要写那么多次？这样不但使程序变得冗长，更不利于维护，一个小小的修改或许会涉及很多页面，经常导致异常产生，使程序不能正常运行。意识到这些问题，初级程序人员开始将程序中一些公用的处理程序写成公共方法，封装在类中，供其他程序调用。在新的应用开发中，数据访问层可以直接拿来使用。这样，代码量较以前有了很大的减少，而且修改时也比较方便，实现了代码的重用性。

单层结构是20世纪80年代以来小型应用采用的结构，当时还没有出现架构的概念，典型的是基于dBase、FoxBase等小型数据库的应用。双层结构的同义词可以理解为传统的客户机/服务器结构，尽管是目前占统治地位的结构，但由于其封装移植等方面的缺陷，已使它步入暮年，典型的是基于服务器型数据库的C/S应用。三层结构是传统的客户机/服务器结构的发展，代表了企业级应用的未来，典型的有Web下的应用。多层结构和三层结构的含义是一样的，只是细节有所不同。对于一个简单的应用程序来说，代码量不是很多的情况下，设计为一层结构或二层结构开发完全够用，没有必要将其复杂化，如果对一个复杂的大型系统，设计为一层结构或二层结构开发，那么这样的设计将存在着严重缺陷。分层开发其实是为大型系统或者是有可能将来扩展为大型系统的中小型系统服务的。分层是为了实现“高内聚、低耦合”。采用“分而治之”的思想，把问题划分开来各个解决，易于控制、易于延展、易于分配资源。

2.4.1 三层架构

所谓三层架构，是在客户机/服务器之间加入一个“中间层”，又称组件层。它与客户层、服务器层共同构成了三层体系。这里所说的三层体系，不是指物理上的三层，不是简单地放置三台机器就是三层体系结构，也不仅仅有B/S应用才有三层体系结构，三层是指逻辑上的三层。通过引入中间层，将复杂的商业逻辑从传统的二层结构(Client-Server)应用模型中分离出来，并提供了可伸缩、易于访问、易于管理的方法，可以将多种应用服务分别封装部署于应用服务器，同时增强了应用程序可用性、安全性、封装复用性、可扩展性和可移植性，使用户在管理上所花费的时间最小化，从而实现了便捷、高效、安全、稳定的大型系统应用。

典型三层构架就是将系统的整个业务应用划分为表示层、业务逻辑层、数据层，这样有利于系统的开发、维护、部署和扩展。三层体系的应用系统将业务规则、数据访问、合法性校验等工作放到中间层进行处理，再由中间层与数据库进行交互。

1. 表示层

表示层负责直接跟用户进行交互，一般指系统的界面，用于数据录入和数据显示等。这也意味着只做与外观显示相关的工作，不属于它的工作不用做。表示层具体任务主要包括：

(1) 从用户收集信息。

(2) 将用户信息发送到业务服务层进行处理。

(3) 从业务服务层接收处理结果。

(4) 将结果显示给用户。

2. 业务层

业务层用于做一些有效性验证的工作，以更好地保证程序运行的健壮性。例如，完成数据添加、修改和查询业务等；不允许指定的文本框中输入空字符串，数据格式是否正确及数据类型验证；用户的权限的合法性判断，等等。通过以上的诸多判断，决定是否将操作继续向后传递，尽量保证程序的正常运行。

业务层具体任务主要包括：

(1) 从表示层接收输入。

(2) 与数据层交互执行已设计的业务。

(3) 操作(业务逻辑、系统服务等)。

(4) 将处理结果发送到表示层。

3. 数据层

数据层用于专门跟数据库进行交互，执行数据的添加、删除、修改和显示等。需要强调的是，所有的数据对象只在这一层被引用，如 System. Data. SqlClient 等，除数据层之外的任何地方都不应该出现这样的引用。

数据层具体任务主要包括：

(1) 数据存储。

(2) 数据获取。

(3) 数据维护。

(4) 数据完整性。

此外，Microsoft 公司的 DNA 架构定义了三个层：表示层(presentation)、业务逻辑层(business)和数据存储层(data access)，三层又可以细分为界面外观层、界面规则层、业务接口层、业务规则层、实体层、数据访问层和数据库层 7 层，其具体的调用如图 2-9 所示。

由图 2-9 可以看出，虽然将系统的架构分为 7 层，实际上从大的方面来说，它就是一个典型的三层架构设计思想。单从这个图来看，数据的调用显得烦琐且抽象，若只是想实现界面上与用户交互，然后根据用户的请求将数据读出或写入数据库，似乎没必要进行如此复杂的分层调用，因为依据用户的需求就是两层而已。这是由于没有搞清楚三层架构主要是为实现部署、开发、维护企业级数据库系统而服务的。如果在中间层实现对表示层和数据库层的完全脱离，其部署、开发、维护系统的费用和时间至少降低到原来的一半，甚至更多。

4. 三层架构的优点

从开发角度和应用角度来看，三层架构比二层架构或单层架构都有更大的优势。三层架构适合团队开发，每人可以有不同的分工，协同工作使效率倍增。开发二层或单层应用程序时，每个开发人员都应对系统有着较深的理解，对开发人员的能力要求很高。开发三层应用程序时，则可以结合多方面的人才，只需少数人对系统全面了解即可，从一定程度降低了开发的难度。

三层架构可以更好地支持分布式计算环境。逻辑层的应用程序可以在多个计算机上运行，充分利用网络的计算功能。分布式计算的潜力巨大，远比升级 CPU 有效。

三层架构的最大优点是它的安全性。用户只能通过逻辑层来访问数据层，减少了入口点，把很多不安全的系统功能都屏蔽了。

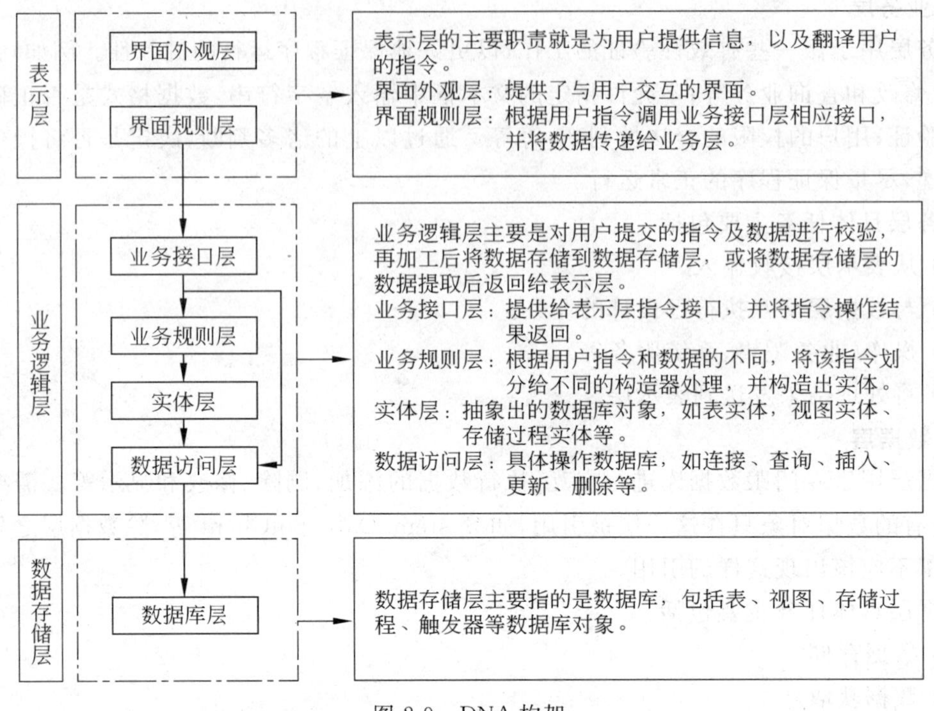

图 2-9　DNA 构架

2.4.2　三层架构的实施

三层架构系统的开发根据驱动模式不同可划分数据层驱动模式、表示层驱动模式和隔离驱动模式。

1. 数据层驱动

数据层驱动模式是先设计数据层，表示层围绕数据层展开，一旦完成了数据层和表示层，业务层就围绕数据层展开。因为表示层是围绕数据层展开的，这将会使表示层中的约束不准确，并且限制了业务层的变更。由于业务层受到限制，一些简单的变化可以通过 SQL 查询和存储过程来实现。

这种模式非常的普遍，它和传统的客户机/服务端开发相似，并且是围绕已经存在的数据库设计的。由于表示层是围绕数据层设计的，它常常是直接展示数据层的实际结构。常常存在一种额外的反馈循环在表示层到数据之间，当在设计表示层不容易实现的时候常常会去修改数据层，也就形成了这种反馈循环。开发者请求修改数据库以方便表示层的开发，但是对数据层的设计却是有害的。这种改变是人为的而没考虑到其他需求的限制。这种修改经常会违反至少损害数据的特有规则，导致不必要的数据冗余和数据的非标准化。

2. 表示层驱动

表示层驱动模式是数据层围绕表示层展开的。业务层一般是通过简单的 SQL 查询和很少的变化或者隔离来完成的。由于数据库的设计是为了表示层的方便，并非从数据层设计方面考虑，所以数据库的设计在性能上通常很低。

3. 隔离驱动

采用隔离驱动模式设计，表示层和数据层被独立开发，常常是平行开发。这两层在设计时没有任何的相互干扰，所以不会存在人为的约束和有害的设计元素。当两层都设计完成后，再设计业务层。业务层的责任就是在不改变数据层和表示层的基础上完成所有的转换。

因为现在表示层和数据层是完全独立的，当业务层需求改变时，表示层和数据层都可以做相应的修改而不影响对方。改变两个在物理上不相邻的层不会直接对其他层产生影响或发生冲突。这就允许数据层结构调整，或者表示层根据用户的需求做相应的变化，而不需要系统做大的调整或者修改。表 2-1 对这三种驱动模式进行了对比。

表 2-1　三种驱动模式对比

特性 \ 驱动模式	数据层驱动模式	表示层驱动模式	隔离驱动模式
数据库	(1) 很容易设计 (2) 产生负面影响 (3) 很难改变数据层，因为它和表示层紧密绑定	(1) 数据库设计很糟 (2) 严重的不规范化设计 (3) 其他系统不易使用 (4) 很难改变数据层，由于它跟表示层紧密绑定	(1) 优化设计 (2) 集中设计数据库，表示层对它影响很小
业务需求	常常不能适应业务需求变化	常常适应业务需求变化	适应需求变化
用户界面	是围绕数据层而不是围绕用户，不易修改	适合用户扩展界面	适合用户扩展界面
扩展性	通常可扩张，但常在用户界面需要较多的重写，以满足数据库的结构，同时数据库可能需要存储一些冗余的字段	完整性的扩张很难，常常只有通过剪切、粘贴函数来实现	很容易扩展

综上所述，容易看出隔离驱动模式的优点，采用隔离驱动模式设计，可以极大地提高程序的扩展性。

2.5　系统质量管理与评估

随着组织中标准信息系统开发过程的成熟，项目时间和费用在减少，同时生产率和质量在提高。卡内基·梅隆大学的软件工程研究所观察并度量了这种现象，开发出一个质量框架，以帮助所有的组织实现这些优点。

能力成熟度模型(capability maturity model，CMM)是用来评估组织的信息系统开发以及管理过程和产品的成熟度等级的框架。它由 5 个开发成熟度等级构成，如图 2-10 所示。

第 1 级：初始级

这一级有时被称为无政府状态(anarchy)或混乱状态(chaos)。系统开发项目没有固定的过程可遵循，每个开发者都使用自己的工具和方法。项目的成败往往取决于项目团队的技能和经验。开发过程是不可预测、不可重复的。一般来说，一个项目会遇到许多危机，并且常常超出预算并延误计划。文档是零散的，或者项目与项目之间的文档不一致，这给在系统生命期内维护系统提出了难题。几乎所有的组织一开始都处于第 1 级。

第 2 级：可重复级

组织已经建立了项目管理过程和实践来跟踪项目费用、进度和功能。这一级的重点是

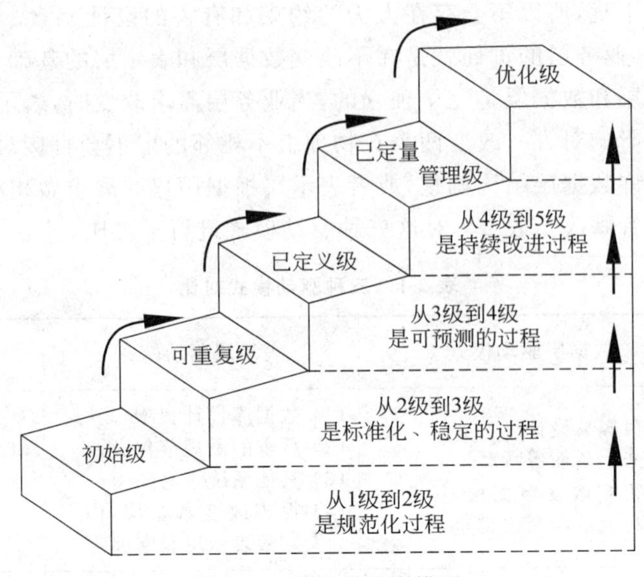

图 2-10 能力成熟度模型

在项目管理上，而不是在系统开发上。组织总是采用某个系统开发过程，但项目与项目之间可能不同。项目的成败仍然取决于项目团队的技能和经验；但是组织做了协调工作，并尽量借鉴早期成功项目的经验。有效的项目管理实践为下一级的标准化过程奠定了基础。

第 3 级：已定义级

组织购买或者开发了一个标准的系统开发过程（有时称为方法学），它的使用已经集成到组织的信息系统/服务部门中。所有项目都使用这个系统开发过程的裁剪版本来开发和维护信息系统。由于所有项目都使用标准化的过程，所以每个项目都会产生一致且高质量的文档和交付成果。开发过程是稳定的、可预测的，而且是可重复的。

第 4 级：已定量管理级

组织建立了可度量的质量和生产率目标。标准系统开发过程和产品质量的详细度量数据被例行公事地收集和存储在数据库中，并且组织根据收集的数据，努力提高项目管理水平。这样，管理层能更主动地而不是被动地应对系统开发问题（如费用超支、范围蔓延、进度延迟等），甚至当项目遇到不可预期的问题时，开发过程仍可以根据对问题影响的预测和度量进行调整。

第 5 级：优化级

根据第 4 级建立的度量和数据分析，标准化的系统开发过程被连续地监督和改进。这可能包括改变标准系统开发过程活动中使用的技术和最佳实践，还包括调整开发过程本身。经验、教训在整个组织内部共享，强调保证质量的同时消除系统开发过程中的低效率。总之，组织制度化、持续地实施系统开发过程改进措施。

需要注意的是，CMM 中的每个等级都是下一等级的先决条件。

目前，许多组织正努力至少达到 CMM 第 3 级，即采用标准开发过程或方法学建造或集成系统。如表 2-2 所示，通过把 CMM 第 3 级的过程改进措施制度化，组织可以在进度和费用上实现显著的改进。

表 2-2 一个 200000 行代码开发项目的 CMM 项目统计

组织的 CMM 等级	项目持续时间	项目/人月	出现的错误数	平均费用/百万美元	最低费用/百万美元	最高费用/百万美元
1	30	600	61	5.5	1.8	100+
2	18.5	143	12	1.3	0.96	1.7
3	15	80	7	0.728	0.518	0.933

注：资料来源于 Master Systems 公司

2.6 案例信息系统开发简介

下面针对本书将设计实现的案例系统，给出案例系统开发的具体指导，帮助读者加深对本章所介绍的相关理论知识的理解和应用。

根据信息系统开发生命周期的划分，将该信息系统开发划分为需求分析、设计和实现三大阶段。本节对该系统的开发进行顶层的指导，关于应用设计和实现等相关的内容参见第10～13章，而其数据库的设计参见第3～7章，系统应用的维护参见第8～9章。

案例系统开发背景：不同部队单位，特别是基层单位，通常每年都会新配发装备或报废旧装备，为了便于对装备进行管理，单位通常将这些装备定人，即将不同装备指定由不同人员负责(知晓装备位置、当前使用状况和基本维护等)。当单位人员数量和装备数量都比较多(如超过1000个)，使用平常的手写和纸质记录“装备编配”信息时，效率较低，而且准确性不够高。目前基层部队单位通常都配备了PC，如果能开发一个信息管理系统，将装备编配以及人员操作装备的考核信息等进行信息管理，能够大大提高信息管理效率和准确性。为此，需要开发一个“装备编配与考核”相关的信息系统。

1. 系统定义

1) 基本功能

(1) 能够对一个单位的人员、装备、考核项目(考核项目有的与装备类型有关，有的无关，条目基本不变)、考核成绩等进行基本维护(增加、删除和修改)。

(2) 能够将输入的装备编配到特定人员并进行维护，能够对不同的人员-装备编配关系进行更改。

(3) 能够对不同装备进行报废管理。

(4) 能够方便地对存储的所有信息进行查询和统计。

2) 将来可能的需求

(1) 需要查看何时、何人对存储的数据进行了更改操作。

(2) 需要查看某一装备定人的跟踪过程(即什么时间段由何人进行管理，出现过何种维护情况等)。

(3) 整个系统维护信息由专门人员操作，而主管能够查询相关信息，允许方便地远程联网查询成绩、维修与维护记录等。

3) 其他要求与限制

(1) 为了方便，整个系统在一台安装 Windows XP 的普通 PC 上使用。

(2) 待管理的数据量一般不超过5万条。

(3) 开发完成后,系统运行的数据不能丢失。

2. 系统开发说明

整个系统的逻辑功能相对简单(主要是针对数据的增加、删除、修改和查找等操作),但用户界面操作性的功能较多。如果不科学、合理地实施系统的开发,很容易导致出现前面提到的软件危机问题。

学习了信息系统的开发知识后,可以按照相关理论知识来实施系统开发。针对本案例系统,阐述其生命周期各阶段涉及的相关问题,主要包括:

(1) 对案例系统进行可行性分析,并确定技术方案和实施方案。

(2) 确定开发过程模式。

(3) 确定开发方法以及开发方法中使用的建模工具。

(4) 确定案例系统的详细需求。

(5) 确定开发环境,包括开发平台、语言(及编码规范)和工具。

3. 可行性分析

1) 技术可行性与可选方案

根据系统定义的内容初步确认,该系统功能主要涉及的都是数据的基本处理(增加、删除、修改和查找),从系统开发的技术可行性方面考虑,这类系统的开发不存在技术难度,一般都可行。

2) 方案选择

针对需求(业务逻辑相对简单,企业级应用可能性不强等),目前主要有两种典型的解决方案:一是C/S模式,建议采用.Net平台和SQL Server 2005 Express数据库,使用C#语言快速开发实现;二是采用B/S方式,需要搭建Web服务器,可使用C#或Java语言,也可直接使用PHP编程实现。

针对以上两种方案,出于学生循序渐进掌握知识的角度,这里选择使用C/S方式的C#语言实现方案,如果使用B/S方式,则需要掌握大量网络、Web等相关知识,对于初学开发且没有网络相关知识的学生,难度和工作量偏大。

3) 效益分析

通过一个案例系统的开发,学生能够直接学习面向对象的语言的使用,能够了解和掌握一个简单信息系统的开发过程,为学生进一步学习信息系统相关知识和应用实践,培养信息素质打下扎实的基础。

4. 开发过程和方法

根据前面介绍的相关知识,针对本案例的需求,可以依据瀑布模型,采用结构化方法(针对数据需求使用E-R图,针对功能和过程使用数据流图等,也可使用用例图描述用户需求)对案例进行需求建模和设计案例框架(画出模块结构图,确定模块功能与接口),采用C#语言使用面向对象的方式编程实现案例,针对模块之间的调用关系,编写测试计划对案例系统进行测试。

5. 开发环境

开发环境其实在可行性分析阶段的技术方案中已基本确定了,针对本案例,可使用Windows平台下的.Net 2005集成开发环境编写和调试代码。开发时,需要重点关注编码规范问题，良好的编码规范有助于提高系统的可读性，从而有效提高系统可维护和扩展性。

2.7 小结

信息系统通常是以数据为中心，针对数据进行维护、处理和访问的特殊软件系统。信息系统的处理一般比较简单，但是其开发过程如果不依照科学、有效的方法进行，同样会出现开发成本、进度或质量无法保证的情况。

本章面向信息系统开发的初学者，简要介绍了信息系统的开发思想，强调要从系统和工程的角度开发信息系统应用软件，将应用软件的开发过程分成不同的阶段，每个阶段需要尽量准确、完善地描述问题或解决办法，并采用专家审核的方式以减少各阶段的错误、避免返工。

整个信息系统的开发思想虽然并不复杂，但要理解和掌握其开发过程和方法，必须经历开发实践。本章最后介绍了一个待开发的小型信息系统，来引导后续的理论学习和应用实践。

习题

1. 信息系统生存周期一般包括哪几个阶段？每个阶段主要的工作是什么？
2. 信息系统开发过程模型与开发过程有什么区别？
3. 请列出不少于三种的信息系统开发过程模型，并描述其主要内容和应用场合。
4. 请列出不少于两种的信息系统开发方法。
5. 结构化开发方法中，通常采用哪些图形或表格工具描述需求？采用哪些图形工具描述软件结构？
6. 应用软件的三层构架的主要内容是什么？什么情况下使用三层构架？
7. 信息系统开发能力成熟度模型主要分几级？每级的主要内容是什么？

第3章　数据管理技术

在每天的工作和生活中，人们经常与各类信息系统打交道。例如，到银行存钱或取钱，预订宾馆房间或机票，在图书馆查找图书，在网上购物，等等。所有这些活动都会涉及人或信息系统访问后台数据库。可见，数据库已经成为各类信息系统的重要组成部分。

本章主要介绍数据管理技术的发展，数据库的基本概念和数据库系统体系结构，目的是使读者了解为什么要使用数据库技术进行数据管理、数据库系统的功能和原理等。

3.1　数据管理技术的发展

前面已讨论了信息和数据的关系，认识到信息和数据是密不可分的，信息经过转换而成为信息系统中用户所用的有意义的数据，数据是信息的符号表示或载体，信息则是数据的内涵，是对数据语义的解释。信息管理最终体现在数据管理上。

数据管理是指对数据进行分类、组织、编码、存储、检索和维护，它是数据处理的中心问题。而数据处理是指对各种数据进行收集、存储、加工和传播的一系列活动的总和。

数据库技术是应数据管理任务的需要而产生的，是数据管理的最新技术，是构成信息系统的核心和基础。

在计算机问世以前，对数据的管理只能采用手工和机械方式。计算机问世后，在计算机硬件、软件发展的基础上，应用需求的推动使数据管理技术经历了人工管理、文件系统管理和数据库系统管理三个阶段。

1. 人工管理阶段

在人工管理阶段（20世纪50年代中期以前），计算机主要用于科学计算。在硬件方面，外部存储器只有磁带、卡片和纸带等，还没有磁盘等直接存取存储设备，所以数据无法保存。软件上也没有出现操作系统，尚无数据管理方面的软件，应用程序（用户）负责管理数据，对数据进行批处理。这个时期对于数据的管理是由用户自己完成的，所以称为人工管理。

人工管理阶段的数据与应用程序的对应关系如图3-1所示，此阶段的数据具有如下特点。

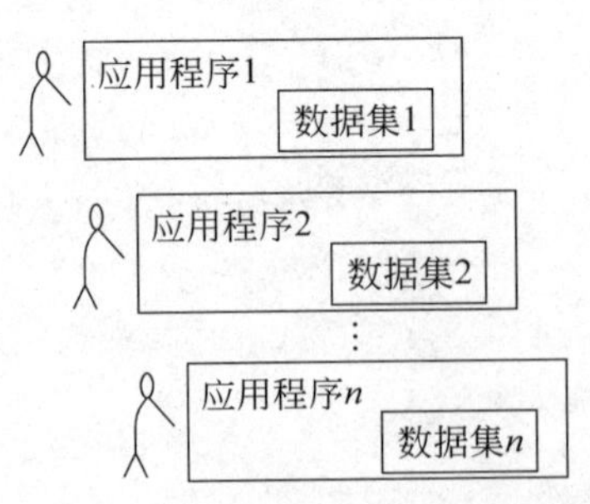

图3-1　人工管理阶段应用程序与数据之间的对应关系

1）数据不保存

计算机主要用于计算，不对数据进行其他操作，也没有磁盘等直接存取存储设备，数据并不单独保存在计算机系统中。程序中的数据，随着程序的运行完成，其所占用的内存空间同指令所占用的内存空间一起被释放，退出计算机系统。

2）数据面向程序

数据需要由应用程序自己设计、说明（定义）和管理，程序员在编写程序时自己规定数据的存储结构、存取方法和输入方式等。

3）数据不能共享

数据完全面向特定的应用程序，数据的产生和存储依赖于定义和使用数据的程序。多个程序使用相同数据时，也必须各自定义，重复存储，因此会产生冗余数据。但这是不可避免的，因为一个程序所使用的数据并不能为另一个程序所知，因此数据不能共享。

4）数据不具有独立性

数据独立性是指用户的应用程序与数据的逻辑结构和物理结构是相互独立的。在人工管理阶段，没有专门的软件对数据进行管理，程序直接面向存储结构（此阶段数据的逻辑结构与物理结构没有区别）。当数据的存储结构发生变化时，必须由应用程序进行相应的修改，对数据进行重新定义。

2. 文件系统管理阶段

20世纪50年代末到60年代中期，计算机不仅用于科学计算还开始大量用于数据管理。这个时期硬件方面有了磁盘、磁鼓等直接存取设备，计算机所能处理的数据的量和速度得到了提高。软件方面出现了操作系统和高级语言，操作系统中有了专门管理数据的软件，称为文件系统。数据处理方式上不仅能进行批处理，还能进行联机实时处理。这个时期对于数据的管理是由文件系统完成的，所以称为文件系统管理阶段。

文件管理阶段应用程序与数据之间的对应关系如图3-2所示，文件系统管理数据具有如下的特点。

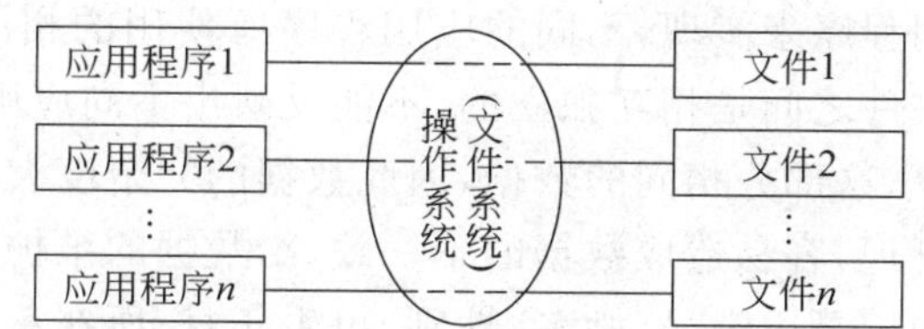

图3-2　文件管理阶段应用程序与数据之间的对应关系

1）由文件系统管理数据

文件系统是操作系统中负责存取和管理数据的模块，采用统一的方式管理用户和系统中数据的存储、检索、更新、共享和保护等。文件系统可把应用程序所管理的数据组织成相互独立的数据文件，利用“按文件名访问、按记录进行存取”的文件管理技术，实现对数据的修改、插入和删除等操作。

文件系统所管理的数据文件是一种有结构的文件，它包含若干逻辑记录。逻辑记录是文件中按信息在逻辑上的独立含义划分的一个信息单位，记录在文件中的排列可能有顺序关系。此外，记录与记录之间不存在其他关系。数据文件之间更是相互独立、缺乏联系。

2）数据可以长期保存

数据可以“文件”的形式长期保存在磁盘等外部存储器上，应用程序可通过文件系统对磁盘上的文件中的数据进行管理。

3）程序和数据之间具有“设备独立性”

利用文件系统，应用程序不需要考虑如何将数据存放在存储介质上，只要知道文件名并且给出有关操作要求便可存取数据，实现了“按名访问”。因此，数据文件可脱离应用程序单独存储，可以重复使用，程序和数据之间具有“设备独立性”。

4）数据是面向应用的

在文件系统管理阶段中，文件的建立、存取、查询和更新等操作，都要由应用程序来实现。数据需要由应用程序自己设计、说明（定义）和管理，程序员在编写程序时不仅要规定数据的逻辑结构还要设计数据的物理结构，包括数据的存储结构、存取方法、输入方式等。即数据文件中只存储数据，不存储文件记录的结构描述信息。

数据的逻辑结构是用户可见的信息组织方式，可独立于物理环境加以构造；数据的物理结构是数据在物理存储空间中的存放方法和组织方式。例如，学生的姓名、性别、年龄等可用线性表这种逻辑结构组织，表中的数据元素称为一个记录，含有大量记录的线性表称为文件。而在物理存储空间可用一组地址连续的存储单元依次存储线性表的元素（称为顺序存储），也可用一组任意的存储单元存储线性表的数据元素（称为链式存储）。对线性表中的数据可采用后进先出的堆栈存取方法，也可采用先进先出的队列存取方法。数据的输入可采用在程序中进行简单赋值、批量赋值，或者在程序运行时从键盘输入等方式。所有这些，都需要借助于某种计算机语言，采用适当的数据结构在应用程序中加以实现；应用程序再在数据的存储结构基础上，采用一定的算法来实现对数据的存取、查询和更新等操作。

由此可见，文件系统管理阶段是数据管理技术发展中的一个重要阶段。但是随着数据管理规模的扩大和数据量的急剧增加，利用文件系统进行数据管理仍存在以下缺点。

1）数据的共享性差，冗余度大

虽然程序和数据之间具有"设备独立性"，但数据仍然是面向应用的。数据文件的建立、存取等操作，都要由应用程序来实现，不同的应用程序所使用的相同数据，也必须存储在各自的数据文件中，数据文件之间是相互独立的，不能反映出不同应用所用的相关数据之间的内在联系。由于不能共享这部分相同的数据，因此数据的冗余度大，浪费存储空间。而相同数据的重复存储、各自管理，容易造成数据的不一致，给数据的维护带来困难。

例如，学生文件S的记录由学号、姓名、性别、出生年月、所在系等数据项组成；课程文件C的记录由课程编号、课程名称、先修课程号、主讲教师等数据项组成；学生选课文件SC的记录由学号、姓名、课程编号、成绩等数据项组成，如图3-3所示。在实际应用中这三个文件的记录之间是有联系的，文件SC中的某一记录的"学号"数据项的值应该是文件S中某个记录的"学号"数据项的值，文件SC中的某一记录的"课程编号"数据项的值应该是文件C中某个记录的"课程编号"数据项的值。

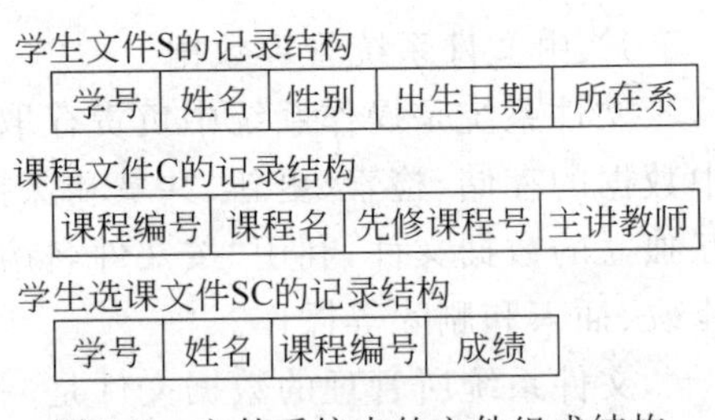

图3-3 文件系统中的文件组成结构

在文件系统中，尽管记录内部是有结构的，但记录之间是没有联系的。学生、课程以及学生选课文件是三个独立的文件，可能是三个不同的用户分别创建的。即使是在同一用户创建的文件S和SC中，对于学号相同的记录，若其姓名不同，对于系统来说是正常现象；甚至是在同一文件SC中，出现同一学生选修同一课程却有不同成绩的记录都是正常现象；若是三个不同用户创建的三个文件，数据间更没有必然的联系，创建文件SC的用户，无法知道对应某一课程编号的课程的课程名等信息，或对应某一学号的学生的性别等信息，如果用户有需要只能重复存储。而若要使这三个文件中的数据有联系，而且相应的数据保持一致，必须再编写相关的应用程序来保证。

2）数据与程序的独立性差

在文件系统管理阶段中，数据仍然是面向应用的。数据文件中只存储数据，不存储文件记录的结构描述信息。应用程序不仅要确定数据的逻辑结构，还要设计数据的物理结构。应用程序与数据的逻辑结构和物理结构仍然不是相互独立的。一旦数据的逻辑结构或物理结构需要改变，必须修改应用程序，即修改程序中有关数据逻辑结构或物理结构的定义。例如，扩展线性表中记录的数据项，或者修改数据项的数据表示法等逻辑结构的改变，或者为了提高应用程序的执行效率而将数据文件由顺序存储改为链式存储等物理结构的改变，都必须对应用程序进行修改。因此，数据和程序之间仍缺乏数据独立性。

3. 数据库系统管理阶段

20 世纪 60 年代后期以来，计算机管理的数据对象规模越来越大，应用范围也越来越广泛，数据量急剧膨胀，对数据处理的速度和共享性提出了新的要求，对多种应用、多种语言互相覆盖地共享数据集合的要求越来越强烈。

这个时期外存有了大容量磁盘和光盘，硬件价格大幅度下降；相反软件的价格不断上升，编制和维护软件及应用程序的成本相对增加，其中维护的成本更高；数据处理上，联机实时处理要求更高，并开始出现分布处理。以文件系统进行数据管理，已不能适应数据管理的需要，为了解决多用户、多应用共享数据的需求，使数据为尽可能多的应用服务，数据库管理技术应运而生。

1963 年，美国 Honeywell 公司的 IDS(integrated data store)系统投入运行，揭开了数据库技术的序幕。1965 年，美国一家火箭公司利用该系统帮助设计了阿波罗登月宇航器，推动了数据库技术的产生。1968 年，美国 IBM 公司研发了基于层次模型的数据库系统(information management system, IMS)。1969 年，美国数据库系统语言研究会(Conference on Data System Language，CODASYL)下属的数据库任务组(DataBase Task Group，DBTG)提出基于网状数据模型的一个系统方案。1970 年，美国 IBM 的 E. F. Codd 发表论文提出了关系模型。从此，数据库技术进入了蓬勃发展的时期。

3.2 数据库的基本概念

3.2.1 数据库

据有关文献记载，数据库(database，DB)这个名词起源于 20 世纪 50 年代初，美国把为了战争需要而存储在计算机里的各种情报集合称为 database。数据库，顾名思义，就是存放数据的仓库。只不过这个仓库是在计算机存储设备上，而且数据不是杂乱无章的、是按一定格式存放的。

严格地说，数据库是长期存储在计算机内、有组织的、统一管理的、可共享的相关数据的集合。

数据库在实际使用中具有如下隐含的性质：

(1) 数据指的是用符号记录下来的、可以识别的信息，具有一定的语义。所以数据库应反映现实世界的某些方面，现实世界的变化应在数据库中有所反应。

(2) 数据库是逻辑上一致而且有某种内在含义的数据集合，不是数据的随机归类。

(3) 数据库是为一个特定目标而设计、构建并装入数据的。数据库有目标用户组,而且存在这些用户组感兴趣的一些预想应用。

采用数据库技术进行数据管理呈现如下几个方面的特点:

1) 采用数据模型表示数据

在文件系统中,尽管每个文件内部是有结构的(文件由记录构成,每个记录由若干数据项组成),但文件之间是没有联系的。数据文件中只存储数据,不存储文件记录的结构描述信息。如图 3-3 中的学生、课程以及学生选课文件是三个独立的数据文件。

而在数据库系统中,采用数据模型来描述数据库中的数据,数据模型不仅描述数据本身的特征,还要描述数据之间的联系。例如,在关系数据库中,采用关系数据模型在一个关系数据库中用三个关系表来描述学生、课程以及学生选课文件中的数据,关系表中的元组和属性对应文件系统中数据文件中的记录和数据项;通过定义学生关系表中"学号"属性和课程关系表中"课程编号"属性为主属性(主键),学生选课关系表中"学号"和"课程编号"属性为参照属性(外键),以及参照属性与主属性的对应关系,来描述数据之间的联系,如图 3-4 所示。由数据库管理系统来实现关系数据模型的实体完整性和参照完整性,保证各关系(文件)中元组(记录)的唯一性,相关数据的一致性,相同数据不用重复存储等特性。5.2 节中将对相关概念进行详细描述。

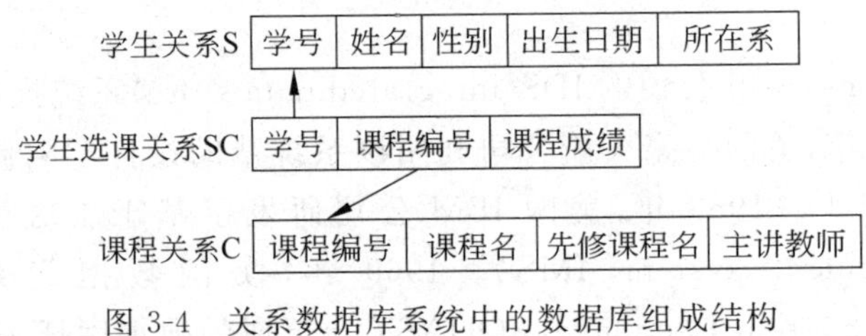

图 3-4 关系数据库系统中的数据库组成结构

2) 程序和数据之间具有独立性

利用文件系统进行数据管理,虽然数据文件可脱离应用程序单独存储,程序和数据之间具有"设备独立性",但数据文件的存储结构都内嵌在应用程序中,因此若对文件结构有任何改动,都可能需要对访问这个数据文件的所有程序进行相应修改。与文件系统不同,数据库系统将对数据的存储结构的定义从应用程序中分离出来。

在数据库系统中,采用数据模型表示数据库中的数据,数据模型中数据结构的描述和完整性约束的定义存储在 DBMS 的数据字典中,其中包含每个文件的结构、每个数据项的类型和存储格式以及数据的各种约束等信息。存储在数据字典中的这些信息是由数据库设计人员在创建数据库时指定,并存储在数据字典中的,被称为元数据(meta-data)。

各类应用可通过 DBMS,从数据字典中得到数据库中数据文件结构的信息,来存取数据库中某个数据文件的一个或一组记录(元组),甚至是记录(元组)中的一个或一组数据项(属性)。

对数据文件结构的修改只需通过 DBMS 修改数据库的定义即可,而无须修改应用程序,实现了程序与数据的分离。

3) 数据面向整个应用领域

在数据库系统中,不仅要考虑某个应用的数据结构,还要考虑整个组织的数据结构。数据库系统采用数据模型将整个组织所涉及的不同的数据组织集成在一个数据库的整体逻辑结构中，被全组织不同的应用共享。任意一个用户只关心其所使用的数据，这些数据只是数据库的一小部分，用户可见的是数据库的局部逻辑结构。

例如，对于一个军事学院，有干部、教务、财务、营房等多个部门，可采用数据库来存储各部门所涉及的干部（教员）、学员、营房、营具、教材、课程等数据以及数据之间的联系，各部门可根据需要访问数据库中不同数据文件的数据，干部部门要访问干部和学员的数据，教务部门要访问干部（教员）、学员、课程等数据。数据库中的某个数据可为各业务部门的各类应用所使用，如干部部门的干部档案管理和教务部门的教员业务档案管理均可访问教员的数据，干部部门的学员档案管理和教务部门的学员学籍管理均可访问学员的数据。而在数据库中教员或学员的数据分别存储在同一个数据文件中，只是不同业务部门的业务系统关心的数据文件中的局部数据并不相同，如对于干部（教员）数据，财务部门关心干部的姓名、入伍时间、技术等级、军衔级别、军龄等信息；营房部门关心干部的姓名、入伍时间、出生日期，技术等级、等级时间、职称、来院时间、现部职别、家庭住址，配偶姓名及单位等信息；教务部门关心如下干部（教员）的信息：姓名、职称，现部职别、学历、学位、所学专业等。干部部门关心干部的更多信息。各业务部门只关心其所管理的数据对象的相关数据，即数据库中的某些数据文件、数据文件的某些数据项，这些数据只是数据库的局部，用户可见的是数据库的局部逻辑结构，如图 3-5 所示。

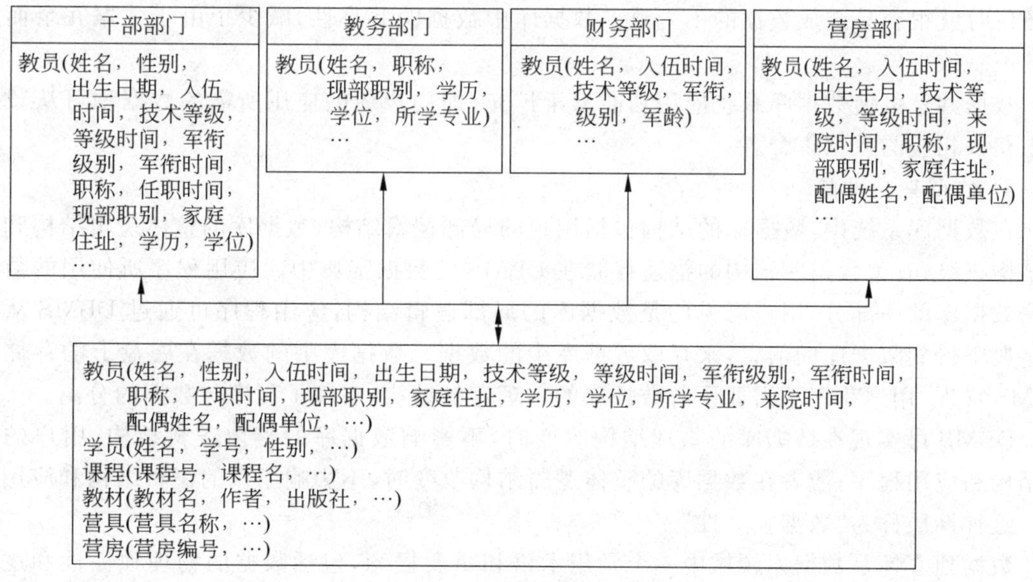

图 3-5 应用系统数据库整体逻辑结构与用户可见的局部逻辑结构

4）数据由数据库管理系统统一管理和控制

数据库系统中有了专门管理数据的软件——数据库管理系统（DBMS），应用程序与数据之间的关系如图 3-6 所示。数据库系统相对于文件系统来说，进一步把用户从繁杂的数据处理工作中解脱出来。数据库管理系统实现了用户（应用程序或终端用户）的数据与外存储器上的数据库中的数据之间的转换，用户只需使用终端命令、查询语言或用程序方式（在C、Java 等高级语言中嵌入数据库查询语言）操作数据库（见 3.2.3 节）。

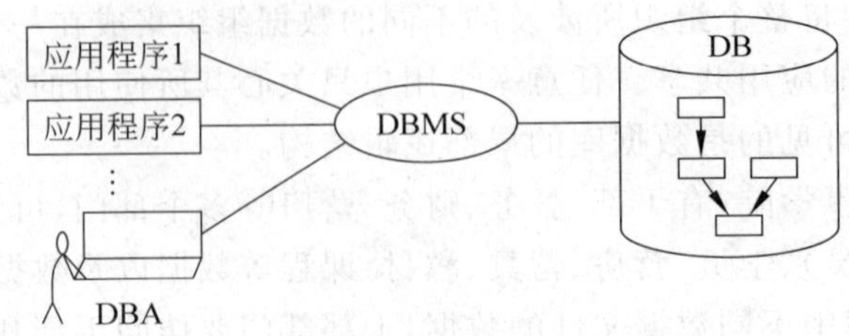

图 3-6 数据库管理阶段应用程序与数据之间的对应关系

由此可见,从文件系统管理到数据库系统管理是信息处理领域的一个重大变化。利用数据库系统进行数据管理不仅支持对大量数据的长期存储,允许高效地存取数据以进行查询和修改等,其优点更多地体现在以下几个方面。

1）数据的共享性高,冗余度低,易扩展

在数据库系统中,采用数据模型从全局的角度描述数据库中数据,数据模型不仅描述数据本身的特征,还要描述数据之间的联系。不仅数据内部是结构化的,而且实现整体数据的结构化,数据之间是有联系的。数据不再是面向某个特定应用而是面向整个系统或组织,因此数据可以被多个用户、多个应用共享。

数据共享可以大大减少数据冗余,节省存储空间,避免数据之间的不相容性和不一致性。采用人工管理和文件系统管理时,由于数据被重复存储,当不同的应用使用和修改不同的备份时就很容易造成数据的不一致。数据库中数据的共享性,减少了由于数据冗余而造成的不一致现象。

数据共享可使数据库系统应用功能易于扩充,即用户新的应用所需的数据均可从数据库中获取相应的数据集合。

2）数据独立性高

在数据库系统中,数据库的结构包括用户的局部逻辑结构、数据库的整体逻辑结构和物理结构三级,有关数据库结构的描述存储在 DBMS 的数据字典中。应用程序所使用的数据只是数据库的一部分,用户可见的是数据库的局部逻辑结构,应用程序可通过 DBMS 从数据字典中得到数据库的信息,来存取数据库中的数据。数据库中的数据在磁盘上的存储由 DBMS 管理,用户程序不需要了解数据库的物理存储结构,实现了程序与数据的分离。

DBMS 可实现在数据库的物理结构改变时,不影响数据库的整体逻辑结构、用户的逻辑结构和应用程序;或者在数据库的整体逻辑结构改变时,不影响用户的逻辑结构和应用程序。这种性质称为“数据独立性”。

数据独立性是数据库领域中一个常用术语和重要概念,包括数据的物理独立性和逻辑独立性。

物理独立性是指用户的应用程序与存储在磁盘上的数据库中的数据相互独立,即当数据的物理存储改变时,应用程序不用改变。

逻辑独立性是指用户的应用程序与数据库的逻辑结构相互独立,即数据的逻辑结构改变了,用户程序可以不变。

为什么采用数据库技术进行数据管理能够带来数据的独立性呢?这是由数据库系统的三级模式结构以及两级映射机制决定的(见 3.3 节)。

3）对数据的控制能力强

数据库在建立、使用和维护时，由数据库管理系统统一管理和控制，通过在数据库管理系统中实现完整性机制、安全性控制和事务管理，加强了对数据库中数据操作的控制，提高了数据的完整性、安全性、持久性，实现数据（事务）操作的原子性、并发数据（事务）操作的隔离性等。

综上所述，数据库中的数据按一定的数据模型组织、描述和存储，具有较小的冗余度、较高的数据独立性和易扩展性，并可为多个用户共享。数据库中数据共享不仅体现在多个用户可以存取数据库中的数据，还体现在多个用户可以同时存取数据库中的数据。

3.2.2 数据库管理系统

数据库管理系统是位于用户与操作系统之间的一层数据管理软件。为用户或应用程序提供了访问数据库的方法，包括数据库的建立、查询、更新及各种数据控制。

为了理解数据库管理系统的概念进行如下的类比：

有一个仓库，在仓库里放着图书，还有一个仓库的保管员负责图书的搬进、整理和搬出。这样，仓库、图书和保管员就组成了一个"数据库系统"，这里的仓库就是"数据库"，保管员是"数据管理软件"，图书就是数据库中的"数据"。用户是无法直接存取图书的，必须通过保管员来做。这个保管员要做的事情很多，要检查存入的图书是否合法（数据的定义问题），如何摆放最好（数据的组织问题），如何更快地找到用户所需要的图书并提取出来（数据的存取路径和查询问题），图书如何不被坏人提走（数据的安全性问题），等等。有时可能会有多个人来借书，为了提高效率可以一次拿几张借书单，同时把需要的图书都取出来（涉及并发控制问题）。保管员所做的这些事情就是数据库管理系统需要做的事情。

具体地说，数据库管理系统包括如下主要功能。

1）数据库的定义功能

DBMS提供数据定义语言（data definition language，DDL），用户通过它可以方便地对数据库中的数据对象进行定义，指定其数据类型、结构和约束等。这些定义存储在数据字典（又称系统目录 catalog）中，是DBMS运行的基本依据。

2）数据操纵功能

DBMS提供数据操纵语言（data manipulation language，DML），用户可以使用DML操纵数据，实现对数据库的基本操作，包括查询数据库以获得所需数据、更新数据库以反映现实世界的变化等。

3）数据的组织、存储和管理

DBMS要分类组织、存储和管理各种数据，包括数据字典（存放对数据库的定义、数据库运行时的统计信息等）、用户数据、数据的存取路径等。要确定以何种文件结构和存取方式在存储器上组织这些数据，如何实现数据之间的联系。

4）数据库的事务管理和运行管理（控制功能）

DBMS对数据库的建立、运用和维护等进行统一管理、统一控制，以保证数据的安全性、完整性，以及多用户的并发操作和发生故障后的系统恢复。在DBMS中包含有实现这些功能的子系统，各子系统分别完成如下功能。

（1）数据的安全性控制：防止未经授权的用户存取数据库中的数据，以免数据的泄漏、更改或破坏。

(2) 数据完整性控制:保证数据库中数据及语义的正确性和有效性,防止任何造成数据错误的操作。

(3) 数据库的并发控制:防止多个用户同时对同一个数据进行操作所产生的错误。

(4) 数据库的恢复功能:保证在数据库被破坏或数据不正确时,系统有能力把数据库恢复到正确的状态。

5) 数据库的维护功能

DBMS带有一些实用程序(utility)或管理工具实现对数据库的维护,包括数据库数据的载入、转换功能,数据库的转储、恢复功能,数据库的重组和性能监视、分析功能。

6) 其他功能

DBMS还提供一些其他功能,如DBMS与网路中其他软件系统的通信功能,与其他软件的接口,不同DBMS间数据的转换、异构数据库之间的互操作等。

可见,DBMS是计算机系统的基础软件,也是一个大型复杂的软件系统。和操作系统、编译系统等系统软件相比,DBMS具有跨度大、功能多的特点。从最底层的存储管理、缓冲区管理、数据存取操作、语言处理到最外层的用户接口、数据表示、开发环境的支持等都是DBMS要实现的功能。

DBMS的实现,既要充分利用计算机硬件、操作系统、编译系统和网络通信技术,又要突出对海量数据存储、管理和处理的特点,并要保证其存取事务的高效率,是一个复杂而综合的软件设计开发过程。本书将在第7、8、9章中对部分内容进行详细介绍。

3.2.3 数据库系统

目前,数据库已经成为信息系统的重要组成部分。具有数百G(Gigabyte,2^{30}字节)、数百T(Terabyte,2^{40}字节)甚至数百P(Petabyte,2^{50}字节)的数据库已经普遍存在于经济、政务、国防等领域的信息系统中。各类管理信息系统(MIS)、办公信息系统(OIS)、计算机集成制造系统(CIMS)、地理信息系统(GIS)和Web应用系统等都是使用了数据库技术的信息系统,如图3-7所示。

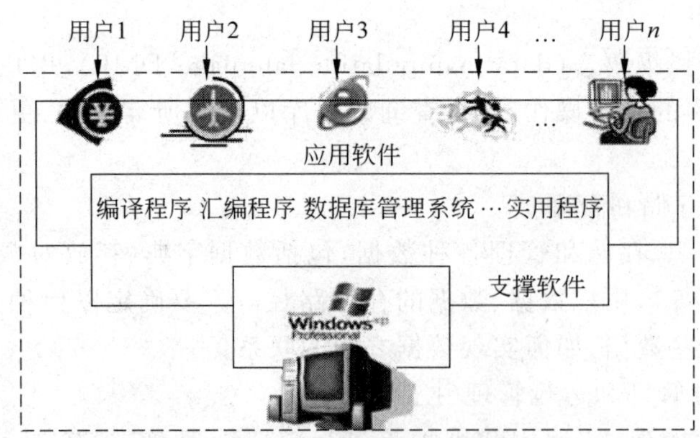

图3-7 使用了数据库技术的各类信息系统

这些在计算机系统中引入数据库的系统又称为数据库系统(database system,DBS)。数据库系统采用数据库技术存储、维护数据,向应用系统提供数据支持。一般数据库系统由数据库、操作系统、数据库管理系统(及其开发工具)、应用系统和数据库管理员构成,如图 3-8 所示。

下面对系统所涉及的数据库、硬件、软件和人员等方面进行说明。

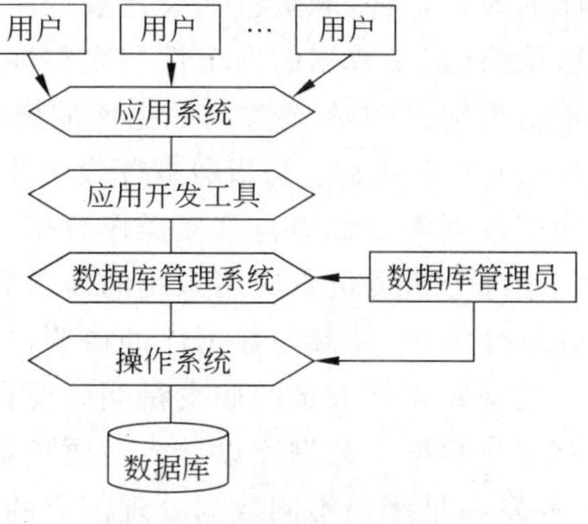

图 3-8 数据库系统组成

1. 数据库

数据库是某一信息应用领域全组织内与应用有关的全体数据的集合。可独立于应用由 DBMS 单独创建和维护。创建的数据库存储在磁盘等物理介质存储设备上,向应用系统提供数据支持。

2. 硬件

由于数据库中数据量很大,加上 DBMS 丰富的功能,使得 DBMS 自身规模越来越大,要求硬件资源配置满足如下要求:

(1) 要有足够大的内存来存放操作系统、DBMS 的核心模块、数据缓冲区和应用程序。

(2) 要有足够大的磁盘或磁盘阵列等外部存储设备来存放数据库,有足够大的磁盘(或光盘)来做数据备份。

(3) 要求系统有较高的通信能力,以提高信息传送率。

针对具体的应用,往往还需考虑输入和输出设备的存取速度、可支持的终端数、性能稳定性以及联网的能力等因素。

3. 软件

数据库系统中主要包括以下软件。

(1) 数据库管理软件——DBMS。DBMS 是数据库系统最重要的软件,实现对数据库的管理与控制。目前常用的 DBMS 有 Oracle、SQL Server 和 MySQL 等。

(2) 支持 DBMS 运行的操作系统。DBMS 要在操作系统的支持下才能工作。目前常用的操作系统有 Windows、UNIX 和 Linux 等。

(3) 具有与 DBMS 接口的高级语言及其编译系统,便于开发应用程序。这些语言大多属于第三代语言范畴,如 C、COBOL、PL/I 等,有些属于面向对象程序设计语言,如 Visual C++ 、Java 等。这些语言作为宿主语言,嵌入数据库语言,以实现对数据库的操纵。目前,大多数关系数据库系统支持的数据库语言是 SQL 语言(见第 5 章)。

(4) 以 DBMS 为核心的应用开发工具。应用开发工具是系统为应用开发人员和最终用户提供的高效率、多功能的应用生成器、第四代语言等各种软件工具。它们为数据库系统的开发和应用提供了良好的、多功能的交互式环境。目前,典型的数据库应用开发工具有 Visual Basic、PowerBuilder 和 Delphi 等。

(5) 为特定应用环境开发的数据库应用系统。例如,图书管理系统、民航订票系统、银行系统等。

4. 人员

开发、管理和使用数据库系统的人员主要有数据库管理员、专业用户、应用程序员和终端用户等(如图 3-15 所示)。

(1) 数据库管理员(database administrator,DBA):一个数据库系统只靠数据库管理系统来进行管理是远远不够的，还需要专门的人员来完成。DBA 就是负责全面管理和控制数据库的人员，具体职责包括决定数据库中的信息内容和逻辑结构、决定数据库的存储结构和存取策略、定义数据的安全性和完整性约束条件、监控数据库的使用和运行、数据库的改进和重组重构。DBA 要参与数据库的设计。

(2) 专业用户：是指数据库设计中的上层人员，如系统分析员和数据库设计人员，他们可使用数据库查询语言直接操作数据。

系统分析员负责应用系统的需求分析和规范说明，要和用户及 DBA 相结合，确定系统的硬软件配置，并参与数据库的概要设计。

数据库设计人员的职责是明确要存储到数据库中的数据，并选择合适的结构来表示和存储这些数据。数据库设计人员要负责与所有可能的数据库用户进行交流，了解他们的需求，开发满足用户不同数据处理需求的数据库视图，最终设计出能够支持所有用户需求的全局数据库。在很多情况下，数据库设计人员归 DBA 管理，或者直接由 DBA 来担任。

(3) 应用程序员：负责设计和使用宿主语言和数据库子语言来编写满足应用需求的程序模块，并进行应用程序调试和安装，编写文档并维护程序。

(4) 终端用户：是通过应用系统的用户接口使用数据库的普通用户，占数据库用户的绝大多数，主要通过操纵基于表单或菜单等的图形用户界面(GUI)来实现数据的查询和管理工作。例如，银行的出纳员、车站的售票员、旅馆的前台服务员等。

综上所述，数据库系统是采用数据库技术在计算机中长期存储大量的相关数据，由 DBMS 在数据库建立、运用和维护时对数据库进行统一控制，使得数据库能为多用户共享，并向应用系统提供数据支持的计算机硬件、软件和数据资源组成的系统。

3.3 数据库系统体系结构

虽然实际的数据库管理系统产品种类很多，它们支持不同的数据模型，使用不同的数据库语言，建立在不同的操作系统之上，数据的存储结构也各不相同，但它们在体系结构上通常都具有相同的特征。

根据第 1 章所介绍的 IEEE STD 610.12 中关于体系结构的定义，数据库系统的体系结构应该描述的是数据库系统的组成结构及其联系，以及系统结构的设计和变化的原则等。

3.3.1 数据库系统的三级模式结构

1978 年，美国 ANSI(American National Standards Institute，美国国家标准协会)的 DBMS 研究组发表了 SPARC(Standards Plan And Requirement Committee，标准规划和要求委员会)报告，提出了一个标准化的数据库系统模型，对数据库系统的总体结构、特征、各个组成部分以及相应接口进行了明确的规定。把数据库系统的结构从逻辑上分成外部级(external level)、概念级(conceptual level)和内部级(internal level)三级结构(称为 ANSI/SPARC 体系结构)。

其实，早在 1971 年，由数据库先驱查尔斯·巴赫曼(Charles W. Bachman)领导的 CODASYL(Conference on Data System Language，数据系统语言协会)组织的 DBTG (DataBase Task Group，数据库任务组)报告中就完整地给出了系统结构的三个层次，分别为视图层(概念层)、逻辑层和物理层。

具有 ANSI/SPARC 体系结构的 DBMS 为用户提供数据在不同层次上的抽象视图，这就是数据抽象，即不同的使用者从不同的角度去观察数据库系统中的数据所得到的结果。如图 3-9 所示，外部级最接近用户，是单个用户所能看到的数据视图；概念级涉及所有用户的数据，即全局的数据视图；内部级最接近物理存储设备，涉及数据的物理存储结构。而对普通用户来说，并不需要了解数据库系统中用来表示数据的复杂的数据结构，DBMS 通过三个层次的抽象可向用户屏蔽系统复杂性，隐藏关于数据存储和维护的某些细节，提高数据的物理独立性和逻辑独立性，减轻了用户使用系统的负担。

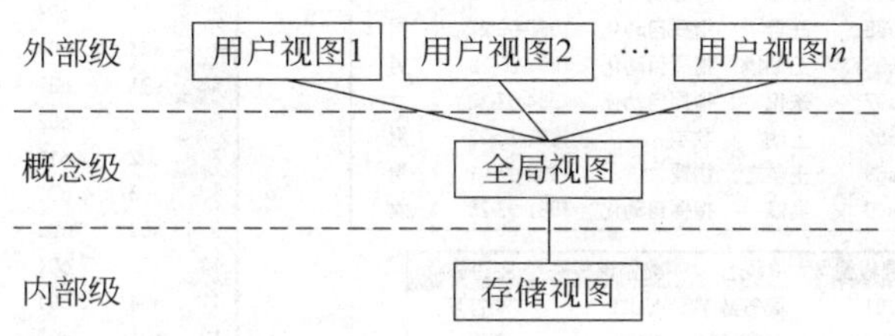

图 3-9　数据库系统的三层结构

在 DBMS 中，通常采用三级模式结构来对应三个级别的数据抽象。表 3-1 中给出了有关数据库体系结构的相关术语及对应关系。

表 3-1　数据库体系结构的术语及对应关系

ANSI/SPARC 体系结构的层次	DBTG 报告中的体系结构的层次	对应的抽象视图	对应的模式结构
外部级	视图层	用户视图	外模式(子模式)
概念级	逻辑层	全局视图(概念视图)	概念模式(逻辑模式、模式)
内部级	物理层	存储视图	内模式(存储模式)

1. 模式的概念

在 DBMS 中，用数据模型来组织、描述和存储数据，将数据库描述和数据库本身(实际数据)加以区别。数据库的描述称为数据库模式(database schema)，模式(schema)描述的是数据库的结构，而不是数据库本身，它只是装配数据的一个框架。模式会在数据库设计阶段确定，而且一般不会频繁修改。

图 3-10 显示的是学生选课数据库的模式图。模式图显示的只是模式的某些方面，如库中各关系的属性名称、关系间属性的参照关系，没有显示每个属性的数据类型及复杂的约束等。

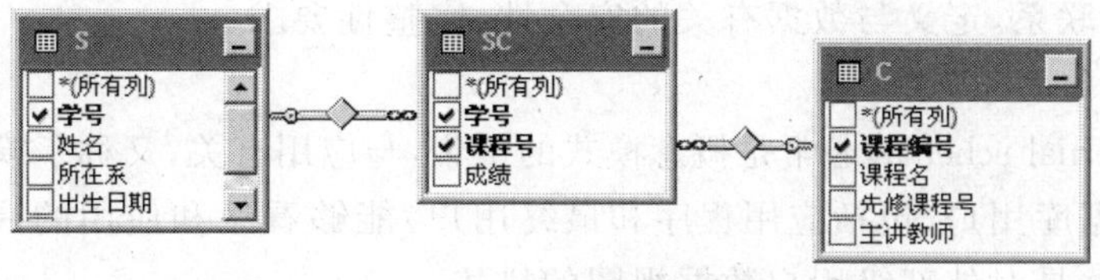

图 3-10　学生选课数据库的模式图

数据库中的实际数据可能会被频繁修改。例如,对于图 3-10 所示的数据库,每增加一个学生或输入某学生的一个成绩时,该数据库就要修改一次。一个特定时刻数据库中的即时数据称为数据库状态(database state)或快照(snapshot),也可以称为数据库的当前出现(occurrence)或实例集(instance)。图 3-11 为该数据库在 DBMS 中实现存储后某一时刻的当前状态,即给出了一个实例。

	学号	姓名	所在系	出生日期	性别
1	s01	王玲	计算机	1990-06-30 ...	女
2	s02	李渊	计算机	1900-03-23 ...	男
3	s03	罗军	计算机	1991-08-12 ...	男
4	s04	赵泽	计算机	1993-09-12 ...	女
5	s05	许若	指挥自动化	1990-06-27 ...	男
6	s06	王仙华	指挥自动化	1991-05-20 ...	男
7	s07	朱祝	指挥自动化	1994-07-10 ...	女
8	s08	王明	数学	1991-10-03 ...	男
9	s09	王学之	物理	1992-01-01 ...	男
10	s10	吴谦	指挥自动化	1991-03-25 ...	女

	课程编号	课程名	先修课程号	主讲教师
1	C01	高等数学	NULL	刘首声
2	C02	数据结构	NULL	李青
3	C03	操作系统	C02	张星源
4	C04	数据库	C03	赵呈
5	C05	作战指挥	C04	祁秀丽
6	C06	离散数学	C01	李华
7	C07	信息安全	C06	王进爽
8	C08	大学英语	NULL	高翔
9	C09	商贸英语	C08	王虹
10	C10	大学物理	NULL	吴旺洁

	学号	课程号	成绩
1	s01	c01	80
2	s01	c02	98
3	s01	c03	85
4	s01	c04	78
5	s01	c07	89
6	s02	c02	80
7	s02	c11	80
8	s03	c01	90
9	s03	c02	80
10	s03	c04	85
11	s04	c01	80
12	s04	c02	NULL
13	s04	c06	90
14	s04	c11	87
15	s05	c03	79.5
16	s05	c05	88
17	s05	c07	90
18	s06	c03	88
19	s07	c11	90
20	s08	c01	90

图 3-11　学生选课数据库实例

当定义一个新数据库时,只是将其数据库模式指定给 DBMS。通过对数据库进行插入、更新等操作,不断改变数据库的状态。由 DBMS 来确保数据库的每个状态都是有效(合法)状态,即必须是满足模式所指定结构或约束的一个状态。

简单地说,模式反映的是数据的结构及其联系,而实例反映的是数据库某一时刻的状态。模式是相对稳定的,而实例是不断变化的。

2. 三级模式结构

1) 概念模式

概念模式(conceptual schema)也称逻辑模式(简称模式),是数据库中全体数据的逻辑结构和特征的描述,是对概念级数据视图的描述。它是数据库系统模式结构的中间层,既不涉及数据的物理存储细节和硬件环境,也与具体的应用程序、所使用的应用开发工具及高级程序设计语言无关。

一个数据库只有一个概念模式,数据库概念模式以某一种数据模型为基础,综合考虑所有用户的需求,并将这些需求有机地结合成一个逻辑整体。定义概念模式时不仅要定义数据的逻辑结构,例如数据记录由那些数据项构成,数据项的名字、类型、取值范围等,而且要定义数据之间的联系,定义与数据有关的安全性、完整性要求。

2) 外模式

外模式(external schema)通常是概念模式的子集,与应用有关,又称子模式(subschema)或用户模式,是数据库用户(包括应用程序和最终用户)能够看见和使用的局部数据的逻辑结构和特征的描述,是对外部级用户数据视图的描述。

由于对概念模式中的同一数据，不同的用户在应用需求、看待数据的方式、存取数据的权限等方面存在差异，其外模式也是不同的，所以外部级可包括多个外模式，来描述不同用户的数据视图。同一外模式可以为某一用户的多个应用程序所使用，但一个应用程序只能使用一个外模式。

每个外模式描述的是一个特定用户组所感兴趣的那部分数据库，而对该用户组隐藏了数据库的其他部分，这是保证数据库安全性的一种措施。

3）内模式

内部级有一个内模式，内模式（internal schema）也称存储模式（storage schema），一个数据库只有一个内模式。它是数据库的物理存储结构和存储方式的描述，是数据在数据库内部的表示方式。

例如，数据的存储记录结构是采用定长结构还是变长结构，一个记录能否跨物理页存储，记录的存储方式，索引的组织方式；数据是否压缩存储，是否加密；等等。

内模式独立于具体的存储设备，不考虑具体设备的柱面或磁盘大小，不涉及物理记录（即物理块或页）的形式，而是假定数据存储在一个无限大的线性地址空间中。

外模式和概念模式都是模型层面上的，是用面向用户的概念来定义的，如记录和字段；而内模式是实现层面上的，是用面向机器的概念来定义的，如位和字节。所以，从某种程度讲，概念模式和内模式之间的关系可以视为设计与实现的关系，而概念模式和子模式之间的关系可以视为全局和局部的关系。

例如，图 3-12 对学生选课数据库中的学生信息在三级模式中进行了不同的描述。

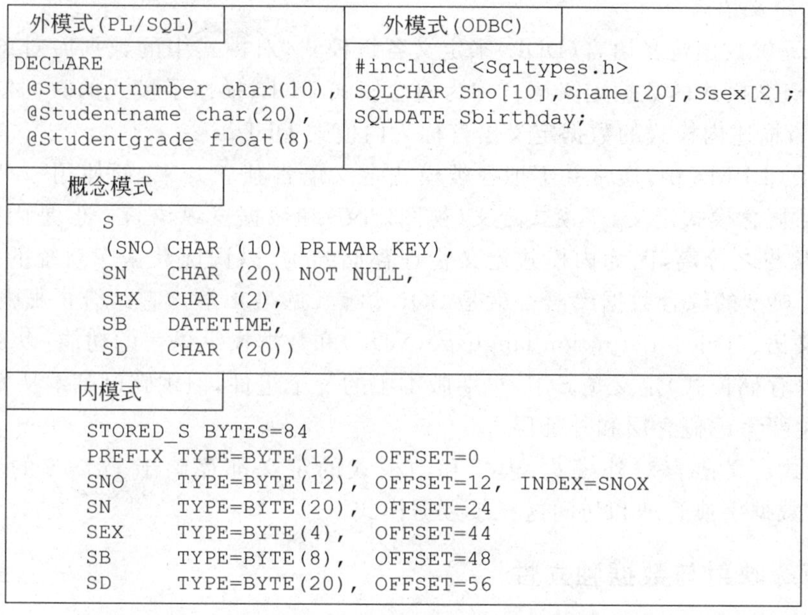

图 3-12　三级模式间的对应关系

（1）在概念模式中，数据库包含了 S(学生)记录的信息，每个 S(学生)都有 SNO(学号，10 个字符)、SN(姓名，20 个字符)、SEX(性别，2 个字符)，SB(出生日期，日期型数据)和 SD(所在系，20 个字符)。

(2) 在内模式中,学生可由长度为76字节、名称为STORED_S的存储记录类型来表示。STORED_S包含12字节的前缀(存储如记录长度、模式指针等控制信息),以及对应于学生的5个属性的5个数据字段。此外,STORED_S记录按SND(学号)字段进行索引,索引名为SNOX。

(3) 在外模式中,使用PL/SQL编程的用户对应一个数据库的外部视图,每个学生的信息由三个变量来表示,其中两个变量对应于概念模式中S(学生)中的SNO(学号)和SN(姓名),根据PL/SQL的规则由变量声明来定义。该用户不需要学生的其他信息。使用ODBC编程的用户也对应一个外部视图,每个学生的信息由4个变量来表示,对应于概念模式中S(学生)中的SNO(学号)、SN(姓名)、SEX(性别)和SB(出生日期),根据C语言的规则进行变量定义。该用户不需要学生的SD(所在系)的信息。

综上所述,具有ANSI/SPARC体系结构的DBMS支持一个内模式、一个概念模式和多个外模式。概念模式独立于其他模式,设计数据库模式结构时应首先确定数据库的概念模式,即全局的数据逻辑结构。内模式独立于外模式,也独立于具体的存储设备,但依赖于概念模式,它将概念模式中所定义的全局的数据逻辑结构按照一定的物理存储策略进行组织,目标是使对数据库的操作获得较好的时间和空间效率。外模式定义在概念模式之上,独立于内模式和存储设备,面向具体的应用程序,当应用需求发生较大变化,相应外模式不能满足其用户视图需求时,需要对外模式进行修改。

大多数DBMS并不是将这三级模式完全分离开来,而只是在一定程度上支持三级模式体系结构。例如,有些DBMS可能在概念模式中还包括一些物理层的细节。

4) 模式定义语言

DBMS提供数据定义语言(DDL)来定义各级模式,对模式中的数据库对象进行定义和说明。描述概念模式的数据定义语言称为概念模式DDL;描述子模式的数据定义语言称为子模式DDL;描述内模式的数据定义语言称为内模式DDL。

在当前的DBMS中,通常并不把各类模式定义语言独立开来,而使用一种综合集成语言,主要包括概念模式定义、子模式定义(视图定义)和数据操纵语言。但是内模式(存储模式)定义通常与之分离,因为内模式定义物理存储结构,以调优数据库系统的性能,通常由DBA完成。典型的综合数据库语言就是SQL语言(见第4章),它结合了概念模式定义语言、视图定义语言(view definition language,VDL)和数据操纵语言的功能,以及一些其他特性。内模式(存储模式)定义是SQL早期版本中的一个组件,但现在已基本从SQL中去除,使得SQL主要考虑概念层和外部层。

利用模式定义语言对外模式、模式和内模式的定义都存储于DBMS的数据字典中。DBMS通过数据字典管理和访问这三级数据模式。

3.3.2 两级映射与数据独立性

三级模式只是对数据在不同层次上的抽象视图的描述,而实际的数据都存储在物理数据库上。在一个基于三级模式体系结构的DBMS中,每个用户组只应用其自己的外模式。因此,DBMS必须将对外模式的请求转化为一个面向概念模式的请求,然后再转化为一个面向内模式的请求,以处理存储数据库。如果某一请求要检索数据库,那么从物理数据库中提取出来的数据必须进行转化,以便与用户外模式相匹配。在各层间完成请求和结果转换的过程称为映射(mapping)。

数据库管理系统在三级模式之间提供了两级映射,如图 3-13 所示。

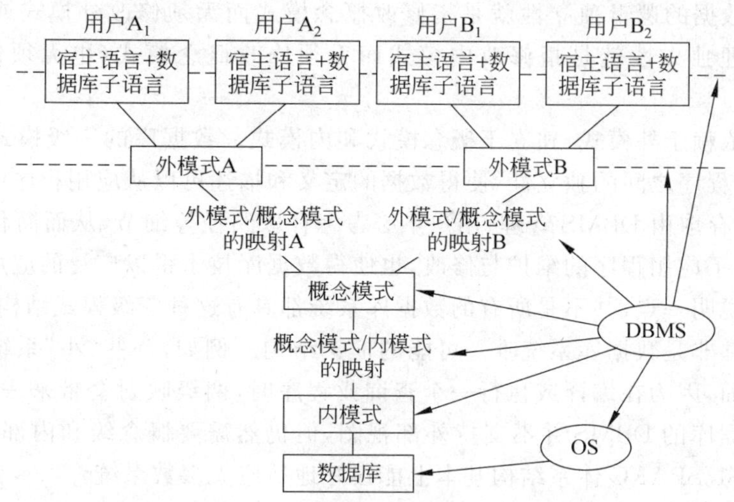

图 3-13 三级模式间的两级映射

1. 外模式/概念模式映射

外模式/概念模式间的映射存在于外部级和概念级之间,用于定义用户的外模式和概念模式的对应关系。

用户所见的数据库的局部逻辑数据结构与概念级的全局的逻辑数据结构可能不一致。例如,字段可能有不同的数据类型,字段名和记录名可以改变,几个概念字段可能合成一个单一的外部字段,等等。因此,需要说明特定的外模式和概念模式之间的对应性。对于每一个外模式,都对应一个外模式/概念模式映射,这些映射定义通常包含在各自外模式的描述中。

当概念模式改变时(如在关系数据库中增加新的关系、新的属性、改变属性的数据类型等),由数据库管理员对各个外模式/概念模式的映射进行相应的改变(如修改用户数据视图的定义),可以使外模式保持不变。由于应用程序是在外模式描述的数据结构上编制的,依赖于外模式,从而应用程序不必修改,这就保证了数据与程序的逻辑独立性(简称数据的逻辑独立性)。

2. 概念模式/内模式映射

概念模式/内模式间的映射存在于概念级和内部级之间,用于定义概念模式和内模式的对应关系。

由于数据全局逻辑结构与存储结构是不一样的,所以需要说明概念记录和字段在内部层次是如何表示的。由于数据库只有一个概念模式和一个内模式,则概念模式/内模式映射是唯一的,该映射定义通常包含在概念模式的定义描述中。

如果数据库的内模式改变了(如对某些物理文件进行重组以提高检索或更新的性能),可能会导致数据库的存储结构发生改变,那么只要对概念模式/内模式的映射进行相应的改变,可使概念模式尽可能保持不变,将内模式变化所带来的影响与概念模式隔离开来,当然对外模式和应用程序的影响更小,保证了数据与程序的物理独立性(简称数据的物理独立性)。

因此,数据独立性可以定义为在数据库系统中的某个层次修改模式而无须修改上一层模式的能力。数据的逻辑独立性就是指修改概念模式而无须修改外模式或应用程序的能力。数据的物理独立性就是指修改内模式而无须修改概念模式(也无须修改外模式)的能力。

应用程序依赖于外模式,独立于概念模式和内模式。数据库的三级模式和两级映射机制,实现数据与程序之间的独立性,使得数据的定义和描述可以从应用程序中分离出去。另外,由于数据的存取由 DBMS 管理,用户不必考虑存取路径等细节,从而简化了应用程序的编制,大大减少了应用程序的维护与修改,也使得数据库技术得以广泛的应用。

最后需要说明一点,并不是所有的数据库系统都具有这种三级模式结构,或者说这一特定的体系结构并非是数据库系统唯一可能的框架结构。例如,一些"小"系统难以支持体系结构的各个方面,因为在编译或执行一个查询或程序时,两级映射会带来一些开销,所以有些支持小型数据库的 DBMS 并不支持外部视图,但仍然需要概念级和内部级之间的映射。总体来讲,ANSI/SPARC 体系结构基本上能很好地适应大多数系统。

3.3.3 数据库管理系统的模块组成

在遵循 ANSI/SPARC 体系结构的数据库系统中,用户对数据库进行的访问操作,是由数据库管理系统(DBMS)把数据操作从应用程序带到外部级,然后到概念级,再导向内部级,进而通过操作系统(OS)操纵存储器中的数据。如图 3-14 所示,DBMS 的具体工作过程如下:

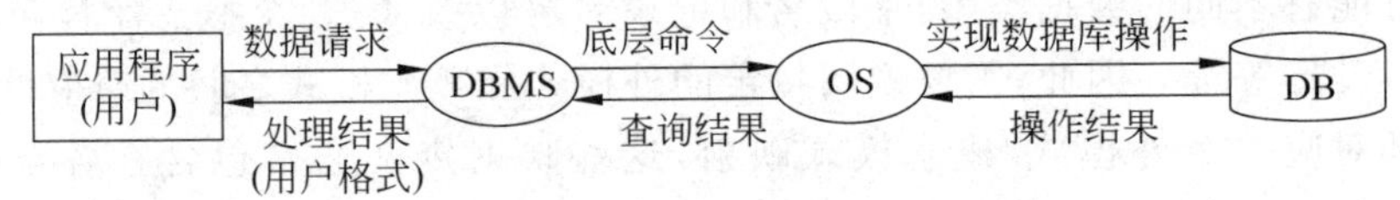

图 3-14 DBMS 的工作模式

(1) DBMS 接受应用程序向 DBMS 发来的数据操作请求。

(2) DBMS 对应用程序的操作请求(高级指令)进行分析,并进行合法性和有效性检查。若检查不通过,则拒绝该操作;否则转换成复杂的底层指令,进入下一步。

(3) DBMS 向操作系统发出相应的请求,通过操作系统实现对数据库的操作。

(4) OS 从对数据库的操作中获得查询结果返回 DBMS。

(5) DBMS 对查询结果进行处理(格式转换)。

(6) 将处理结果返回给应用程序。

DBMS 为完成三级模式间的映射,需包含如下一些组件,如图 3-15 所示。

1. DBMS 的查询处理器模块

DBMS 的查询处理器模块包括 DDL 编译器、DML 编译器和执行引擎等,负责接受各类用户提交给 DBMS 的操作并执行。

(1) DBA 可担当数据库设计人员,直接使用 DDL 定义数据模式。DBA 还可以使用 DBMS 提供的一些特权命令,例如创建账户、设置系统参数、授予账户权限、修改模式以及重组数据库存储结构等。

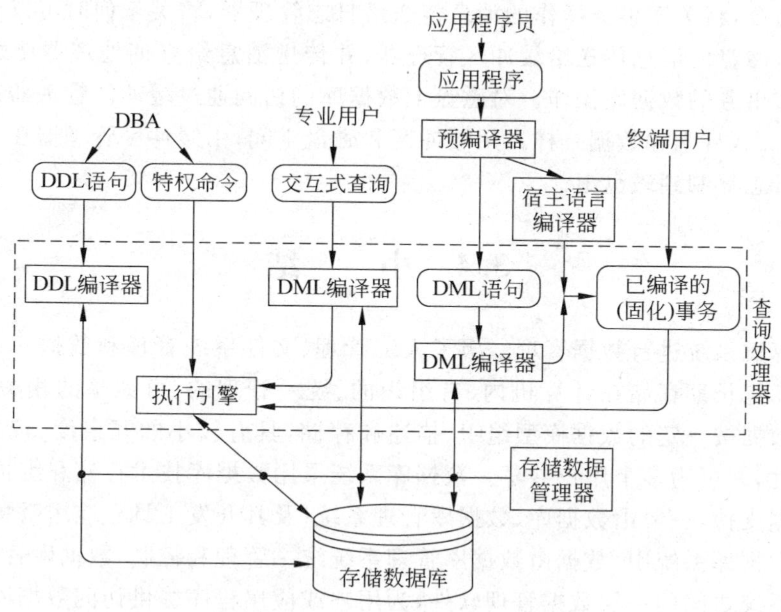

图 3-15 DBMS的模块组成及交互

DDL 编译器处理用 DDL 指定的模式定义，并将模式描述（元数据）和模式间的映射信息以及约束等存储在数据字典中。

(2) 终端用户和 DBMS 之间的界面是应用程序的运行界面，用户通过执行图形用户界面提供的固化事务不断地查询和更新数据库。这些固化事务都是经过了编程和测试并且满足一定功能需要的查询和更新操作。

(3) 专业用户可使用数据库查询语言直接操作数据，实现满足其需求的复杂的查询。

(4) 应用程序员和 DBMS 之间的界面是应用程序。预编译器从宿主程序设计语言编写的应用程序中抽取 DML 命令。这些命令再发送到 DML 编译器，进一步编译为用于数据库访问的对象代码。程序的其他部分则发送到宿主语言编译器，其代码和对应 DML 命令的对象代码构成一个事务，对执行引擎（查询运行核心程序）进行调用。

DML 编译器用于解析、分析和编译（或解释）查询，创建数据库访问代码，生成对执行引擎的调用，以执行此代码。

执行引擎在运行时处理数据库访问，接受检索或更新操作，并在数据库中完成这些操作。其对磁盘的访问要在存储数据管理器的控制下完成。

2. DBMS 的存储数据管理器模块

DBMS 所涉及的数据库、数据字典、索引文件和日志文件等信息都存储在磁盘上。DBMS 的存储数据管理器负责控制对存储在磁盘上的 DBMS 信息的访问。对磁盘的访问主要由 OS 来实现，OS 会调度磁盘块的输入与输出，完成磁盘与内存间的低级数据传输，同时还控制数据传输的其他方面，例如为应用程序在内存开辟一个 DB 的系统缓冲区，用于数据的传输和格式的转换。一旦数据置于缓冲区中，就可以被其他 DBMS 模块以及应用程序所处理。有些 DBMS 有其自己的缓冲区管理器，而不仅仅使用 OS 来处理磁盘块的缓冲。

存储数据管理器包括权限和完整性管理、事务管理等功能组件。事务管理器接受来自应用的事务命令，将关于事务操作的消息传送给日志管理器，将关于何时可以或必须将缓冲区中数据写入磁盘的消息传送给缓冲区管理器，并传送消息给查询处理器使之能执行查询以及其他构成事务的数据库操作。对磁盘上数据库的访问通过缓冲区管理器来进行。日志管理器维护日志，日志和数据一样占用缓冲区和磁盘空间，由缓冲区管理器在一定的时候将缓冲区中的日志复制到磁盘上。

3.4 小　结

利用计算机系统进行数据管理经历了人工管理、文件系统管理和数据库系统管理三个阶段。数据库是长期存储在计算机内、有组织的、统一管理的、可共享的相关数据的集合。数据库中的数据按一定的数据模型组织、描述和存储，具有较小的冗余度、较高的数据独立性和易扩展性，并可为多个用户共享。数据库系统采用数据库技术存储和维护数据，向应用系统提供数据支持，一般由数据库、数据库管理系统(及其开发工具)、应用系统、数据库管理员构成。在数据库系统中，数据由数据库管理系统统一管理和控制，数据库管理系统是位于用户与操作系统之间的一层数据管理软件，为用户或应用程序提供访问数据库的方法，包括DB的建立、查询、更新及各种数据控制。数据独立性是用户的应用程序与数据库中的数据的物理结构和逻辑结构相互独立的特性。DBMS的三级模式结构和两级映射机制保证了数据独立性的实现。

数据库系统从逻辑上分成内部级、概念级和外部级三级结构。数据库管理系统为用户提供数据在不同层次上的抽象视图，通常采用三级模式结构来对应三个级别的数据抽象。数据库管理系统支持一个内模式、一个概念模式和多个外模式。内模式是数据库的物理存储结构和存储方式的描述，是数据在数据库内部的表示方式。概念模式是数据库中全体数据的逻辑结构和特征的描述。外模式是数据库用户能够看见和使用的局部数据的逻辑结构和特征的描述。

外模式/概念模式间的映射存在于外部级和概念级之间，用于定义用户的外模式和概念模式的对应关系，保证了数据与程序的逻辑独立性。概念模式/内模式间的映射存在于概念级和内部级之间，用于定义概念模式和内模式的对应关系，保证了数据与程序的物理独立性。

用户对数据库进行操作，是由DBMS把操作从应用程序带到外部级、概念级，再导向内部级，进而通过OS操纵存储器中的数据。DBMS为完成三级模式间的映射，需包含查询处理和存储数据管理等功能模块。

习　题

一、填空题

1. 数据管理技术经历了人工管理、________管理和________管理三个阶段。

2. 数据库是长期存储在________内、有组织的、统一管理的、可共享的相关数据的集合。

3. 数据库系统一般由数据库、________、应用系统、数据库管理员等构成。

4. 在数据库系统中，数据由________统一管理和控制。

5. 在数据库的三级模式结构中，对单个用户使用的数据视图的描述，称为________；对所有用户的公共数据视图的描述，称为________；对物理存储数据视图的描述，称为________。

6. 数据库的________和两级映射有力的保证了数据独立性的实现。

7. 数据的独立性包括________和逻辑独立性。

8. 外模式/模式间的映射提供了数据的________独立性，模式/内模式映射提供了数据的________独立性。

9. 通用的DBMS一般包括________、________两大类功能组件。

10. 数据库系统的用户一般包括________、________、________和________4类用户。

二、选择题

1. 数据库系统的特点是数据共享、数据独立、减少数据冗余、(　　)和加强了数据保护。

A. 避免数据不一致　　B. 数据存储
C. 数据应用　　D. 数据保密

2. 数据库的特点之一是数据的共享，严格地讲，这里的数据共享是指(　　)。

A. 同一个应用中的多个程序共享一个数据集合
B. 多个用户、同一种语言共享数据
C. 多个用户共享一个数据文件
D. 多种应用、多种语言、多个用户相互覆盖地使用数据集合

3. 数据库系统的组成核心是(　　)。

A. 数据库　　B. 数据库管理系统
C. 数据模型　　D. 软件工具

4. (　　)是位于用户与操作系统之间的一层数据管理软件。

A. 数据库管理系统　　B. 数据库系统
C. 数据库　　D. 数据库应用系统

5. 下列关于数据库系统的叙述中正确的是(　　)。

A. 数据库系统减少了数据冗余
B. 数据库系统避免了一切冗余
C. 数据库系统中数据的一致性是指数据类型一致
D. 数据库系统比文件系统能管理更多的数据

6. 数据库系统与文件系统的主要区别是(　　)。

A. 数据库系统复杂，而文件系统简单
B. 文件系统不能解决数据冗余和数据独立性问题，而数据库系统可以解决
C. 文件系统只能管理程序文件，而数据库系统能够管理各种类型的文件
D. 文件系统管理的数据量较少，而数据库系统可以管理庞大的数据量

7. 数据库系统的三级模式结构中，定义视图的组织方式属于(　　)。

A. 概念模式　　B. 外模式　　C. 逻辑模式　　D. 内模式

8. 数据库系统实现了数据独立性是因为采用了(　　)。

A. 层次模型　　B. 网状模型　　C. 关系模型　　D. 三级模式结构

9. 数据库三级模式体系结构的划分,有利于保持数据库的(　　)。

A. 数据独立性　　B. 数据安全性　　C. 结构规范化　　D. 操作可行性

10. 数据独立性是指(　　)。

A. 数据之间相互独立

B. 应用程序与 DB 的结构之间相互独立

C. 数据的逻辑结构与物理结构相互独立

D. 数据与磁盘之间相互独立

11. 物理独立性是指修改(　　)。

A. 外模式,保持模式不变　　B. 内模式,保持模式不变

C. 模式,保持外模式不变　　D. 模式,保持内模式不变

12. 在 DBS 中,DBMS 和 OS 之间的关系是(　　)。

A. 相互调用　　B. DBMS 调用 OS

C. OS 调用 DBMS　　D. 并发运行

三、简答题

1. 利用计算机系统进行数据管理经历了哪三个阶段?各阶段的特点如何?
2. 利用数据库技术进行数据管理具有哪些优点?
3. 什么是数据库系统的数据独立性?包括哪两个方面?
4. 数据库系统通常有哪些组成部分?
5. 数据库管理系统具有哪些主要功能?
6. 数据库管理员(DBA)通常应具备的职责有哪些?
7. 数据库系统从逻辑上分为哪三级结构?每层所对应的模式结构描述的内容是什么?
8. 简述 DBMS 的工作模式和模块组成。

第4章　数据库设计

对于以数据库为基础的各种管理信息系统、办公自动化系统、地理信息系统、电子政务系统、电子商务系统等各类信息系统，在其系统的开发过程中，都包括系统应用软件设计以及相应的数据库设计。数据库设计属于整个信息系统设计的一部分，贯穿在信息系统开发的各阶段。

数据库设计是基于信息系统需求分析中对数据的要求，解决数据的抽象、数据的表达和数据的存储结构等问题，其目标是设计出一个满足应用要求，简洁、高效、规范合理的数据库。系统应用软件设计是基于系统对数据处理功能的需求，解决应用系统的用户操作界面、数据输入输出接口、数据处理和存取数据库中的数据等功能的设计与实现。应用程序要访问数据库，必须知道数据库的结构，而数据库结构的设计要考虑应用程序使用的方便和效率。因此，信息系统的整个设计过程要把数据库设计和对数据的处理设计密切结合起来。

本章主要讨论数据库设计的一般方法和技术，并重点阐述数据库的需求分析和概念结构设计两个阶段。

4.1　数据库设计概述

4.1.1　数据库设计的内容

数据库设计要完成在数据库管理系统的基础上建立数据库的过程，即对于给定应用环境中的数据，根据应用处理的要求，通过合理地组织，逐步抽象成已选定的某种数据库管理系统所能够定义和描述的具体数据结构，根据这一结构建立起既能反映现实世界中信息之间的联系、满足应用系统处理要求，又能被某 DBMS 所接受的、能够实现系统目标的数据库。

4.1.2　数据库设计的方法

大型数据库的设计是涉及多学科的综合性技术，又是一项庞大的工程项目。设计人员在实践过程不断地探索出一些数据库设计的方法，这些方法归纳起来可分为以下 4 类。

1. 直观设计法

直观设计法其实算不上什么方法，主要是指在数据库设计的初始阶段，数据库设计人员根据自己的经验和水平，运用一定的技巧进行数据库的设计，这种方法缺乏科学理论和工程方法的支持，很难保证设计的质量。

2. 规范设计法

为改变设计人员直观、仅凭经验的做法，人们又开始运用软件工程的思想来设计数据库，提出了各种设计准则和规程，对数据库进行规范化设计。目前，常用的规范设计法大多起源于“新奥尔良法”(1978 年 10 月来自欧美国家的主要数据库专家在美国的新奥尔良市讨论数据库设计的问题,并提出了相应的工作规范,因此得名),将数据库设计分为需求分析、概念设计、逻辑设计和物理设计 4 个阶段。

规范设计方法在设计的不同阶段又采用一些具体技术和方法,例如:

(1) 基于 E-R 模型的数据库设计方法。该方法用 E-R 模型来设计数据库的概念模型,是数据库概念设计阶段广泛采用的方法。

(2) 基于 3NF 的数据库设计方法。该方法用关系数据库理论为指导来设计数据库的逻辑模型,是设计关系数据库逻辑结构时采用的一种有效方法。

这些方法在数据库设计的不同阶段加以运用,是很实用的工程化设计方法,其基本思想是过程迭代,逐步求精。

3. 计算机辅助设计法

计算机辅助设计法是指在数据库设计的某些过程中模拟某一规范设计方法,通过人机交互实现部分设计,在这一过程中需要有相关知识和经验的人来支持。

4. 自动化设计法

自动化设计法是指用自动化设计工具完成设计数据库系统任务的方法。自动化设计工具可用来帮助设计数据库或数据库应用软件,加速完成设计数据库系统的任务,常用的自动化设计工具有 Oracle Designer、Power Designer 等。

4.1.3 数据库设计的阶段

以基于 E-R 模型的规范设计方法为基础,目前通常将数据库设计分为 6 个阶段:需求分析阶段、概念结构设计阶段、逻辑结构设计阶段、物理结构设计阶段、数据库实施阶段、数据库运行和维护阶段,如图 4-1 所示。

1. 需求分析阶段

需求分析是整个数据库设计的基础,也是最困难和最耗时的一步。它的主要任务是准确了解与分析应用系统的数据需求,主要包括确定系统的输入数据、输出数据、数据结构、数据类型、数据流动和数据处理等。需求分析阶段结束后,需要提交用一组图表和工具组成的需求说明。

2. 概念结构设计阶段

概念结构设计是整个数据库设计的关键,它是在需求分析的基础上,对用户需求进行综合、归纳和抽象,形成一个独立于具体的 DBMS 的概念模型,概念模型通过 E-R 图来描述。

3. 逻辑结构设计阶段

逻辑结构设计是把概念模型转化为某种数据库管理系统支持的数据模型。

4. 物理结构设计阶段

物理结构设计为数据库逻辑结构选取一个最适合应用环境的存储结构和存取方法。

5. 数据库实施阶段

主要运用 DBMS 提供的数据语言、工具及宿主语言,根据逻辑结构设计和物理结构设计的结果建立数据库,进行数据库编程,组织数据入库,并进行试运行。

6. 数据库运行和维护阶段

对正式投入运行的数据库系统,在运行过程中需要不断地对其进行测试、评估与完善。

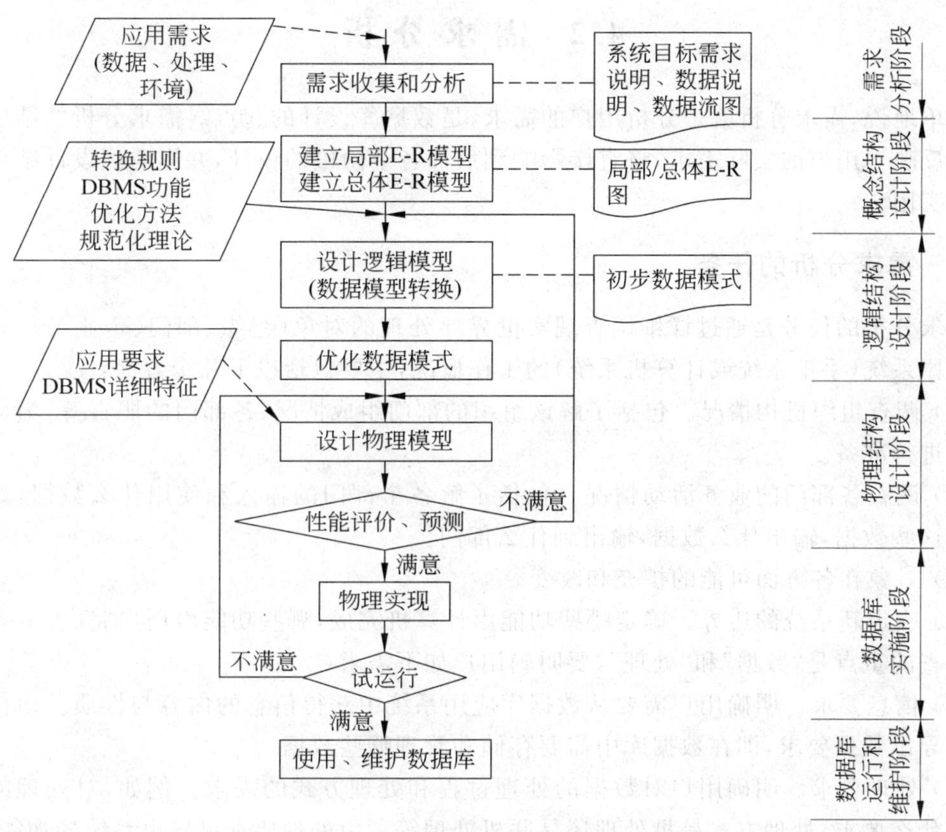

图 4-1　数据库设计的 6 个阶段

设计一个完善的数据库往往是上述 6 个阶段的不断反复。数据库设计属于整个信息系统设计的一部分，贯穿在信息系统开发的各阶段，如图 4-2 所示。在信息系统的设计过程中需要把两者紧密结合，相互参照，相互补充，以完善两方面的设计。

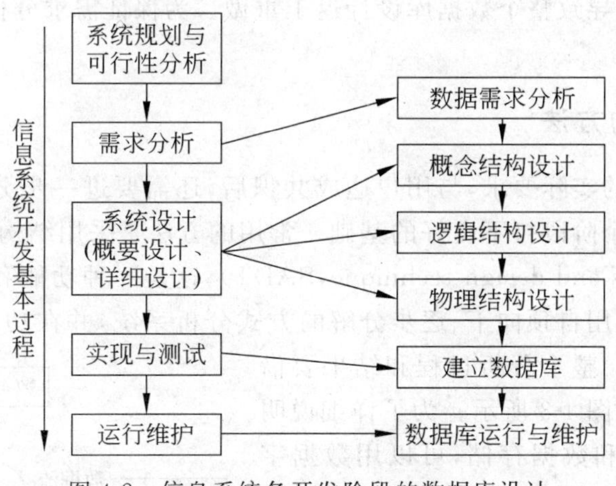

图 4-2　信息系统各开发阶段的数据库设计

4.2 节和 4.3 节将分别介绍需求分析和概念结构设计阶段的设计内容和设计方法。

4.2 需求分析

简单地说，需求分析就是分析用户的需求，是数据库设计的起点。需求分析的结果是否准确地反映了用户的实际需求，将直接影响到后面各个阶段的设计，并影响到设计结果是否合理和实用。

4.2.1 需求分析的任务

需求分析的任务是通过详细调查现实世界要处理的对象（组织、部门、企业等），充分了解对象原系统（手工系统或计算机系统）的工作概况，主要包括以下几个方面：

（1）调查组织机构情况。包括了解该组织的部门组成情况、各部门的职责等，为分析信息流程进行准备。

（2）调查各部门的业务活动情况。包括了解各个部门的输入和使用什么数据，如何加工处理这些数据，输出什么数据，输出到什么部门。

（3）对象在各方面可能的扩充和改变。

（4）确定新系统的边界。确定哪些功能由计算机完成，哪些功能由用户完成。

调查的重点是“数据”和“处理”，要明确用户如下需求：

（1）信息要求。明确用户需要从数据库应用系统中获得信息的内容与性质。由信息要求可以导出数据要求，即在数据库中需要存储和管理哪些数据。

（2）处理要求。明确用户对数据的处理过程和处理方式的需求。例如，对处理的响应时间有什么要求，处理方式是批处理还是联机处理等。由处理要求可导出系统的功能要求。

（3）安全性和完整性要求。明确用户对数据的安全性和完整性方面的需求，可防止数据库中存在不正确的数据，指导进行数据库的模式定义、触发器的创建、事务的定义以及用户的存取权限的设置等。

需求分析做得是否充分和准确，决定了在其基础上构建数据库的速度和质量，如果需求分析做得不好，甚至会导致整个数据库设计返工重做。为保证需求分析的充分与准确，需要采用一定的方法。

4.2.2 需求分析的方法

在调查清楚用户的实际要求，与用户达成共识后，还需要进一步分析和表达用户需求，为数据库设计的下一个阶段打下良好的基础。常用的方法是采用结构化系统分析和设计技术（structured analysis and design technique，SADT），这是一种功能和数据分析、分解相结合的技术，这种技术采用自顶向下、逐步分解的方式分析系统，并在功能分析的同时进行相应的数据分析和分解。整个分析过程和结果要借助数据流图来表达，如图4-3所示。为了详细说明数据流图中的数据流和数据存储，可以用数据字典描述；为了说明用户对数据存储提出的各种查询要求，可用数据立即存取图来表示；为了进一步阐明处理功能的外部处理逻辑要求，可使用各种

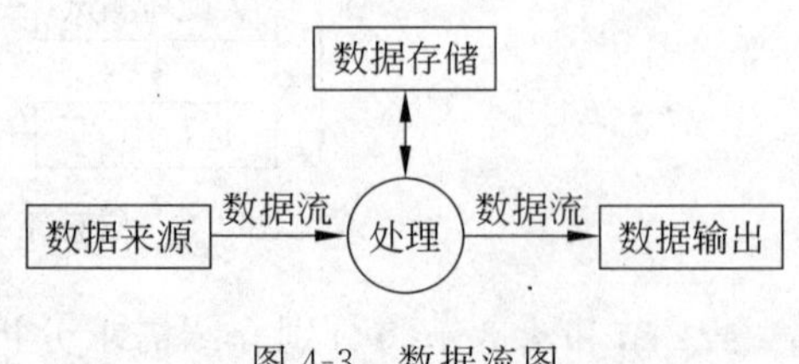

图4-3 数据流图

处理逻辑表达工具。

下面进一步介绍数据流图和数据字典。

1. 数据流图

数据流图用于描述数据流动、存储和处理的逻辑关系，也称为逻辑数据流图（logical data flow diagram，DFD）又译作“数据流程图”。

数据流图采用4个基本符号，即外部实体（包括数据来源、数据输出）、数据处理、数据流和数据存储。

（1）数据来源和数据输出又称为外部实体，是指系统以外与系统有联系的人或事物，表示系统数据的外部来源和去处，也可是另外一个系统。

（2）数据处理指对数据的逻辑处理，也就是数据的变换。

（3）数据流指处理功能的输入或输出，由数据组成，表示数据的流向，可以是各种形式的信息载体。

（4）数据存储表示保存数据的地方，是数据存储的逻辑描述。箭头指向数据存储可以理解为写入数据，箭头从数据存储引出可以理解为读出数据，双向箭头可以理解为修改数据。

数据流图的绘制采用自顶向下的结构化方法进行。主要包括如下几步：

（1）画顶层图（TOP图），初步确定新系统的输入、输出和外部实体。顶层图高度抽象，在实际中无法使用，需进一步细化。

（2）顶层图的进一步细化，应根据用户需求、新系统目标、有关的资源和约束条件等，进行逐步分解、扩充和展开。

（3）在功能分解的同时，得到相应的数据流和数据存储。

【例4-1】 某考务系统中需要实现以下功能：

（1）对考生送来的报名单进行检查。

（2）对合格的报名单编好准考证号后将准考证送给考生，并将汇总后的考生名单送给阅卷中心。

（3）阅卷工作由阅卷站进行，该项功能不包括在考务系统软件中。考务系统需要对阅卷站送来的成绩单进行检查，并根据考试中心制定的合格标准（根据所有考生的考试成绩确定）审定合格者。

（4）制作考生通知单，送给考生。

（5）按地区进行成绩的分类统计和试题难度的分析，产生统计分析表。

根据考务系统的处理业务画出顶层数据流以反映最主要的业务处理流程与外部实体的关系，如图4-4所示。

经过进一步的需求分析，考务业务处理的主要功能应当包括登记报名单和统计成绩两个主要的处理过程。为了描述清楚考务处理系统的功能，将该处理进一步分解形成0层数据流图，如图4-5所示。将0层数据流图中的登记报名单、统计成绩进一步分解得到1层数据流图，如图4-6和图4-7所示。

数据流图反映了数据在系统中的流向及转换过程，但数据的详细内容却无法在数据流程图中反映出来。在需求分析中，可用数据字典来详细说明数据流图中的数据流和数据存储。

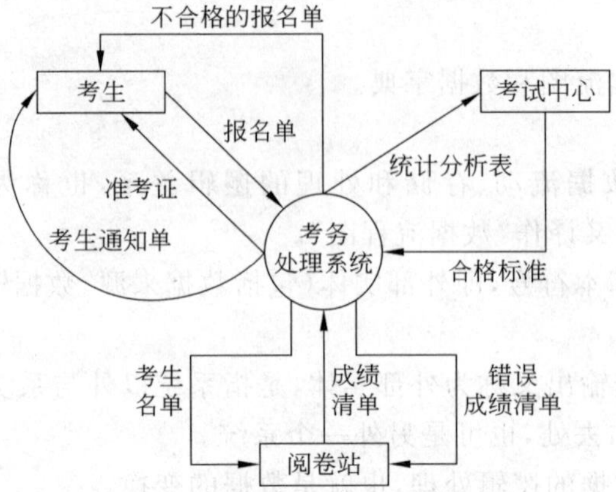

不合格的报名单
考生
考试中心
报名单
统计分析表
准考证
考生通知单
考务
处理系统
合格标准
考生
名单
成绩
清单
错误
成绩清单
阅卷站

图 4-4　某考务系统的数据流图

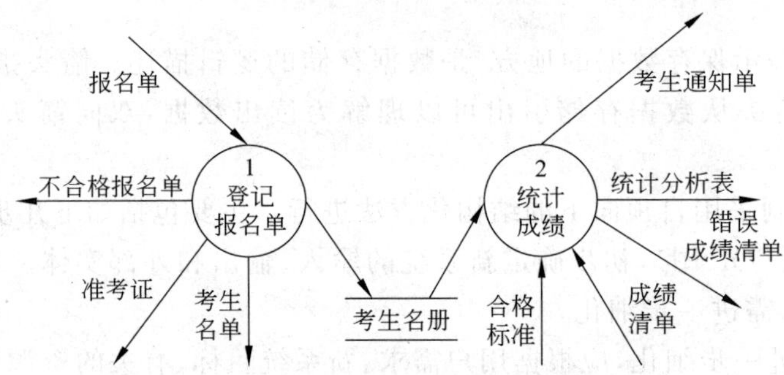

报名单
考生通知单
1
登记
报名单
不合格报名单
2
统计
成绩
统计分析表
错误
成绩清单
准考证
考生
名单
考生名册
合格
标准
成绩
清单

图 4-5　考务系统的 0 层数据流图

报名单
1.1
检查
报名单
合格报名单
1.2
编准
考证号
准考证
不合格
的报名单
正式报名单
1.3
登记
考生
考生名单
考生名册

图 4-6　考务系统的 1 层数据流图(1)

成绩清单
2.1
检查成绩
清单
2.5
分析试题
难度
难度分析表
错误
成绩清单
正
确
成
绩
清
单
2.4
分类统计
成绩
分类统计表
试题得分清单
考生名册
合格标准
2.2
审定
合格者
正式成绩清单
2.3
制作
通知单
考生通知单

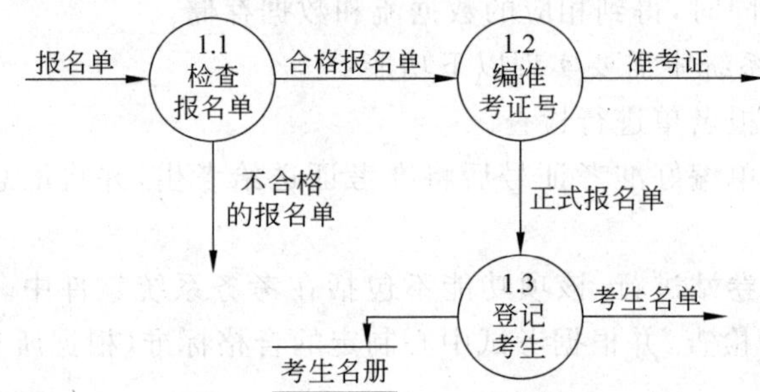

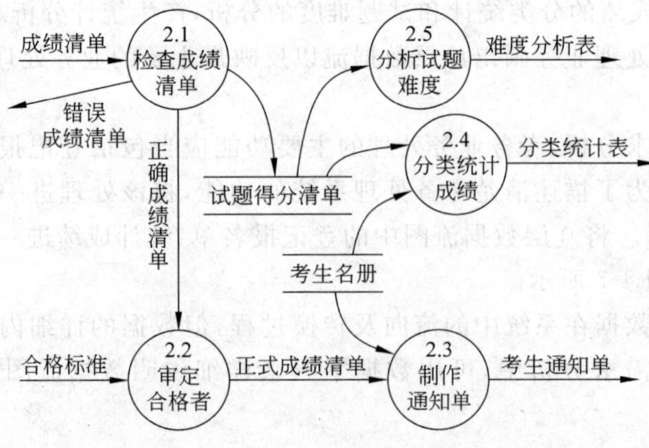

图 4-7　考务系统的 1 层数据流图(2)

4.2.3 数据字典

数据字典(data dictionary,DD)是系统中各类数据描述的集合,是进行详细的数据收集和数据分析所获得到的主要结果。数据字典有数据项、数据结构、数据流、数据存储和处理过程5类条目。数据项是数据的最小组成单位,若干个数据项可以组成一个数据结构,数据字典通过对数据项和数据结构的定义来描述数据流、数据存储的逻辑内容。

数据字典经过数据分析及规范化后,可用于进行数据库的逻辑结构设计,或者用来进行文档设计。

1. 数据项

对数据项的描述通常包括以下内容:

数据项描述={数据项名,数据项含义说明,别名,数据类型,长度,取值范围,
取值含义,与其他数据项的逻辑关系}

其中,"取值范围"、"与其他数据项的逻辑关系"描述了数据的完整性约束条件。

【例4-2】 考务系统中"准考证号"数据项的描述。

数据项名:准考证号

含义说明:唯一标识每个考生

类型:字符型

长度:9

取值范围:000000000~999999999

取值含义:前3位标志该考生所在学校,后6位按顺序编号

2. 数据结构

数据结构描述数据之间的组合关系。一个数据结构可由若干个数据项组成,也可由若干个数据结构组成,或由若干个数据项和数据结构混合组成。数据结构的描述为:

数据结构描述={数据结构名,含义说明,组成:{数据项或数据结构}}

【例4-3】 考务系统中"考生"数据结构的描述。

数据结构:考生

含义说明:定义了一个考生的有关信息

组成:准考证号,姓名,考试科目,考试时间,考场

3. 数据流

数据流是数据结构在系统内传输的路径。数据流的描述为:

数据流描述={数据流名,说明,数据流来源,数据流去向,组成:{数据结构},
平均流量,高峰期流量}

【例4-4】 考务系统中"合格报名单"数据流的描述。

数据流:合格报名单

说明:考生报名单处理结果

数据流来源:检查报名单

数据流去向:编准考证号

组成:…

平均流量:…

高峰期流量：…

4. 数据存储

数据存储是数据结构停留或保存的地方，也是数据流的来源和去向之一，以各类文档呈现。数据存储的描述为：

数据存储描述＝{数据存储名，说明，编号，流入的数据流，流出的数据流，组成：{数据结构}，数据量，存取频度，存取方式}

【例 4-5】 考务系统中数据存储“考生名册”的描述。

数据存储：考生名册

说明：记录考生的基本情况

流入数据流：…

流出数据流：…

组成：…

数据量：每年 30000 张

存取频度：…

存取方式：随机存取

5. 处理过程

处理过程的具体处理逻辑一般用判定树来描述，数据字典中只需描述处理过程的说明性信息，处理过程的描述为：

处理过程描述＝{处理过程名，说明，输入：{数据流}，输出：{数据流}，处理：{简要说明}}

【例 4-6】 考务系统中“编准考证号”处理过程的描述。

处理过程：编准考证号

说明：为所有考生编准考证号

输入：合格的报名单

输出：准考证

处理：根据考生的合格的报名单编制准考证。按照报名单上的学校信息，生成准考证号的前 3 位，然后随机编号，得到该考生的准考证号，同时根据报名单记录考生信息，生成准考证。

4.3 概念结构设计

通过需求分析可得到数据的描述信息，如数据流图、数据字典等，但它们是无结构的，必须在此基础上将其转换为有结构的、易于理解的精确表达，即将现实世界中的信息转化为计算机系统中的数据模型，并用 DBMS 最终来实现。

为了把现实世界中的具体事物抽象、组织为某一个 DBMS 支持的数据存储结构，需要借助概念模型。数据库概念结构设计主要就是概念模型设计。

概念模型是对现实世界的第一层抽象，通过选择、命名、分类等把现实世界中的客观对象抽象为某一种信息结构，这种信息结构不依赖于具体的计算机系统，再由数据库设计人员将概念模型转化为某一个 DBMS 支持的数据模型，这是对现实世界的第二层抽象。数据模型最终还要由DBMS转换为面向计算机系统的物理模型，这一抽象过程如图4-8所示。

(1) 概念模型(conceptual model)：又称信息模型，它是按用户的观点来对信息建模。概念模型通过各种概念来描述现实世界的事物以及事物之间的联系。

(2) 数据模型(data model)：又称逻辑模型，是事物以及事物之间联系的数据描述，是概念模型的数据化。数据模型是按计算机的观点对数据建模，数据模型提供了表示和组织数据的方法。

(3) 物理模型(physical model)：是对数据最底层的抽象，它描述数据在系统内部的表示方式和存取方法，如数据在磁盘上的存储方式和存取方法，面向计算机系统。

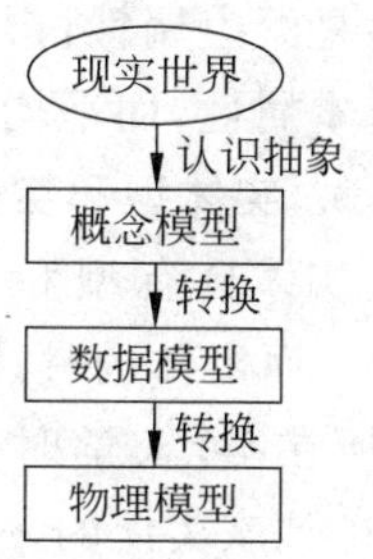

图4-8 现实世界中客观对象的抽象过程

从现实世界到概念模型的转换是由数据库设计人员完成的；从概念模型到数据模型的转换可以由数据库设计人员完成，也可以由数据库设计工具协助设计人员完成；从数据模型到物理模型的转换一般由DBMS完成。

4.3.1 概念模型的概念

概念模型是从现实世界中抽取对一个目标系统来说最有用的事物、事物的特征、事物之间的联系，通过各种概念精确地加以描述。概念模型是沟通现实世界与计算机世界的桥梁，是数据库设计人员进行数据库设计的有力工具，也是数据库设计人员与用户之间进行交流的语言。因此，概念模型一方面应该具有较强的语义表达能力，能够方便、直接地表达应用中的各种语义知识；另一方面还应该简单、清晰，易于用户理解。

概念模型中主要涉及以下基本概念。

1. 实体

现实世界中客观存在并能相互区分的事物经过加工，抽象成为信息世界的实体(entity)。它可以是具体的对象，如学生、教材等；也可以是抽象的对象，如课程、比赛等。

2. 属性

现实世界中的事物都具有一些特征，这些特征在概念模型中通过与其对应的实体反映出来，称为属性(attribute)。属性是实体所具有的一个特征，用属性名表示。一个实体可以由若干属性来刻画。例如，学生这个实体可用学号、姓名、性别、出生日期、系和年级等属性来描述。

与属性相关的概念如下：

(1) 属性值、属性域。每个属性都有值，如学生的“姓名”属性可取张三、李四等值。属性的值具有一定的取值范围，此范围称为域(domain)，如学生的“姓名”属性的域可定义为长度为10的字符串，而属性“性别”的域可定义为('男','女')。

(2) 简单属性和复合属性。简单属性又称原子属性，是不可再分的属性，如人的性别、年龄等都是简单属性。而复合属性可以划分为更小的子部分，每一子部分表示更基本的属性，如地址这个属性可进一步划分为省、市、区、街道、邮编等，因此地址是一个复合属性。

(3) 单值属性和多值属性。如果实体在某个属性上的值只有一个，则该属性称为单值属性，如性别；如果在某个属性上的值有多个，则该属性称为多值属性，如联系电话。

(4) 存储属性(基本属性)和派生属性(导出属性)。如学生的出生日期是存储属性,而年龄是派生属性;再如学生的平均成绩是由各科成绩总和平均得来的,因此学生的各科成绩是基本属性,而平均成绩是派生属性。

3. 实体型和实体值

实体具有型和值之分。用属性名集合来抽象和刻画同类实体称为实体型(entity type),而实体的具体数值称为实体值(entity value)。例如,学生(学号,姓名,性别,出生日期,所在系,入学时间)就是一个实体型,而{01320201,郑伟,男,1980-04-01,计算机系,2001}是该实体的一个值。

4. 实体集

同一类型实体值的集合称为实体集(entity set)。例如,全体学生就是一个实体集。

5. 关键字

能唯一标识实体的最小属性集称为关键字(key,码)。每个实体一定有关键字。例如,学号是学生实体的关键字。

6. 联系

现实世界中事物彼此的联系在概念模型中反映为实体间的联系(relationship)。现实世界中事物之间的联系是复杂的,反映到概念模型中,实体之间的联系既可以发生在两个实体之间,也可以发生在多个实体之间,还可以发生在同一实体内部。与一个联系有关的实体的个数称为该联系的元数。按元数划分,联系可分为一元联系、二元联系和多元联系。

1) 二元联系

两个实体间的二元联系有三种类型,如图 4-9 所示。

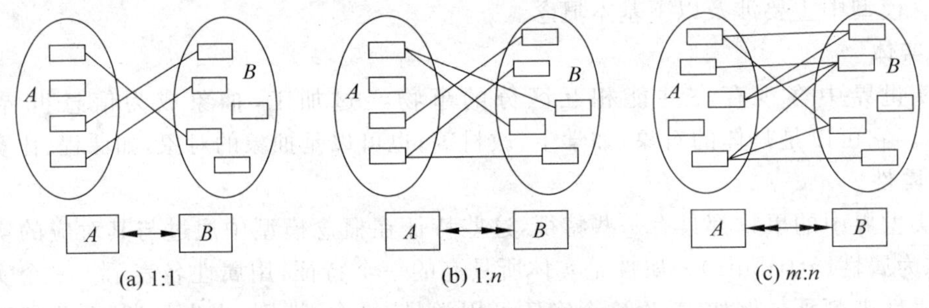

图 4-9　二元联系的三种类型

(1) 一对一(1∶1)联系:对于两个实体集 A 和 B,若 A 中每一个实体值在 B 中至多有一个实体值与之对应,反之亦然,则称实体集 A 和 B 具有一对一的联系,记为 1∶1。

【例 4-7】 学校和校长之间是 1∶1 联系,表示一个学校只有一个正职校长,而一个校长只在一个学校任职。

(2) 一对多(1∶n)联系:对于两个实体集 A 和 B,若 A 中每一个实体值在 B 中有多个实体值与之对应,反之 B 中每一个实体值在 A 中至多有一个实体值与之对应,则称实体集 A 和 B 具有一对多的联系,记为 1∶n。

【例 4-8】 教研室和教师之间就是 1∶n 的联系,表示一个教研室可有多个教师,而一个教师只在一个教研室工作。

(3) 多对多(m∶n)联系:对于两个实体集 A 和 B,若 A 中每一个实体值在 B 中有多个实体值与之对应，反之亦然，则称实体集 A 和 B 具有多对多的联系，记为 $m:n$。

【例 4-9】 医生与病人之间的"就诊"联系、教师和学生之间的"教学"联系等都是 $m:n$ 联系。

若两个实体集间存在多个二元联系，则称这两个实体集间具有多种联系。例如，官兵之间既存在"上下级"的联系，也存在"同志"的联系。

两个实体之间还存在一种非常特殊的联系，称为包含联系，包含联系是指对于两个实体型 X 和 Y，若 X 是 Y 的子类，则称 Y 包含 X，或 X 包含于 Y。例如，军人与女军人均是实体型，女军人是军人的子集，则称军人包含女军人。

2) 一元联系

同一实体内部也存在联系，称为一元联系。例如，职工内部存在领导与被领导的联系。

3) 多元联系

现实世界中还大量存在着多个实体集之间的联系，多元联系也有一对一、一对多和多对多的联系类型。例如，供应商给工程供应零件，则供应商、工程和零件三个实体之间存在着多对多的联系。

4.3.2 E-R 模型

概念模型设计需要采用某种方法来表示这些概念，例如实体、属性、实体间的联系等。

在数据库领域中最为著名、最为常用的概念模型的表示方式是 E-R 模型（entity-relationship model），E-R 模型是美裔华人 P. P. Chen（陈平山）于 1976 年提出的，由于它简单易学且容易被一般用户所理解，所以引起了广泛关注。

下面主要介绍 E-R 模型，后续的数据库逻辑结构设计也是基于 E-R 模型的。

E-R 模型使用 E-R 图（entity-relationship diagram）来描述系统的概念模型，E-R 图提供了表示实体、属性和联系的方法。

(1) 实体：用矩形表示，矩形框内写明实体名。

(2) 属性：用椭圆形表示，并用无向边将其与相应的实体连接起来。

【例 4-10】 根据例 4-3 中考生实体的数据结构描述，其具有准考证号、姓名、考试科目、考试时间、考场等属性，在 E-R 图中表示成图 4-10 的形式，其中"准考证号"为该实体的关键字。

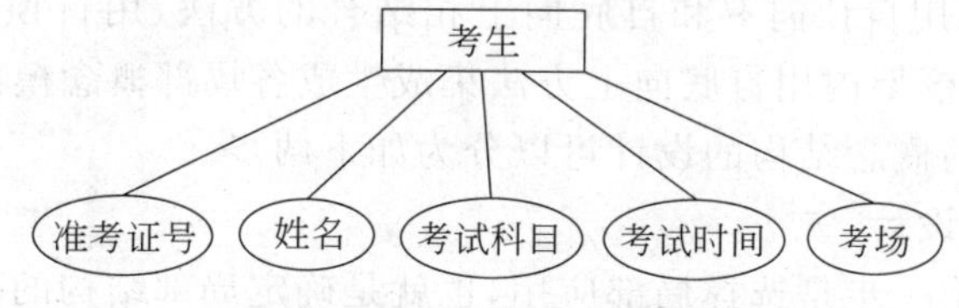

图 4-10 实体及属性的 E-R 图

(3) 联系：用菱形表示，菱形框内写明联系名，并用无向边分别与有关实体连接起来，同时在无向边旁标上联系的类型（$1:1$、$1:n$ 和 $m:n$）。需要注意的是，不仅实体具有属性，联系也具有属性，对于只有在发生特定联系时产生的数据称为联系的属性。如果联系具有属性，则这些属性也要用无向边与该联系连接起来。

【例 4-11】 E-R 图中两个实体间的 $1:1$、$1:n$ 和 $m:n$ 三种联系的表示方法如图 4-11 所示。

【例 4-12】 两个实体间还存在特殊的包含联系，包含联系在 E-R 图中用 ISA 表示，并通过有向线段指向被包含的实体。图 4-12 描述了军人和女军人之间的包含关系。

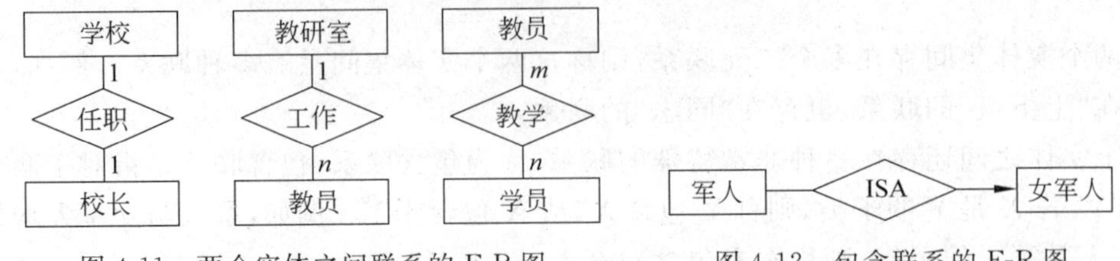

图 4-11 两个实体之间联系的 E-R 图　　图 4-12 包含联系的 E-R 图

如果实体集 B 是实体集 A 的一个子集，且具有比实体集 A 更多的属性，则在实体集 A 与实体集 B 之间存在着一种特殊的"ISA 联系"，子集 B 可以通过 ISA 联系继承超集 A 中的所有属性和与 A 相关的联系。

【例 4-13】 同一实体内部还存在联系。图 4-13 描述了干部实体内的领导关系。

【例 4-14】 联系还可以发生在多个实体之间。图 4-14 描述了三个实体之间的联系。

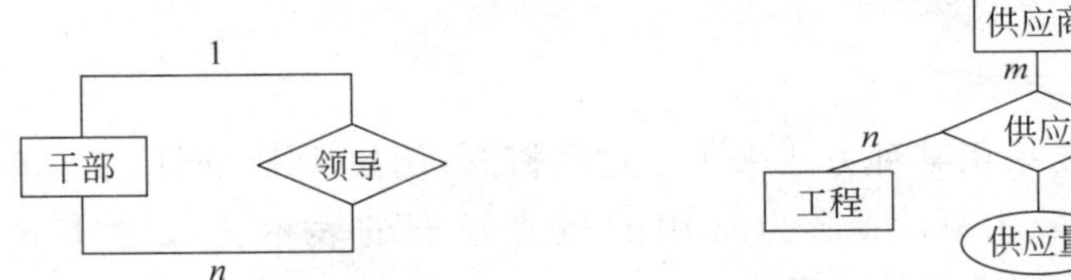

图 4-13 同一实体内部联系的 E-R 图　　图 4-14 多个实体间联系的 E-R 图

4.3.3 概念模型设计方法

针对某一个具体的应用系统，其概念模型的设计主要有以下方法。

(1) 自顶向下：首先定义全局概念结构的框架，逐步细化为完整的全局概念模型。

(2) 自底向上：先设计局部概念模型，然后通过集成得到完整的全局概念模型。

(3) 由里向外：首先定义最重要的核心概念模型，然后逐步向外扩张，生成其他概念模型，直至完成总体概念模型。

(4) 混合策略：采用自顶向下和自底向上相结合的方法，用自顶向下的策略设计一个全局概念结构框架，在框架内用自底向上方法集成生成各局部概念模型。

常用的自底向上的概念结构的设计可以分为如下两步。

1. 局部 E-R 模型设计

概念结构设计的第一步是选择局部应用，也就是确定局部结构的范围划分，划分的方式有多种，通常是依据系统的当前用户进行自然划分。例如，对于一个学院信息管理系统，用户有教务部门、科研部门、财务部门、组织部门等，各部门对信息内容和处理的要求明显不同，因此应当为它们分别设计各自的局部 E-R 模型。

选择好局部应用后，就要对每个局部应用逐一设计局部 E-R 模型。每个局部应用都对应需求分析阶段收集到的某一层次的数据流图，局部应用涉及的数据都已经收集在数据字典中。把数据字典中的信息抽象成 E-R 模型中的实体、属性，确定实体之间的联系类型 (1∶1、1∶n 和 m∶n)，设计局部 E-R 模型。

构造一个 E-R 图一般遵循如下步骤：

(1) 抽取实体与实体的属性，并画出实体的 E-R 图。

(2) 抽取联系与联系上的属性，并出画联系的 E-R 图。

(3) 组合实体与联系，得到目标系统的 E-R 图。

一个对象抽象为实体还是属性并没有严格的界限，一般应根据具体的应用中对数据的处理来决定。在设计中，应该遵循以下两条规则：

(1) 属性不能是另一些属性的聚集。

(2) 属性不能与其他实体具有联系。

【例 4-15】 学校中的系，在某种应用环境中，只是作为“学生”实体的一个属性，表明一个学生属于哪个系；而在另一种环境中，由于需要考虑一个系的系主任、教师人数、学生人数、办公地点等，这时它就需要作为实体了。

【例 4-16】 在医院中，一个病人只住在一个病房，在某种应用环境下病房号可以作为病人实体的一个属性，但是如果在另一种环境下，病房还要跟医生实体发生联系，即一个医生负责几个病房的病人诊治，在这种应用环境下需要把病房抽象成实体。

2. 集成局部 E-R 模型得到全局的概念结构

在局部 E-R 模型均设计完成后，下一步就是进行 E-R 模型的集成。E-R 模型集成通常采用逐步集成的方式，即用累加的方式一次集成两个局部 E-R 模型。在局部 E-R 模型的集成过程中，要注意解决冲突和冗余两类问题。

由于各局部应用所面对的问题不同，且通常是由不同的设计人员进行局部 E-R 模型的设计，这就导致各个局部 E-R 图之间必定会存在许多不一致的地方，称之为冲突。因此，合理消除各局部 E-R 图中的冲突是集成 E-R 模型的主要工作和关键所在。各局部 E-R 图之间主要有以下三类冲突。

(1) 属性冲突：属性冲突分为属性域（如属性值的类型、取值范围）的冲突和属性值单位（如人的身高有的用米、有的用公分作单位）的冲突。

(2) 命名冲突：命名冲突分为同名异义和异名同义。同名异义是指不同的对象起了相同的名字，而异名同义是指相同的对象起了不同的名字，例如科研项目在财务部门称为项目，在科研部门称为课题，在生产管理部门又称为工程等。

(3) 结构冲突：结构冲突包括同一对象在不同应用中具有不同的抽象（例如教师在有的应用中是属性，在有的应用中则是实体）和同一对象在不同的 E-R 图中所包含的属性个数及属性排列的顺序不同两种结构冲突。

在集成后的 E-R 模型中，还可能存在冗余的数据和联系（也就是通过其他数据和联系可以推导出来的数据和联系），需要去除掉。

【例 4-17】 设计一个工厂产品、零件和材料的初步 E-R 模型。

1) 设计局部 E-R 模型

对于工厂生产的产品，技术部门所关心的是产品的编号、性能参数、由哪些零件组成、每个零件的零件号和规格、消耗的材料名和耗用量。工厂的供销部门所关心的是产品的编号、价格、所使用的材料、用量、价格和库存量。因此，得到图 4-15 和图 4-16 中两个局部 E-R 模型。

2) 集成 E-R 模型

集成图 4-15 和图 4-16 中的两个局部 E-R 模型，在集成时注意解决冲突，由于产品和材

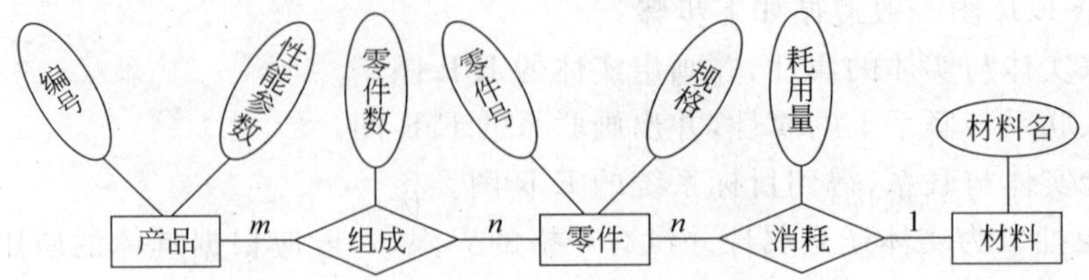

图 4-15 技术部门的局部 E-R 模型

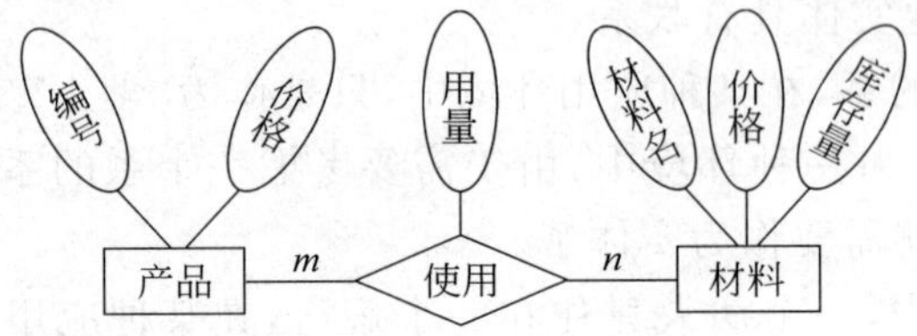

图 4-16 供销部门局部 E-R 模型

料这两个实体在不同的 E-R 模型中属性组成不同，在 E-R 模型集成时需要进行属性的合并，得到图 4-17 中 E-R 模型。

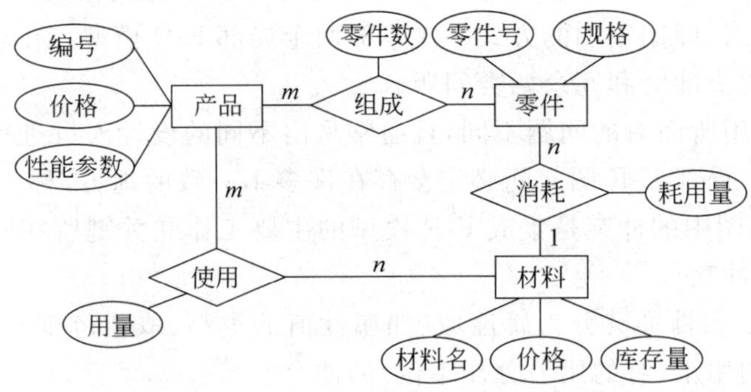

图 4-17 集成后的 E-R 模型

3）消除冗余

对图 4-17 中的 E-R 模型稍作分析不难看出，产品使用的材料的用量可以由组成产品的零件数和每个零件消耗的材料数推导出来，因此该“用量”属于冗余数据，应该予以消除。产品和材料间的 $m:n$ 的联系也应该除去。去掉冗余后可得到的基本 E-R 模型如图 4-18 所示。

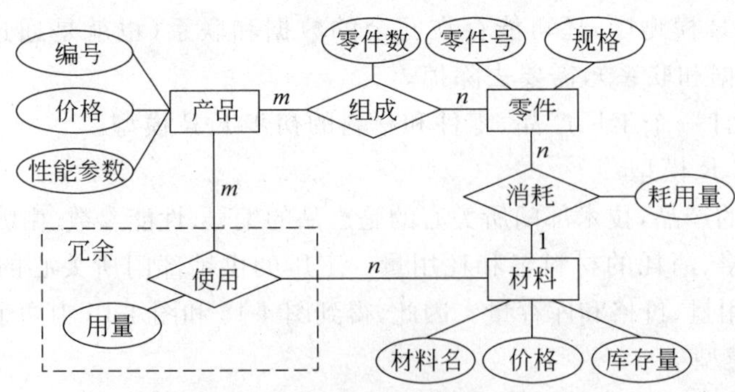

图 4-18 消除集成后 E-R 模型中的冗余

4.4 逻辑结构设计

概念模型独立于数据库的逻辑结构，也独立于具体的DBMS。逻辑结构设计必须将概念模型转换为某种DBMS支持的数据模型，即把概念结构设计阶段设计好的E-R模型转化为与选用的DBMS产品所支持的数据模型相符合的逻辑结构。

从理论上讲，设计数据库逻辑结构应首先选择最适合相应概念模型的数据模型，并按转换规则将概念结构转换为与选定的数据模型相符的逻辑结构。然后，从支持这种数据模型的DBMS选出最佳的DBMS，根据选定的DBMS的特点和限制对数据库逻辑结构进行适当优化。但实际上，经常是先选定了计算机类型和DBMS，设计人员并无选择DBMS的余地，所以在概念模型向数据模型转换时就要考虑到适合给定的DBMS问题。

目前的数据库应用系统大多采用支持关系模型的DBMS，因此设计数据库的逻辑结构一般按照以下步骤进行：

(1) 将概念结构(E-R图)转化为一般的关系模式。

(2) 将转化来的关系模式向特定DBMS支持下的关系模式转换。

(3) 对关系模式进行优化。

本书第5章和第6章将分别介绍关系数据模型和关系数据库逻辑结构设计。

4.5 物理设计

数据库在物理设备上的存储结构与存取方法称为数据库的物理结构，它依赖于选定的DBMS。为一个给定的数据库逻辑结构选取一个最适合应用要求的物理结构的过程，就是数据库的物理设计。

在设计数据库的物理结构前，首先要求设计人员必须充分了解、掌握所用的DBMS的功能、性能和特点，包括提供的物理环境、存储结构、存取方法和可利用的工具。

下面简要介绍目前的DBMS产品，以便根据需求进行选型。

1. 数据库管理系统产品的分类

可以按照多种方法区分目前的DBMS。

1) 按照数据模型来区分

DBMS产品涉及的数据模型有层次模型、网状模型、关系模型、半结构化数据模型、面向对象模型和对象关系模型。当前许多商业DBMS中所用的数据模型主要是关系数据模型(本书第5章将详细介绍)。近年来，一种不同于传统关系模型的数据库管理系统越来越受欢迎，这就是无模式数据库。

无模式数据库的核心是NoSQL概念，这个概念是指数据库不使用SQL语言与数据库进行交互。例如，MongoDB就是一个无模式、开放源码、面向文档的数据库。这类数据库与传统关系型数据库有很大不同，在关系数据库管理系统中，如果需要为关系表添加一个新的列，需要改变关系表本身的定义，并将该列添加到每一条现有的记录中；而无模式数据库，可在不改变任何其他文档的情况下，为个别文档添加新属性。这是因为面向文档的数据库在设计上通常是非模式化的，其在松散定义的文档中存储数据；还有就是面向文档的数据库不在文档之间规定严格的关系，这有助于维护它们的非模式化设计。

2）按照工作方式来区分

按照工作方式可将DBMS划分为单机和网络两类。

（1）单机数据库就是只能运行在单机上，只供单一用户使用，不提供网络功能。这种方式独占数据库，因而不需要处理数据冲突等复杂的问题，因而也一般不支持多人同时操作数据库。例如，Access、Foxpro和Excel等都是单机数据库。

（2）网络数据库可以供多个用户通过网络同时对数据库进行操作，有处理数据冲突的功能，数据库和客户端程序可以不在同一台机器上。例如，Oracle、SQL Server、MySQL和DB/2等都是网络数据库。

3）按照便携性来区分

按照便携性可将DBMS划分为桌面数据库系统、服务器数据库系统和嵌入式数据库系统。

（1）桌面数据库系统是指只能在本地连接的数据库，一般只能同时有一个连接，不能通过网络连接。桌面数据库系统主要是面向个人用户应用程序。目前，主要的桌面数据库系统有Access、Foxpro和Excel等。

（2）服务器数据库系统允许多个用户同时访问和更新数据，支持企业高效管理大批量的数据。目前，主要的服务器数据库系统有Oracle、SQL Server、MySQL和DB/2等。

（3）嵌入式数据库系统与以上两种数据库系统的差别在于运行模式的不同。嵌入式数据库是指运行在本机上、不用启动服务端的轻型数据库，它最大的特点是不需要安装配置，只携带动态链接库即可，它与应用程序紧密集成，被应用程序所启动，并伴随应用程序的退出而终止。目前，嵌入式数据库系统主要有SQLite、Birkeley DB和Firebird嵌入服务器版，这三个DBMS产品都是开源软件。

4）按照存储类型来区分

按照存储类型可将DBMS划分为传统数据库和内存数据库。

传统数据库是基于硬盘上的文件系统而建立的，对于这种数据库，由于磁盘存取、内外存的数据传递、缓冲区管理、排队等待及锁的延迟等原因，使得事务实际平均执行时间远多于估算的最坏情况执行时间。如果将整个数据库或其主要的工作部分放入内存，使每个事务在执行过程中没有I/O操作，则为系统较准确估算和安排事务的运行时间，使之具有较好的动态可预报性提供了有力的支持，同时也为实现事务的定时限制打下了基础，这就是内存数据库出现的主要原因。

内存数据库所处理的数据通常是短暂的，即有一定的有效时间，过时则有新的数据产生，而当前的决策推导将变成无效。所以，实际应用中采用内存数据库来处理实时性强的业务逻辑处理数据。目前，内存数据库有FastDB、Oracle的TimesTen等。

传统数据库的性能目标是高的系统吞吐量和低的代价，考虑处理数据的实时性相对少一些，在实际应用中主要用于存放实时性要求相对不高的数据。这两种数据库常常结合使用，而不是以内存数据库替代传统数据库。

2. 常用的关系型网络数据库管理系统

关系型数据库管理系统是目前使用最广泛的数据库管理系统，其中用得较多的有Oracle、DB/2、MySQL和SQL Server。

（1）Oracle、DB/2支持网络应用、支持面向对象概念、支持内存数据库需求。

（2）MySQL 支持网络应用、支持内存数据库需求，同时是开源的。

（3）SQL Server 支持网络应用。

选择数据库管理系统时，主要考虑 DBMS 的规模、对平台的支持能力、功能、性能、复杂程度、安全性和价格等方面。表 4-1 对几种常用的数据库管理系统进行了对比。实际应用中，应根据产品的特点和应用需求选择合适的 DBMS，没必要一味追求品质高、性能全的产品。例如，本书选择 SQL Server 2005 作为案例系统和实验用 DBMS，它的特点是操作简单、功能比较强，应用广泛。

表 4-1　常用数据库管理系统对比

名　称	规模	功能	性能	操作复杂度	平　台	安全等级
Oracle	大	全	高	复杂	各平台	B1
DB/2	巨、大	全	高	复杂	主要为 AIX 平台	C2
MySQL	中小	中	中	中等	各平台	相当于 C2
SQL Server 2008	中小型	中	低	简单	Windows	C2
Sybase	介于 Oracle 与 SQL Server 之间					B1

注：安全级别从高到低依次为 A1、B3、B2、B1、C2、C1、D，只有达到 B 级才可以称为安全产品。

3. 国产数据库

目前，国内的数据库产品处于主流数据库市场的边缘，其主要应用领域是国内的高机密领域（如军队、政府、电力等国家关键涉密领域）或者是国家政策所导向的行业领域，在企业领域使用率比效低。国产数据库产品基本都拥有自主知识产权，大部分都实现了跨平台、跨操作系统，主要产品及相关介绍如表 4-2 所示。

表 4-2　国产数据库

产品名称	出品公司	应用领域	安全认证	平台操作系统
达梦 DM	武汉达梦数据库有限公司	电力、电子政务、教育、水利和农业等	《GB/T 20273—2006 信息安全技术 数据库管理系统安全技术要求》第三级。国家保密局“涉及国家秘密的计算机信息系统集成资质”认证。中国人民解放军军 B 级认证	Windows、Linux、UNIX、AIX、Solaris
人大金仓 KingBaseES	北京人大金仓信息技术有限公司	金融、水利、教育、电子政务、医疗和农业等	《GB/T 20273—2006 信息安全技术 数据库管理系统安全技术要求》第三级	Windows、Linux、UNIX、麒麟 Kylin
东软 OpenBASE	东软集团股份有限公司	金融、电力、电信、电子政务和医疗等	（GB17859—1999）《计算机信息系统安全保护等级划分准则》安全标记保护级	IRIX、Sun OS、Solaris、HP UX、SCO UNIX、AIX、Windows
神舟通用数据库 OSCAR	北京神舟航天软件技术有限公司	航空航天	中国人民解放军军用信息安全产品军 B 级认证	Windows

选择好合适的DBMS产品，还要了解产品对外存设备的使用特性，如物理存储区的划分原则、物理块的大小以及I/O特性等。再针对应用对数据的处理需求，如应用所对应的外模式、使用方式、处理频率、时间响应方面的要求等，定量估算各种方案，对估算结果进行权衡、比较，以便对时间和空间进行平衡和优化，确定数据库的存储结构和存取方法。最后，用DBMS提供的数据定义语言将逻辑设计和物理设计的结果严格描述出来，成为DBMS可以接受的源代码。

本书第7章将进一步介绍数据库的物理结构设计。

4.6 数据库的实施与维护

在此阶段主要是进行系统应用程序的设计与编写、组织数据入库、应用程序的调试与试运行以及数据库的运行和维护。

完成了数据库的逻辑设计和物理设计之后，就要在选定的软件(包括操作系统和DBMS产品)和硬件平台基础上创建数据库、关系表和相关的其他数据库对象(包括视图、索引和各种完整性约束等)，可以同时创建，也可以在需要时分别创建。

4.6.1 数据库数据的载入

建立了数据库和表只是确定了它们的结构，还不能对它们进行实际的操作，还必须给它们装载相关的数据，这就是所谓的数据载入。数据载入是一项非常繁重的任务，也是数据库实施中最重要的工作。

由于数据库涉及的数据量一般都比较大，而且数据来源于各个不同的单位，数据的组织方式、结构和格式都可能与新设计的数据库有相当大的差距，且存在很多重复，所以数据的载入需要做好以下几方面的工作：

(1) 对原始数据经过抽取、校验、分类、综合和转换，得到数据库所要求的结构形式。

(2) 对载入的数据进行试验、检验，除去冲突、不一致以及错误的数据。

(3) 保护原有数据。如果数据库是在旧的文件系统或数据库系统的基础上设计的，则要注意保护原有系统中的数据，以减少数据输入的工作量。

只有给数据库和表等数据库对象载入正确的数据，系统应用程序才能有效地测试与运行。

4.6.2 数据库的运行和维护

1. 数据库的运行

在载入数据后，就进入了数据库的试运行阶段(又称联合调试阶段)。试运行阶段的主要工作有：

(1) 功能测试。实际运行应用系统，执行对数据库的各种操作，检验系统的各项功能是否符合应用要求。

(2) 性能测试。测量系统的各项性能指标，分析是否达到设计要求。

如果试运行结果不符合系统的功能和性能要求，则需要返回物理设计阶段，调整物理结构，有时甚至需要返回逻辑设计阶段，调整逻辑结构。由于在试运行阶段数据的物理结构和逻辑结构有可能发生改变，因此，不能在所有数据装入数据库后再开始试运行，而应该分期分批装入数据，逐步增加数据量，逐步完成对系统的运行评估。

在试运行阶段，系统运行还不够稳定，硬件和软件故障随时可能发生，同时系统的操作人员对新系统还不够熟悉，误操作也不可避免，因此必须做好数据的备份和恢复工作，尽量减少对数据库的破坏。

数据库通过运行评估认为已达设计目标，便可投入运行，进入数据库的维护。

2. 数据库的维护

数据库的维护不仅能保证数据库的正常活动，同时也伴随着设计工作的提高和继续。数据库维护的工作主要由 DBA 完成。

维护阶段的主要工作有：

(1) 数据库的转储和恢复。这是最重要的维护工作之一，通过转储和恢复可使系统在发生故障后能尽快恢复到某个一致性的状态。

(2) 数据库的安全性、完整性控制。在数据库运行过程中，由于应用环境的变化，对安全性的要求和数据库的完整性约束条件也会发生变化，因此需要根据实际情况修改原有的安全性、完整性控制，以满足用户要求。

(3) 性能的监督、分析和改进。DBA 必须监督系统运行，分析检测到的数据，判断当前系统是否处于最佳运行状态，如果不是，则需要调整一些参数来改进系统的性能。

(4) 数据库的再组织和重构造。随着数据库的使用，对数据的不断增加、删除和修改会导致数据库的物理存储变坏，例如逻辑上属于同一关系的数据被分散到不同的存储空间等，使得数据库的存储空间利用率和数据库性能下降。针对这种情况，DBA 要定期进行数据库的重组织。一般是利用 DBMS 提供的相应实用工具重新安排数据的存储位置，调整数据区和溢出区等，经过重组织后，用户可以看到数据文件变小，系统效率有较大提高。

数据库的重组织并不会改变数据库的逻辑结构和物理结构。然而，数据库的重构造则不同，它部分修改数据库的模式和内模式，如增加数据项、增加或删除索引、修改完整性约束条件等以适应数据库的应用环境的变化。在一个有限的范围内，DBMS 能提供修改数据库结构的功能，若变化太大，重构造也无济于事，必须重新设计数据库。

4.7 小　　结

数据库设计是指在已有 DBMS 的基础上建立数据库。数据库设计方法主要分为直观设计法、规范设计法、计算机辅助设计法和自动化设计法 4 种。用规范设计法设计数据库分为需求分析、概念结构设计、逻辑结构设计、物理结构设计、数据库实施、数据库运行和维护 6 个阶段。

通过需求分析来准确了解与分析用户需求。概念结构设计在需求分析的基础上进行综合、归纳和抽象，形成一个独立于具体 DBMS 的概念模型；概念模型又称信息模型，独立于具体的计算机系统，通过各种概念来描述现实世界，涉及的概念包括实体、属性以及实体之间的联系等；概念模型用于信息世界的建模，E-R 模型是这类模型的典型代表。逻辑结构设计把概念结构转化为某个具体的数据库管理系统支持的数据模型，并对其进行优化。物理结构设计为逻辑结构选取一个最适合应用环境的存储结构和存取方法。数据库实施阶段将建立数据库，编制与调试应用程序，组织数据入库，进行试运行，并在数据库系统运行过程中不断地对其进行评价、调整与修改。数据库经过试运行的检验、测试基本合格后，便可投入运行，同时开始转入维护工作。维护包括安全性、完整性控制，性能的监督、分析和改进等工作，同时要做好备份工作，以防止故障导致的数据破坏。

数据库设计的不同阶段形成了数据库的三级模式结构。经过需求分析阶段对于系统数据和处理需求的分析，在概念结构设计阶段形成独立于具体DBMS的概念结构；在逻辑结构式计阶段，将概念结构转化为逻辑结构，得到数据库的模式结构，根据系统各用户的处理要求、安全性要求，建立必要的视图，得到数据库的外模式；在物理结构设计阶段，根据所选用DBMS的特点和处理需要，进行物理结构和存取方式的设计，得到数据库的内模式。

习　题

一、填空题

1. 对现实世界进行第一层抽象的模型，称为________模型；对现实世界进行第二层抽象的模型，称为________模型。

2. 数据库设计的步骤包括________、概念结构设计、逻辑结构设计、物理结构设计、数据库实施、数据库运行和维护。

3. 在数据库设计中，设计E-R图的阶段是________设计阶段。

4. ________模型属于信息世界的模型，实际上是现实世界到机器世界的一个中间层次。

5. E-R模型的三要素为________、________和________。

6. E-R模型中，描述“包含”关系的联系名为________。

二、选择题

1. 在数据库技术中，独立于计算机系统的模型是(　　)。

A. E-R模型　　B. 层次数据模型

C. 关系数据模型　　D. 面向对象的模型

2. 概念结构设计阶段得到的结果是(　　)。

A. 数据字典描述的数据需求

B. E-R图表示的概念模型

C. 某个DBMS所支持的数据模型

D. 包括存储结构和存取方法的物理结构

3. 在关系数据库的设计中，设计关系模式是(　　)的任务。

A. 需求分析阶段　　B. 概念设计阶段

C. 逻辑设计阶段　　D. 物理设计阶段

4. 逻辑结构设计阶段得到的结果是(　　)。

A. 数据字典描述的数据需求　　B. E-R图表示的概念模型

C. 某个DBMS所支持的数据模型　　D. 包括存储结构和存取方法的物理结构

5. 物理结构设计阶段得到的结果是(　　)。

A. 数据字典描述的数据需求　　B. E-R图表示的概念模型

C. 某个 DBMS 所支持的数据模型　　　　D. 包括存储结构和存取方法的物理结构

三、简答题

1. 试述数据库设计过程及其各阶段上的设计描述。

2. 试述概念模型的作用。

3. 定义并解释概念模型中的以下术语：

实体、实体型、实体集、属性、码

4. 试举出三个实例，要求两个实体集之间分别具有 1∶1、1∶n 和 m∶n 的关系。

5. 什么是 E-R 图？构成 E-R 图的基本要素是什么？

四、设计题

1. 学校中有若干个系，每个系有若干个班级和教研室。每个教研室有若干个教员，其中有的教授和副教授每人各带若干个研究生。每个班有若干个学生，每个学生选修若干门课，每门课有若干个学生选修。用 E-R 图设计此学校的概念模型。

2. 假定一个学生运动会管理系统的数据库包括以下的信息：

(1) 有若干班级，每个班级的信息有班级号、班级名、专业、人数。

(2) 每个班级有若干运动员，每个运动员只能属于一个班，其信息有运动员号、姓名、性别、年龄。

(3) 有若干比赛项目，其信息有项目号、名称、比赛地点。

(4) 每名运动员可参加多项比赛，每个项目可有多人参加。

(5) 要求能记录每个比赛项目的运动员的名次与成绩。

请确定所涉及的实体及其包含的属性，并设计用 E-R 模型表示的概念模型。

3. 有一个图书管理系统，经需求分析得到如下信息：

(1) 图书信息包括书号、书名、作者、数量、出版社、单价、架号。

(2) 出版社信息包括出版社名称、地址、电话、邮编、信箱。

(3) 读者信息包括借书证号、姓名、单位。

(4) 一个出版社可以出版多种图书，但每本书只能在一个出版社出版，出版应有出版日期和责任编辑。

(5) 每个读者可以借阅多本图书，每本图书可以有多人借阅。借阅信息包括借书日期、还书日期、是否续借。

请确定所涉及的实体及其包含的属性，设计用 E-R 模型表示的概念模型。

4. 假定一个部门的数据库包括以下的信息：

职工的信息包括职工号、姓名、住址和所在部门。

部门的信息包括部门所有职工、经理和销售的产品及价格。

产品的信息包括产品名、制造商、价格、型号及产品内部编号。

制造商的信息包括制造商名称、地址、生产的产品名和型号。

试画出反映上述问题的 E-R 图。

第 5 章　关系数据模型

在数据库的设计过程中，概念模型独立于具体的计算机系统，而数据模型实现了信息世界向计算机世界的过渡。为了建立用户所需的数据库，必须将概念模型转换为某种数据库管理系统支持的数据模型，即把概念结构设计阶段设计好的 E-R 模型转化为与选用的数据库管理系统产品所支持的数据模型相符合的逻辑结构。目前的信息系统大多采用支持关系数据模型的数据库管理系统。

5.1　数据模型

5.1.1　数据模型的组成要素

数据库中的数据按一定的数据模型组织、描述和存储。一般来说，数据模型是严格定义的一组概念的集合，这些概念精确地描述了系统的静态特性、动态特性和完整性约束条件。因此，数据模型通常由数据结构、数据操作和完整性约束三部分组成，也称为数据模型的三要素。

1. 数据结构

数据结构描述数据库的组成对象以及对象之间的联系，是所描述的对象类型的集合，是对系统静态特性的描述。

数据结构是刻画一个数据模型性质的最重要的方面，因此人们通常按照数据结构的类型来命名数据模型。例如，层次结构、网状结构和关系结构的数据模型分别命名为层次模型、网状模型和关系模型。

2. 数据操作

数据操作是指对数据库中各种对象（型）的实例（值）允许执行的操作及操作规则的集合，是对系统动态特性的描述。

数据库主要有查询和更新（插入、删除和修改）两类操作。数据模型必须定义这些操作的确切含义、操作符号、操作规则（如优先级）以及实现操作的语言。

3. 数据的完整性约束

数据的完整性约束条件是一组完整性规则，是给定的数据模型中数据及其联系所具有的制约和依存关系，用以限定符合数据模型的数据库状态以及状态的变化，防止不合语义的、不正确的数据进入数据库，以保证数据的正确、有效和相容。

数据模型应该反映和规定本数据模型必须遵守的基本的、通用的完整性约束条件。例如，在关系数据模型中，任何数据库都要满足实体完整性和参照完整性等条件。数据模型还应该提供定义完整性约束条件的机制，以反映具体应用所涉及的数据必须遵守的特定的语义约束条件。例如，在关系数据模型中，可进行自定义完整性约束的定义。

5.1.2 数据模型的种类

数据库领域中最常用的数据模型有层次模型(hierarchical model)、网状模型(network model)、关系模型(relational model)、半结构化数据模型、面向对象模型(object oriented model)和对象关系模型(object relational model)等。

基于层次模型和网状模型(通常称为非关系模型)的数据库管理系统在20世纪70年代至80年代初非常流行,在数据库系统产品中占据了主导地位,现在已经基本不再使用。层次模型是一种基于树结构的模型,层次数据库的典型代表是1968年美国IBM公司研发的信息管理系统(information management system,IMS)。层次数据模型只能表示1∶n的联系,虽然系统有多种辅助手段实现其他类型的联系,但较复杂,用户不易掌握,另外由于层次顺序的严格和复杂,导致应用程序编写也比较复杂。

网状数据模型的典型代表是DBTG系统,也称CODASYL系统。它是20世纪70年代数据库系统语言研究会(CODASYL)下属的数据库任务组(DBTG)提出的一个系统方案。DBTG系统虽然不是实际的数据库管理系统软件,但是它提出的基本概念、方法和技术具有普遍意义,对于网状数据库管理系统的研制和发展起了重大的影响。后来不少的DBMS都采用DBTG模型或者简化的DBTG模型。例如,Cullinet Software公司的IDMS、Univac公司的DMS 1100、Honeywell公司的IDS/2、HP公司的IMAGE等。网状数据模型的缺点是数据结构复杂、编程复杂。

由于层次模型和网状模型的固有缺陷,从20世纪80年代中期起其市场已经被取代。目前,DBMS采用两种非常重要而且比较优秀的数据模型:

(1) 关系数据模型,包括对象关系模型的扩展。

(2) 半结构化数据模型,包括XML和相关的标准。

关系数据模型由于其高效性和易用性,得到了现行的所有商业数据库管理系统的支持,关系数据模型也是本书重点介绍的内容。主要的半结构化数据模型是XML,它是大多数关系DBMS(RDBMS)的一个附加特征。

20世纪80年代以来,面向对象的方法和技术在计算机的很多领域都产生了深远的影响,也促进了数据库领域中面向对象数据模型的研究和发展。目前,许多RDBMS厂商在传统关系数据模型的基础上吸收了面向对象模型的思想,从而产生了对象关系模型。而气象、水文、空间和地理数据的应用需求,也催生了其他数据模型的研究和基于关系数据模型的相应数据模型的发展,例如空间数据库和时空数据库。

5.2 关系模型概述

关系模型是由美国IBM公司的E. F. Codd于20世纪70年代初提出的,E. F. Codd也因为在关系数据模型方面的杰出贡献,于1981年获得了ACM图灵奖。自20世纪80年代以来,计算机生产厂商推出的DBMS几乎都支持关系模型,非关系模型的产品也大都加入了关系模型接口。

关系数据模型作为一种数据模型,其组成要素包括数据结构、数据操作和完整性约束三个方面。

1. 关系数据模型的数据结构

关系数据模型的数据结构建立在集合论中"关系"这个数学概念的基础之上，有着严格的数学基础。从用户观点来看，关系模型的数据结构非常简单，每个关系可用一张二维表来描述，这张表既可以用来描述实体，也可以用来描述实体间的联系。

2. 关系数据模型的数据操作

对关系的操作主要是数据查询和更新，关系中数据操作是集合操作，也就是无论操作的原始数据、中间数据还是结果数据都是记录的集合，而不像非关系模型中是单记录的操作方式。关系操作是系统导航的，用户对关系的操作非常简单。

3. 关系数据模型的完整性约束

对关系的操作必须满足关系数据模型的完整性约束，关系模型的完整性约束条件主要包括实体完整性、参照完整性和用户自定义的完整性。

5.2.1 关系的数据结构

在日常生活和科学技术领域中，经常会碰到各种各样的具体"关系"。人与人之间有父子、兄弟、师生等关系；两数之间有大于、等于、小于关系；电学中有电压、电阻与电流间的关系。宇宙万物之间存在着错综复杂的关系，这种关系正是各门学科所关注的问题。关系概念是对事物之间多值依赖的一种描述，大家熟知的函数是关系的一种。有许多表述关系的数学模型，例如在高等代数中的矩阵、离散数学中的图。集合理论为描述这种关系提供了"关系"的概念。集合理论中的"关系"本身也是一个集合，以具有某种联系的对象组合——"序组"为其成员。

换言之，在离散结构的表示中，关系不是通过揭示其内涵来描述事物之间的联系，而是通过列举其外延(具有这种联系的对象组合全体)来描述这种联系。这使关系的研究可以方便地使用集合论的概念、运算以及研究方法和研究成果。

1. 关系的定义

关系是定义在一组域上的。

域(domain)：一组具有相同数据类型值的集合。

例如，自然数、整数、实数、长度小于20B的字符串集合、{0,1}等都可以是域。

笛卡儿积(Cartesian product)：给定一组域 $D_1, D_2, \cdots, D_n$，它们之中可以有相同的域。$D_1, D_2, \cdots, D_n$ 这 n 个域的笛卡儿积可以表示为

$$D_1 \times D_2 \times \cdots \times D_n = \{(d_1, d_2, \cdots, d_n) \mid d_i \in Di, i = 1, 2, \cdots, n\}$$

每一个元素 $(d_1, d_2, \cdots, d_n)$ 称为一个 n 元组(n-tuple)，或简称为元组(tuple)。元素中的每一个值 di 称为一个元组分量(component)。

若 $D_i(i=1,2,\cdots,n)$ 为有限集，假设其基数(cardinal number)为 $m_i(i=1,2,\cdots,n)$，则 $D_1 \times D_2 \times \cdots \times D_n$ 的基数 M 为

$$M = \prod_{i=1}^{n} m_i$$

域的笛卡儿积可以用二维表直观地表示。表中的每一行对应一个元组，表中每一列的取值来自一个域。

【例 5-1】 给定三个域：

D_1 为学生姓名集合 ＝{张山，李斯，王武}

D_2 为性别集合 ＝{男，女}

D_3 为年龄集合 ＝{19，20}

则 D_1、D_2、D_3 的笛卡儿积是所有可能的(姓名，性别，年龄)元组集合：

$D_1 \times D_2 \times D_3$ ＝{

(张山，男，19)，(张山，男，20)，(张山，女，19)，(张山，女，20)，

(李斯，男，19)，(李斯，男，20)，(李斯，女，19)，(李斯，女，20)，

(王武，男，19)，(王武，男，20)，(王武，女，19)，(王武，女，20)}

其中的(张山，男，19)、(李斯，男，20)等都是元组。张山，男等都是元组的分量。

该笛卡儿积的基数为 3×2×2＝12，也就是说，$D_1 \times D_2 \times D_3$ 一共有 12 个元组。$D_1 \times D_2 \times D_3$ 可表示成二维表的形式，如表 5-1 所示。

表 5-1　$D_1 \times D_2 \times D_3$ 的二维表表示

学生	性别	年龄
张山	男	19
张山	男	20
张山	女	19
张山	女	20
李斯	男	19
李斯	男	20
李斯	女	19
李斯	女	20
王武	男	19
王武	男	20
王武	女	19
王武	女	20

由于一个学生只有一个姓名、性别和年龄，若用一个元组表示一个学生姓名、性别和年龄，则笛卡儿积中的许多元组是没有实际意义的(在这里不考虑有重名的情况)。从笛卡儿积中取出那些有一定含义的元组构成一个集合，称为关系，也即关系是笛卡儿积的某个有意义的子集。如表 5-2 所示，该二维表可表示域 D_1 中每个学生的基本情况。

表 5-2　学生关系的二维表表示

姓名	性别	年龄
张山	男	19
李斯	女	20
王武	男	20

至此，可以给出关系的定义。

关系(relation)：$D_1 \times D_2 \times \cdots \times D_n$ 中某个有一定语义的子集称为在域 D_1、D_2、…、D_n 上的关系，表示为 $R(D_1, D_2, \cdots, D_n)$。其中，R 为关系的名字，n 是关系的目或度(degree)。

从表 5-2 中可以看出，关系模型的数据结构即关系，可以表示一个学生实体的信息。数据模型的数据结构还应能描述实体以及实体之间的联系，那么关系模型如何表示实体以及实体之间的联系呢？

【例 5-2】 给出三个域：

D_1 为导师姓名集合 = {张明，李良}

D_2 为专业名称集合 = {计算机应用技术，系统工程}

D_3 为研究生姓名集合 = {王敏，刘勇，李新}

则有

$D_1 \times D_2 \times D_3$ 是个三元组集合，元组个数(基数)为 3×2×2，是所有可能的(导师姓名，专业名称，学生姓名)的元组集合。

$D_1 \times D_2 \times D_3$ 中许多元组是没有意义的。因为在学校中，一名研究生只有一个导师，研究某一个专业方向(导师与研究生是一对多的联系)。

$D_1 \times D_2 \times D_3$ 的一个子集可表示导师与研究生的指导关系，这个关系可用表 5-3 所示的二维表来表示。

表 5-3 导师与研究生的指导关系

导师姓名	专 业 名 称	学生姓名
张明	计算机应用技术	王敏
张明	计算机应用技术	李新
李良	系统工程	刘勇

从表 5-3 中可以看出，关系可以表示导师实体和学生实体之间的指导关系。由此可见，关系模型的数据结构非常简单，只包含单一的数据结构——关系。关系既可以表示概念模型中的实体也可以用来描述实体间的各种联系。数据结构简单正是关系模型最大的优点。

2. 关系模型的相关概念

概念模型中实体的属性、域、实体型、实体集在关系模型中分别用关系的属性、域、关系模式、关系实例来表示。

属性(attribute)：关系所对应的域命名为属性，属性用属性名表示。在同一关系中，属性名不能相同。如表 5-3 中的属性分别是导师姓名、专业名称和研究生姓名。

若关系对应一个实体，关系的属性就是所要描述的实体的属性，即实体所对应的事物对象的特征。例如，在表 5-2 中的“学生”关系可用姓名、性别和年龄等属性描述，“图书”关系可用图书编号、书名、作者、出版社、价格等属性来描述。

域(domain)：属性的取值范围。不同的属性可以有相同的域。如表 5-3 中，“导师姓名”和“研究生姓名”这两个属性的域都可以是由若干个字符组成的字符串的集合，但属性名称不能一样。

在关系数据模型中，一般要求所有的域都是原子数据的集合。这种限制称为第一范式条件(参见6.2节)。

关系模式(relation schema):关系的描述称为关系模式。关系模式必须指出关系的结构,即它由哪些属性构成,这些属性来自哪些域,以及属性与域之间的映像。

关系模式可以形式化地表示为

$$R(U, D, \mathrm{Dom}, F)$$

其中,R 为关系名,U 为组成关系 R 的属性集合;D 为属性组 U 中属性来自的域;Dom 为属性向域的映像的集合;F 为属性间数据的依赖关系集合。

关系模式通常可以表示为

$$R(D_1/A_1, D_2/A_2, \cdots, D_n/A_n)$$

或

$$R(A_1, A_2, \cdots, A_n)$$

$A_1, A_2, \cdots, A_n$ 为属性名,域名及属性向域的映像常常直接说明为属性的类型和长度。

对于表5-2中的关系可定义关系名为"学生",则关系模式表示为

学生(姓名,性别,年龄)

关系实例(relation instance):一个给定关系的某一时刻的元组的集合,即当前关系的值。关系 R 的实例记为 $r(R)$。

关系模式是关系的型的描述,是静态的、稳定的。关系实例(值)是关系的"当前"元组的集合,是动态的、随时间不断变化的,其变化通过关系的元组的改变表现出来。如表5-2和表5-3中的内容就分别是两个关系的一个实例。

在实际使用中,人们常常把关系模式和关系实例都笼统地称为关系,这不难从上下文中加以区别。从程序设计语言的角度看,"关系"的概念对应于"变量","关系模式"和"关系实例"相当于变量的类型定义和变量的值。

候选键(candidate key,又称候选码,简称键或码):若关系中的某一属性或属性集能唯一标识一个元组,而其任意一个真子集无此性质,则称该属性或属性集为关系的候选键。也就是说,候选键是能唯一标识一个元组的最小属性集。

候选键可以保证关系实例上任何两个元组的值在候选键的属性(集)上取值不同。需要注意的是,构成候选键的属性(集)的值对于关系的所有实例都具有唯一性,而不是只针对某一个实例。

通常在关系模式中,在构成候选键的属性(集)下面画上下划线,表明它是键的组成部分。如表5-2所对应的"学生"关系可写成如下形式,其中"姓名"是候选键。

学生(<u>姓名</u>,性别,年龄)

每一个关系都至少存在一个候选键。若一个关系有多个候选键,可选择其中的一个作为主键(primary key)。主键是数据库设计者选中用来在一个关系中区分不同元组的候选键,主键的选择会影响某些实现问题,例如索引文件的建立(参见第7章)。

包含候选键的属性集称为超键(superkey)。超键能唯一标识元组,但不具有最小化性质。

若关系只有一个候选键,且这个候选键包含了关系的所有属性,称为全键(all-key)。

主属性(prime attribute):构成候选码的每个属性称为主属性。不包含在任何候选键中的属性称为非主属性(non-prime attribute)或非码属性(non-key attribute)。

外键(foreign key,又称外码):若关系 R 的一个属性(集)F 与关系 S 的主键 K_s 对应,即关系 R 中的某个元组的 F 上的值也是关系 S 中某个元组的 K_s 上的值,则称该属性(集)F 为关系 R 的外键。

其中,关系 R 为参照关系(referencing relation,又称引用关系),关系 S 为被参照关系(referenced relation)或目标关系(target relation)。关系 R 和关系 S 可以是同一个关系。目标关系的主键 K_s 和参照关系 R 的外键 F 的命名可以不同,但必须定义在同一域(或同一组)上。

【例 5-3】 学生实体和课程实体分别用关系"学生"和"课程"来表示,它们之间的联系用关系"选课"来表示。

学生(<u>学号</u>,姓名,性别,出生时间,所在系)

课程(<u>课程号</u>,课程名,先修课程号)

选课(<u>学号,课程号</u>,成绩)

说明:"学生"关系的候选键(主键)为"学号"。"课程"关系的候选键(主键)为"课程号","课程"关系的"先修课程号"引用了"课程"关系的"课程号"属性,是"课程"关系的外键,被引用关系和引用关系是同一个关系。"选课"关系中的"学号"和"课程号"共同构成关系的候选键(主键),又分别是"选课"关系的外键,它们分别对应"学生"关系和"课程"关系的主键。

3. 关系与二维表

在关系模型中,经常将关系与一张二维表等同起来,从用户的角度来看,关系模型的数据结构就是一张二维表。二维表的表头由各属性名构成,表中的每行对应一个元组,表中的每列对应一个取值域,所有行的集合构成了关系 R 的实例。

关系是一种抽象的对象,表则是一种具体的图形,关系这种抽象对象能在平面上以表的形式简单地表示出来,使得关系模型容易理解和使用,这是关系模型的一个巨大优势。

但表和关系实际上是不同的,请注意加以区分,这样有助于对关系的理解。表和关系的不同之处具体体现在以下几方面:

(1) 在表中各列从左到右是有序的,关系中属性的次序是任意的。

(2) 在表中各行从上到下是有序的,关系中元组的次序是任意的。

(3) 在表中,可能包含重复的行,关系中不能有相同的元组。

(4) 表中至少含有一个列,但可存在不含任何属性的关系,相当于空集合。

(5) 表中允许包含空行(如在 SQL 中),而关系中不允许。

(6) 表是"平面的"或是"二维的",而关系却是"n 维的",是 n 个域上的一个 n 元组的集合。

一般情况下,理论研究侧重关系的概念,而实际的 DBMS、数据库语言等更多地支持表的概念,而不是关系。

例如,在数据库语言和宿主语言中支持表的概念,会有"取出第 N 个元组的操作",查询结果的呈现涉及元组的有序排列(游标、ORDER BY)等问题。在实际的数据库系统中,定义关系表时,属性是没有顺序的,但定义后,在系统中就有了顺序等。但是,这些问题不属于关系模型本身的问题,而是关系系统的实现问题。

4. 关系数据库(relation database,RDB)

在关系模型中,数据库是由一个或多个关系组成的。数据库的关系模式集合称为关系数据库模式(relational database schema),或者就称为数据库模式(database schema),是对关系数据库的型的描述,包括若干域的定义以及在这些域上定义的若干关系模式。关系数据库的实例(值)是这些关系模式在某一时刻对应关系实例的集合。

在某一应用领域中,描述所有实体集以及实体之间联系所形成的关系的集合就构成了一个关系数据库。

5.2.2 关系的完整性约束

关系模型的完整性约束是关系模型对于存储在数据库中的数据具有的约束能力,也就是关系的值随着时间变化应该满足的一些约束条件。这些约束条件,实际上是现实世界对关系数据的语义要求,关系数据库中的任何关系在任何时刻都需要满足这些语义。完整性约束保证授权用户对数据库的操作不会破坏数据的一致性。

关系模型中有三类完整性约束:实体完整性、参照完整性和用户定义的完整性。实体完整性和参照完整性是关系模型必须满足的完整性约束条件,被称为关系的两个不变性,一般由关系型数据库管理系统(RDBMS)自动支持。用户定义的完整性是应用领域需要遵循的约束条件,体现了具体应用领域中的语义约束,RDBMS应提供定义和检验完整性约束的机制,以便用统一的系统的方法处理它们,而不要由应用程序承担这一功能。

1. 实体完整性(entity integrity)

在关系模型中,实体用关系来描述,关系是元组的集合。为使候选键能唯一标识一个元组,需对构成候选键的每个主属性进行如下约束。

实体完整性约束规则:若属性 A 是关系 R 的主属性,则属性 A 的值不能为空值。

属性值为空的含义是该属性值"不知道"、"不清楚"、"不存在"或"无意义"等。在关系模型中使用空缺符 NULL 来表示。

例如,在例5-3中,"学生"关系的主属性"学号"、"课程"关系的主属性"课程号"不能为空;选课(学号,课程号,成绩)关系中主属性"学号"、"课程号"都不能为空。

这条约束规则的实质体现了关系模型中的键约束特性,主属性为空,说明存在某个不可标识的元组,即存在不可区分的实体值。

对于实体完整性约束规则的使用说明如下:

(1) 实体完整性是针对系统中定义的基本关系(存储的关系表)而言的,并不对查询的结果关系(临时表)、视图(见5.4.6节)等进行约束。

(2) 如果关系的候选键由若干属性组成,则所有构成候选键的属性即主属性都不能为空。

2. 参照完整性(referential integrity)

现实世界中实体之间往往存在某种联系,在关系模型中实体以及实体间的联系都是用关系来描述的。这样就自然存在着关系与关系之间的参照,关系之间的参照一般通过外键来描述,并遵循如下约束规则。

参照完整性约束规则:若属性(或属性集)F 是关系 R 的外键,它与关系 S 的主键 K_s 对应,则对于 R 中元组在 F 上的取值只能有两种可能:或者取空值,或者等于 S 中某个元组的 K_s 值。

【例5-4】 若学生实体和专业实体可以用下面的关系来表示:

学生(<u>学号</u>,姓名,性别,专业号,出生时间)

专业(<u>专业号</u>,专业名)

若属性“专业号”是“学生”关系的外键,又是“专业”关系的主键,则“学生”关系中每个元组的“专业号”属性值只能是下面两种情况:

(1) 空值,表示尚未给学生分配专业。

(2) 非空值,这时元组在“专业号”属性上的元组分量值必须是“专业”关系中某个元组的“专业号”值,表示该学生只能就读某个存在的专业。

这条约束规则的实质是不允许引用不存在的实体,在某个关系中出现的值也必须在另外一个相关的关系中出现。

对于参照完整性规则的使用说明如下:

(1) 关系 R 和 S 可以是同一关系,表明同一关系中不同元组之间的参照关系。

例如,在例 5-3 中,在“课程(<u>课程号</u>,课程名,先修课程号)”关系中,如果规定每门课程的直接先修课程只能是所开设课程中的一门,那么“先修课程号”就是“课程”关系中的外键,其对应的主键为本关系的主键“课程号”。

(2) 外键并不一定要与相应的主键同名,如例 5-3 中的“课程号”和“先修课程号”,但必须定义在相同的值域上。在实际应用中,为便于识别,当外键与相应的主键属于不同关系时,往往给它们取相同的名字。

(3) 若外键 F 为一属性集且为空值,则 F 中的每个属性值均为空值。F 是否能为空值,应视具体问题而定。

例如,在例 5-3 中,“选课”关系中的“学号”和“课程号”分别是该关系的外键,按照参照完整性约束规则,属性值可以为空值或者被参照关系“学生”和“课程”关系中某个元组的主键值。但由于“学号”和“课程号”又分别是“选课”关系的主属性,按照实体完整性约束规则,它们均不能取空值,只能取相应被参照关系中已经存在的某个元组的主键值。

3. 用户定义的完整性(user-defined integrity)

任何 RDBMS 都应该支持实体完整性和参照完整性,这是关系模型所要求的。除此之外,不同的关系数据库根据其应用环境的不同,往往还需要一些特殊的约束条件,反映某一具体应用所涉及的数据必须满足的语义要求。

例如,每个属性都有一个类型约束,使得该属性的每个取值都只能是该类型,存在着“只能取整数”、“字符串长度最大为 30”等域约束条件;可能对属性值的取值范围进行约束,要求“学生考试成绩在 0～100 之间”、“在职职工的年龄不能大于 60 岁”等;可能对同一关系中的元组进行约束,要求“不允许出现两个不同的学生拥有相同的姓名”;可能对同一元组的各属性间进行约束,要求“职工工资与职工的工龄和职务满足一定的算术关系”;可能对数据库的各关系间进行约束,要求“不允许状态值小于 20 的供应商供应任何数量多于 500 的零件”,等等。

一般来说,一个自定义的完整性约束可以是关于数据库的任意谓词。但因检测任意谓词的代价太高,大多数 DBMS 允许用户指定只需极小开销就可以检测的完整性约束条件。

4. 完整性控制机制

关系模型的完整性约束是为了防止关系数据库中存在不符合语义的数据,也就是防止数据库中存在不正确的数据。为了保证数据库的完整性,DBMS 必须提供定义、检查和控制数据完整性的机制(称为完整性子系统)。

(1) 定义功能:提供定义完整性约束条件的机制。

(2) 检查功能:检查用户发出的操作请求,看其是否违背了完整性约束条件。

(3) 保护功能:监视数据操作的整个过程,如果发现有违背了完整性约束条件的情况,则采取一定的动作来保护数据的完整性。

完整性约束的定义通常被看成是数据库模式设计的一部分存入数据库中。实体完整性和参照完整性是关系模型必须满足的完整性约束条件,一般在关系模式定义时进行定义,用户定义的一些关于属性、域的约束也可在关系模式定义时进行定义,数据库管理系统自动完成检查和保护(参见5.4.2节和5.4.4节)。对数据库中数据状态变化所施加的约束可以通过定义触发器(参见5.4.4节)和定义事务(参见第8章)来实现。而同一关系属性间的约束将以函数依赖的形式在第6章讨论。

在早期的RDBMS中,没有提供定义和检验这些完整性的机制,因此需要应用开发人员在应用系统的程序中进行完整性检查。

例如,对于例5-3中的“选课”关系,每插入一条记录必须在应用程序中写一段程序来检查其中的“学号”、“课程号”是否与“学生”、“课程”关系的相应属性一致。现在只需定义和实现参照完整性就可以了。

5.2.3 关系操作

关系模型给出了关系操作的能力说明,早期的关系操作能力通常用代数方式或逻辑方式来表示,分别称为关系代数(relational algebra)和关系演算(relational calculus)。

关系代数是用对关系的代数运算来表达关系操作的。与关系代数不同,关系演算为关系操作提供了一个更高级的描述性表示法,它是用关系操作后得到的元组应满足的谓词条件来表达关系操作的。

本章所讨论的关系代数是抽象的关系操作语言,与具体的RDBMS中实现的实际语言并不完全一样,不对RDBMS语言给出具体的语法要求,即不同的RDBMS可以定义和开发不同的语言来实现这些操作。但是关系代数为关系模型操作提供了一个形式化的基础,因此经常被用作评估实际系统中查询语言能力的标准和基础。当一种语言至少拥有代数的作用,即它的表达式允许通过代数的形式来定义每一个关系时,被认为该语言是关系完备的。实际的查询语言除了提供关系代数语言和关系演算语言所表达的功能外,还提供许多附加的功能。

关系模型与其他数据模型相比,最具特色的是关系数据操作语言。关系操作语言灵活方便,表达能力和功能都非常强大。

目前使用的是一种结构化的SQL查询语言,不仅具有丰富的查询功能,而且具有数据定义和控制功能。具有语言简洁,易学易用的特点,是关系数据库的标准语言和主流语言。

本章将在5.3节讨论关系代数的主要操作,在5.4节讨论SQL语言的功能。

5.3 关系代数

一门代数总是由一些操作运算符和一些原子操作数组成。例如,算术代数中的原子操作数是像常量5和变量x这样的操作数,而加(+)、减(−)、乘(×)、除(÷)是其中的操作运算符。任何一门代数都允许把运算符作用在原子操作数或者是其他代数表达式上来构造表达式，括号一般被用来组合操作数和运算符。

关系代数也是一门代数，它基于一组为数不多的以关系为操作对象的运算符。每个运算符对一个或两个关系进行运算，产生的结果是另外一个关系，可以把多个关系代数运算组合成一个关系代数表达式(relational algebra expression)，如同将算术运算组合成算术表达式一样。数据操作就是一个包含这些代数运算的表达式。表达式的结果是关系，也就是这个操作的答案。

关系代数的原子操作数包括代表关系的变量和代表关系实例的常量。

关系代数的运算符可分为两类：传统的集合运算和专门的关系运算。传统的集合运算将关系看成元组的集合，其运算是从关系的"水平"方向即元组的角度来进行的。而专门的关系运算不仅涉及元组而且涉及属性列。在关系代数表达式中，还使用比较运算符和逻辑运算符来辅助专门的关系运算。

5.3.1 传统的集合运算

传统的集合运算是二目运算，主要包括并、差、交、广义笛卡儿积 4 种运算。其中，参与并、差和交运算的两个关系必须是相容的。

设两个关系 R 和 S 具有相同的类型，或 R 和 S 是相容关系，即关系 R 和 S 具有相同的目，且相应的属性取自同一个域，则定义并、差和交运算如下。

1. 并(union)运算

关系 R 与 S 的并是一个与 R 和 S 相容的关系，且其元组由属于 R 或 S 的元组组成，表示为 $R\cup S$。

$$R \cup S = \{t \mid t \in R \vee t \in S\}$$

并运算可用于实现两个关系的合并，建立多关系间的查询和定位，实现元组的插入操作。

2. 差(difference)运算

关系 R 与 S 的差是一个与 R 和 S 相容的关系，且其元组由属于 R 但不属于 S 的元组组成，表示为 $R-S$。

$$R - S = \{t \mid t \in R \wedge t \notin S\}$$

注意：$S-R$ 与 $R-S$ 是不同的，$S-R$ 表示由只在 S 中出现而不在 R 中出现的元组构成的关系。

差运算可用来实现元组的删除操作。

3. 交(ntersection)运算

R 和 S 的交是一个与 R 和 S 相容的关系，其元组由既属于 R 又属于 S 的所有元组组成，表示为 $R\cap S$。

$$R \cap S = \{t \mid t \in R \wedge t \in S\}$$

关系的交运算可以用差运算来实现：

$$R \cap S = R - (R - S)$$

或

$$R \cap S = S - (S - R)$$

4. 广义笛卡儿积(Cartesian product)

关系的笛卡儿积运算可以将任意两个关系的信息组合在一起。关系 R 和 S 的广义笛卡儿积(或者称为笛卡儿积、叉积,或者就称为积)是一个有序对的集合,有序对的第一个元素是关系 R 中的任何一个元组,第二个元素是关系 S 中的任何一个元组,表示为 $R\times S$。

$$R \times S = \{\widehat{t_r t_s} \mid t_r \in R \wedge t_s \in S\}$$

设关系 R 和关系 S 分别是 m 目和 n 目关系,R 中有 k_1 个元组,S 中有 k_2 个元组,则 $R\times S$ 为一个 $m+n$ 目的新关系,共有 $k_1\times k_2$ 个元组,且每个元组的前 m 个分量是关系 R 的一个元组,后 n 个分量是关系 S 的一个元组。结果关系模式是 R 和 S 关系模式的并,但是如果 R 和 S 恰好有同样的属性,就需要把至少一个关系中相应的属性名更改为不同的名称。为了使含义清楚,如果属性 A 在关系 R 和 S 中均出现,则结果关系模式中分别用 $R.A$ 和 $S.A$ 表示来自 R 和 S 的属性。

广义笛卡儿积是连接操作的基础。

【例 5-5】 给定关系 R、S,则 $R\cup S$、$R\cap S$、$R-S$、$R\times S$ 的结果如图 5-1 所示。

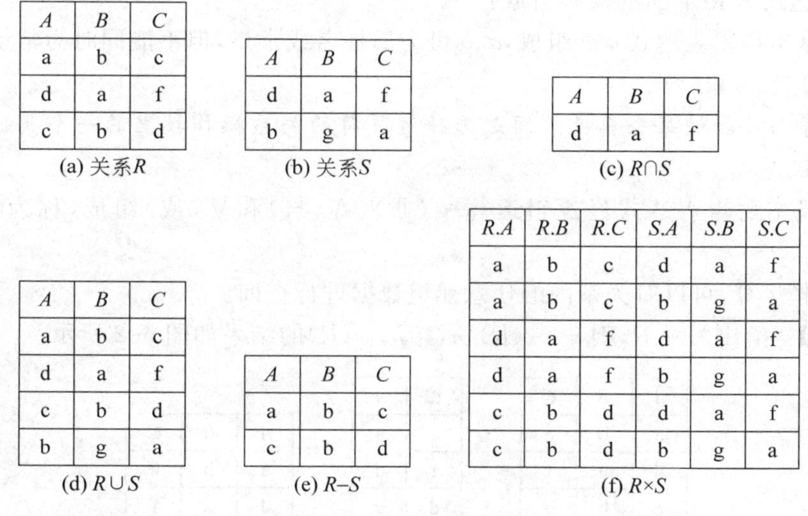

A	B	C
a	b	c
d	a	f
c	b	d

(a) 关系R

A	B	C
d	a	f
b	g	a

(b) 关系S

A	B	C
d	a	f

(c) R∩S

A	B	C
a	b	c
d	a	f
c	b	d
b	g	a

(d) R∪S

A	B	C
a	b	c
c	b	d

(e) R–S

R.A	R.B	R.C	S.A	S.B	S.C
a	b	c	d	a	f
a	b	c	b	g	a
d	a	f	d	a	f
d	a	f	b	g	a
c	b	d	d	a	f
c	b	d	b	g	a

(f) R×S

图 5-1　集合运算示例

5.3.2 专门的关系运算

专门的关系运算包括投影、选择、连接和除法运算。

1. 投影(projection)运算

关系 R 上的投影运算是从 R 中选择若干属性列组成一个新的关系。投影运算是一元的、对属性进行操作的运算。投影运算符用大写希腊字母 π(读作 pai)表示,在结果中出现的属性名作为 π 的下标,参与运算的关系作为 π 后括号内的参数。在投影运算中,可以用属性的位置标记隐含地作为关系的属性名,也适用于关系代数表达式运算的结果中。

设关系 R 为 n 目关系,$A_{i1}, A_{i2}, \cdots, A_{im}$ 是关系属性 $A_1, A_2, \cdots, A_n$ 的一部分,则关系 R 在 $A_{i1}, A_{i2}, \cdots, A_{im}$ 上的投影是一个 m 目关系,其属性为 $A_{i1}, A_{i2}, \cdots, A_{im}$,表示为

$$\pi_{Ai1,Ai2,\cdots,Aim}(R)$$

或

$$\pi_{i1,i2,\cdots,im}(R)$$

投影操作提取了原关系的某些属性，而且与原关系相比，元组数可能会减少，因可能有重复元组被去除。位置标记不像属性名易于理解，教材后续基本不采用位置标记。通过投影运算，可以对关系内的任意属性的数据进行查询。

2. 选择(selection)运算

选择运算是一元、对元组操作的运算。选择运算在关系 R 中选择满足给定条件的元组。用小写希腊字母 σ(读作 sigma)来表示选择运算符，将谓词条件写作 σ 的下标，参与运算的关系作为 σ 后括号内的参数。

设 F 为一逻辑表达式，则在关系 R 上的 F 选择是在 R 中挑选满足条件 F 的所有元组组成一个新的关系。这个新关系与 R 具有相同的模式，是 R 的一个子集，表示为

$$\sigma_F(R) = \{t \mid t \in R \land F(t) = \text{TRUE}\}$$

含义是：假设 t 是 R 中任意一个元组，把 t 代入条件 F 中，如果代入的结果为真，那么这个元组就是 $\sigma_F(R)$中的一个元组，否则此元组不在结果中出现。

逻辑表达式 F 由下面的规则组成：

(1) 由基本逻辑表达式 $a\theta b$ 组成，a、b 可为属性名或常量，但不能同时为常量。θ 为比较符$<$、$>$、$=$、$\leqslant$、$\geqslant$和$\neq$。

注意：参与比较的每个属性必须是选择运算符的关系操作数里的一个属性，否则就是语法上的错误。

(2) 由基本逻辑表达式经逻辑运算$\neg$(非)、$\land$(与)和$\lor$(或)组成，称为复合逻辑表达式。

通过选择运算，可以对关系内的任意元组数据进行查询。

【例 5-6】 给出关系 R，则 $\pi_{C,A}(R)$、$\sigma_{A>'c'\lor C<'d'}(R)$的结果如图 5-2 所示。

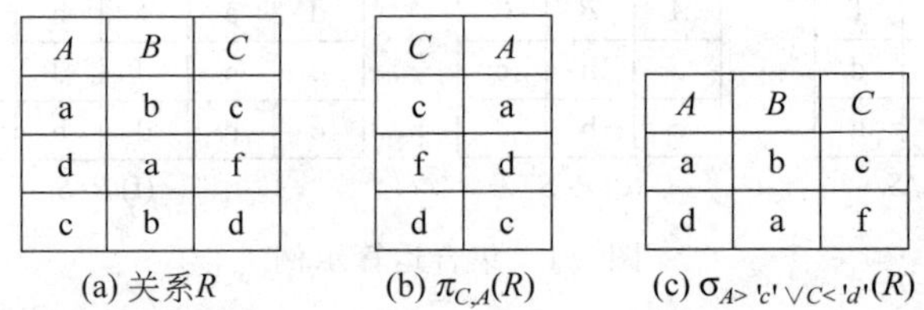

(a) 关系R

A	B	C
a	b	c
d	a	f
c	b	d

(b) $\pi_{C,A}(R)$

C	A
c	a
f	d
d	c

(c) $\sigma_{A>'c'\lor C<'d'}(R)$

A	B	C
a	b	c
d	a	f

图 5-2 投影、选择运算示例

3. 连接(join)运算

通常情况下，涉及笛卡儿积的查询中会包含一个对笛卡儿积结果进行选择的运算，该选择运算大多数情况下会要求进行笛卡儿积的两个关系在某些属性上可进行比较。θ-连接运算是在 R 和 S 的广义笛卡儿积 $R\times S$ 中，选取符合 $A\theta B$ 条件的元组，即选择在关系 R 中 A 属性组上的值与在关系 S 中 B 属性组上的值满足比较操作 θ(读作 theta)的元组。表示为

$$R \underset{A\theta B}{\bowtie} S = \{\widehat{t_r t_s} \mid t_r \in R \land t_s \in S \land t_r[A]\ \theta\ t_s[B]\}$$

其中，A 和 B 分别是 R 和 S 上属性个数相等且可比的属性组，θ 是比较运算符。$t_r[A]$、$t_s[B]$分别表示关系 R、S 的元组 t 在属性列 A、B 上诸分量的集合。

就像在笛卡儿积操作中一样，θ-连接的结果关系的模式是模式 R 和模式 S 的并。如果有必要，就需要在重名的属性前面加上 R. 或 S. 。

连接运算中有两种最为重要也最为常用的连接：等值连接和自然连接。

(1) 当 θ 为=时，θ-连接运算称为等值连接。表示为

$$R \bowtie_{A=B} S = \{ \widehat{t_r t_s} \mid t_r \in R \land t_s \in S \land t_r[A] = t_s[B] \}$$

$t_r[A] = t_s[B]$ 表示 $R.A_1 = S.B_1 \land R.A_2 = S.B_2 \land \cdots \land R.A_k = S.B_k$

(2) 自然连接是一种特殊的等值连接，它要求两个关系中进行比较的分量必须是相同的属性组，即 A 和 B 相同，并且在结果中把重复的属性列去掉。

$$R \bowtie S = \{ \widehat{t_r t_s} \mid t_r \in R \land t_s \in S \land t_r[A] = t_s[A] \}$$

$t_r[A] = t_s[A]$ 表示 $R.A_1 = S.A_1 \land R.A_2 = S.A_2 \land \cdots \land R.A_k = S.A_k$

R 和 S 的自然连接表示为

$$R \bowtie S = \pi_{Z1,Z2,\cdots,Zm}\ \sigma_{R.A1=S.A1 \land R.A2=S.A2 \land \cdots \land R.Ak=S.Ak}(R \times S)$$

其中，$Z_1,Z_2,\cdots,Z_m$ 是从 $R \times S$ 中去掉重复述性 $S.A_1,S.A_2,\cdots,S.A_k$ 后的诸属性。

一般的连接操作是从元组的角度进行运算，但是自然连接还需要取消重复属性，所以它是同时从元组和属性列两个角度进行运算的。

【例 5-7】 给出关系 R、S，进行 $R \bowtie_{D>E} S$，$R \bowtie_{D=E} S$ 和 $R \bowtie S$ 运算，运算结果如图 5-3 所示。

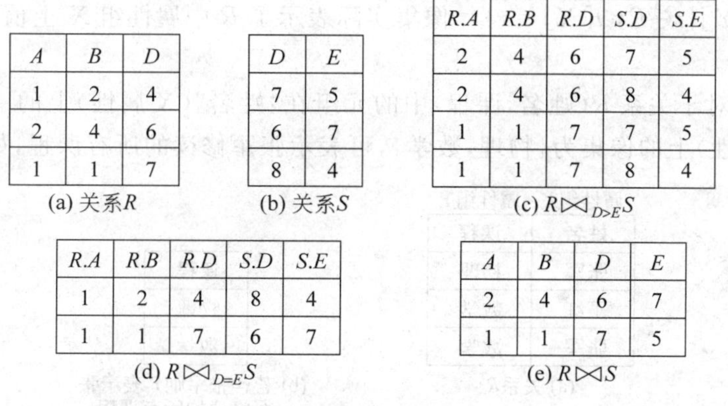

A	B	D
1	2	4
2	4	6
1	1	7

(a) 关系R

D	E
7	5
6	7
8	4

(b) 关系S

R.A	R.B	R.D	S.D	S.E
2	4	6	7	5
2	4	6	8	4
1	1	7	7	5
1	1	7	8	4

(c) $R \bowtie_{D>E} S$

R.A	R.B	R.D	S.D	S.E
1	2	4	8	4
1	1	7	6	7

(d) $R \bowtie_{D=E} S$

A	B	D	E
2	4	6	7
1	1	7	5

(e) $R \bowtie S$

图 5-3 连接运算示例

在两个关系 R 和 S 进行 $R \bowtie S$ 运算时，选择两个关系在相同属性上值相等的元组构成新的关系。R 中的某些元组可能因在 S 中不存在相同属性上值相等的元组，从而使这些元组的信息不能保留在连接结果中，同样，S 中的某些元组也可能被舍弃。在一个自然连接中，如果一个元组不能和另外关系中的任何一个元组在相同属性上值相等，就称这个元组为悬浮元组(dangling tuple)。例如，对于例 5-7 中的 $R \bowtie S$，R 的第 1 个元组(1,2,4)、S 的第 3 元组(8,4)就是悬浮元组。

如果在自然连接结果中把舍弃的这些悬浮元组保留下来，并且在这些元组新增加的属性上赋空值 NULL，这种自然连接称为外连接(outer join)。如果在结果中只保留运算符左边(第 1 个)关系中的悬浮元组，称为左外连接；如果在结果中保留运算符右边(第 2 个)关系中的悬浮元组，称为右外连接；把两个关系中的悬浮元组都保留下来，称为完全外连接。

【例 5-8】 对例 5-7 中的关系 R、S 进行左外连接、完全外连接、右外连接运算，则连接结果如图 5-4 所示。

A	B	D	E
1	2	4	NULL
2	4	6	7
1	1	7	5

(a) 左外连接

A	B	D	E
1	2	4	NULL
2	4	6	7
1	1	7	5
NULL	NULL	8	4

(b) 完全外连接

A	B	D	E
2	4	6	7
1	1	7	5
NULL	NULL	8	4

(c) 右外连接

图 5-4　外连接运算示例

4. 除(division)运算

设有关系 $R(X,Y)$ 和 $S(Y)$，其中 X、Y 为属性组，$S(Y)\neq\varnothing$，则 R 除以 S 也是一个关系，称之为 R 除以 S 的商，可记为 $R\div S$。

R 能被 S 除必须满足下面的前提条件：

① R 中的属性包含 S 中的所有属性。

② R 中有一些属性不出现在 S 中。

为了理解除法运算，下面先介绍像集的概念：

给定一个关系 $R(X,Y)$，X 和 Y 为属性组。当 $t[X]=x$ 时，x 在 R 中的像集(images set)为 $Yx=\{t[Y]\mid t\in R,\ t[X]=x\}$。像集实际表示了 R 中属性组 X 上值为 x 的诸元组在 Y 上分量的集合。

【例 5-9】 对于关系 R(姓名，课程)中的元组在“姓名”(X 属性)上的一个值“张军”，其在“课程”(Y 属性)上的像集为{物理，数学}，可表示张军修读的所有课程，如图 5-5 所示。

属性组X	属性组Y
姓名	课程
张军	物理
王红	数学
张军	数学

(a) 关系R

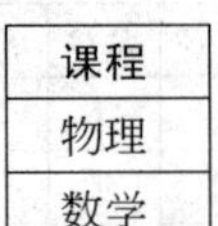

课程
物理
数学

(b) 若x=张军则Y_x表示张军修读的所有课程

图 5-5　像集概念示例

$R\div S$ 得到一个新的关系，其属性由 R 中那些不出现在 S 中的属性所组成，其元组由满足如下条件的 x 构成：

① x 是关系 R 中元组在属性组 X 上的分量值。

② 像集 Y_x 包含关系 S 的所有元组。

根据除运算的定义，要想知道关系除法运算的结果可分如下 4 步进行：

① 获取关系 R 中元组在 X 上分量值 x。

② 获取各 x 的像集。

③ 检查各个分量的像集是否包含 S。

④ 将满足条件的 x 放入结果集合。

【例 5-10】 给定关系 R 和 S。先找到关系 R 中元组在属性组 X 上可能的分量值 x(有 3 个)，再计算其像集 Y_{x1}、Y_{x2}、Y_{x3}，判断每个像集是否包含关系 S 中的所有元组(Y_{x2}、Y_{x3} 满足条件)，将满足条件的 x 放入结果关系 T 中(即 $x2$、$x3$)。T 就是 $R\div S$ 的结果，如图 5-6

所示。

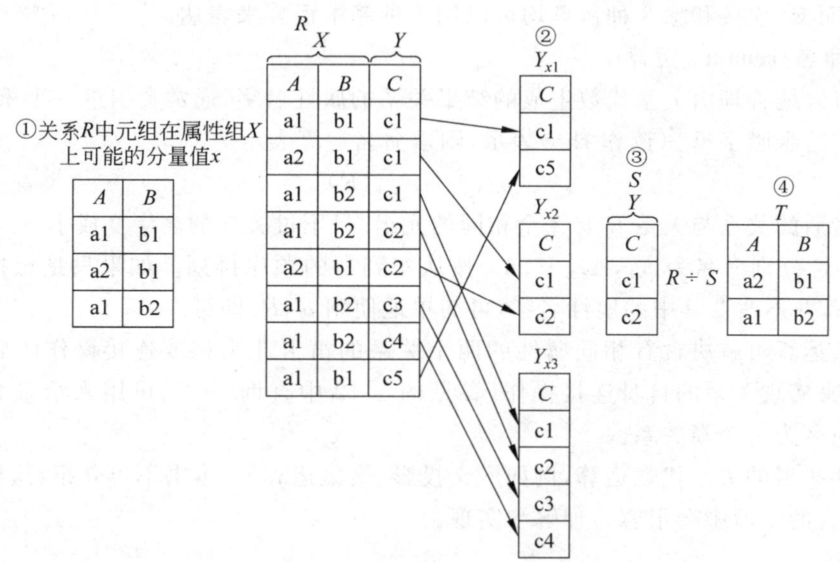

图 5-6 除法运算示例

【例 5-11】 给定选课关系 SC 和课程关系 C，如图 5-7 所示。查询选修所有课程的学生学号。

学号	课程号	成绩
1	C1	83
1	C5	83
5	C5	90
5	C1	92

(a) 关系SC

课程号	课程名
C1	C语言
C5	数据库

(b) 关系C

图 5-7 例 5-11 关系实例

对于如下三种解法，哪一种是正确的？

（1）SC÷C。

（2）SC÷$\pi_{课程号}(C)$。

（3）$\pi_{学号,课程号}(\mathrm{SC}) \div \pi_{课程号}(C)$。

说明：

（1）由于关系 C 中具有不包含在关系 SC 中的属性“课程名”，因而除运算的前提条件不满足，无法进行除运算。所以，解法(1)是错误的解法。

在进行除运算前，应对除关系 C 进行投影，去掉不包含在被除关系 SC 中的属性“课程名”，即计算 $\pi_{课程号}(C)$，再做除法运算。由于投影之后所得的关系只包含属性“课程号”，而“课程号”包含在被除关系 SC 中，所以满足除运算的条件，能够进行除运算。

（2）被除关系 SC 中不包含在除关系 C 中的属性是“学号”和“成绩”，所以除法运算的结果中含“学号”和“成绩”两个属性。除运算的结果是那些选修了课程表中全部课程（C1 和 C5）且成绩一样的学生的学号和成绩，运算结果为{(1,83)}。显然，解法(2)不满足查询需求。

（3）要完成题目所要求的查询“求选修了课程表中全部课程的学生的学号”，在进行除运算前，应根据操作的要求准确地确定像集属性和结果属性。对除关系和被除关系进行投影，去掉不需要的属性，再做除法运算，即执行 $\pi_{学号,课程号}(\mathrm{SC}) \div \pi_{课程号}(C)$运算，运算结果为{1,5}。所以，解法(3)是正确的解法。

除运算不是基本运算，它可以由基本运算进行如下计算推导出来。

$$R \div S = \pi_X(R) - \pi_X((\pi_X(R) \times S) - R)$$

前面介绍的8种关系代数运算中，其中的并、差、广义笛卡儿积、投影和选择5种运算为基本运算，而交、连接和除3种运算均可以用5种基本运算来表达。

5. 重命名(rename)运算

为了有效地管理由关系代数生成的结果关系的属性名字，通常会引进一个重命名操作，运算符用小写希腊字母 ρ(读作 rho)表示，则重命名运算表示为

$$\rho_{S(A_1,A_2,\cdots,A_n)}(R)$$

重命名后的关系与关系 R 有完全相同的元组，只不过关系的名字变成了 S。另外，关系 S 的各个属性分别命名为 $A_1,A_2,\cdots,A_n$，按从左到右的顺序排列。如果只是想把关系的名字改变为 S，并不改变其中的属性名字，可简单地使用 $\rho_S(R)$ 即可。

重命名运算可解决含有相同属性的两个关系的笛卡儿乘积或连接操作的属性命名问题，也可用来实现关系的自身连接操作(参见例5-12中查询8)，还可用来给一个代数表达式的结果命名为一个新关系。

对一些扩展的关系代数运算，例如广义投影、聚集运算等，本书不再介绍，这些操作在后续SQL语言的学习中会很容易理解和实现。

5.3.3 用关系代数表达式实现关系操作

如果只能在单个或者两个关系上进行一个操作，那么关系代数就不会那么有用。然而，如同其他的所有代数一样，关系代数允许有任意复杂的表达式，其操作符可以用于任何关系之上，这个关系既可以是某个给定的关系，也可以是操作得到的结果关系。于是，可以用关系代数表达式来表达对数据库中关系的数据操作，表达式的结果就是这个操作结果的答案。

1. 关系代数表达式

关系代数中基本的表达式是如下二者之一：

(1) 数据库中的一个关系。

(2) 一个常数关系。

常数关系可以用在{}内列出它的元组来表示，例如{(张山，男，19)，(王武，男，20)，(李斯，女，20)}。

设 E_1 和 E_2 是关系代数基本表达式，则进行以下基本运算的结果都是关系代数表达式：

- $E_1 \cup E_2$
- $E_1 - E_2$
- $E_1 \times E_2$
- $\sigma_P(E_1)$，其中 P 是 E_1 的属性上的谓词。
- $\pi_S(E_1)$，其中 S 是 E_1 中某些属性的列表。
- $\rho_X(E_1)$，其中 X 是 E_1 结果的新名字。

以上关系代数表达式进行有限次代数运算构成新的关系代数表达式。

由关系代数的基本运算足以表达任何关系代数操作。但是，若局限于基本运算，某些常用操作表达出来会很冗长。所以，关系代数表达式中也使用以下组合运算，它们不能增强关系代数的表达能力，却可以简化一些常用的查询。

- $E_1 \cap E_2$

- $E_1 \bowtie E_2, E_1 \bowtie_{A\theta B} E_2$
- $E_1 \div E_2$

2. 实现关系操作

关系代数是一种过程化的操作语言，用关系代数表达式表达关系操作一般遵循如下求解过程：

(1) 确定查询目标，即结果关系中的属性。

(2) 明确查询条件。

(3) 选择从条件到目标的查找路径，并据此确定操作对象。即明确在操作过程中需要使用到哪些关系，这些关系又是如何被连接成一个关系的。

(4) 关系的合并。即根据步骤(3)的分析结果进行关系的连接。

(5) 元组的选择。即根据步骤(2)的分析结果(查询条件)进行元组的选择。

(6) 属性的指定。即根据步骤(1)的分析结果执行投影操作。

【例 5-12】 有一个描述学生及其选修的课程的关系数据库，它由三个关系组成，其关系模式为：

学生关系：S(学号、姓名、性别、出生时间、专业)

课程关系：C(课程号、课程名、先修课程号)

选课关系：SC(学号、课程号、成绩)

(1) 查询 1990 年以后出生的学生姓名。

$$\pi_{\text{姓名}}(\sigma_{\text{出生时间}>'1990\text{-}12\text{-}31'}(S))$$

(2) 查询选修了课程号为 C2 的学生学号。

$$\pi_{\text{学号}}(\sigma_{\text{课程号}='C2'}(SC))$$

(3) 查询选修了课程名为“操作系统”，成绩为 90 的所有学生姓名。

$$\pi_{\text{姓名}}(\sigma_{\text{课程名}='\text{操作系统}'\wedge \text{成绩}=90}(S \bowtie SC \bowtie C))$$

(4) 查询至少选修学号为 S5 的学生所选修的一门课程的学生的姓名。

$$\pi_{\text{姓名}}(\pi_{\text{学号}}(\pi_{\text{课程号}}(\sigma_{\text{学号}='S5'}(SC)) \bowtie SC) \bowtie S)$$

(5) 查询选修所有课程的学生的学号。

$$\pi_{\text{学号},\text{课程号}}(SC) \div \pi_{\text{课程号}}(C)$$

(6) 查询不选修任何课程的学生的学号。

$$\pi_{\text{学号}}(S) - \pi_{\text{学号}}(SC)$$

(7) 检索选修了“张山”所选修的所有课程的学生姓名。

$$\pi_{\text{姓名}}(S \bowtie (\pi_{\text{学号},\text{课程号}}(SC) \div \pi_{\text{课程号}}(\pi_{\text{学号}}(\sigma_{\text{姓名}='\text{张山}'}(S)) \bowtie SC)))$$

(8) 检索至少选修两门课程的学生学号。

$$\pi_{\text{学号}}(\sigma_{C\# \neq \text{课程号}}(\rho_{SG(S\#,C\#,G)}(SC) \bowtie_{S\#=\text{学号}} SC))$$

5.4 关系数据库标准查询语言 SQL

SQL(Structured Query Language，结构化查询语言)是一个通用的、功能极强的关系数据库操作语言。当前几乎所有的关系数据库管理系统(RDBMS)都支持 SQL，许多软件厂商对 SQL 基本命令集还进行了不同程度的扩充和修改。信息系统对支撑的关系数据库的访问最终都要通过 SQL 来实现。

5.4.1 SQL 语言概述

1. SQL 语言的发展历史

SQL 的起源可以追溯到 20 世纪 70 年代。1970 年美国 IBM 研究院的 E. F. Codd 连续发表了多篇论文，提出了关系数据模型，奠定了关系数据库的理论基础。1972 年 IBM 公司开始研制一个实验性的数据库管理系统——System R，System R 在发展关系数据库技术方面做出了一系列重要的、创造性的贡献，其中之一就是实现了一种关系数据查询语言 SQUARE，这种语言用到了较多的数学符号，不宜推广。1974 年 Boyce 和 Chamberlin 在 SQUARE 语言的基础上进行改进，使这种语言比较接近于自然语言，并把语言改名为 SEQUEL(Structured English Query Language)。经过多年的实验，1981 年 IBM 公司在 System R 的基础上推出了商品化的关系数据库管理系统 SQL/DS，并用 SQL 代替 SEQUEL。通常把 SQL 读作 sequel，也可以按单个字母的读音读作 S—Q—L。

SQL 功能强大，简单易学，一经推出就受到用户和计算机工业界的欢迎，因而从 1982 年起，美国国家标准协会(ANSI)开始着手 SQL 的标准化工作，并于 1986 年 10 月公布了第一个 SQL 标准，1987 年 6 月国际标准化组织(ISO)将其采纳为国际标准，这个最初的 SQL 版本的标准经常非正式地称为 SQL-86。

负责开发 SQL 标准的委员会为 ISO/IEC JTC 1/SC 32/WG 3 (Joint Technical Committee ISO/IEC JTC 1, Information technology, Subcommittee SC 32, Data management and interchange, workgroup 3)。

随着 SQL 标准化工作的不断进行，ISO 相继公布了如下一些标准：

1986 年，ANSI X3.135-1986，ISO/IEC 9075:1986，SQL-86。

1989 年，ANSI X3.135-1989，ISO/IEC 9075:1989，SQL-89。

1992 年，ANSI X3.135-1992，ISO/IEC 9075:1992，SQL-92(SQL2)。

1999 年，ISO/IEC 9075:1999，SQL:1999(SQL3)。

2003 年，ISO/IEC 9075:2003，SQL:2003(SQL4)。

各大数据库厂商的 DBMS 对 SQL 标准的支持程度也不相同。除了支持 SQL 标准的核心功能外，还在很大程度上支持 SQL-92 标准，不过很多 DBMS 开发商都在自己的产品中对 SQL-92 进行了修改和扩展，以 SQL Server 2005 为例，SQL Server 2005 就将 SQL 标准扩展为 TRANSACT SQL。目前，一些产品还部分支持 SQL:1999 和 SQL:2003 标准，例如 Oracle 10g 支持 SQL:2003。

通过不断扩充和修改，SQL 语言已经从原来比较简单的语言逐步发展成为功能齐全、内容复杂的语言，下面主要学习 SQL 标准中的核心功能。

2. SQL 语言的特点

SQL 从开始的比较简单的数据库语言，逐步发展成为功能齐全、内容复杂的数据库语言，成为各种机型、各种数据库系统共同的数据存取语言和标准接口。现在几乎所有的 RDBMS 产品都支持标准的 SQL，采用其他数据模型的 DBMS 也都有相应的 SQL 接口，所以用 SQL 编写的程序是可移植的。

SQL 之所以能够被用户和业界所接受，并成为所有关系数据库的公共存取语言，主要源于其如下特性。

1）SQL 支持关系数据库的三级模式结构

SQL 可定义数据库的三级模式结构，即外模式、模式和内模式，如图 5-8 所示。

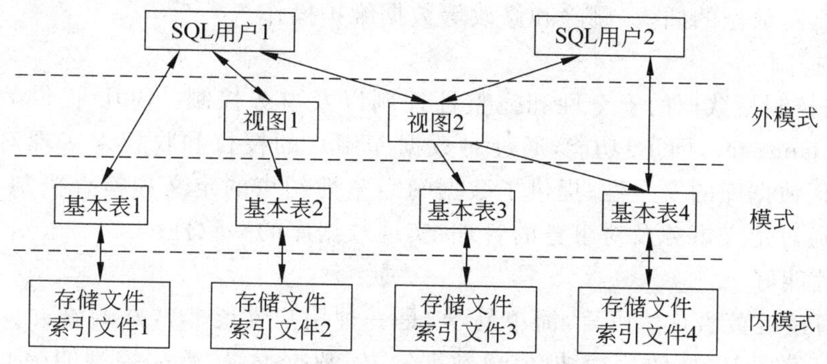

图 5-8　SQL 支持三级模式结构

（1）全体基本表构成了数据库的模式

在 SQL 语言中，一个数据库应用系统涉及的所有基本表构成了数据库的模式。基本表是本身独立的表，SQL 中的一个关系对应一个基本表，基本表是按数据全局逻辑模式（即模式）建立的。

（2）视图和部分基本表构成了数据库的外模式

当基本表不适合用户直接查询的操作请求时，需要定义视图。视图是根据外模式定义的，能满足用户和一个应用程序的数据格式要求。在 SQL 中，视图是由一个或多个基本表导出来的表。视图不独立存储在数据库中，数据库中只存放视图的定义，而不直接存放视图对应的数据，这些数据仍存放在与视图相关的基本表中。因此，视图是虚表。

在 SQL 中，被用户直接使用的基本表和视图就构成了数据库的外模式。不同的用户所用到的视图和基本表可以不相同，因此一个数据库应用系统可有多个外模式。

（3）数据库的存储文件和它们的索引文件构成了数据库的内模式

基本表中的数据被组织成数据文件存储在数据库中，一般来说，一个基本表中的数据存放在一个数据存储文件中。这个存储文件既可以由系统指定，也可以由用户指定，比如 SQL Server 中就允许用户显式指定数据存储文件。为了提高数据查询的速度，可以对基本表建立索引，索引也被组织成数据文件。在 SQL 中，一个关系对应一个基本表，一个或多个基本表对应一个数据存储文件，一个基本表可有若干索引文件。数据存储文件和索引文件组成了数据库的内模式。

2）语言功能强大

SQL 语言具有关系代数和关系演算语言的一些特点，具有定义、查询、更新和控制等功能，是一个综合的、通用的、功能极强的关系数据库语言，可以实现数据库生命期的全部活动。

SQL 主要包括以下三种功能。

（1）数据定义

SQL 提供了数据定义语言（data definition language，DDL）功能，能够定义关系数据库的模式、外模式和内模式，实现对基本表、视图和索引文件的定义、修改和删除等操作。

(2) 数据操纵

SQL提供了数据操纵语言(data manipulation language,DML)功能,包括数据查询和数据更新两类数据操作。数据查询指对数据库中的数据进行查询、统计、分组和排序等操作,数据更新指对数据的插入、删除和修改等数据维护操作。

(3) 数据控制

数据库的控制指数据的安全性和完整性控制以及事务控制。SQL提供数据控制语言(data control language,DCL)功能,通过对数据库用户的授权和收权来实现对数据库的存取控制,以保证数据库的安全性;提供了数据的完整性约束的定义和检查机制,以保障数据库的完整性;通过定义事务及对事务的管理,实现数据库的一致性。

3) 用户性能好

SQL语言接近英语自然语言,简单易学,是一种用户性能非常好的语言。SQL语言功能极强,但由于设计巧妙,语言简洁,完成数据定义、数据操纵、数据控制的核心功能只用了9个动词:CREATE、DROP、SELECT、INSERT、UPDATE、DELETE、GRANT、REVOKE。并且SQL语言语法简单,容易使用。SQL的功能动词如表5-4所示。

表5-4 SQL的功能动词

SQL功能	动　词	SQL功能	动　词
数据定义	CREATE、DROP、ALTER	数据更新	INSERT、UPDATE、DELETE
数据查询	SELECT	数据控制	GRANT、REVOKE

4) SQL提供两种用户使用方式

(1) 联机交互方式

这种方式下,SQL语言为自含式语言,能够独立进行联机交互,也就是用户只需在键盘上直接输入SQL命令就可以对数据库进行操作了。

(2) 嵌入式方式

这种方式下,SQL语言中任何可以交互使用的SQL语句,都可以嵌入到用某种高级程序设计语言(如C、Java等语言)所写的应用程序中,实现对数据库中数据的存取操作,给程序员设计程序带来了很大的方便。

在这两种不同的使用方式中,SQL的语法结构基本一致,为使用SQL带来了极大的灵活性和方便性。

5) 高度非过程化

在SQL语言中,用户只需要提出"做什么",而不必指出"怎么做"。因此,对于用户来说,不需要了解存取路径,也不需要选择存取路径,SQL语句操作的过程全部由系统自动完成的。

本节的内容是让读者对SQL有一个初步的了解,而不是内容详尽的手册。因此,所讲解的内容只集中在最常用的数据操作上。至于语言细节和不同版本的语言差异方面的更多内容,请参阅相关的技术文档。为帮助对内容的理解,部分应用实例给出了在SQL Server 2005上的实现结果。

5.4.2 数据定义

SQL支持关系数据库系统的三级模式结构,其模式、外模式和内模式的基本对象有表、视图和索引，因此SQL的数据定义功能包括定义基本表、索引和视图。涉及表、索引和视图的创建、删除以及表的修改。在表的定义中，还涉及与表有关的完整性约束的定义。由于视图的定义建立在数据查询的基础上，本节先介绍基本表的定义，视图的定义在查询后介绍，索引方面的内容留到第7章介绍。

在学习SQL数据定义之前，首先了解SQL语句格式中的一些约定符号和语法规定：

语句格式中的尖括号＜ ＞中内容为实际的语义，中括号[ ]中的内容为任选项，大括号{ }中的内容必须显示指定，| 为选项符，[,…]表示前面的项可重复多次。

SQL中的数据项(包括列项、表和视图)分隔符用逗号，其字符串常数的定界符用单引号' '表示。

SQL的关键字一般使用大写字母表示，SQL语句的结束符用分号，SQL语句一般应采用格式化书写格式，系统实现时均应采用西文字符。

1. 基本表的定义

SQL语言通过定义一个关系所对应的基本表来完成关系模式的定义，其语句格式为

```
CREATE  TABLE  <表名>
(<属性列名 1><数据类型>[<列级完整性约束条件>]
[,<属性列名 2><数据类型>[<列级完整性约束条件>],…]
[,<表级完整性约束条件>]);
```

SQL语句确定了关系所对应的基本表的名称，所包含的属性列的名称和属性域。在SQL的基本表定义语句中涉及SQL所支持的数据类型，另外在定义语句中还可以定义完整性约束条件。

1) SQL支持的数据类型

关系的每个属性来自一个域，它的取值必须是域中的值。在SQL中域的概念是用数据类型来实现的。定义表的各个属性时需要指明其数据类型及长度。

SQL一般提供如表5-5所示的一些主要的数据类型，不同的数据库管理系统支持的数据类型不完全相同。

表5-5 SQL提供的主要数据类型

数据类型	含义
CHAR(n)	长度为n的定长字符串
VARCHAR(n)	最大长度为n的变长字符串
INT(或INTEGER)	长整型(和机器相关的整数类型的子集)
SMALLINT	短整型(和机器机关的整数类型的子集)
NUMERIC(p,d)	定点数，由p位数字(不包括符号、小数点)组成，小数后面有d位数字，也可以写成DECIMAL(p,d)或DEC(p,d)
REAL	取决于机器精度的浮点数
Double Precision	取决于机器精度的双精度浮点数
FLOAT(n)	浮点数，精度至少为n位数字
DATE	日期，包含年、月、日，格式为YYYY-MM-DD
TIME	时间，包含一日的时、分、秒，格式为HH:MM:SS

SQL还可以使用create type语句定义新的数据类型。以上每种数据类型都可能包含一个被称作空值(NULL)的特殊值。空值表示一个缺失的值,该值可能存在但并不为用户所知,或者可能根本不存在。

对某个属性为char(n)或varchar(n)类型,而输入的字符不足n个字符时,数据库系统的处理一般是不同的。对于char(n)类型,系统会在字符串后补足空格,使其达到n个字符;对于varchar(n)类型,系统则不会在字符串后补空格,属性值长度即为输入字符数。

2) 完整性的约束条件

定义中的完整性约束条件是针对属性值设置的限制条件。列级约束的约束条件表达式中只涉及一个列。如果约束条件表达式涉及多列属性,则它就成为表级约束条件,应当作为表级完整性约束条件定义。

定义的完整性约束条件最终被存入系统的数据字典中。当用户操作表中数据时,由DBMS根据数据字典中的信息自动检查该操作是否违背这些完整性约束条件。

在基本表定义语句中,可以实现关系的实体完整性、参照完整性和用户定义完整性三种完整性的定义。

(1) 实体完整性定义

关系模型的实体完整性在CREATE TABLE中用PRIMARY KEY约束实现。PRIMARY KEY约束用于定义主键,它能保证主键的唯一性和非空性。PRIMARY KEY约束可作为列级约束条件,也可定义为表级约束条件,视主键是由单属性还是由多属性构成来决定。

PRIMARY KEY约束的语法为

```
PRIMARY KEY [CLUSTERED](<属性列组>)
```

用PRIMARY KEY短语定义了关系的主键后,每当用户程序在基本表中插入一条记录或者对主键进行更新操作时,RDBMS将按照实体完整性规则自动检查:

- 主键是否唯一,如果不唯一则拒绝插入或修改。
- 主键的各属性是否为空,只要有一个为空就拒绝插入或修改。

检查主键是否唯一的一种方法是全表扫描,即依次判断表中每一条记录的主键值与待插入记录的主键值是否相同,显然,全表扫描十分耗时。为避免对基本表进行全表扫描,很多RDBMS一般都支持在主键上自动建立一个索引。其中,通过CLUSTERED短语可以建立＜列组＞上的聚集索引。有关聚集索引的相关内容参见7.3.3节。

(2) 参照完整性定义

关系模型的参照完整性可以通过在CREATE TABLE中用

```
FOREIGN  KEY(<外键>)REFERENCES <被参照表名>(<与外键对应的主键名>)
```

约束定义。

参照完整性将两个表中的相应元组联系起来,是两个关系表间联系的体现。因此,对被参照表和参照表进行更新操作时有可能破坏参照完整性,必须进行完整性检查。例如,在例5-13中,若对S表中某元组的SNO属性的值或类型进行了修改,将造成SC表中某元组的SNO属性值在S表中找不到一个元组的SNO属性的值与之对应,从而破坏了参照完整性。DBMS则要采取相应策略加以处理,拒绝执行或产生一些相关的级联操作等,为保证完整性的实现，需在定义表时进行约束定义。参见例5-61。

- ON DELETE { CASCADE | NO ACTION }：当删除被参照表的元组（某一主键值）时，参照表中的所有关联元组产生级联操作（也被删除）或拒绝执行。
- ON UPDATE { CASCADE | NO ACTION }：当修改被参照表中元组的主键值时，参照表中的所有关联元组产生级联操作（对应外键值也被修改）或拒绝执行。

（3）用户定义完整性

在CREATE TABLE语句中可以根据应用要求，定义属性以及元组上的约束。当往表中插入元组或修改属性的值时，RDBMS将检查约束条件是否被满足，不满足则操作被拒绝执行。常见的用户定义的完整性约束有以下4种。

① NOT NULL或NULL约束：NOT NULL约束不允许属性值为空，而NULL允许属性值为空。空值是所有域的成员，因此在默认情况下是每个属性的合法值，即在没有显式声明属性为NOT NULL时，属性值默认为NULL。对关系的主属性必须限定为NOT NULL，以满足实体完整性。

② UNIQUE约束：UNIQUE约束是唯一性约束，即不允许属性列中出现重复的属性值。

③ DEFAULT约束：DEFAULT约束为默认值约束。一般将属性列中的使用频率最高的属性值定义为DEFAULT约束中的默认值，可以减少数据输入的工作量。

④ CHECK约束：CHECK为检查约束。CHECK约束通过约束条件表达式设置列值应满足的条件。CHECK约束实际上创建了一个数据类型。例如在例5-13中，在表S中，CHECK约束相当于创建了一个枚举类型，限定了属性SEX的取值必须是“男”和“女”中的一个；在表SC中，保证了属性GRADE的取值范围。

【例5-13】 用SQL建立“学生-课程”数据库中的基本表。

学生（学号，姓名，所在系，出生时间，性别）

课程（课程号，课程名，先修课程号）

选课（学号，课程号，成绩）

其关系模式（表结构）为

S(SNO,SN,SD,SB,SEX)

C(CNO,CN,PC)

SC(SNO,CNO,GRADE)

则可如下定义表的结构及其完整性约束：

```
CREATE  TABLE  S
   (SNO CHAR(6),
    SN CHAR(10)NOT NULL,
    SD CHAR(16),
    SB DATETIME,
    SEX CHAR(2),
    CHECK(SEX  IN('男','女')),
    PRIMARY KEY(SNO));                         /在表级定义主键
CREATE   TABLE   C
   (CNO  CHAR(6)  PRIMARY KEY,                 /在列级定义主键
```

```
    CN  CHAR(10),
    PC  CHAR(6),
    FOREIGN  KEY(PC) REFERENCES  C(CNO));     /定义外键 PC,参照本关系的主键 CNO
CREATE  TABLE  SC
   (SNO  CHAR(6)  NOT  NULL,
    CNO  CHAR(6)  NOT  NULL,
    GRADE  DEC(4,1) DEFAULT NULL,
    PRIMARY  KEY(SNO,CNO),                    /在表级定义主键
    FOREIGN  KEY(SNO) REFERENCES  S(SNO),     /定义外键 SNO,参照关系 S 的主键 SNO
    FOREIGN  KEY(CNO) REFERENCES  C(CNO),     /定义外键 CNO,参照关系 C 的主键 CNO
    CHECK(GRADE  BETWEEN  0.0  AND  100.0));  /定义 GRADE 的取值在 0.0 到 100.0 之间
```

针对上面的定义,可在 SQL Server 2005 中得到如图 5-9 中的模式定义结果。

表 - dbo.SC | 表 - dbo.S | 表 - dbo.C | 摘要

列名	数据类型	允许空
SNO	char(6)	☐
SN	char(10)	☐
SD	char(16)	☑
SB	datetime	☑
SEX	char(2)	☑

(a) 表S

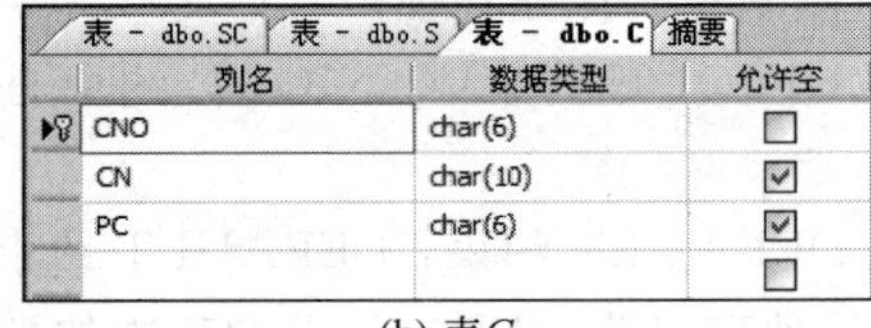

表 - dbo.SC | 表 - dbo.S | 表 - dbo.C | 摘要

列名	数据类型	允许空
CNO	char(6)	☐
CN	char(10)	☑
PC	char(6)	☑

(b) 表C

表 - dbo.SC | 表 - dbo.S | 表 - dbo.C | 摘要

列名	数据类型	允许空
SNO	char(6)	☐
CNO	char(6)	☐
GRADE	decimal(4, 1)	☑

(c) 表SC

图 5-9 "学生-课程"数据库的关系模式定义结果

2. 基本表的修改

随着应用环境和应用需求的变化,有时需要修改已经建立好的基本表,SQL 可以进行如下修改基本表的操作。

(1) 增加列

```
ALTER  TABLE  [<表的创建者名>.]<表名>
    ADD  <属性列名><类型>[完整性约束]|<完整性约束>;
```

若用户本身就是被修改的表的创建者,则可略去表的创建者名,否则不可省略。在具体的 DBMS 中,表名前可能要加存储路径。

(2) 删除原有的列

```
ALTER  TABLE  <表名>
  DROP  {[CONSTRAINT]<完整性约束>|COLUMN<属性列名>
          [CASCADE|RESTRICT]};
```

说明:

- CASCADE 表示在基表中删除某列时,所有引用该列的视图和约束也被自动删除。

- RESTRICT 在没有视图或约束引用该属性时，才能被删除。

(3) 修改原有列的类型

```
ALTER  TABLE  <表名>   ALTER  COLUMN  <属性列名><数据类型>;
```

在上述修改基本表的操作中，＜表名＞指定需要修改的基本表，ADD 子句用于增加新属性列和新的完整性约束条件，DROP 子句用于删除指定的属性列或完整性约束条件，ALTER 子句用于修改原有的属性列定义。

【例 5-14】 在学生表 S 中加入一属性列表示学生所在系 SD。

```
ALTER  TABLE  S  ADD  SD  CHAR(16);
```

【例 5-15】 在学生关系表 S 补充定义 SNO 为主键。

```
ALTER  TABLE  S  ADD  PRIMARY  KEY(SNO);
```

【例 5-16】 删除基表 S 中学生的性别一列。

```
ALTER  TABLE  S  DROP  COLUMN  SEX;
```

【例 5-17】 将基表 S 中的学生姓名长度修改为 12。

```
ALTER  TABLE  S  ALTER  COLUMN  SN  CHAR(12);
```

3. 基本表的删除

当某个基本表不再需要的时候，可以使用如下删除语句删除基本表。删除语句的一般格式为

```
DROP  TABLE  <表名>   [CASCADE|RESTRICT];
```

说明：

- CASCADE 表示该表的删除没有条件限制。在删除基本表的同时，在此表上建立的视图和索引等也将自动被删除掉。
- RESTRICT 表示该表的删除是有限制的，如果存在依赖该表的对象，则此表不能被删除。即欲删除的基本表不能被其他表的约束所引用，不能有视图、触发器、存储过程或函数等。该选项为默认选项。

基本表一旦删除，表中的数据、在此表上建立的视图和索引等都可能自动被删除掉，因此执行删除操作一定要格外小心。

【例 5-18】 删除 S 表。

```
DROP  TABLE  S  CASCADE;
```

注意：CASCADE 是 ANSI SQL 标准，TRANSACT SQL 并不支持该语法结构。

在本章后续的章节中，将基于例 5-13 中定义的“学生-课程”数据库来讲解 SQL 的数据查询、数据更新和数据控制语句的具体应用。

5.4.3 数据查询

数据查询是根据用户的需要从数据库中提取所需要的数据。SELECT 语句是 SQL 中

的数据查询语句，也是 SQL 语言中功能最强大的数据操纵语句。

SELECT 语句具有数据查询、统计、分组和排序的功能，一个完整的数据查询语句的格式为

```
SELECT  [ALL|DISTINCT]<目标列表达式 1>[,<目标列表达式 2>,…]
  FROM  <表名或视图名 1>[,<表名或视图名 2>, …]
    [WHERE  <元组选择条件表达式>]
    [GROUP BY  <属性列名 1>[,<属性列名 2>,…][HAVING <组选择条件表达式>]]
    [ORDER BY  <目标列名 1>[ASC|DESC][,<目标列 2>[ASC(DESC],…]];
```

整个 SELECT 语句的含义是，根据 WHERE 子句的条件表达式，从 FROM 子句指定的基本表或视图中找出满足条件的元组，再按 SELECT 子句中的目标列表达式，选出元组中的属性值或计算相关表达式形成查询结果表。如果有 GROUP 子句，则将满足条件的元组按属性列(组)的值进行分组，该属性列(组)值相等的元组为一个组，每个组产生结果表中的一条记录，通常会在每组中使用聚集函数。如果 GROUP 子句带 HAVING 短语，则只有满足指定条件的分组才予以输出。如果有 ORDER 子句，则结果表还要依次按指定目标列的值进行升序或降序排序。

若要用 SELECT 语句实现关系代数中最常见的查询

$$\pi_{A1,A2,\cdots,Am}\sigma_F(R_1 \times R_2 \times \cdots \times R_n)$$

可用最常用、最基本的 SQL 查询语句来实现：

```
SELECT  A1,A2,…,Am
  FROM    R1,R2,…,Rn
    WHERE    F;
```

下面，对 SQL 的查询功能进行深入分析。

1. 单表查询

本节针对单个表，介绍如何利用 SELECT 语句实现不同需求的信息查询。

1）查询结果的显示

SELECT 子句的＜目标列表达式＞不仅可以是表中的属性列，也可以是与属性列有关的表达式。也就是可以将查询出来的属性列经过一定的计算后列出结果，可以包括函数、字符串常量等。用户可以根据应用的需要确定显示结果的顺序及形式。例如，可以使用 AS 选项或赋值运算符＝来将查询结果表中的列名命名为所需的或更直观易懂的名称，或者为一个已声明的变量赋值。

【例 5-19】 查询学生关系表 S、课程关系表 C、学生选课关系表 SC。

```
SELECT  *   FROM   S;
SELECT  *   FROM   C;
SELECT  *   FROM   SC;
```

说明：* 是关系表中所有属性的省略写法，说明取全部属性。查询结果可显示各表中所有数据的情况，如图 5-10 所示。本节后续的查询语句的结果均基于图中的数据给出。

【例 5-20】 查询所有女生的姓名和出生时间。

```
SELECT  SN  AS 姓名,SB  AS 出生时间
```

```
FROM    S
WHERE   SEX='女';
```

上述查询的执行是将 S 表中所有性别为“女”的每一元组的属性值 SN 和 SA 作为查询结果表中元组的属性值输出。不过在显示的查询结果表中，列名为姓名和出生时间，而不再是表 S 的属性名 SN 和 SB。

表 - dbo.SC | 表 - dbo.C | 表 - dbo.S | 摘要

SNO	SN	SD	SB	SEX
s01	王玲	计算机	1990-6-30 0:00:00	女
s02	李渊	计算机	1900-3-23 0:00:00	男
s03	罗军	计算机	1991-8-12 0:00:00	男
s04	赵泽	计算机	1993-9-12 0:00:00	女
s05	许若	指挥自动化…	1990-6-27 0:00:00	男
s06	王仙华	指挥自动化…	1991-5-20 0:00:00	男
s07	朱祝	指挥自动化…	1994-7-10 0:00:00	女
s08	王明	数学	1991-10-3 0:00:00	男
s09	王学之	物理	1992-1-1 0:00:00	男
s10	吴谦	指挥自动化…	1991-3-25 0:00:00	女
s11	崔雪	数学	1990-7-1 0:00:00	女
s12	李想	英语	1992-8-5 0:00:00	男
s13	季然	数学	1992-9-30 0:00:00	女
s14	顾梦莎	英语	1990-4-19 0:00:00	女
s15	费汉萌	计算机	1989-8-19 0:00:00	男
S16	华庭	数学	1990-10-1 0:00:00	男
s17	亨利	英语	1991-12-12 0:0…	男
s18	李爱民	英语	1988-3-18 0:00:00	男

(a) 查询学生关系表S中数据

表 - dbo.SC | 表 - dbo.C | 表 - dbo.

CNO	CN	PC
C01	高等数学	NULL
C02	数据结构	NULL
C03	操作系统	C02
C04	数据库	C03
C05	作战指挥	C04
C06	离散数学	C01
C07	信息安全	C06
C08	大学英语	NULL
C09	商贸英语	C08
C10	大学物理	NULL
C11	网络	NULL
C12	kc_Design	NULL

(b) 查询学生关系表C中数据

表 - dbo.SC | 表 - dbo.C | 表 -

SNO	CNO	GRADE
s01	c01	80.0
s01	c02	98.0
s01	c03	85.0
s01	c04	78.0
s01	c07	89.0
s02	c02	80.0
s02	c11	80.0
s03	c01	90.0
s03	c02	80.0
s03	c04	85.0
s04	c01	80.0
s04	c02	NULL
s04	c06	90.0
s04	c11	87.0
s05	c03	79.5
s05	c05	88.0
s05	c07	90.0
s06	c03	88.0
s07	c11	90.0
s08	c01	90.0

(c) 查询学生关系表SC中数据

图 5-10　例 5-19 查询结果

【例 5-21】 查询选修了课程的学生的学号。

```
SELECT  DISTINCT  SNO
FROM    SC;
```

因为关系是一个集合，因此重复的元组不应出现在关系中。但是，在实际的系统实现中，去除重复是相当费时的，所以 SQL 允许在关系表以及查询结果表中出现重复。在上述查询中，如果没有 DISTINCT 选项，每个学号 SNO 在表 SC 中每出现一次都会在查询结果中列出一次；指定 DISTINCT 选项，可强行删除结果表中的重复行，上述查询的结果中，每个学号 SNO 最多只出现一次。

SQL 允许使用 ALL 选项来显示指明不去除重复元组，该选项是默认的，通常省略。用户只需在有必要去除查询结果中的重复元组时，使用 DISTINCT 选项即可。

【例 5-22】 查询学生学号和学生的年龄。

```
SELECT  SNO,SA=datediff(Year,SB,Getdate())+1
FROM    S;
```

上述查询将系统当前时间与学生的出生时间的年份的差值加上 1 赋给 SA，在查询结果表中以 SA 列显示计算结果。在这里，系统函数 Getdate()用于获得系统当前时间，datediff(datepart, startdate, enddate)以 datepart 指定的方式（本例指定为日期的年份）返回

startdate 与 enddate 两个日期之间的差值。

2）查询满足条件的元组

在 WHERE 子句中，可以使用算术运算符、比较操作符、逻辑运算符以及谓词 BETWEEN、LIKE、IN、NULL 等构成元组选择条件，来查询满足条件的元组。

(1) 运算符

运算符的优先顺序如下(从高到低)。

- 算术运算：+，-，*，/，%(取余)。
- 比较运算：=，!=，>=，>，<=，<。
- 谓词：[NOT] BETWEEN…AND，[NOT] IN，[NOT] LIKE，IS [NOT] NULL。
- 逻辑运算：NOT，AND，OR。

(2) 使用 BETWEEN 查询

BETWEEN 谓词用于判断某个值是否属于一个指定的区间。

一般形式为

```
E  [NOT]  BETWEEN  E1  AND  E2
```

其语义为：

```
[NOT](E>=E1 AND E<=E2)
```

上述 E、E_1 和 E_2 都是表达式，且 $E_1<E_2$。

【例 5-23】 查询出生时间在 1990-01-01 到 1991-12-31 之间的学生的姓名和出生时间。

```
SELECT   SN,SB
FROM     S
WHERE    SB  BETWEEN  '1990-01-01' AND '1991-12-31';
```

(3) 使用 LIKE 查询

LIKE 谓词用于字符串的比较。一般形式为

```
<属性列名>  [NOT]  LIKE  字符串表达式
```

LIKE 谓词中“字符串表达式”中提供了以下匹配方式。

- _：代表任意一个单字符。
- %：代表长度可为零的任意长字符串。
- 所有其他字符只代表自己。

若要查询的字符串本身就含有通配符%或_，需要对通配符进行转义。参见例 5-25。

SQL 使用一对单引号来标识字符串，如果单引号是字符串的组成部分，就用两个单引号字符来表示。SQL 还允许在字符串上有多种函数，例如串接、提取子串、计算字符串长度、大小写转换等。不同 DBMS 所提供的字符串函数集是不同的，请参阅实际使用的系统手册来获得它所支持的实际字符串函数的详细信息。在 SQL 标准中，字符串上的字符大小写是敏感的，但在有的 DBMS(如 SQL Server)中，是不区分字符的大小写的。

【例 5-24】 查询姓“王”的所有学生的学号和姓名。

```
SELECT SNO,SN
```

```
FROM    S
WHERE   SN  LIKE  '王%';
```

【例 5-25】 查询课程名后缀为_Design 的课程信息。

```
SELECT  *
FROM    C
WHERE   CN   LIKE   '%\_Design'  ESCAPE'\';
```

此查询使用 ESCAPE '<换码字符>' 短语，对通配符_进行转义。ESCAPE'\'表示\为换码字符，说明字符串中\后面的字符_不再是通配符，而是字符本身。其查询结果如图 5-11 所示。

(4) 使用 IN 查询

IN 谓词适用于判断一个值是否属于一个集合。一般格式为

E [NOT] IN(V_1, V_2, …, V_n)

其语义为

[NOT] (E=V_1 OR E=V_2 OR… OR E=V_n)

IN 后面也可以是一个子查询块，即构成嵌套查询，后面将讨论。

【例 5-26】 查询非数学系和非计算机系的学生的姓名、学号和所在系名称。

```
SELECT  SNO,SN,SD
FROM    S
WHERE   SD  NOT  IN('数学','计算机');
```

查询结果如图 5-12 所示。另外，按谓词的语义，查询条件也可以用 OR 运算符来表达。

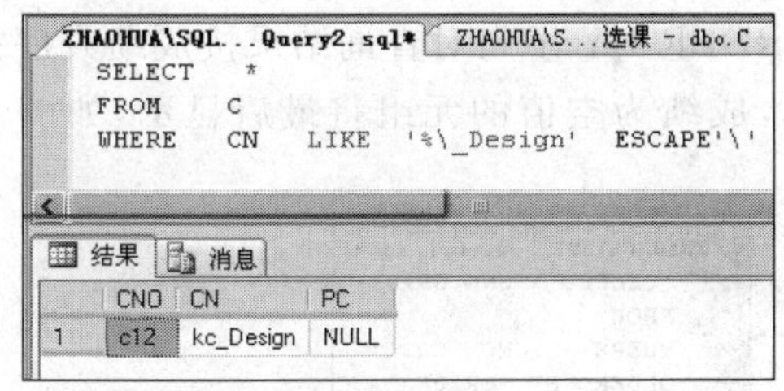

	CNO	CN	PC
1	c12	kc_Design	NULL

图 5-11 例 5-25 查询结果

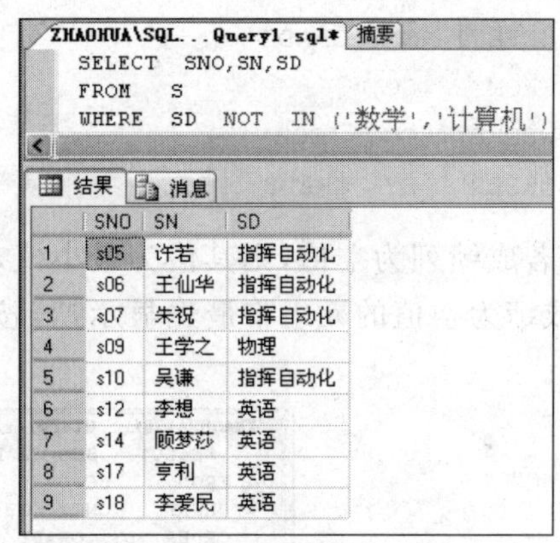

	SNO	SN	SD
1	s05	许若	指挥自动化
2	s06	王仙华	指挥自动化
3	s07	朱祝	指挥自动化
4	s09	王学之	物理
5	s10	吴谦	指挥自动化
6	s12	李想	英语
7	s14	顾梦莎	英语
8	s17	亨利	英语
9	s18	李爱民	英语

图 5-12 例 5-26 查询结果

(5) 使用 NULL 查询

关系数据模型有条件地允许使用空缺符 NULL，可将其看成一个空值。但本质上，它只是一个标记，说明元组的该属性是空缺的。因此，不能显式地将 NULL 作为操作数使用。关系表中的空值多半是插入元组和进行外连接时产生的。

空值给关系运算带来了一些特殊的问题，包括算术运算、比较运算和集合运算。如果算

术表达式的任一输入为空,那么该算术表达式结果为空;如果两个元组的对应属性值都是空值,那么它们是相同的,在集合运算或使用 DISTINCT 选项时,这样的相同元组只会保留一个。

【例 5-27】 查询所有缺少选课成绩的学生的学号和相应的课程号。

某些学生选修某门课程后没有参加考试,所以有选课记录,但没有考试成绩,可使用如下查询:

```
SELECT  SNO,CNO
FROM    SC
WHERE   GRADE  IS  NULL;
```

3）查询结果的排序

一般情况下,DBMS 将按其最方便的顺序(通常是元组在表中的先后顺序)输出查询结果。用户也可以用 ORDER BY 子句指定按照一个或多个目标列的值的升序(ASC)或降序(DESC)重新排列查询结果,其中升序 ASC 为默认值。

ORDER BY 子句的一般格式为

```
ORDER BY  <目标列 1>[ASC(DESC] [,<目标列 2>[ASC(DESC],…]
```

说明:

- 目标列可用目标列名表示,也可用目标列在 SELECT 子句中出现的序号表示(目标列为聚集函数或表达式时)。
- 若 ORDER BY 后有多个目标列,则先按第一列排序,然后对于具有相同第一列值的各行再按第二列进行排序,依次类推。

【例 5-28】 查询选修课程号为 C02 的学号和成绩,并按成绩降序排列。

```
SELECT  SNO,GRADE
FROM    SC
WHERE   CNO='C02'
ORDER   BY  GRADE  DESC;
```

若成绩列为空值,则其值为最小值,即用 ORDER BY 子句对查询结果按成绩升序排序时,成绩为空值的元组将最先显示,若按降序排,成绩为空值的元组将最后显示,如图 5-13 所示。

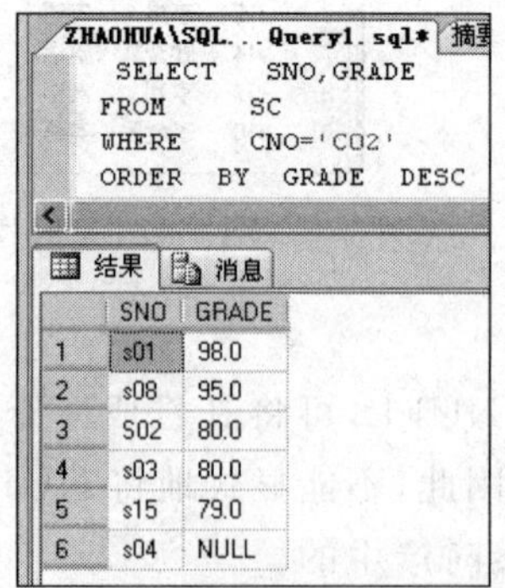

图 5-13　例 5-28 查询结果

4）查询结果的统计计算

SQL 提供了许多聚集函数来实现对查询结果的统计计算，主要包括以下聚集函数。

(1) COUNT(*)：统计元组个数。

(2) COUNT([DISTINCT|ALL] ＜属性列名＞)：统计一属性列中值的个数。

(3) SUM([DISTINCT|ALL] ＜属性列名＞)：计算一属性列值的总和(此属性列必须是数值型)。

(4) AVG([DISTINCT|ALL] ＜属性列名＞)：计算一属性列值的平均值(此属性列必须是数值型)。

(5) MAX([DISTINCT|ALL] ＜属性列名＞)：求一属性列值中的最大值。

(6) MIN([DISTINCT|ALL] ＜属性列名＞)：求一属性列值中的最小值。

在聚集函数中，如果指定 DISTINCT 短语，则表示在计算结果中要去掉指定属性列中的重复值。如果不指定 DISTINCT 短语或指定 ALL 短语(ALL 为默认值)，则表示要计算重复值。除 COUNT(*)外，聚集函数都只处理非空值。

【例 5-29】 查询学生表 S 中学生的总人数。

```
SELECT  COUNT(*)
FROM    S;
```

【例 5-30】 查询选修了课程的学生人数。

```
SELECT  COUNT(DISTINCT SNO)
FROM    SC;
```

学生每选修一门课，在 SC 中都有一条相应的记录，而一个学生一般都要选修多门课程，为避免重复计算学生人数，必须在 COUNT 函数中用 DISTINCT 短语。

5）查询结果的分组聚集

如果不仅仅希望将聚集函数作用于所有满足查询条件的分组上，而且想进一步细化聚集函数的作用对象，将聚集函数作用于按一个或多个属性列的值构造的分组上，可在 SELECT 查询中使用 GROUP BY 子句。GROUP BY 子句的一般格式为

```
GROUP BY  <属性列名 1>[,<属性列名 2>,…][HAVING 条件]
```

GROUP BY 子句将依次按＜属性列名 1＞、＜属性列名 2＞…的值对满足查询条件的元组进行分组，在所有这些属性上值相等的元组构成一组。如果有 HAVING 子句还需要对分组进行筛选，只有满足条件的分组才会产生查询结果。

分组后聚集函数将作用每一个分组，以每一分组中的元组为计算对象，即每一个分组都有一个函数值。

【例 5-31】 查询平均成绩在 80 分以上的学生学号和平均成绩，并按成绩降序排列，如图 5-14 所示。

```
SELECT  SNO,AVG(GRADE)
  FROM  SC
    GROUP  BY  SNO
      HAVING  AVG(GRADE)>80
```

```
ORDER BY 2 DESC
```

根据学号分组

SNO	CNO	GRADE
s1	c1	90
s1	c2	85
s1	c4	80
s1	c5	79
s2	c1	68
s2	c3	90
s2	c5	88
s3	c2	72
s3	c4	84

⇨ 统计各分组的AVG(GRADE)

SNO	Avg(G)
s1	83.5
s2	82
s3	78

⇨ 筛选80分以上的分组

SNO	Avg(G)
s1	83.5
s2	82

图 5-14 带 HAVING 条件的分组查询示意

上述查询对表 SC 中的元组按学号 SNO 进行分组，然后对每一分组（每名学生）的成绩 GRADE 计算平均值 AVG，再对平均成绩大于 80 的分组（学生）的学号 SNO 和平均成绩 AVG(GRADE)进行显示输出，以第 2 个目标列 AVG(GRADE)的值降序排列。

需要强调的是，当在查询中使用 GROUP BY 子句时，出现在 SELECT 子句中但没有被聚集的属性只能是出现在 GROUP BY 子句中的那些属性。也就是说，任何没有出现在 GROUP BY 子句中的属性如果出现在 SELECT 子句中，它只能出现在聚集函数内部，否则这样的查询就是错误的。因为要保证在 SELECT 子句中所要显示输出的值在分组中是唯一的。同样，任何出现在 HAVING 子句中，但没有被聚集的属性必须出现在 GROUP BY 子句中。

【例 5-32】 查找男生人数超过 20 的系名。

```
SELECT  SD
  FROM  S
    WHERE  SEX='男'
        GROUP BY  SD
          HAVING  COUNT(*)>=20;
```

与上述查询类似，如果在 SELECT 子句中，WHERE，GROUP BY 与 HAVING 子句都被使用时，要注意它们的作用对象和执行顺序：

- WHERE 作用于由 FROM 指定的数据对象（基本表或视图），从中选择满足条件的元组。
- GROUP BY 子句用于对 WHERE 的结果进行分组。
- HAVING 则是对 GROUP BY 以后的分组按条件进行选择。
- SELECT 子句对筛选出的分组产生出查询结果。

2. 多表连接查询

一个数据库中的多个表之间通常存在某种内在联系，若一个查询需要在两个以上的表中进行才能获得有用的信息，则需要进行连接查询。

一个典型的 SQL 连接查询具有如下形式：

```
SELECT  A1,A2,…,Am
  FROM  R1,R2,…,Rn
    WHERE  F;
```

对于实现连接查询的 SQL 语句，可以如下理解：

① 为 FROM 子句中列出的关系产生笛卡儿积。

② 在①的结果上应用 WHERE 子句中指定的谓词条件。

③ 对于②的结果中的每个元组，输出 SELECT 子句中指定的属性(或表达式的结果)。若无 WHERE 子句，本步骤直接对①的结果进行操作。

对上述步骤的理解有助于了解一个 SQL 查询的结果应该是什么样的，而不是查询是怎样被执行的。实际上，DBMS 不是这样执行查询的，它是通过(尽可能)只产生满足 WHERE 子句谓词的参与笛卡儿积运算的元组来对查询进行优化执行。

连接查询中的连接条件通过 WHERE 子句表达，其中连接条件和元组选择条件之间用 AND(与)操作符衔接。若无 WHERE 子句，则查询为对多表进行广义笛卡儿积操作。

1) 二表连接查询

【例 5-33】 查询选修课程号为 C01 的学生姓名和成绩。

```
SELECT   S.SN,SC.GRADE
FROM     S,SC
WHERE    SC.CNO='C01'  AND  S.SNO=SC.SNO;
```

此查询相当于按连接属性 SNO 对表 S 和表 SC 进行等值连接。属性名前的表名前缀用于指明属性所在的表。如果属性名在参与连接的各表中是唯一的，则可以省略表名前缀。

在通常的连接操作中，只有满足连接条件的元组才能作为结果输出。如图 5-15 所示，结果表中只有 8 个学生的信息，原因在于其他的学生没有学习 C01 课程，在 SC 表中没有相应的元组，造成 S 中这些元组在连接时被舍弃了。

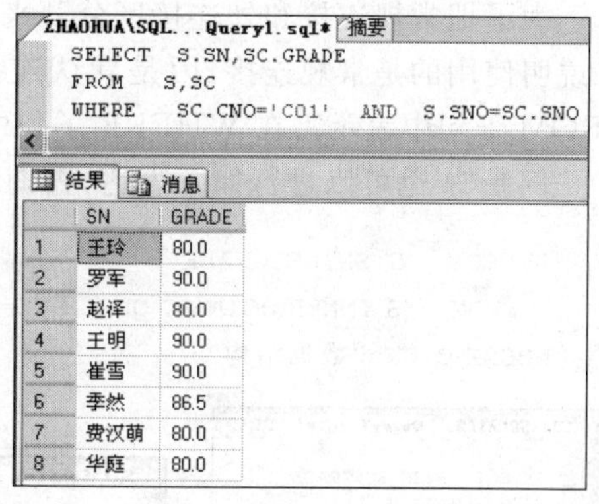

	SN	GRADE
1	王玲	80.0
2	罗军	90.0
3	赵泽	80.0
4	王明	90.0
5	崔雪	90.0
6	季然	86.5
7	费汉萌	80.0
8	华庭	80.0

图 5-15　例 5-33 查询结果

假若想得到 S 表中所有学生的基本情况及其选课情况，即使某个学生没有选修 C01 课程，仍把 S 元组保留在结果关系中，而在 SC 表的属性上填空值(NULL)，这时就需要使用外连接。

外连接的概念已经在 5.3 节讲过了，在 SELECT 语句中，外连接可以在 FROM 子句中指定，其语法规则如下：

```
FROM  <左关系>   LEFT|RIGHT|FULL [OUTER]
JOIN   <右关系>
ON <search_condition>
```

说明：

- FULL [OUTER] 进行全外连接，即指定在结果集中包括左表或右表中不满足连接条件的行，并将对应于另一个表的输出列设为 NULL。
- LEFT [OUTER] 进行左外连接，即指定在结果集中包括左表中所有不满足连接条件的行，将另外一个表的输出列设为NULL。

- RIGHT [OUTER] 进行右外连接，即指定在结果集中包括右表中所有不满足连接条件的行，将与另外一个表对应的输出列设为NULL。
- ON <search_condition>指定连接所基于的条件。

针对新的查询要求，可以对例5-33的查询语句修改如下：

```
SELECT  S.SN,SC.GRADE
FROM    S  LEFT  OUTER  JOIN  SC
ON      SC.CNO='C01'  AND  S.SNO=SC.SNO;
```

通过左外连接操作，可以列出左边关系（如本例S）中的所有元组，如图5-16所示。当然，若要列出右边关系中的所有元组，可以通过右外连接操作实现。在<左关系>或<右关系>中可以嵌套一个外连接或一个子查询。子查询的概念见"嵌套查询"。

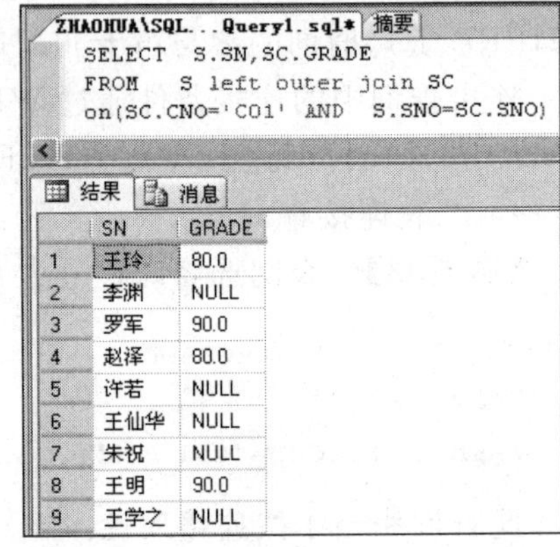

	SN	GRADE
1	王玲	80.0
2	李渊	NULL
3	罗军	90.0
4	赵泽	80.0
5	许若	NULL
6	王仙华	NULL
7	朱祝	NULL
8	王明	90.0
9	王学之	NULL

图5-16　例5-33外连接查询结果

2）多表连接查询

【例5-34】 查询选修"数据结构"课程的学生的姓名和成绩，查询结果如图5-17(a)所示。

```
SELECT  S.SN,SC.GRADE
FROM    S,SC,C
WHERE   C.CN='数据结构'  AND
        C.CNO=SC.CNO  AND
        S.SNO=SC.SNO;
```

为了把常规连接和外连接区分开来，SQL中把常规连接称作内连接，用[INNER]JOIN来说明使用的是常规连接，因是默认连接，INNER是可选的，并且也可以使用ON子句在FROM子句中表示需在WHERE子句中表达的连接条件。

例5-34也可以进行如下表达，查询结果如图5-17(b)所示。

```
SELECT  S.SN,SC.GRADE
  FROM  (S INNER JOIN SC ON S.SNO=SC.SNO) INNER JOIN C ON  C.CNO=SC.CNO
WHERE C.CN='数据结构';
```

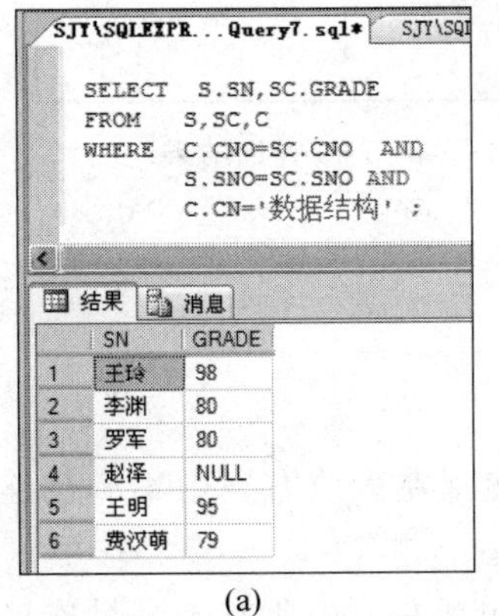

	SN	GRADE
1	王玲	98
2	李渊	80
3	罗军	80
4	赵泽	NULL
5	王明	95
6	费汉萌	79

(a)

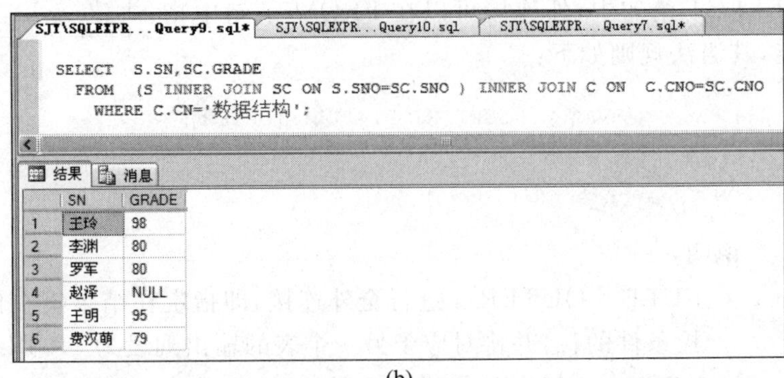

	SN	GRADE
1	王玲	98
2	李渊	80
3	罗军	80
4	赵泽	NULL
5	王明	95
6	费汉萌	79

(b)

图5-17　例5-34查询结果

3）自身连接查询

若查询涉及对一个表中的不同元组进行操作，则需对该表进行自身连接查询。进行自身连接查询时，需要给出所要查询的表定义别名，将其虚拟成两个表。如果不定义别名，就不可能把同一个关系表中的一个元组与其他元组区分开来。为关系表定义别名另外的作用是，可以把一个长的关系表名替换成短的，更便于使用。别名在FROM子句中定义。

【例5-35】 查询每门课程的间接先修课程（即先修课程的先修课程），如图5-18所示。

```
SELECT  FIRST.CNO,SECOND.PC
FROM    C  FIRST, C  SECOND
WHERE   FIRST.PC   IS   NOT   NULL      AND
        SECOND.PC   IS   NOT   NULL   AND
        FIRST.PC=SECOND.CNO;
```

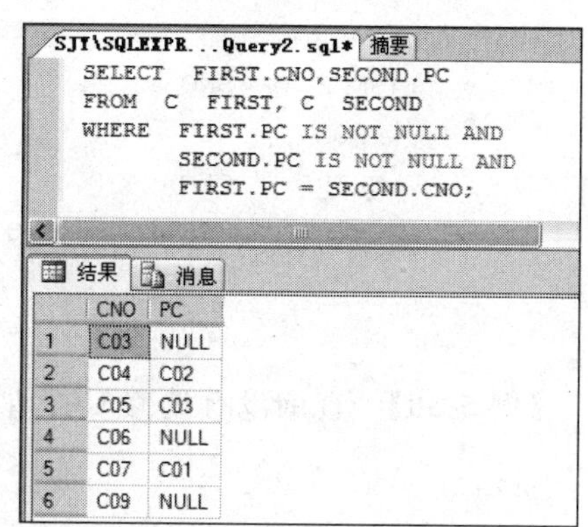

图5-18 例5-35查询结果

此查询需要在C表中，先找到一门课程的先修课程，再按此先修课程的课程号，找到它的先修课程，因此需对表C进行自身连接查询，查询中为表C定义了FIRST和SECOND两个别名。查询结果为在FIRST表中找到某一课程（FIRST. CNO）的先修课程（FIRST. PC）是SECOND表的某一课程（SECOND. CNO）时，SECOND表中该课程的先修课程（SECOND. PC）。

3. 多表嵌套查询

在数据库中多个表之间进行查询，除进行连接查询外，还可以采用嵌套查询的方式。在SQL语言中，一个SELECT-FROM-WHERE语句称为一个查询块。将一个查询块嵌套在另一个查询块的WHERE子句或HAVING短语中的查询称为嵌套查询或子查询。在子查询的WHERE子句中还可以再嵌入子查询，只嵌入一层子查询的称为单层嵌套查询，嵌入子查询多于一层的称为多层嵌套查询。

嵌套查询使人们可以用多个简单查询构成复杂的查询，增强了SQL的查询能力。而层层嵌套的查询方式也正是SQL(structured query language)的“结构化”特征所在。

一个查询的结果是一个关系，即元组的集合，那么如何将一个子查询嵌套在另一个查询的WHERE子句或HAVING短语中构成嵌套查询呢？嵌套查询可以用以下几种方式来实现。

1）使用IN操作符实现

IN谓词用于判断一个值是否属于一个集合。在嵌套查询中，子查询的结果往往是一个集合，所以经常用谓词IN来实现嵌套查询。

【例5-36】 查询选修“操作系统”课程的学生的学号。

```
SELECT  SNO
FROM    SC
WHERE   CNO  IN
       (SELECT  CNO
        FROM   C
        WHERE  CN='操作系统');
```

若本例查询的不仅是学生的学号，还包括姓名，则要增加对一个表的查询，若仍用 IN 操作符实现，就要再增加一层嵌套，见例 5-37。

【例 5-37】 查询选修“操作系统”课程的学生的学号和姓名，如图 5-19 所示。

```
SELECT  SNO,SN
FROM    S
WHERE   SNO  IN
        (SELECT   SNO
         FROM     SC
         WHERE    CNO   IN
                  (SELECT   CNO
                   FROM     C
                   WHERE    CN='操作系统'));
```

【例 5-38】 查询没有选修 C02 课程的学生姓名，如图 5-20 所示。

```
SELECT   SN
FROM     S
WHERE    SNO  NOT  IN
         (SELECT   SNO
          FROM     SC
          WHERE    CNO='C02');
```

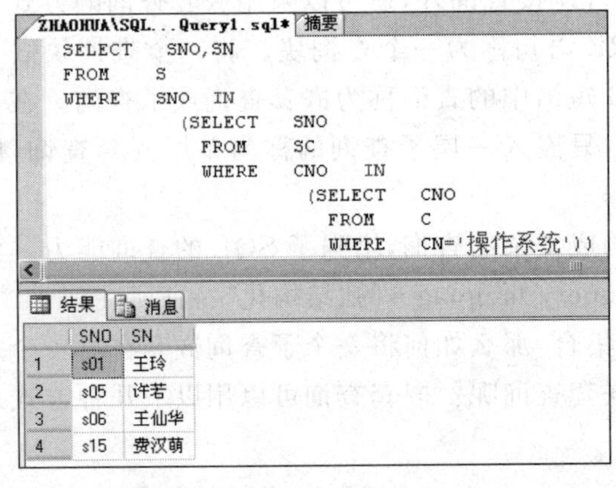

图 5-19　例 5-37 查询结果

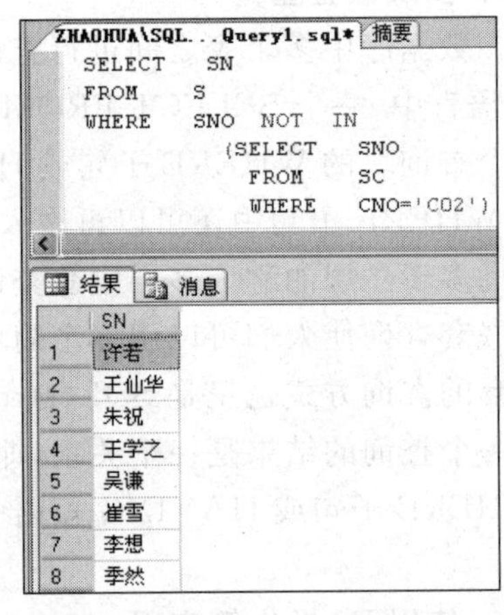

图 5-20　例 5-38 查询结果

从上述嵌套查询可看到，查询涉及多个关系表时，用嵌套查询可以逐步求解，易于构造，层次清楚，具有结构化程序设计的特点。

有些嵌套查询也可以用连接查询来实现，有一些则不能用连接查询实现。请尝试将例 5-36、例 5-38 用连接查询实现，结果如何？

2）使用比较操作符实现

IN 操作符用于一个值与多个值的比较，当子查询的结果是单值时，可以用比较运算符来实现嵌套查询。

【例 5-39】 查询 C01 课程的成绩高于王玲的学生的学号和成绩，如图 5-21 所示。

```
SELECT  SNO, GRADE
FROM    SC
WHERE   CNO='C01'  AND  GRADE>
        (SELECT   GRADE
         FROM     SC
         WHERE    CNO='C01' AND
                  SNO=(SELECT  SNO
                       FROM    S
                       WHERE   SN='王玲'));
```

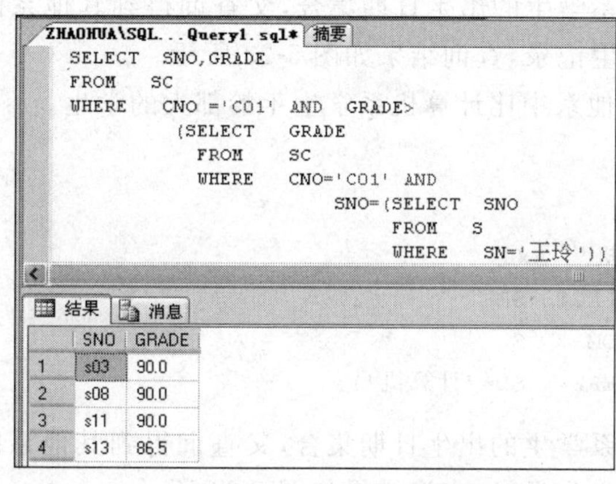

图 5-21 例 5-39 查询结果

【例 5-40】 查询每个学生所修课程成绩超过其所修课程平均成绩的课程号。

```
SELECT  SNO, CNO
FROM    SC  SC1
WHERE   GRADE>(SELECT   AVG(GRADE)
               FROM     SC  SC2
               WHERE    SC2.SNO=SC1.SNO);
```

该查询针对父查询中的每一选课元组，查询其课程成绩大于该学生所修课程平均成绩的课程号，而子查询用于查询父查询中该学生所修课程的平均成绩，其查询结果如图 5-22 所示。此类查询称为相关子查询，子查询中调用了外层查询的表及其元组变量，随着外层元组变量的每一次的取值变化，都需要重新执行子查询以获得相关的中间查询结果。其处理顺序是由外到内，再由内到外，直至处理完外层查询表中的所有元组。

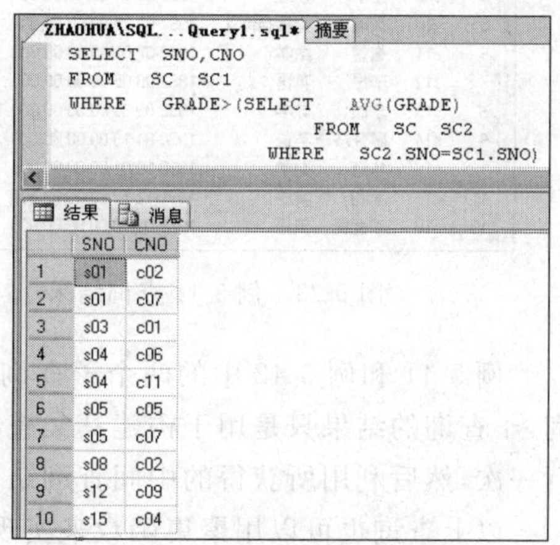

图 5-22 例 5-40 查询结果

3) 使用 ANY 或 ALL 操作符实现

在有的 DBMS(如 SQL Server 2005)中，ANY 或 ALL 操作符与比较符配合使用可以实现嵌套查询。ANY 操作符的语义为查询结果中的某个值，ALL 操作符的语义为查询结果中的所有值。

【例 5-41】 查询其他系中比计算机系某一学生年龄大的学生。

```
SELECT  *
FROM    S
WHERE   SD<>  '计算机'  AND
        SB<ANY(SELECT  SB
               FROM    S
               WHERE   SD='计算机');
```

子查询得到计算机系学生的出生日期集合，父查询得到其他系的只要出生日期比子查询结果中某一值小的学生记录，查询结果如图 5-23 所示。

【例 5-42】 查询其他系中比计算机系学生年龄都大的学生。

```
SELECT  *
FROM    S
WHERE   SD<>'计算机'  AND
        SB<ALL(SELECT  SB
               FROM    S
               WHERE   SD='计算机');
```

子查询得到计算机系学生的出生日期集合，父查询得到其他系的学生出生日期比子查询结果中所有值都小的学生记录，查询结果如图 5-24 所示。

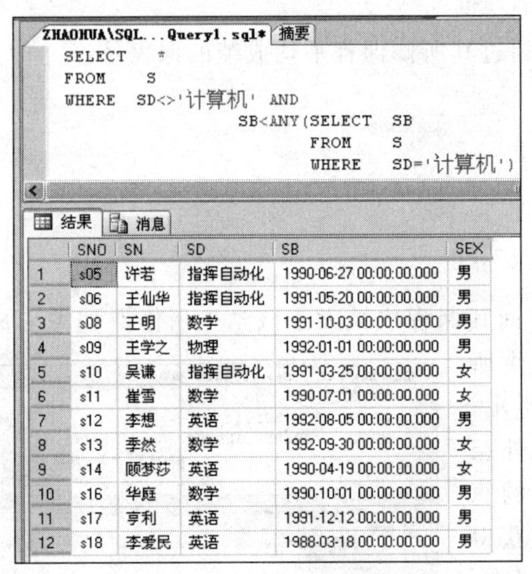

```
ZHAOHUA\SQL...Query1.sql*  摘要
SELECT  *
FROM    S
WHERE   SD<>'计算机' AND
        SB<ANY(SELECT  SB
               FROM    S
               WHERE   SD='计算机')
```

结果 消息

	SNO	SN	SD	SB	SEX
1	s05	许若	指挥自动化	1990-06-27 00:00:00.000	男
2	s06	王仙华	指挥自动化	1991-05-20 00:00:00.000	男
3	s08	王明	数学	1991-10-03 00:00:00.000	男
4	s09	王学之	物理	1992-01-01 00:00:00.000	男
5	s10	吴谦	指挥自动化	1991-03-25 00:00:00.000	女
6	s11	崔雪	数学	1990-07-01 00:00:00.000	女
7	s12	李想	英语	1992-08-05 00:00:00.000	男
8	s13	季然	数学	1992-09-30 00:00:00.000	女
9	s14	顾梦莎	英语	1990-04-19 00:00:00.000	女
10	s16	华庭	数学	1990-10-01 00:00:00.000	男
11	s17	亨利	英语	1991-12-12 00:00:00.000	男
12	s18	李爱民	英语	1988-03-18 00:00:00.000	男

图 5-23 例 5-41 查询结果

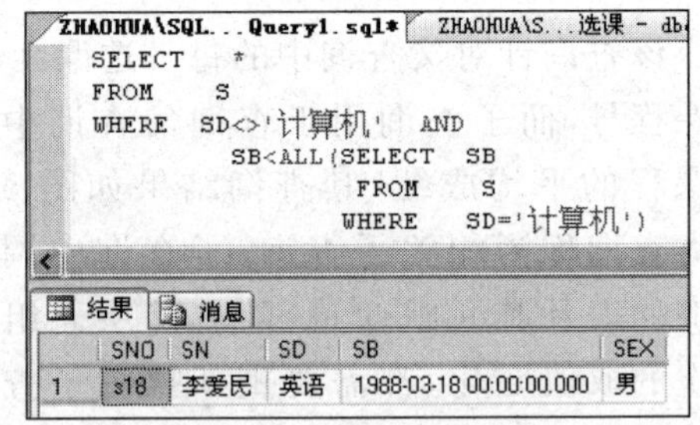

```
ZHAOHUA\SQL...Query1.sql*  ZHAOHUA\S...选课 - db
SELECT  *
FROM    S
WHERE   SD<>'计算机' AND
        SB<ALL(SELECT  SB
               FROM    S
               WHERE   SD='计算机')
```

结果 消息

	SNO	SN	SD	SB	SEX
1	s18	李爱民	英语	1988-03-18 00:00:00.000	男

图 5-24 例 5-42 查询结果

例 5-41 和例 5-42 中的两个子查询称为独立子查询，子查询的查询条件不依赖于父查询，子查询的结果只是用于构建其父查询的查询条件。嵌套查询中的独立子查询只需要执行一次，然后利用所获得的中间查询结果来计算外层的查询语句，其处理顺序由内到外。

以上查询也可以用聚集函数来实现，且效率更高。＜ANY 等价于＜MAX，＜ALL 等价于＜MIN。ANY、ALL 参与的关系运算与聚集函数及 IN 谓词之间的等价关系详见

表 5-6。

表 5-6 ANY、ALL 谓词与聚集函数、IN 谓词的等价关系

谓词 \ 等价关系	=	<>或!=	<	<=	>	>=
ANY	IN		<MAX	<=MAX	>MIN	>=MIN
ALL		NOT IN	<MIN	<=MIN	>MAX	>=MAX

从表中可以看出，=ANY 等价于 IN，<>ANY 不等价于 NOT IN；<>ALL 等价于 NOT IN，=ALL 并不等价于 IN。

4）使用 EXISTS 操作符实现

EXISTS 谓词代表存在量词。用于判断一个子查询块的结果是否存在元组，若子查询块的查询结果非空，则产生逻辑真值，否则产生逻辑假值。一般格式为：

```
[NOT] EXISTS(子查询块)
```

【例 5-43】 查询选修了课程号为 C02 的学生姓名。

```
SELECT   SN
FROM     S
WHERE    EXISTS
         (SELECT   *
          FROM     SC
          WHERE    S.SNO=SC.SNO   AND   CNO='C02');
```

该查询针对父查询中的每一个学生元组，查询满足子查询非空时的学生姓名。而子查询得到选课表中该学生选修 C02 课程的元组，如果存在查询结果，即该学生选修了 C02 课程，则父查询条件满足，输出该学生的姓名。在该查询中，子查询的结果依赖父查询的当前元组的属性值 SNO，因此该嵌套查询是相关子查询。查询结果如图 5-25 所示。

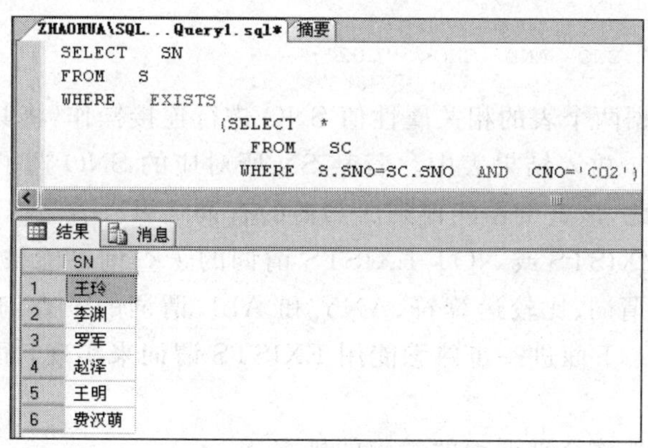

图 5-25 例 5-43 查询结果

由 EXISTS 引出的子查询，其目标列表达式通常都用 *，因为带 EXISTS 的子查询只返回真值或假值，给出列名无实际意义。

【例 5-44】 查询没有选修 C02 课程的学生姓名。

```
SELECT  SN
FROM    S
WHERE   NOT  EXISTS
        (SELECT   *
         FROM     SC
         WHERE    S.SNO=SC.SNO  AND  CNO='C02');
```

与上例相反,该例中子查询没有查询结果时,即SC表中没有该学生选修了C02课程的元组,则父查询条件满足,输出该学生的姓名。查询结果应该是S表中不包括例5-43结果中的那些学生的姓名,如图5-26所示,同例5-38的结果一样。

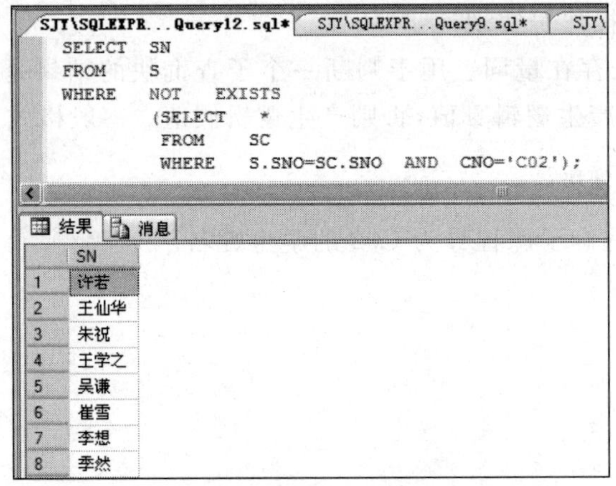

图5-26 例5-44查询结果

【例5-45】 在例5-38中已经看到使用IN谓词来实现例5-44查询,前面也曾思考过例5-44查询是否可使用如下连接查询来实现:

```
SELECT  SN
FROM    S,SC
WHERE   S.SNO=SC.SNO  AND  CNO<>'C02';
```

本查询其实是根据两个表的相关属性值SNO进行连接操作,将其中SNO相等且CNO不为C02的元组的SN放入结果表中。若某SN所对应的SNO选了C02以外的课程,SN也会在结果集中。因此,该查询不能得到所需要的查询结果。

事实上,一些带EXISTS或NOT EXISTS谓词的子查询不能被其他形式的子查询等价替换,但所有带IN谓词、比较运算符、ANY和ALL谓词的子查询都能用带EXISTS谓词的子查询等价替换。下面进一步熟悉能用EXISTS谓词来实现,而用其他方法难以实现的一些查询。

【例5-46】 查询选修全部课程的学生的姓名。

查询选修全部课程的学生≡没有一门课不选的学生。则本查询可如下实现:

```
SELECT  SN
FROM    S
WHERE   NOT  EXISTS
```

```
(SELECT  *
 FROM    C
 WHERE   NOT  EXISTS
         (SELECT  *
          FROM    SC
          WHERE   SC.SNO=S.SNO  AND
                  SC.CNO=C.CNO));
```

第一个 NOT EXISTS 表示不存在某一课程记录,第二个 NOT EXISTS 表示没有该学生选修该课程的记录。

本查询对于查询结果中的每一个 SN,应该满足下面的第一层嵌套子查询为空,即不存在任一课程记录。

```
SELECT    *
  FROM    C
     WHERE   NOT  EXISTS
             (SELECT  *
              FROM    SC
              WHERE   SC.SNO=S.SNO  AND
                      SC.CNO=C.CNO));
```

而上面的子查询为空则应该满足下面的第二层嵌套子查询存在查询结果,即在表 SC 中,该 SN 所对应的 SNO 有选修任一课程的选课记录。

```
SELECT   *
  FROM   SC
     WHERE   SC.SNO=S.SNO  AND
             SC.CNO=C.CNO));
```

【例 5-47】 查询所学课程包含学生 S01 所学课程(至少选修了学号为 S01 的学生所选修的全部课程)的学生姓名。

本查询要找到那些对于表 SC 中学生 S01 所学的每一门课程,其在表 SC 中也有相应选课记录的学生的姓名。

本查询可以用逻辑蕴涵来表达:查询学号为 Sx 的学生,对于任何一门课程 Y,如果 S1 选修了课程 Y,那么要查询的学生 Sx 也选修了课程 Y。

SQL 语言中没有蕴涵逻辑运算,但可以利用谓词演算将一个逻辑蕴涵的谓词等价转换:

假设用 p 表示谓词"学生 S01 选修课程 y",用 q 表示谓词"学生 Sx 选修课程 y"。则本查询表示为 $(\forall y)p\rightarrow q$。

因为

$$p \rightarrow q \equiv \neg p \vee q$$

则有

$$(\forall y)p \rightarrow q \equiv \neg(\exists y)(\neg(p \rightarrow q) \equiv \neg(\exists y)(\neg(\neg p \vee q) \equiv \neg(\exists y)(p \wedge \neg q)$$

因此,查询所学课程包含学生 S01 所学课程的学生≡不存在这样的课程 y,学生 S01 选

修了 y,而学生 Sx 没有选。

相应的 SQL 查询语句可表示如下：

```
SELECT  SN
FROM    S
WHERE   NOT  EXISTS
         (SELECT  *
         FROM    SC  X
         WHERE   X.SNO='S01' AND
                 NOT  EXISTS
                 (SELECT    *
                  FROM     SC  Y
                  WHERE    S.SNO=Y.SNO  AND
                      Y.CNO=X.CNO));
```

从第一层嵌套子查询的查询条件可以看出，如果 S01 选修了课程，本查询的结果就是那些选修了 S01 所修全部课程的学生的姓名；而如果 S01 没有选修课程，本查询的结果就是所有学生的姓名。其查询结果如图 5-27 所示。

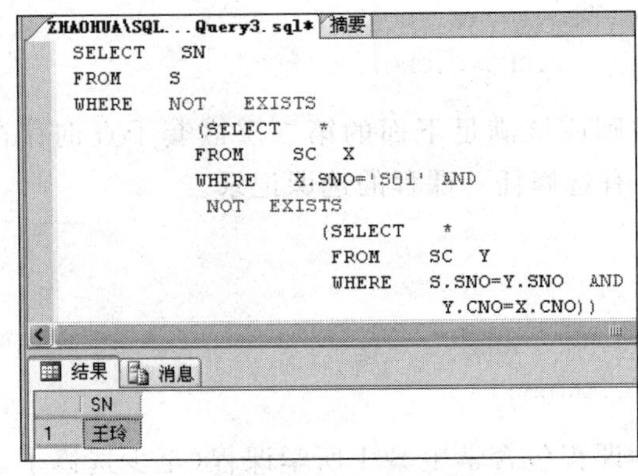

图 5-27　例 5-47 查询结果

4. 相容表的集合查询

SELECT 语句的查询结果是元组的集合，因此多个 SELECT 语句的查询结果可进行集合运算。SQL 语言的集合运算主要有 UNION(并)、INTERSECT(交)、MINUS 或 EXCEPT(差)等，对应于关系代数中的∪、∩和－运算。要求参与集合运算的关系必须是相容的，即参与运算的 SELECT 语句的查询结果具有相同个数的属性列，且对应属性列具有相同的数据类型。

【例 5-48】 查询选修了 C01 或 C02 课程的学号。

```
SELECT  SNO  FROM  SC  WHERE  CNO='C01'
UNION
SELECT  SNO  FROM  SC  WHERE  CNO='C02';
```

【例 5-49】 查询既选修了 C01 又选修了 C02 课程的学号。

```
SELECT  SNO  FROM  SC  WHERE  CNO='C01'
```

```
INTERSECT
SELECT  SNO  FROM  SC  WHERE  CNO='C02';
```

【例 5-50】 查询选修了C01但没选修C02课程的学号。

```
SELECT  SNO  FROM  SC  WHERE  CNO='C01'
MINUS
SELECT  SNO  FROM  SC  WHERE  CNO='C02';
```

与SELECT子句不同,上述集合查询的结果会自动去除重复。如果想保留所有重复,需要在集合运算符后添加all选项。

注意:INTERSECT和MINUS是ANSI SQL标准中的关键字,有些DBMS的SQL并不支持该语法结构。

用集合查询来实现查询,语义比较清晰。请尝试将以上各集合查询用非集合查询方法,即考虑用连接或嵌套查询等方法来实现查询。

5.4.4 数据更新

数据更新操作有三种:向表中添加若干行数据、修改表中的数据和删除表中的若干行数据。在SQL中有相应的三种操作语句。

1. 插入数据

往关系中插入数据,可以指定待插入的元组,或者用一条查询语句来生成待插入的元组集合。

1) 插入单个元组

插入单个元组的INSERT语句的格式为

```
INSERT
  INTO   <表名>   [(<属性名 1>[,<属性名 2>,…])]
VALUES   (<常量 1>[,<常量 2>,…]);
```

语句向指定的表中插入一个新元组,其中属性名列表中指定的该元组的属性值分别为VALUES后的对应常量值。要求待插入元组的属性值必须在相应属性的域中,且元组的分量数也必须是正确的。如果元组的某些属性在INTO子句中没有出现,则新元组在这些属性上将被赋空值。而在表定义时说明为NOT NULL的属性不能取空值,所以需要在语句中赋值,否则会出错。如果INTO子句中没有指明任何属性,则VALUES子句中新插入的元组必须在每个属性上均有值,且常量值的顺序要与表定义中属性的顺序一致。

【例 5-51】 将一个新学生记录(学号:S01;姓名:陈浩;性别:男;所在系:计算机;出生时间:1990-10-15)插入学生关系表S中。

```
INSERT
INTO   S(SNO,SN, SD,SB,SEX)
VALUES  ('S01','陈浩', '计算机', '1990-10-15','男');
```

该插入操作也可如下表达:

```
INSERT
```

```
INTO   S
VALUES  ('S01','陈浩', '计算机', '1990-10-15','男');
```

其中VALUES子句中的常量值('S01','陈浩','计算机','1990-10-15','男')需要与定义S(SNO,SN,SD,SB,SEX)中的对应顺序一致。

【例5-52】 向表SC中插入一条选课元组('S01','C01')。

```
INSERT
INTO  SC(SNO,CNO)
VALUES('S01','C01');
```

根据表的定义,新插入的元组值需要有SNO、CNO值,且新元组的GRADE值被系统自动赋为空值。

2) 插入子查询结果

子查询不仅可以嵌套在SELECT语句中,用以构造父查询的条件,也可以嵌套在INSERT语句中,用以生成要插入的元组数据。

插入子查询结果的INSERT语句的格式为

```
INSERT
INTO  <表名>[(<属性名1>[,<属性名2>,…])]
子查询;
```

语句功能为先执行子查询,再将查询结果中的每一元组的属性值分别赋予指定表中每一个新元组的指定属性。

【例5-53】 插入"计算机"系学生选修"数据库"课程的选课记录。

```
INSERT
INTO   SC(SNO,CNO)
  SELECT  SNO,CNO
  FROM    S,C
  WHERE  SD='计算机' AND  CN='数据库';
```

语句执行的结果将向表SC中插入由计算机系学生的学号与数据库课程的课程号构成的新元组,新元组的个数为计算机系学生的人数,且GRADE值目前均为NULL值。

2. 修改数据

如果希望在不改变整个元组的情况下修改其部分属性的值,可以使用UPDATE语句。其语句格式为

```
UPDATE  <表名>
  SET <属性名1>=<表达式1>[,<属性名2>=<表达式2>,…]
  [WHERE <元组选择条件>]
```

该语句用于修改指定表中满足选择条件的元组,并将SET子句中所列属性的值修改为相应的表达式的值。待更新的元组可以用子查询语句找到,子查询中也可引用待更新的关系。该语句会首先执行子查询,找到所有待更新的元组,然后再执行更新操作。如果省略WHERE子句,则要对表中所有元组的相关属性进行修改。

【例 5-54】 将学号为 S02 的学生所学"高等数学"的成绩改为 93.0。

```
UPDATE  SC
SET  GRADE=93.0
WHERE  SNO='S02' AND
       CNO  IN  (SELECT  CNO
                 FROM  C
                 WHERE  CN='高等数学');
```

【例 5-55】 若课程成绩低于该课平均成绩,则将成绩提高 5%。

```
UPDATE  SC
  SET  GRADE=GRADE * 1.05
  WHERE  GRADE<(SELECT AVG(GRADE)
                FROM  SC SC1
                WHERE SC.CNO=SC1.CNO)
```

该 UPDATE 语句嵌套了一个子查询,用于构造元组选择条件。读者可以通过查询所有课程的平均成绩、满足条件的元组、修改操作的执行情况以及修改后的选课关系表信息,并且与图 5-10 中的原始关系表进行对比,了解所用的 DBMS 是如何实现该操作的。

3. 删除数据

若要从关系表中删除满足条件的元组,可使用 DELETE 语句。语句的一般格式为

```
DELETE
  FROM  <表名>
  [WHERE  <元组选择条件>];
```

DELETE 语句只能作用于一个关系表,而且只能删除整个元组,而不能只删除某些属性上的值。在 WHERE 子句中,可使用子查询来构造元组选择条件。若无 WHERE 子句,则表示删除指定表中的所有元组,但不删除表定义,表定义仍在数据字典中。

【例 5-56】 将学号为 S07 的学生删除。

```
DELETE
  FROM  S
  WHERE  SNO='S07';
```

【例 5-57】 删除成绩低于所有课程平均成绩的选课元组。

```
DELETE
 FROM  SC
 WHERE  GRADE<(SELECT  AVG(GRADE) FROM  SC);
```

该 DELETE 语句嵌套了一个子查询,用于构造元组选择条件。读者可通过查询所有课程的平均成绩以及删除操作后的选课关系表信息,并且与图 5-10 中的原始关系表对比,了解所用的 DBMS 是如何实现该操作的。

可对例 5-55 和例 5-57 的结果进行分析,了解 DBMS 对更新操作中的子查询的处理是否先于更新操作,使得更新操作的结果不依赖于元组被处理的顺序。同时,也可进一步理解空值操作问题,即聚集函数 AVG 是否处理空值,GRADE 值为 NULL 的元组是否满足更新

条件,是否被更新。

4. 更新操作的完整性检查

完整性控制的主要目的是防止语义上不正确的数据进入数据库。因此,在对数据库进行更新操作时,DBMS会对用户发出的操作请求进行检查,如果发现用户的操作请求使数据违背了完整性约束条件,则采取一定的动作来保护数据的完整性,例如拒绝该操作或采用其他处理方法。下面针对参照完整性做进一步讨论。

关系数据库的参照完整性定义了两个表中元组对应属性值间的参照关系。因此,对数据库表进行更新操作时,可能会破坏表间的参照完整性。

【例5-58】 插入一个学习元组('S20','C10',78.5)。

```
INSERT
INTO SC
VALUES('S20', 'C10',78.5);
```

在表SC中SNO、CNO为外键,其对应主键分别为表S的主键SNO,表C的主键CNO。若新增元组的学号S20不在学生表S中,或课程号C10不在课程表C中,则破坏了数据的参照完整性。执行该语句会出现图5-28所示的信息。

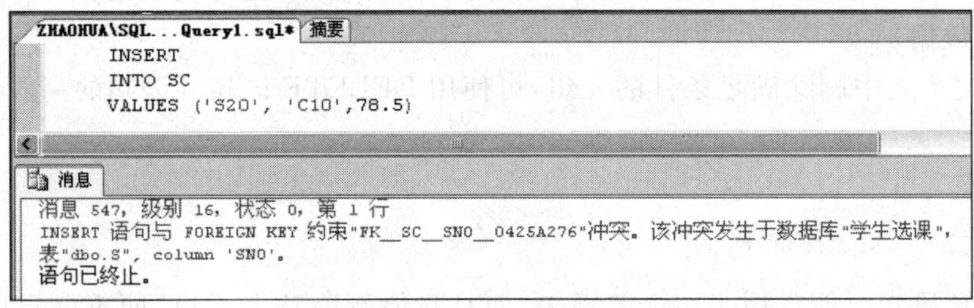

图5-28 例5-58破坏完整性提示

【例5-59】 将学生表中学号为S02的学生学号修改为S19。

```
UPDATE  S
SET  SNO='S19'
WHERE  SNO='S02';
```

若表SC中有S02的选课记录,该操作将使这些选课记录的SNO值找不到其在表S中的对应值,破坏了数据的参照完整性。执行该语句会出现如图5-29所示的信息。

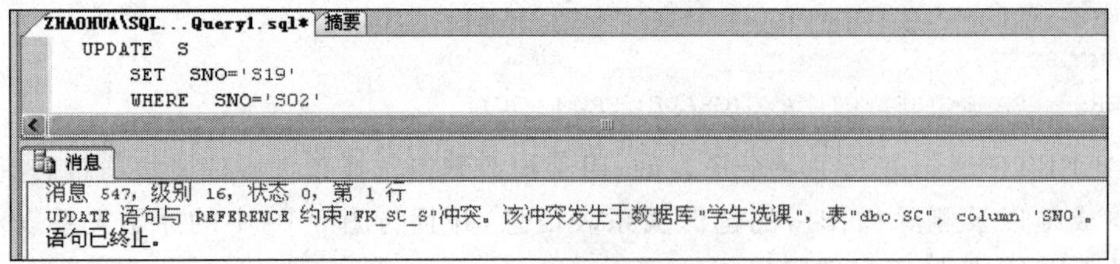

图5-29 例5-59破坏完整性提示

【例5-60】 删除学号为S01的学生信息。

```
DELETE
FROM  S
WHERE  SNO='S01';
```

若表SC中有S01的选课记录，该操作将使这些选课记录的SNO值找不到其在表S中的对应值，破坏了数据的参照完整性，如图5-30所示。

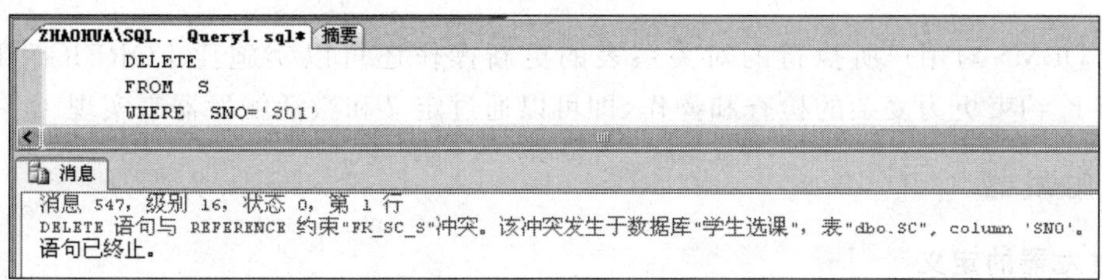
ZHAOHUA\SQL...Query1.sql* 摘要

```
DELETE
FROM  S
WHERE  SNO='S01'
```

消息

消息 547，级别 16，状态 0，第 1 行
DELETE 语句与 REFERENCE 约束"FK_SC_S"冲突。该冲突发生于数据库"学生选课"，表"dbo.SC", column 'SNO'。
语句已终止。

图5-30 例5-60破坏完整性提示

由此可见，在被参照表中删除元组或修改元组的主键值，可能会破坏参照完整性；而在参照表中插入元组或修改元组的外键值，也可能会破坏参照完整性。

当上述可能破坏参照完整性的操作发生时，为防止产生数据不一致现象，DBMS一般采取以下的策略进行处理。

(1) 拒绝执行(NO ACTION)：即拒绝执行该操作。在系统中，该策略通常为默认策略。例如，在执行例5-60的操作时，由于"学生-课程"数据库的SC表中存在有学生S01的选课记录，故系统除给出破坏参照完整性提示外，还会采取默认策略，终止语句的执行。

(2) 产生级联操作(CASCADE)：当在被参照表中删除元组或修改元组的主键值时，则删除或修改参照表中所有关联的元组。例如，若要执行例5-59的操作，就要在表SC中将所有SNO值为S02的元组的SNO值修改为S19。若要执行例5-60的操作，就要在表SC中将所有SNO值为S01的元组删除。

(3) 设置为空值(SET NULL)：当在被参照表中删除元组或修改元组的主键值时，则将参照表中所有关联的元组的对应外键属性值置为空。但是否可以置为空，还要看在参照表中该外键值是否允许为空，若其为表的主属性，或者在表的定义中定义了其不能为空，则不能执行该策略。例如，若要执行例5-59或例5-60的操作，表SC中相关元组的SNO值是不能置为空的，因为SNO是表SC的主属性，否则就破坏了关系的实体完整性。

一般情况下，当更新操作可能破坏参照完整性时，系统采用默认策略，即拒绝执行。如果希望系统采用其他的策略则需要在定义表时显式地说明。

【例5-61】 在例5-13定义表SC时说明参照完整性的违约处理策略。

```
CREATE  TABLE  SC
  (SNO   CHAR(6)  NOT  NULL,
   CNO   CHAR(6)  NOT  NULL,
   GRADE  DEC(4,1) DEFAULT  NULL,
   PRIMARY  KEY(SNO,CNO),                     /在表级定义主键
   FOREIGN  KEY(SNO) REFERENCES  S(SNO),     /定义外键 SNO,参照关系 S 的主键 SNO
   ON UPDATE CASCADE,                         /当修改 S 的 SNO 时,级联修改 SC 中相应元组
   ON DELETE NO ACTION,                       /当删除 S 的元组会破坏参照完整性时拒绝执行
```

```
FOREIGN  KEY(CNO) REFERENCES  C(CNO),   /定义外键 CNO,参照关系 C 的主键 CNO
ON UPDATE CASCADE,                      /当修改 C 的 CNO 时,级联修改 SC 中相应元组
ON DELETE NO ACTION,                    /当删除 C 的元组会破坏参照完整性时拒绝执行
CHECK(GRADE  BETWEEN  0.0  AND  100.0)); /定义 GRADE 的取值在 0.0~100.0 之间
```

RDBMS 为实现参照完整性,不仅提供了定义外键的功能,还提供了不同的违约策略供用户选择。

很多 DBMS 对用户所执行的对关系表的更新操作还可以实施比 FOREIGN KEY 约束、CHECK 约束更为复杂的检查和操作,即可以通过定义和激活触发器来实现。

5.4.5 触发器

1. 触发器的定义

触发器(trigger)是用户定义在关系表上的一类由事件驱动的特殊过程。触发器有时也称为 event-condition-action 规则(简称 ECA 规则)。当触发器事件(event)被激活时,触发器测试触发的条件(condition),一旦条件满足,DBMS 会自动执行与该触发器相连的动作(action),实现对数据库的特定更新操作。与完整性约束相比,触发器可以进行更为复杂的检查和操作,具有更精细和更强大的数据控制能力。

触发器并不是 SQL-92 和 SQL-99 核心 SQL 规范的内容,但是很多 RDBMS 很早就支持触发器,而且不同的 RDBMS 实现触发器的语法也会有所不同。本书中将以 SQL Server 为例介绍触发器。

2. 触发器的组成

一个触发器由以下三部分组成。

(1) 事件:所允许事件种类通常是对数据库的插入、修改和删除等操作。触发器在这些事件发生时将开始工作。

(2) 条件:触发器将测试条件是否成立。如果条件成立,就执行相应的动作,否则什么也不做。

(3) 动作:如果触发器满足测试的条件,那么就由 DBMS 自动执行这些动作。实际上,动作可以是任何数据库操作序列,包括与触发事件毫无关联的操作。

3. 触发器的工作原理

一般将触发器所依附的基本表称为触发器表。当在触发器表上发生插入、修改和删除操作时,DBMS 会自动生成两个特殊的临时表。在不同的 DBMS 中其名称不一样。例如,在 SQL Server 中,这两个特殊的表分别称为 Inserted 表和 Deleted 表。

这两个表的结构与触发器表的结构相同,而且只能由创建它们的触发器引用。触发器会对这两张表进行检查,检查一些数据更新的影响,为触发器动作设置条件,不能直接修改这两张表的内容。

(1) 当向触发器表中插入元组时,新插入的元组会被插入到 Inserted 表和触发器表中,如图 5-31(a)所示。

(2) 当从触发器表中删除元组时,触发器表中需要删除的元组将被移入 Deleted 表中,如图 5-31(b)所示。

(3) UPDATE 操作相当于先执行 DELETE 操作,删除需要修改的元组,再执行

INSERT操作，插入修改之后的元组，因此UPDATE操作要用到Inserted和Deleted两个表。

由此可见，Inserted表和Deleted表中没有相同的数据行。一旦触发器完成任务，这两个临时表将自动删除。

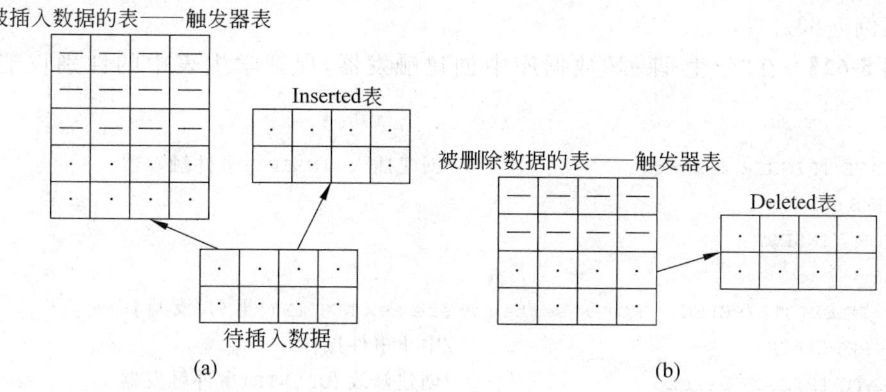

图5-31 触发器涉及的表

4. 创建触发器

建立触发器的一般语句格式为

```
CREATE TRIGGER <触发器名>
  ON <表名>
  {FOR|AFTER|INSTEAD OF} <INSERT|UPDATE|DELETE>
  AS <SQL语句>
```

说明：

- <INSERT | UPDATE | DELETE>触发器事件，可以是插入(INSERT)、更新(UPDATE)和删除(DELETE)事件，也可以是这几个事件的组合。
- <SQL语句>包含触发条件和动作。触发器将测试条件是否成立。如果条件成立，就由DBMS自动执行SQL语句指定的数据库操作。
- {FOR|AFTER|INSTEAD OF}中的INSTEAD OF表示触发器的条件测试和动作在指定的触发器事件(即INSERT、UPDATE或DELETE语句)之前执行，它的功能是不执行触发器事件(即INSERT、UPDATE或DELETE语句指定的操作)，而是执行触发器中SQL语句的操作；而FOR|AFTER表示触发器中的SQL语句将在触发事件执行之后的数据库状态上执行。如果仅指定FOR关键字，则AFTER是默认设置。

对已创建的触发器可以进行修改，SQL Server修改触发器的一般语句格式为

```
ALTER TRIGGER <触发器名>
   ON  <表名>
   {FOR | AFTER | INSTEAD OF} <INSERT | UPDATE|DELETE>
   AS  <SQL语句>
```

触发器不需要时则要删除，删除语句格式为

```
DROP TRIGGER <触发器名>
```

5. 触发器的作用

触发器可以支持在5.4.2节中介绍的关系模式定义中所能提供的完整性约束功能，参见例5-62，可以实现CHECK约束。此外，触发器还可以提供更复杂、更强大的动态约束功能，参见例5-63。

【例5-62】 在“学生-课程”数据库中创建触发器，保证学生表中的性别仅能取“男”或“女”。

```
CREATE TRIGGER sexins                          /创建插入(INSERT)事件触发器
  ON S
  FOR  INSERT
  AS
    IF EXISTS(SELECT FROM inserted where sex NOT IN('男','女'))
    ROLLBACK;                                  /中止事件操作
CREATE TRIGGER sexupd                          /创建修改(UPDATE)事件触发器
  ON S
  FOR  UPDATE
  AS
    IF EXISTS(SELECT  FROM inserted where sex NOT IN('男','女'))
    ROLLBACK;
```

也可以将上述两个触发器合并，创建如图5-32所示的触发器，该触发器定义如下：

```
CREATE TRIGGER sexinsupd                       /创建插入(INSERT)和修改(UPDATE)事件触发器
ON S
FOR INSERT,UPDATE
AS
  IF EXISTS(SELECT  FROM inserted where sex NOT IN('男','女'))
  ROLLBACK;
```

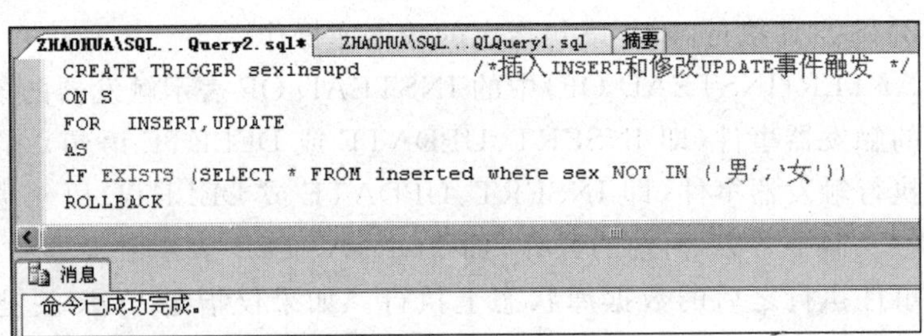

图5-32 创建例5-62的sexinsupd触发器

创建sexinsupd触发器后，若要在S关系表中插入一个性别不为“男”或“女”的元组，则会触发该触发器，中止该插入操作，如图5-33所示。

【例5-63】 在“学生-课程”数据库中创建触发器，使得SC表中一次只能插入或修改一条选课记录，要求保持每门课程选修的人数不超过8。

该触发器的含义是：

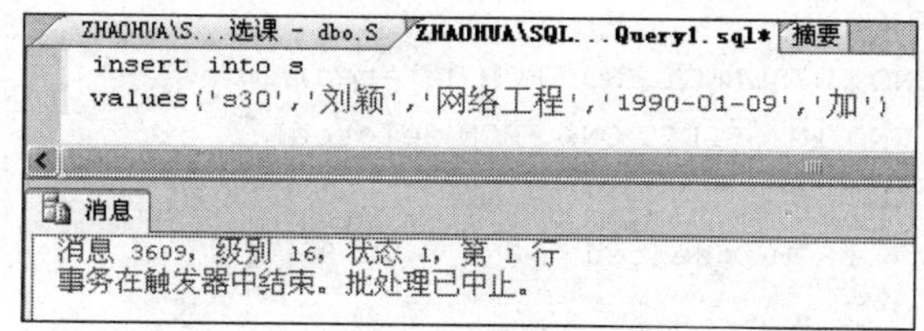

图 5-33　sexinsupd 触发器所起的作用

(1) 当向选课关系 SC 中插入选课记录或修改选课记录时，如果涉及的选课记录多于一条，则提示“不允许一次插入/修改多条选课记录！”。

(2) 还必须检验选修该课程的学生人数未超过 8 人，如果已经有 8 人选修了该课程，则这个插入应该不做，打印“已超过选修该课程的人数上限！”，使插入数据无效。

(3) 当修改某选课记录的课程号时，同样需要检验已选该课程的人数，若更改课程号违反“要求每门课程选修人数不超过 8 人”的约束，则打印“已超过选修该课程的人数上限！”，这个更改应该不做。

基于对触发器含义的分析，创建如图 5-34 所示的触发器，该触发器定义如下：

ZHAOHUA\SQL...Query8.sql*　ZHAOHUA\SQL...Query7.sql*　ZHAOHUA\SQL...Query1.sql*　ZHAOHUA\SQL...Query4.sql*

```
CREATE TRIGGER  tric2
on  SC
INSTEAD OF  INSERT,UPDATE
AS
IF (SELECT  COUNT(SNO)  FROM  inserted)>1
PRINT '不允许一次插入/修改多条选课记录！'
ELSE
IF (SELECT COUNT(SNO) FROM SC WHERE CNO IN (SELECT CNO FROM inserted))=8
PRINT '已超过选修该课程的人数上限！'
ELSE
BEGIN
DELETE FROM SC WHERE SNO IN (SELECT SNO FROM deleted) AND CNO IN (SELECT CNO FROM deleted)
INSERT INTO SC
SELECT * FROM inserted
End
```

消息

命令已成功完成。

图 5-34　创建例 5-63 的 tric2 触发器

```
CREATE TRIGGER tric2                    /创建插入(INSERT)和修改(UPDATE)事件触发器
ON SC
INSTEAD OF INSERT,UPDATE                /定义一个 INSTEAD OF 触发器
AS
  IF(SELECT COUNT(SNO)FROM inserted)>1
     PRINT '不允许一次插入/修改多条选课记录！'
  ELSE
    IF   (SELECT COUNT(SNO)FROM SC WHERE CNO IN(SELECT CNO FROM inserted))=8
         PRINT '超过选修该课程的人数上限！'
     ELSE
         BEGIN
             DELETE
```

```
        FROM SC
        WHERE SNO IN(SELECT SNO FROM deleted)AND
              CNO IN(SELECT CNO FROM deleted)
        INSERT INTO SC
        SELECT * FROM inserted
    END
```

由于这个触发器是一个 INSTEAD OF 触发器，触发器创建后任何企图更改选课关系表 SC 中 CNO 值的操作都被这个触发器截获，并且触发事件的操作(即 INSERT 和 UPDATE)不再进行，由触发器的条件真假值来判断是否执行 SQL 语句中设置的动作部分的操作。

如果在选课关系表 SC 中选修 C01 课程的学生数已经达到 8 人，如图 5-35 所示，那么当再次向 SC 表中插入学生选修 C01 课程的一条选课记录，或者修改选课关系表中某条记录为选修 C01 课程时，将被触发器截获，原触发事件的操作将不再进行，而执行触发器中特定的语句，打印“已超过选修该课程的人数上限!”，如图 5-36(a)和(b)所示。另外，当向 SC 表中插入或修改不止一条元组的时候，也会被该触发器截获，原触发事件的操作不再进行，而执行触发器中特定的语句，打印“不允许一次插入/修改多条选课记录!”，如图 5-36(c)和(d)所示。

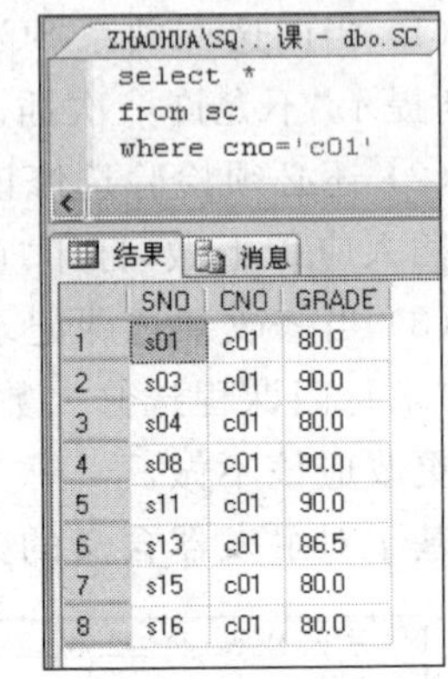

	SNO	CNO	GRADE
1	s01	c01	80.0
2	s03	c01	90.0
3	s04	c01	80.0
4	s08	c01	90.0
5	s11	c01	90.0
6	s13	c01	86.5
7	s15	c01	80.0
8	s16	c01	80.0

图 5-35 SC 表中选修 C01 课程的人数已满 8 人

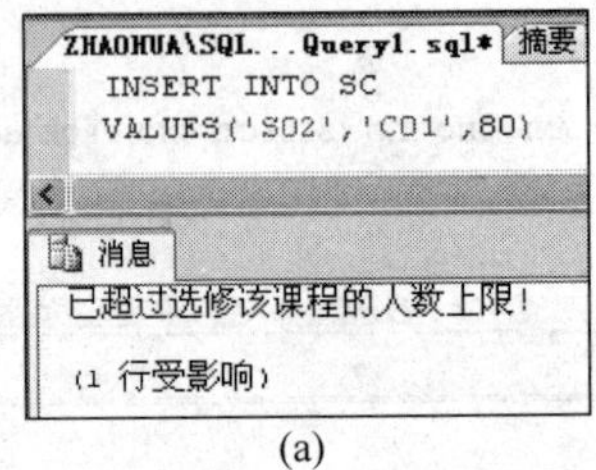

(a)

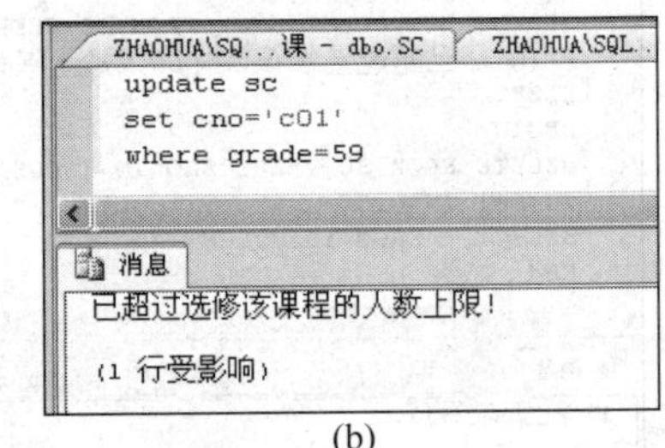

(b)

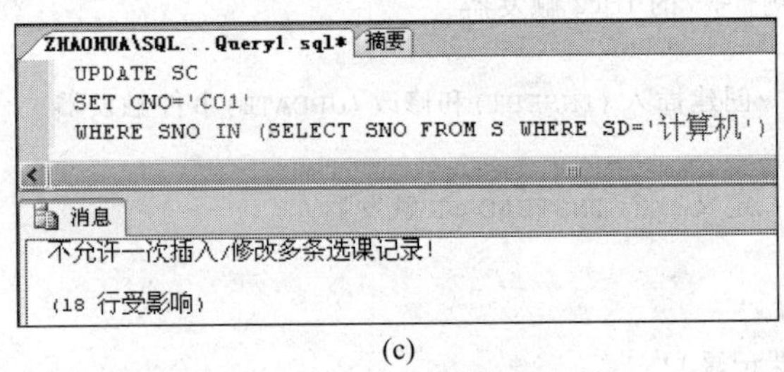

(c)

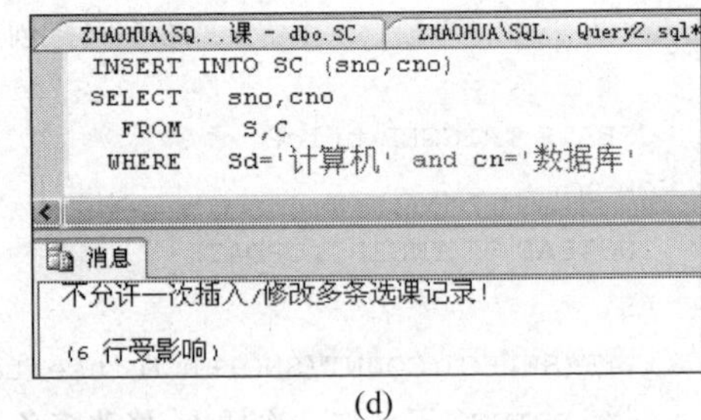

(d)

图 5-36 例 5-63 tric2 触发器所起的作用

5.4.6 视图

1. 视图的概念

前面所有的对数据库的操作都是针对定义的基本关系表，这些基本关系表都是实际存储在数据库中的。也就是说，操作是在数据库的全局逻辑模式上进行的。然而，在实际的数据库系统中，用户只关心或只被允许使用数据库中某些基本关系表、基本关系表中的某些属性列，这些数据构成了数据库的外模式。外模式的定义可通过定义视图来实现。

可以从如下三个方面来理解视图(VIEW)的概念：

(1) 视图是一个命名了的代数表达式，是从一个或几个基本表(或视图)导出的(虚的)关系变量，即视图是一个虚表。在数据库中只存放视图的定义，而不存放视图对应的数据。视图的值是定义表达式计算后所得到的结果。

(2) 视图为用户提供了一个观察底层数据的窗口。基本表发生变化后，对应视图也就随之改变。

(3) 用户能像操纵基本关系变量一样来操纵视图。对视图的操作将由 DBMS 转化为对相应基本表的操作，任何对视图的更新将自动和实时地在相应基本表中所映射的数据上进行。

2. 视图的定义

视图由用户定义，并为用户所使用。也可以在视图之上再定义视图。

SQL 中视图定义语句的一般格式为

```
CREATE  VIEW  <视图名>[(<属性列名 1>[,<属性列名 2>,…])]
    AS  子查询
  [WITH CHECK OPTION]
```

说明：

(1) 组成视图的属性列名或者全部指定或者全部省略。如果省略，则该视图的属性列由子查询中的 SELECT 子句的目标列确定。但是，在 SELECT 子句目标列存在下述情形时，需要指明视图的属性列。

• 目标列中含有聚集函数或列表达式。
• 目标列中含对多表查询产生的同名属性列。
• 需要在视图中为某些列使用更合适的名字。

(2) 子查询可以是任意复杂的 SELECT 语句，但通常不允许含有 ORDER BY 子句和 DISTINCT 短语。

(3) 任选项[WITH CHECK OPTION]表示对视图进行 UPDATE 和 INSERT 操作时，要保证修改和插入的元组必须满足视图定义中的子查询所含的谓词条件。

(4) DBMS 执行语句的结果只是把视图的定义存入数据字典中，并不执行其中的子查询。

【例 5-64】 建立“数学”系的学生视图。

```
CREATE  VIEW   M_S(SNO,SN,SB)
   AS   SELECT   SNO,SN,SB
        FROM     S
        WHERE    SD='数学'
```

视图 M_S 是表 S 的一个子集，与 S 具有相同的属性列。该视图是一个行列子集视图。若一个视图是从单个基本表导出的，只是去掉了基本表的某些行或列，但保留了基本表的主键，这类视图称为行列子集视图。

【例 5-65】 定义学生成绩视图，属性包括学号、姓名、课程号和成绩。

```
CREATE  VIEW  S_GRADE(SNO,SN,CNO,GRADE)
  AS SELECT  S.SNO,SN,CNO,GRADE
     FROM  S,SC
     WHERE  S.SNO=SC.SNO
```

该视图是建立在表 S 和表 SC 两个基本表上的视图。

【例 5-66】 定义由学号及该学生的平均成绩构成的视图。

可以基于例 5-65 所建立的视图创建新的视图。

```
CREATE  VIEW  S_AVE(SNO,GAVE)
  AS  SELECT  SNO,AVG(GRADE)
      FROM  S_GRADE
      GROUP BY  SNO
```

3. 视图的删除

SQL 中删除视图语句的一般格式为

```
DROP  VIEW  视图名 [CASCADE];
```

语句的功能是将视图的定义从数据字典中删除。

基本表被删除后，由该基本表导出的所有视图(定义)并没有被删除，但已无法使用。需要使用 DROP VIEW 语句来删除这些视图(定义)。如果该视图上还导出了其他视图，需要使用 CASCADE 选项，把该视图和由它导出的所有视图一起删除。

如果基本表的结构发生了变化，导出的视图也无法使用，也需要删除原有的视图，并重建视图。

【例 5-67】 将例 5-64 建立的视图 M_S 删除。

```
DROP  VIEW  M_S;
```

【例 5-68】 将例 5-65 建立的视图 S_GRADE 删除。

```
DROP  VIEW  S_GRADE  CASCADE;
```

该语句将删除视图 S_GRADE 和在例 5-66 基于该视图建立的视图 S_AVE。

注意：这里的 CASCADE 是 ANSI SQL 标准中的关键词，很多具体的数据库管理系统对视图的支持程度和 SQL 标准中描述的原理并不相同。请读者在实践中加以注意。

4. 视图的查询

视图定义后，用户可以像对基本表一样对视图进行查询。

【例 5-69】 查询学生的学号和平均成绩。

可基于学生成绩视图 S_GRADE 进行如下查询：

```
SELECT  SNO,AVG(GRADE)
FROM  S_GRADE
GROUP BY  SNO;
```

也可基于平均成绩视图 S_AVE 进行如下查询：

```
SELECT  SNO,GAVE
FROM  S_AVE;
```

这两种查询方式得到的查询结果相同，如图 5-37 所示。

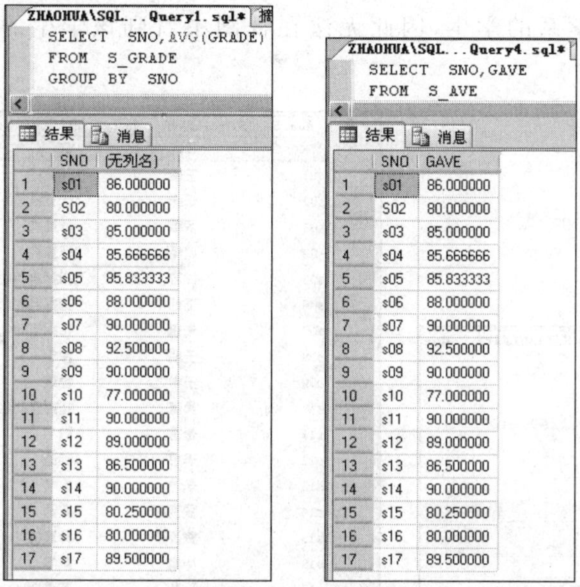

ZHAOHUA\SQL...Query1.sql*

```
SELECT  SNO,AVG(GRADE)
FROM  S_GRADE
GROUP BY  SNO
```

结果 消息

	SNO	(无列名)
1	s01	86.000000
2	S02	80.000000
3	s03	85.000000
4	s04	85.666666
5	s05	85.833333
6	s06	88.000000
7	s07	90.000000
8	s08	92.500000
9	s09	90.000000
10	s10	77.000000
11	s11	90.000000
12	s12	89.000000
13	s13	86.500000
14	s14	90.000000
15	s15	80.250000
16	s16	80.000000
17	s17	89.500000

ZHAOHUA\SQL...Query4.sql*

```
SELECT  SNO,GAVE
FROM  S_AVE
```

结果 消息

	SNO	GAVE
1	s01	86.000000
2	S02	80.000000
3	s03	85.000000
4	s04	85.666666
5	s05	85.833333
6	s06	88.000000
7	s07	90.000000
8	s08	92.500000
9	s09	90.000000
10	s10	77.000000
11	s11	90.000000
12	s12	89.000000
13	s13	86.500000
14	s14	90.000000
15	s15	80.250000
16	s16	80.000000
17	s17	89.500000

图 5-37 例 5-69 两种方式的相同查询结果

DBMS 执行对视图的查询时，首先进行有效性检查，检查查询中涉及的基本表、视图等是否存在。如果存在，则从数据字典中取出视图的定义，把定义中的子查询和用户查询结合起来，转换成等价的对基本表的查询，然后再执行相应的查询。

本例转换后的查询语句为

```
SELECT  SC.SNO,AVG(GRADE)
FROM  S,SC
WHERE  S.SNO=SC.SNO
GROUP BY  SC.SNO;
```

5. 视图的更新

视图的更新是指通过视图来插入、删除和修改数据。对视图的更新同样要由系统将其转换为对基本表的更新操作。

【例 5-70】 基于所建立的视图 M_S，对其进行如下更新：

（1）插入数据

```
INSERT
INTO  M_S
VALUES('S20', '黄海', '1990-10-15');
```

加入视图定义中的条件，转换为对基本表的插入：

```
INSERT
INTO  S
VALUES('S20','黄海','数学', '1990-10-15',NULL);
```

在 SQL Server 2005 中，若视图定义中未设置 WITH CHECK OPTION，上例的数据会插入基本表中，但是该学生在 SD 属性为空。由于插入的“黄海”学生系别为空，不满足 M_S 视图的定义，即非数学系的学生，因此无法在视图中看到该学生的相关信息，如图 5-38 所示。

SJY\SQLEXPR...Query2.sql* | SJY\SQLEXPR...Que

```
INSERT
INTO  M_S
VALUES ('S20','黄海','1990-10-15')

SELECT *  FROM  M_S
```

结果 | 消息

	SNO	SN	SB
1	s08	王明	1991-10-03 00:00:00.000
2	s11	崔雪	1990-07-01 00:00:00.000
3	s13	季然	1992-09-30 00:00:00.000
4	s16	华庭	1990-10-01 00:00:00.000

表 - dbo.S | SJY\SQLEXPR...Query2.sql* | SJY\SQLEXPR...Query1.sql* | 摘要

	SNO	SN	SD	SB	SEX
▶	s01	王玲	计算机	1990-6-30 0:00:00	女
	s02	李渊	计算机	1900-3-23 0:00:00	男
	s03	罗军	计算机	1991-8-12 0:00:00	男
	s04	赵泽	计算机	1993-9-12 0:00:00	女
	s05	许若	指挥自动化	1990-6-27 0:00:00	男
	s06	王仙华	指挥自动化	1991-5-20 0:00:00	男
	s07	朱祝	指挥自动化	1994-7-10 0:00:00	女
	s08	王明	数学	1991-10-3 0:00:00	男
	s09	王学之	物理	1992-1-1 0:00:00	男
	s10	吴谦	指挥自动化	1991-3-25 0:00:00	女
	s11	崔雪	数学	1990-7-1 0:00:00	女
	s12	李想	英语	1992-8-5 0:00:00	男
	s13	季然	数学	1992-9-30 0:00:00	女
	s14	顾梦莎	英语	1990-4-19 0:00:00	女
	s15	费汉萌	计算机	1989-8-19 0:00:00	男
	s16	华庭	数学	1990-10-1 0:00:00	男
	s17	亨利	英语	1991-12-12 0:0...	男
	s18	李爱民	英语	1988-3-18 0:00:00	男
	S20	黄海	NULL	1990-10-15 0:0...	NULL
*	NULL	NULL	NULL	NULL	NULL

图 5-38　例 5-70 视图定义中未设置 WITH CHECK OPTION 时 SQL Server 2005 实际处理情况

为防止如上情况发生，可以在视图定义中设置 WITH CHECK OPTION，此时进行更新操作 DBMS 会检查视图定义中的条件，由于待插入的学生没有系别属性信息，因此不满足视图 M_S 定义的条件，系统会拒绝执行该操作，从而防止用户对视图定义范围外的数据进行更新。例如，插入的“黄海”学生，由于没有指定其为“数学”系学生，因而无法通过视图 M_S 插入到基本表中，参见图 5-39。

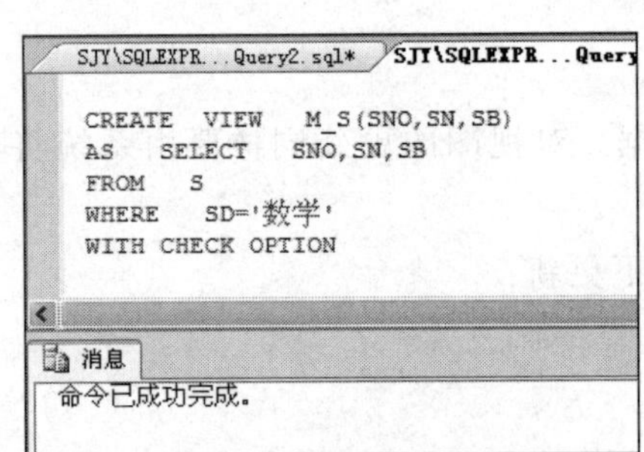

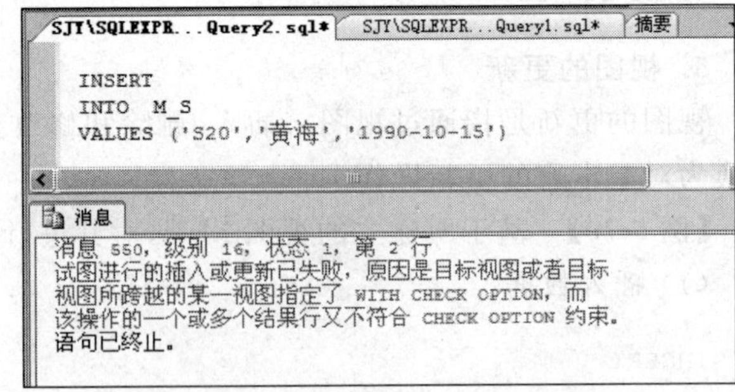

图 5-39　例 5-70 视图定义中设置 WITH CHECK OPTION 时 SQL Server 2005 实际处理情况

(2) 修改数据

```
UPDATE  M-S
  SET  SN='华婷'
  WHERE  SNO='S16';
```

加入视图定义中的条件,转换为对基本表的更新:

```
UPDATE S
  SET SN='华婷'
  WHERE  SNO='S16' AND SD='数学';
```

(3) 删除数据

```
DELETE
  FROM  M-S
    WHERE  SNO='S08';
```

加入视图定义中的条件,转换为对基本表的删除:

```
DELETE
  FROM  S
    WHERE  SNO='S08' AND SD='数学';
```

需要强调的是,不是所有的视图都是可更新的,有些视图的更新不能唯一地有意义地转换成对相应基本表的更新,就不能进行更新。

【例 5-71】 基于例 5-66 所建立的视图就不能进行如下更新,如图 5-40 所示。

```
UPDATE  S_AVE
  SET  GAVE=95.0
    WHERE  SNO='S03';
```

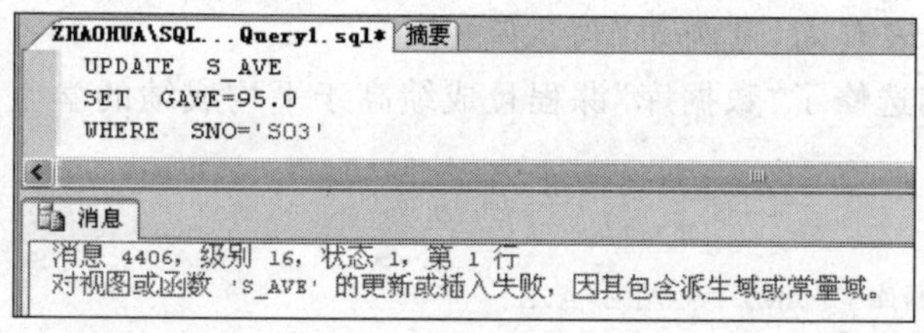

图 5-40 例 5-71 视图不可更新提示

因为视图中的GAVE属性实际是对表SC进行分组后计算得到的平均成绩,是派生域,对视图的修改无法转换为对基本表SC的修改,即无法通过修改该学生的各科成绩来达到修改平均成绩的目的。

系统对视图的更新通常有如下限制:

- 由多表导出的视图不允许更新。
- 若定义视图的SELECT子句包含表达式、聚集函数或DISTINCT选项,则不允许执行INSERT和UPDATE操作,但允许执行DELETE操作。
- 定义视图的子查询含有GROUP BY子句的视图不允许更新。

• 建立在一个不允许更新的视图上的视图不允许更新。

一般都只允许对行列子集视图(含有基表的主键)进行更新,且在定义视图的 SELECT 子句中没有出现的属性可以取空值,即这些属性上没有 NOT NULL 约束,也不是主属性。

6. 视图的作用

视图定义在基本表之上,对视图的一切操作最终还要转换为对基本表的操作。而且对于非行列子集视图进行查询或更新时还有可能出现问题。既然如此,为何还需要定义视图呢？主要是因为视图的使用能带来如下好处。

(1) 视图提供了一个简化用户操作的快捷方式。视图在数据库中的作用与"宏"在编程语言中的作用相似,可以更清晰地表达查询,简化用户的操作。

【例 5-72】 定义学生课程成绩视图,属性包括学号、姓名、课程名、成绩及该课程的平均成绩。

首先,基于表 SC 建立课程平均成绩视图:

```
CREATE  VIEW  C_AVE(CNO,GAVE)
AS  SELECT  CNO,AVG(GRADE)
    FROM  SC
      GROUP BY  CNO;
```

再基于 C-AVE 和原有的基本表建立学生课程成绩视图:

```
CREATE  VIEW  SGRADE(SNO,SN,CN,GRADE,AVE)
   AS SELECT  S.SNO,SN,CN,GRADE,GAVE
      FROM  S,SC,C,C_AVE
       WHERE  S.SNO=SC.SNO  AND
              C.CNO=SC.CNO   AND
              C.CNO=C_AVE.CNO
```

建立视图 SGRADE 之后,用户就可以基于该视图对任意学生的任意一门课程及该课程的平均成绩进行单表查询,见例 5-73。

【例 5-73】 查询选修了"数据库"课程且成绩高于平均成绩的学生姓名及成绩。

```
SELECT  SN,GRADE
FROM    SGRADE
WHERE   CN='数据库'  AND  GRADE>AVE
```

查询基于已有的 SGRADE 视图完成,实现起来简单、清晰,如图 5-41 所示。

(2) 视图支持多用户同时以不同的方式对相同的数据进行查询。视图可以定制表的不同方面的结果集来满足来自不同用户的特殊需求,并可以使这些用户同时与同一个数据库交互。

(3) 视图对于隐藏的数据自动提供安全保护。"隐藏的数据"是指在用户视图中不可见的数据,若强制用户通过视图来对数据库进行存取,则这些"隐藏的数据"对于用户来说,在存取中是安全的。

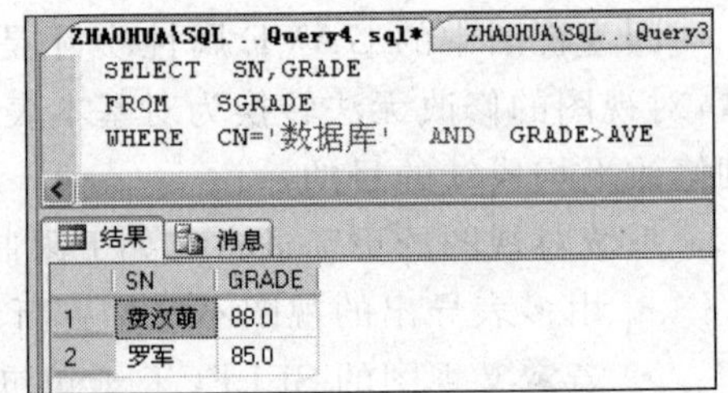

图 5-41 例 5-73 基于视图的查询结果

详见 9.4 节中的授权控制。

(4) 视图可以为用户和应用程序提供逻辑上的数据独立性。逻辑上的数据独立性有两个方面：可成长性和可重构性。可成长性与视图的关系不大，这里只介绍可重构性。在数据库使用过程中，有时需要对数据库进行重新构造。使得全部信息的内容没有改变，但信息的逻辑位置发生改变。

假设出于某种原因，希望用两个基本关系变量替代某个基本关系变量，见例 5-74。

【例 5-74】 把学生关系 S(SNO,SN,SD,SB,SEX)重构为两个表：

```
SX(SNO,SN,SB,SEX)
SY(SNO,SD)
```

此时，原表 S 是 SX 和 SY 自然连接的结果，可以建立一个视图 S，解决数据的逻辑独立性。

```
CREATE  VIEW  S(SNO,SN,SD,SB,SEX)
  AS  SELECT  SX.SNO,SX.SN,SY.SD,SX.SB,SX.SEX
        FROM  SX,SY
         WHERE  SX.SNO=SY.SNO;
```

任何以前对基本表 S 的引用现在都可以针对视图 S 进行。假设系统能够正确处理视图中的数据操作，则数据库的重构对用户和用户程序就没有影响。

5.5 小　　结

数据模型通常由数据结构、数据操作和数据的完整性约束三部分组成，各种 DBMS 都是基于某种数据模型的。数据库领域中常用的数据模型主要有层次模型、网状模型、关系模型、半结构数据模型、面向对象数据模型等。关系数据模型是目前最重要、使用最广泛的数据模型。

关系数据模型的数据结构建立在集合论中“关系”这个数学概念的基础上，有着严格的数学基础。关系模型的数据结构非常简单，只包含单一的数据结构——关系。在用户看来，关系模型中数据的逻辑结构可用一张二维表来形象地表示。在关系模型中，实体以及实体之间的联系均用单一的结构类型即关系来表示。

对关系的操作主要是数据查询和更新，关系操作可用关系代数来表达。关系代数是用对关系的运算来表达数据操作的。关系代数操作的一个序列构成一个关系代数表达式，其结果还是一个关系，它表示一个数据库操作的结果。关系操作可以分为传统的集合运算和专门的关系运算，传统的集合运算主要包括并、差、交、广义笛卡儿积，专门的关系运算主要包括投影、选择、连接、除。其中，选择、投影、并、差、广义笛卡儿积是 5 种基本操作，其他操作是可以用基本操作来定义和导出的。SQL 是关系数据库的标准语言，具有数据定义、数据查询、数据更新、数据控制等功能。SQL 的数据定义包括对基本表、视图等的创建和删除。SELECT 语句具有数据查询、统计、分组和排序的功能。SQL 的数据更新包括插入、删除和修改三种操作。对数据库表进行更新操作时可能会破坏关系表间的参照完整性，DBMS 一般采取相应的策略进行处理，或者通过定义和激活触发器来实现。视图是从一个或几个基本表(或视图)导出的虚表,视图具有可为用户和应用程序提供数据逻辑独立性等作用。对视图的操作由系统自动转换成等价的对基本表的操作,但是对视图的更新有很多限制。

关系模型的完整性规则是对关系的某种约束,也就是关系的值随着时间变化时应该满足的一些约束条件。关系数据模型需要满足实体完整性、参照完整性和用户定义的完整性三种完整性约束条件。

因此与其他数据模型相比,关系模型呈现如下突出的优点:

(1) 关系模型提供单一的数据结构形式,具有高度的简明性和精确性。各类用户都能容易地掌握和运用基于关系模型的DBMS,使得数据库应用开发的效率显著提高。

(2) 关系模型的逻辑结构和相应的操作完全独立于数据存储方式,数据的物理存储和存取路径对用户透明,用户不必关心数据的物理存储细节,DBMS具有较高的数据独立性、更好的安全保密性,便于数据库的开发。

(3) 关系模型使数据库的研究建立在坚实的数学基础上。关系运算的完备性和规范化设计理论为数据库技术的成熟奠定了基础。

(4) 关系数据库语言与一阶谓词逻辑的固有内在联系,为以关系数据库为基础的推理系统和知识库系统的研究提供了方便,并成为新一代数据库技术不可缺少的基础。

关系模型的缺点表现在查询效率往往不如非关系数据模型高。由于存取路径对用户透明,为提高效率,关系数据库管理系统必须对用户的查询请求进行优化,这样增加了开发DBMS的难度,不过用户不必关心这些系统内部的优化技术细节。

习　题

一、填空题

1. 关系数据模型中的关系可用二维表来表示,表中的一行为关系的一个________,表中的一列为关系的一个________。

2. 在关系代数运算中,使用________运算可从关系中得到满足条件的元组;如果只对关系中的某些属性感兴趣,则可用关系代数的________运算选择这些属性。

3. 设关系R和S分别有m和n个元组,k_1和k_2个属性,有k_3个相同的属性,则$R \times S$的元组个数是________,属性的个数是________;$R \bowtie S$的属性个数是________。

4. 在关系$A(S,SN,D)$和$B(D,CN,NM)$中,S是A的主码,A中的属性D与B中的主码D相对应,则D在A中称为________。

5. 关系数据模型的实体完整性规则要求,关系的主属性________。

6. 在关系教学(学号,教工号,课程号)中,假定每个学生可以选修多门课程,每门课程可以由多名学生来选修,每个老师只能讲授一门课程,每门课程可以由多个老师来讲授,某一学生选定了某一门课就确定了一个任课教师。那么该关系的候选键是________。

7. 设有如下关系:学生(学号,姓名,性别,专业号,年龄),将属性年龄的取值范围定义在18~30之间为________完整性约束。

8. 关系模型中可以有三种完整性约束:其中________完整性和________完整性是关系模型必须满足的完整性约束条件,应该由RDBMS自动支持。

9. 关系代数运算中的5种基本的操作包括________、差、笛卡儿积、投影和选择。

10. 关系操作的特点是________操作。

11. 在SQL语言中，删除表S的语句是________。

12. SQL语言使用________语句建立视图。

13. 在SQL中，用________函数求最大值；可以利用________函数计算记录的个数；用________函数求平均值。

14. 在SQL语言的关系定义语句中，外键子句实现________完整性约束；主键实现________完整性约束。

15. SQL语言支持关系数据库三级模式结构，其中外模式对应于________，模式对应于________，内模式对应于存储文件。

二、选择题

1. 在关系代数的专门关系运算中，从关系中取出满足条件的元组的操作称为(　　)。

A. 选择　　B. 投影　　C. 连接　　D. 扫描

2. 进行自然连接运算的两个关系必须具有(　　)。

A. 相同属性个数　　B. 公共属性

C. 相同关系名　　D. 相同关键字

3. 5种基本关系代数运算是(　　)。

A. $\cup$、$-$、$\times$、π 和 σ　　B. $\cup$、$-$、$\bowtie$、π 和 σ

C. $\cup$、$\cap$、$\times$、π 和 σ　　D. $\cup$、$\cap$、$\bowtie$、π 和 σ

4. 在关系代数中，对一个关系进行投影操作后，新关系的元组个数(　　)原来关系的元组个数。

A. 小于　　B. 小于或等于　　C. 等于　　D. 大于

5. 在关系数据库中，关系与关系之间的联系是通过定义(　　)实现的。

A. 实体完整性　　B. 参照完整性

C. 用户自定义的完整性　　D. 值域

6. 关系模型中，一个候选键(　　)。

A. 可由多个任意属性组成

B. 至多由一个属性组成

C. 可由一个或多个其值能唯一标识该关系模式中任何元组的属性组成

D. 必须由多个属性组成

7. 集合 R 与 S 的交可以用关系代数的基本运算表示为(　　)。

A. $R-(R-S)$　　B. $R+(R-S)$

C. $R-(S-R)$　　D. $S-(R-S)$

8. 下列关系代数的操作中，不是基本运算的是(　　)。

A. 交　　B. 并　　C. 笛卡儿积　　D. 投影

9. 以下关于关系性质的说法中，错误的是(　　)。

A. 关系中任意两个元组的值不能完全相同

B. 关系中任意两个属性的值不能完全相同

C. 关系中任意两个元组可以交换顺序

D. 关系中任意两个属性可以交换顺序

10. 在关系数据库中，实现关系中任意两个元组不能相同的约束是依据(　　)。

A. 外键　　B. 属性　　C. 主键　　D. 列

11. 以下关于外键和相应的主键之间的关系，正确的是(　　)。

A. 外键并不一定要与相应的主键同名

B. 外键一定要与相应的主键同名

C. 外键一定要与相应的主键同名而且唯一

D. 外键一定要与相应的主键同名但并不一定唯一

12. 关系中的主关键字不允许取空值是符合(　　)约束规则。

A. 实体完整性　　B. 参照完整性

C. 用户定义的完整性　　D. 数据完整性

13. 如果关系 R 中有 4 个属性和 3 个元组，关系 S 中有 3 个属性和 5 个元组，则 $R\times S$ 的属性个数和元组个数分别是(　　)。

A. 7 和 8　　B. 7 和 15　　C. 12 和 8　　D. 12 和 15

14. 设有关系模式 EMP(职工号，姓名，年龄，技能)，假设职工号唯一，每个职工有多项技能，则关系 EMP 的主键是(　　)。

A. 职工号　　B. 姓名，技能

C. 技能　　D. 职工号，技能

15. 在学生关系(学号，姓名，性别)中，规定学号值域是 8 个数字组成的字符串，其规则属于(　　)。

A. 实体完整性约束　　B. 参照完整性约束

C. 用户自定义完整性约束　　D. 关键字完整性约束

16. 能够把关系 R 和 S 进行自然连接时舍弃的元组放到结果关系中的操作是(　　)。

A. 左外连接　　B. 右外连接　　C. 外部并　　D. 外连接

17. 数据库系统的三级模式结构中，定义视图的组织方式属于(　　)。

A. 概念模式　　B. 外模式　　C. 逻辑模式　　D. 内模式

18. 在数据库系统中，视图可以提供数据的(　　)。

A. 完整性　　B. 并发性　　C. 安全性　　D. 可恢复性

19. 可以在 SQL 查询时去掉重复数据的短语是(　　)。

A. ORDER BY　　B. DESC　　C. GROUP BY　　D. DISTINCT

20. 下列 SQL 语句中，创建关系表的功能动词是(　　)。

A. ALTER　　B. CREATE　　C. UPDATE　　D. INSERT

21. 数据库管理系统能实现创建表，删除表等操作的数据库语言称为(　　)。

A. 数据定义语言(DDL)　　B. 数据管理语言

C. 数据操纵语言(DML)　　D. 数据控制语言

22. 关系数据操纵语言 DML 是以关系为操作对象，操作后的结果是(　　)。

A. 元组　　B. 关系　　C. 属性　　D. 域

23. 在 SQL 中，可以用谓词 EXISTS 来测试一个集合中是否(　　)。

A. 有相同元组存在　　B. 为空集合

C. 有相同分量存在　　　　　　　　D. 为非空集合

24. 下列不是视图机制的优点的是(　　)。

A. 数据安全性　　B. 逻辑独立性　　C. 操作简便性　　D. 数据完整性

25. SQL 的 SELECT 语句中,“HAVING 条件表达式”用来筛选满足条件的(　　)。

A. 列　　B. 行　　C. 关系　　D. 分组

26. 如果要修改表的结构,应该使用的 SQL 语句是(　　)。

A. UPDATE TABLE　　B. MODIFY TABLE

C. CHANGE TABLE　　D. ALTER TABLE

27. 在 SQL 语言中,属于 DML 的操作命令是(　　)。

A. CREATE　　B. GRANT　　C. UPDATE　　D. DROP

28. 下列 SQL 命令全部属于数据定义语句的命令组是(　　)。

A. CREATE,DROP,ALTER　　B. CREATE,DROP,SELECT

C. CREATE,DROP,GRANT　　D. CREATE,DROP,UPDATE

29. 如果想找出在关系 R 的 A 属性上不为空的那些元组,则选择子句应该为(　　)。

A. WHERE A!=NULL　　B. WHERE A <>NULL

C. WHERE A IS NOT NULL　　D. WHERE A NOT IS NULL

30. 使用 SQL 语句在学生成绩表(学号,课程号,成绩)中,查询平均成绩大于 60 分的学生时,不必使用的子句是(　　)。

A. SELECT　　B. GROUP BY　　C. WHERE　　D. HAVING

31. 已知有关系模式 R(sno, sname, age),其中 sno 表示学生的学号,类型为 Char(8),前 4 位表示入学年份。查询所有 2003 年入学的学生姓名(sname),SQL 语句是(　　)。

A. SELECT sname FROM R WHERE sno='2003%'

B. SELECT sname FROM R WHERE sno LIKE '2003%'

C. SELECT sname FROM R WHERE sno='2003_'

D. SELECT sname FROM R WHERE sno LIKE '2003_'

三、简答题

1. 名词解释:属性,域,元组,候选键,主键,外键。

2. 试阐述关系模型的三个组成部分。

3. 试阐述关系模型的完整性规则。在参照完整性中,为什么外键属性的值也可以为空?什么情况下不可以为空?

4. 关系代数的基本运算有哪些?如何用这些基本运算来表示其他运算?

5. 试阐述关系的笛卡儿积、等值连接和自然连接的区别和联系。

6. 设有关系 R、S,如图 5-42 所示。求 $\pi_c(S)$、$\sigma_{B<'c'}(R)$、$\sigma_{A=C}(R\times S)$、$R\bowtie S$、$R\bowtie_{R.B<S.B}S$。

7. 什么是连接查询?什么是嵌套查询?什么是相关子查询?

8. 试阐述 SQL 的特点。

9. 什么是基本表?什么是视图?两者的区别和联系是什么?

10. 视图有哪些优点?

11. 是否所有的视图都可以更新?为什么?

12. 已知 R 和 S 两个关系如图 5-43 所示，执行如下 SQL 语句，给出执行结果。

关系R

A	B
a	b
c	b
d	e

关系S

B	C
b	c
e	a
b	d

图 5-42　关系 R 和 S 的模式及实例

R

A	B	C
a1	b1	c1
a2	b2	c2
a3	b3	c3

S

C	D	E
c1	d1	e1
c2	d2	e2
c3	d3	e2

图 5-43　第 12 题的关系 R 和 S

(1)

```
CREATE VIEW H(A,B,C,D,E)
AS    SELECT  A,B,R.C,D,E
      FROM    R,S
      WHERE   R.C=S.C;
```

(2)

```
SELECT B,D,E
FROM    H
WHERE   C='c2';
```

13. 已知某公司数据库包含如下 4 个基本表：

```
Department(Dept_No,Dept_Name,Location)
Employee(Emp_No,Emp_Name,Dept_no)
Project(Pro_No,Pro_ Name,Budget)
Works(Emp_No,Pro_No,Job)
```

(1) 使用 DDL 语句定义上述 4 个表，并说明主键和外键。

(2) 将基本表 Works 中 Job＝'经理'的员工号及参加的项目号，定义为一个视图 V_MANAGER(Emp_No,Pro_No)。

(3) 将代码为 P2 项目的所有员工号、员工名和所在部门名称，定义为一个视图 V_P2 (Emp_No,Emp_Name,Dept_Name)。

四、查询实现题

1. 设有学生选课数据库，包括 S、C 和 SC 三个关系模式：

S(SNO,SN,SD,SB,SEX)；

C(CNO,CN,PCNO,TN)；

SC(SNO,CNO,GRADE)；

学生关系 S 包含学号(SNO)、学生姓名(SN)、所在系(SD)、出生年月(SB)、性别(SEX)等属性；

课程关系 C 包含课程号(CNO)、课程名(CN)、先修课程号(PCNO)、主讲教师姓名(TN)等属性；

选课关系 SC 包含学号(SNO)、课程号(CNO)、成绩(GRADE)等属性。

(1) 试写出完成如下查询的关系代数表达式:

① 检索以"C02"课程作为先修课程的课程号。

② 检索选修课程名为"Math"的学生学号与姓名。

③ 检索选修课程号为"C02"或"C04"的学生学号与成绩。

④ 检索学生"张山"不学课程的课程号。

⑤ 检索选修课程包括教师"李斯"所授课程之一的学生学号。

⑥ 检索全部学生都选修的课程的课程号和课程名。

⑦ 检索计算机系学生都学习过的课程的课程号。

(2) 试写出完成如下操作的 SQL 语句:

① 用连接、嵌套和 EXISTS 查询来查询学习课程号为"C01"的学生学号和姓名。

② 查询至少选修课程号为"C03"和"C04"的学生姓名。

③ 查询不学"C02"课程的学生姓名和性别。

④ 查询学习全部课程的学生姓名。

⑤ 查询所学课程包含学生"李珊"所学课程的学生的学号。

⑥ 在关系 C 中插入一个元组('C08','VB','C02','黄萍')。

⑦ 查询平均成绩大于 80 分的课程任课教师的姓名,并将查询到的值插入另一个已经存在的表 LEVEL_80(TNAME)中。

⑧ 删除 SC 中还没有成绩的元组。

⑨ 删除选修李老师课程的所有女生选课元组。

⑩ 把数学成绩小于 60,但大于 55 分的学生的成绩全改为 60 分。

⑪ 建立视图 V_SSC(SNO,SN,CNO,CN,G),并按 CNO 升序排列。

⑫ 从视图 V_SSC 上查询平均成绩在 90 分以上的学生的 SN、CN、G。

2. 设有 SPJ 数据库,包括 S、P、J 和 SPJ 4 个关系模式,数据库模式及实例值如图 5-44 所示。其中:

供应商关系 S 由供应商代码(SNO)、供应商姓名(SNAME)、供应商状态(STATUS)、供应商所在城市(CITY)组成。

零部件关系 P 由零部件代码(PNO)、零部件名(PNAME)、颜色(COLOR)、重量(WEIGHT)组成。

工程项目关系 J 由工程项目代码(JNO)、工程项目名(JNAME)、工程项目所在城市(CITY)组成。

供应情况关系 SPJ 由供应商代码(SNO)、零部件代码(PNO)、工程项目代码(JNO)、供应数量(QTY)组成,表示某供应商供应某种零部件给某项工程的数量为 QTY。

(1) 试写出完成如下查询的关系代数表达式和 SQL 语句:

① 检索供应工程 J1 零部件的供应商号码 SNO。

② 检索供应工程 J1 零部件 P1 的供应商名称。

③ 检索供应工程 J1 红色零部件的供应商号码 SNO。

④ 检索没有使用天津供应商生产的红色零部件的工程号 JNO。

S表

SNO	SNAME	STATUS	CITY
S1	松林	20	天津
S2	昭和	10	北京
S3	爱信宏达	30	上海
S4	凯吉	20	天津
S5	中昌	30	上海

P表

PNO	PNAME	COLOR	WEIGHT
P1	变速箱	红	12
P2	减震器	绿	17
P3	转向器	蓝	14
P4	发动机	红	14
P5	制动器	蓝	40
P6	离合器	红	30

J表

JNO	JNAME	CITY
J1	比亚迪	上海
J2	一汽	长春
J3	通用	上海
J4	捷加	天津
J5	佳华	唐山
J6	利宝来	北京
J7	伟世通	南京

SPJ表

SNO	PNO	JNO	QTY
S1	P1	J1	200
S1	P1	J3	100
S1	P1	J4	700
S1	P2	J2	100
S2	P3	J1	400
S2	P3	J2	200
S2	P3	J4	500
S2	P3	J5	400
S2	P5	J1	400
S2	P5	J2	100
S3	P1	J1	200
S3	P3	J1	200
S4	P5	J1	100
S4	P6	J3	300
S4	P6	J4	200
S5	P2	J4	100
S5	P3	J1	200
S5	P6	J2	200
S5	P6	J4	500

图 5-44 SPJ 数据库实例

⑤ 检索至少用了供应商 S1 所供应的全部零部件的工程号 JNO。

⑥ 检索使用供应商 S1 所供应零部件的工程号码。

⑦ 检索工程项目 J2 使用的各种零部件的名称及其数量。

⑧ 检索上海厂商供应的所有零部件的号码。

⑨ 检索使用上海产的零部件的工程名称。

(2) 试用 SQL 语句完成如下操作：

① 查询供应商 S2 供应给各个工程的零部件总数量，结果中要有所对应的工程名称。

② 把全部红色零部件的颜色改成蓝色。

③ 为工程项目名称为“三建”的工程建立一个供应情况的视图，包括供应商代码 SNO、零部件代码 PNO 和供应数量 QTY。

3. 设有车辆管理数据库的数据模式如下：

车辆(车号,车牌名,车颜色,生产厂名);

工厂(厂名,厂长姓名,所在城市名);

城市(城市名,人口,市长姓名)。

请用SQL语句实现如下查询:

(1) 查询所有车牌名为“红旗”的轿车的车号。

(2) 查询“红旗”牌轿车的生产厂家及厂长姓名。

(3) 查询“跃进”牌轿车的生产厂家及所在城市的市长姓名。

(4) 查询第一汽车制造厂所生产车辆的颜色。

(5) 查询武汉生产哪些品牌的车。

第 6 章　数据库逻辑结构设计

在数据库的设计过程中，为了建立用户所需的数据库，必须将概念模型转换为某种DBMS支持的数据模型，即把概念结构设计阶段设计好的基本E-R模型转化为与选用的DBMS产品所支持的数据模型相符合的逻辑结构。

对于DBMS产品所支持的数据模型，不论是层次的、网状的还是关系的，都存在着如何构建合适的数据库模式即数据库逻辑结构的问题。由于关系模型有着严格的数学理论基础，并且可以向别的数据模型转换，因此，人们就以关系模型为背景来讨论这个问题，形成了数据库逻辑设计的理论指南——关系数据库的规范化理论。

关系数据库的规范化理论讨论了什么是“好”(more desirable)的关系数据模式、如何评价一个“好”的关系数据模式、如何设计一个“好”的关系数据模式的问题。

在关系数据库的规范化理论指导下，本章还将解决如何将E-R模型转化为关系模式的方法问题。

6.1　关系模式的设计问题

首先了解什么样的关系模式是“好”的关系模式，或者说不好的关系模式会存在哪些问题。下面举例说明。

应用实例1：某学校需要建立一个信息系统，要求该信息系统能管理各系学生课程学习的相关信息，具体包括学生信息、所在系信息、学生选修课程的信息等。

假设我们设计单一的关系模式：R(学生学号，学生姓名，所在系，系主任，课程名称，成绩)来存储所有信息。表6-1给出了某一时刻关系模式R的一个实例。

表6-1　关系模式R的一个实例

学生学号	学生姓名	所在系	系主任	课程名称	成绩
2008307001	陈昊	计算机系	王林	操作系统	93
2008307001	陈昊	计算机系	王林	计算机网络	87
2008307001	陈昊	计算机系	王林	编译原理	85
2008307002	崔政	计算机系	王林	操作系统	95
2008307002	崔政	计算机系	王林	计算机网络	84
2008308001	冯月	自动化系	赵磊	计算机网络	83
2008308002	黄聪	自动化系	赵磊	软件工程	89

由于一个学生要选修多门课程，且多名学生要选修相同的课程，这样该关系模式就存在冗余存储的问题，学生姓名和所在系信息、所在系系主任的信息均被重复存储多次，而且该关系模式的候选键只能为(学生学号，课程名称)。由于存在数据冗余，可能会引起下列问题：

(1) 修改异常。当冗余存储的信息的一个副本被修改,所有副本都必须进行同样的修改。导致当修改数据库中的数据时,系统要付出很大的代价来维护数据库的完整性,否则会面临数据不一致的危险。例如,学生调换专业系或专业系更换系主任后,必须修改多个元组。

(2) 插入异常。某一方面信息的插入,必须依赖其他方面信息的存在。假设某系新来一名学生,但是该学生还没有选修课程,往数据库中插入新来的学生信息时,由于在主属性“课程名称”上的值为空值,不满足实体完整性规则,所以该学生的信息无法插入表中。

(3) 删除异常。删除某些信息时可能丢失其他信息。假设某学生只选修了一门课程,现在将他选修这个课程的信息删除,同时也会将该学生的信息删除。

由此可见,数据冗余不仅浪费存储空间,还可能导致出现更新异常和数据不一致问题。

正是由于该关系模式存在上述问题,所以该关系模式不是一个“好”的关系模式。一个“好”的关系模式应当不会发生更新异常,数据冗余应尽可能少。

为什么会发生这些问题呢?主要原因是这个关系模式中的某些属性间存在依赖关系,而导致数据冗余引起的。那么,关系模式的属性间存在哪些依赖关系?怎样消除模式间不好的依赖关系,从而消除数据冗余及其带来的更新异常问题?对于这些问题的讨论形成了规范化理论。下面依次来解决这些问题。

6.2 关系模式的规范化

首先回顾关系模式的形式化定义。一个完整的关系模式应当是一个五元组,形式化地表示为

$$R(U, D, \mathrm{Dom}, F)$$

其中,R 为关系名;U 为组成该关系的属性集合;D 为属性集 U 中属性所来自的域的集合;Dom 为属性向域的映射的集合;F 为属性间的一组数据依赖集。

由于 D 和 Dom 对设计关系模式的作用不大,在讨论关系模式的规范化时,一般把关系模式简化为用三元组来表示:

$$R(U, F)$$

有时若单独提出 F,$R(U,F)$ 还可简化为 $R(U)$。

数据依赖(data dependency)是关系模式的重要要素,是一个关系的属性与属性之间的一种约束关系,反映的是现实世界事物特征间的一种依赖关系,是数据内在的性质,是语义的体现。属性间的数据依赖有多种类型,我们主要讨论函数依赖(functional dependency, FD)。

6.2.1 函数依赖

函数依赖是指在一个关系模式中,如果一组属性的取值可以决定另一组属性的取值,那么就说这两组属性之间存在函数依赖的关系。

【例 6-1】 在关系模式 R(学生学号,学生姓名,所在系,系主任,课程名称,成绩)中,由于一个学生只属于一个专业系,因此当学生学号的值确定了,所在系的值也就被唯一确定了,所以学生学号和所在系之间存在函数依赖。

下面给出函数依赖的形式化定义。

定义 6.1 设有关系模式 R，其属性集为 U，X、Y 是 U 的子集 $X \subseteq U$、$Y \subseteq U$。对于 R 的任意可能的关系 r 及其中任意两个元组 $t_1 \in r$、$t_2 \in r$，若 $t_1[X]=t_2[X]$，则 $t_1[Y]=t_2[Y]$。则称 Y 函数依赖于 X，或 X 函数决定 Y，记为 $X \to Y$。X 称为决定子，又称决定因素。若 $X \to Y$，$Y \to X$，则记作 $X \leftrightarrow Y$。若 Y 不函数依赖于 X，则记作 $X \nrightarrow Y$。

从定义可知，对于 R 的所有可能的合法值，当两个元组的 X 值相等时，Y 值也相等。可见，函数依赖是指给定关系模式中一个属性集和另一个属性集间的对应关系，它要求按此关系模式建立的任何关系都应满足 F 中的约束条件。

在理解函数依赖概念时注意以下两点：

(1) 函数依赖应该是关系模式的所有实例应该满足的特性。即对于 $R(U)$ 的任意一个可能的关系 r，若 $X \to Y$，则 r 中不可能存在两个元组在 X 上的属性值相等，而在 Y 上的属性值不等。

(2) 函数依赖是语义范畴的概念，只能根据数据的语义来确定一个函数依赖成立与否。

【例 6-2】 找出关系模式 R(学生学号，学生姓名，所在系，系主任，课程名称，成绩)中存在的函数依赖。学校的实际情况(语义)告诉我们：

(1) 一个专业系有若干名学生，每个学生只能编制在一个专业系。

(2) 一个专业系只有一名系主任。

(3) 一个学生可以选修多门课程，每门课程可以有多名学生选修。

(4) 每名学生选修每一门课程会有一个成绩。

根据这些语义，可以得到属性集上的一组函数依赖：

$F=\{$学生学号 $\to$ 学生姓名，学生学号 $\to$ 所在系，所在系 $\to$ 系主任，
(学生学号，课程名称) $\to$ 成绩$\}$

可用图 6-1 所示的函数依赖图来描述关系模式 R 上的这一组函数依赖。

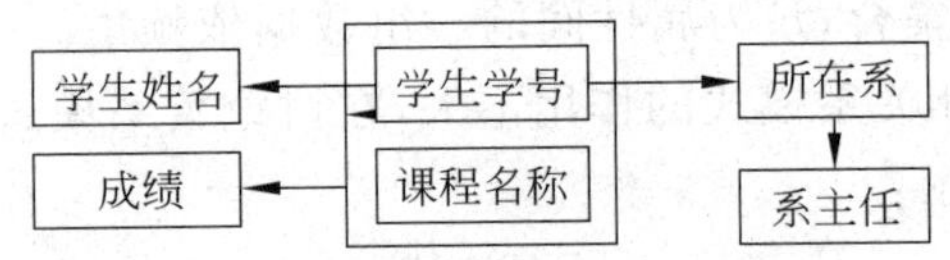

图 6-1 关系模式 R 的函数依赖图

数据库设计者也可以对现实世界进行强制约束。例如，在关系模式 R(学生学号，学生姓名，所在系，系主任，课程名称，成绩)中，规定"学生姓名→所在系"，则此时要求不允许有同名的学生存在。但不论哪种函数依赖，一旦告知 DBMS，DBMS 就将其作为关系模式的完整性约束条件加以实现，进入数据库中的所有数据都必须严格遵守。

在关系模式 R(学生学号，学生姓名，所在系，系主任，课程名称，成绩)上的一组函数依赖 $F=\{$学生学号→学生姓名，学生学号→所在系，所在系→系主任，(学生学号，课程名称)→成绩$\}$中，哪些函数依赖引起了数据冗余并带来更新异常问题呢？首先介绍下面一些函数依赖相关概念。

定义 6.2 若 $Y \subseteq X$，显然 $X \to Y$ 成立，称为平凡函数依赖，否则称为非平凡函数依赖。

【例 6-3】 在关系模式 R(学生学号，学生姓名，所在系，系主任，课程名称，成绩)中，"(学生学号，学生姓名)→学生学号"是平凡的函数依赖。

对于任一关系模式，平凡函数依赖都是必然成立的，并没有实际的意义，它不反映新的语义。但是在讨论规范化时，必须考虑所有的依赖：平凡的函数依赖和非平凡的函数依赖。

定义 6.3 设 X,Y 是关系 R 的属性集，且 $X \neq Y$，若 $X \to Y$，且不存在 $X' \subseteq X$，使 $X' \to Y$，则称 Y 完全依赖于 X，记为 $X \xrightarrow{f} Y$；否则称 Y 部分依赖于 X，记为 $X \xrightarrow{p} Y$。

完全函数依赖意指 Y 不依赖于 X 的任何子属性(集)，而部分依赖则指 Y 依赖于 X 的部分属性(集)。当 X 是单属性时，$X \to Y$ 则必为完全函数依赖。

【例 6-4】 在关系模式 R(学生学号，学生姓名，所在系，系主任，课程名称，成绩)中，“学生学号→所在系”、“所在系→系主任”、“(学生学号，课程名称)→成绩”都是完全函数依赖，“(学生学号，课程名称)→所在系”是部分函数依赖，因为“学生学号→所在系”成立。而“学生学号→成绩”不成立，当然也不是部分依赖。

定义 6.4 在 $R(U)$ 中，$X \subseteq U$、$Z \subseteq U$，若存在 $Y \subseteq U$，使得 $X \to Y(Y \not\subseteq X)$，$Y \to Z(Z \not\subseteq Y)$，且 $Y \to X$ 不成立，则称 Z 对 X 传递函数依赖。

注意：如果 $Y \to X$，则 $X \leftrightarrow Y$，Z 对 X 是直接函数依赖而不是传递函数依赖。

【例 6-5】 在关系模式 R(学生学号，学生姓名，所在系，系主任，课程名称，成绩)中，由于“学生学号→所在系”，“所在系→系主任”，所以“学生学号→系主任”是传递函数依赖。

候选键(又称候选码，简称码)是关系模式中一个重要的概念，可以用函数依赖的概念重新定义候选键。

定义 6.5 设 K 为 $R(U,F)$ 中的属性或属性组，若 $K \xrightarrow{f} U$，即 K 完全函数决定关系的所有其他属性，则称 K 为 R 的候选键。

【例 6-6】 在关系模式 R(学生学号，学生姓名，所在系，系主任，课程名称，成绩)中，(学生学号，课程名称)$\xrightarrow{f}$(学生学号，学生姓名，所在系，系主任，课程名称，成绩)，因而是候选键。

对于给定的函数依赖集 F，可以推出其他函数依赖成立，那么这些函数依赖是 F 所逻辑蕴含的。

定义 6.6 设 F 是关系模式 R 上的函数依赖集，对于 R 的每个满足 F 的关系 r，若函数依赖 $X \to Y$ 都成立，则称 F 逻辑蕴含 $X \to Y$，记为：$F \vdash X \to Y$。

定义 6.7 F 逻辑蕴含的所有的函数依赖的集合称为函数依赖集 F 的闭包(closure)，并记为 F^+：

$$F^+ = \{ X \to Y \mid F \vdash X \to Y \}$$

早在 1974 年 Armstrong 的论文中，提出一套推理规则(称为 Armstrong 公理)，通过这些推理规则，可以从给定的函数依赖中推出其所蕴含的新的函数依赖，从而得到一个给定的关系模式的完整函数依赖集 F(F 的闭包，记为 F^+)，而且能将 F^+ 缩小到一个可管理的范围，即找到与其等价的最小函数依赖集 T，则 DBMS 只要实现最小函数依赖集 T 即可，以此来约束一个关系的属性与属性之间的依赖关系，实现数据库的完整性。

6.2.2 基于函数依赖的范式

下面根据关系模式中属性间的数据依赖情况来判定关系模式的好坏。

数据依赖满足一定约束(性质)的关系模式的集合称为范式(normal forms)，根据约束的程度，范式又有多个级别。满足最低要求的称为第一范式，简称 1NF，在第一范式的基础上满足进一步要求的称为第二范式，其余以此类推。范式主要有 1NF、2NF、3NF、BCNF、4NF、5NF。

1971—1972 年，E. F. Codd 系统提出了 1NF、2NF、3NF 的概念，讨论了规范化的问题。1974 年 Codd 和 Boyce 共同提出了一个新范式，即 BCNF。1976 年 Fagin 提出了 4NF，后来有人又提出了 5NF。

"第几范式"表示关系的某一种级别，可称某一关系模式 R 为第几范式。也可将"范式"理解成符合某一级别的关系模式的集合，则 R 为第几范式就可以写成 $R \in x\mathrm{NF}$。

一般认为，满足高一级范式的关系模式要比满足低一级范式的关系模式要好，可以把一个满足低一级范式的关系模式转化为满足高一级范式的关系模式的集合，以减少数据冗余和更新异常，从而把一个不好的关系模式转化为好的关系模式，这个过程称为关系模式的规范化(normalization)。

这里只在函数依赖范围内讨论有关范式及关系模式规范化过程。

1. 第一范式(1NF)

定义 6.8 对于关系模式 R，当且仅当 R 中的每个属性对应的域是原子的(atomic)，即域的元素被认为是不可分的单元，则称该关系模式 R 属于第一范式，即 $R \in 1\mathrm{NF}$。

第一范式是关系模式需要满足的最低要求。严格地说，满足 1NF 的关系模式就是规范化的，否则就是非规范化的。

【例 6-7】 关系 R(学生学号，学生姓名，所在系，系主任，课程名称，成绩)$\in 1\mathrm{NF}$，如果将"所在系"属性划分成"所在大学、所在学院、所在系"三个组成部分，则该关系模式就不是规范化的了。

通过 6.1 节的分析可知，虽然满足 1NF 的关系模式是规范化的，但该关系模式存在数据冗余和更新异常，因此，仅满足 1NF 的关系模式还不是一个好的关系模式，需要对它进行进一步规范化。

2. 第二范式(2NF)

定义 6.9 对于关系模式 R，当且仅当 $R \in 1\mathrm{NF}$，且 R 中每一个非主属性都完全函数依赖于候选键时，该关系模式 R 属于第二范式，即 $R \in 2\mathrm{NF}$。

在第 5 章中已经给出了主属性和非主属性的概念，即包含在任意候选键中的属性称为主属性，不包含在任一候选键中的属性称为非主属性。

【例 6-8】 R(学生学号，学生姓名，所在系，系主任，课程名称，成绩)中候选键是(学生学号，课程名称)，因此非主属性有：学生姓名，所在系，系主任和成绩，由于该关系模式中存在函数依赖：学生学号→所在系，因此(学生学号，课程名称)$\xrightarrow{p}$所在系，即存在非主属性"所在系"对于候选键的部分函数依赖，所以该关系模式$\notin 2\mathrm{NF}$。

但若将 R(学生学号，学生姓名，所在系，系主任，课程名称，成绩)的信息分别存储在关系模式 R_1(学生学号，课程名称，成绩)和 R_2(学生学号，学生姓名，所在系，系主任)中，如表 6-2 所示，那么分解后的关系模式 R_1、R_2 的函数依赖图如图 6-2 所示，可以确定 R_1、R_2 均满足 2NF。

表 6-2 关系模式 R 分解为 R_1 和 R_2 后 R_1 和 R_2 的值

R_1

学生学号	课程名称	成绩
2008307001	操作系统	93
2008307001	计算机网络	87
2008307001	编译原理	85
2008307002	操作系统	95
2008307002	计算机网络	84
2008308001	计算机网络	83
2008308002	软件工程	89

R_2

学生学号	学生姓名	所在系	系主任
2008307001	陈昊	计算机系	王林
2008307002	崔政	计算机系	王林
2008308001	冯月	自动化系	赵磊
2008308002	黄聪	自动化系	赵磊

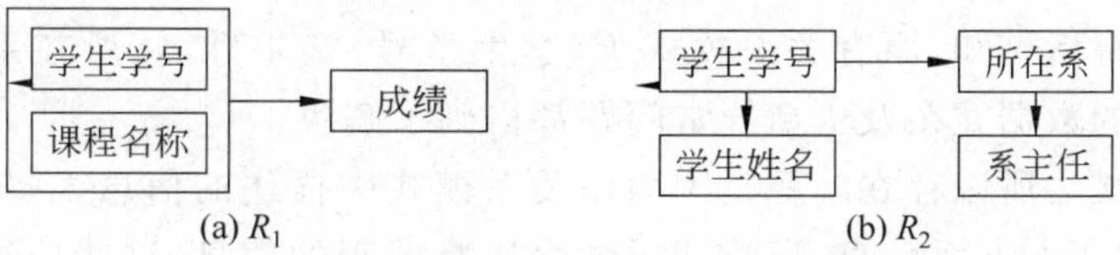

图 6-2 关系模式 R_1 和 R_2 的函数依赖图

相对于关系模式 R，分解后的关系模式数据冗余减少了，并且消除了由部分依赖产生的更新异常问题。例如，新来的学生即使还没有选修课程，也可往数据库中插入新来的学生信息；将某学生选修课程的信息删除，不会同时把该学生的信息删除掉。但是，在关系模式 R_2 中仍然存在系主任信息的冗余以及由此带来的更新异常，因此，还需要进一步规范化。

3. 第三范式(3NF)

定义 6.10 对于关系模式 R，当且仅当 $R \in$ 2NF，且 R 中所有非主属性都不传递依赖于候选键时，该关系模式 R 属于第三范式，记为 $R \in$ 3NF。即满足 3NF 的关系模式的每一个非主属性既不部分依赖于候选键，也不传递依赖于候选键。

【例 6-9】 将 R(学生学号，学生姓名，所在系，系主任，课程名称，成绩)分解为满足 2NF 的关系模式 R_1(学生学号，课程名称，成绩)和 R_2(学生学号，学生姓名，所在系，系主任)，根据 3NF 的定义，可知 R_1(学生学号，课程名称，成绩)$\in$ 3NF，R_2(学生学号，学生姓名，所在系，系主任)中由于存在传递函数依赖：学生学号→系主任，因此不满足 3NF，可将 R_2(学生学号，学生姓名，所在系，系主任)进一步分解为 R_3(学生学号，学生姓名，所在系)和 R_4(所在系，系主任)，如表 6-3 所示。

表 6-3　关系模式 R_2 分解为 R_3 和 R_4 后 R_3 和 R_4 的值

	学生学号	学生姓名	所在系
R_3	2008307001	陈昊	计算机系
	2008307002	崔政	计算机系
	2008308001	冯月	自动化系
	2008308002	黄聪	自动化系

	所在系	系主任
R_4	计算机系	王林
	自动化系	赵磊

分解后的关系模式 R_3 和 R_4 的函数依赖图如图 6-3 所示，可以确定 R_3 和 R_4 均满足 3NF。

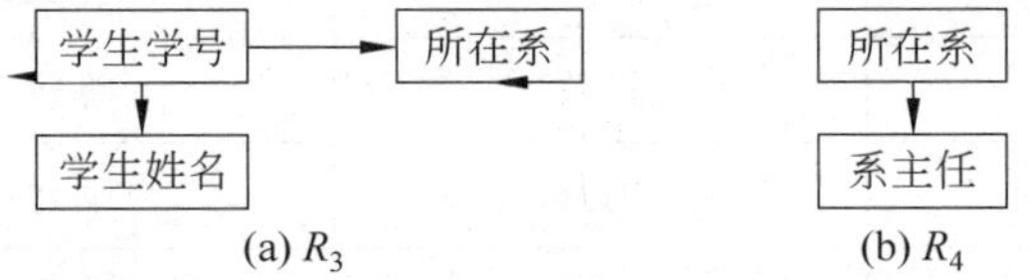

图 6-3　关系模式 R_3 和 R_4 的函数依赖图

经过上述分解后可知，原有关系模式 R(学生学号，学生姓名，所在系，系主任，课程名称，成绩)中存在的数据冗余及更新异常问题都得到了解决。

原有关系模式之所以存在问题是因为该关系模式中描述的信息太多了，既描述了学生基本信息，又描述了所在系信息，还描述了学生选修课程的信息，这些信息放在同一个关系模式中进行描述，相互依赖，导致了异常的发生。分解的过程也就是把这些信息逐渐从原有的关系模式中分离出来的过程，使得每个关系模式描述的信息比较单一，消除关系模式属性间的不好的约束关系。

3NF 是一个可用的关系模式应该满足的最低范式，也就是说，如果一个关系模式不满足 3NF，实际上是不可用的。满足 3NF 的关系模式是否就不存在问题了呢？看下面的应用实例。

应用实例：在关系模式 STJ(S,T,J)中，S 表示学生学号，T 表示教师编号，J 表示课程名称。假设每名学生可以选修多门课程，每门课程可以由多名学生来选修，每名老师只能讲授一门课程，每门课程可以由多名老师来讲授。某名学生选定了某一门课就确定了一名固定的教师。

根据数据间的这些语义，可以得到下面的函数依赖，函数依赖图如图 6-4 所示。

$$F = \{(S,J) \rightarrow T; T \rightarrow J\}$$

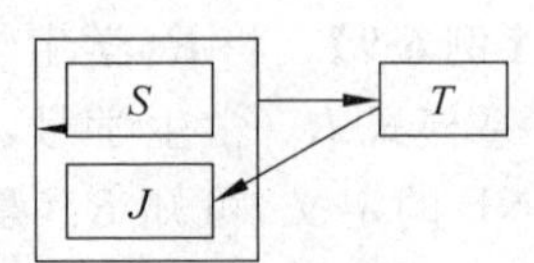

图 6-4　关系模式 STJ(S,T,J)的函数依赖图

由这些函数依赖可知，该关系模式的候选键可为(S,J)，不存在非主属性(T)对候选键的部分依赖和传递依赖，所以 STJ∈3NF。该关系模式是不是一个好的关系模式呢？

下面给出该关系模式的一个实例，见表6-4。

表6-4 关系模式STJ的一个实例

S	T	J
2008307001	J001	C语言程序设计
2008307002	J001	C语言程序设计
2008307003	J001	C语言程序设计
2008307004	J002	C语言程序设计
2008307005	J002	C语言程序设计
2008307001	J003	数据结构
2008307001	J004	操作系统
2008307002	J003	数据结构
2008307003	J003	数据结构

从给出的实例可知，该关系模式仍存在数据冗余：虽然一个教师只教一门课，但每个选修该教师所授课程的学生元组都记录这一信息，存在着数据冗余。数据冗余又会导致如下问题。

(1) 插入异常：如果新来了一位教“数据结构”的教师，但目前还无人选修其课程，该教师开设这门课的信息无法插入表中。

(2) 删除异常：如果删除选修某门课的学生记录，可能同时也把教师开设这门课的信息删除了。

(3) 修改异常：某教师开设的课程改名后，所有选修该教师所授课程的学生记录都要进行相应的修改。

产生问题的原因是由于该模式存在函数依赖 $T\rightarrow J$，引起主属性 J 对候选键 (S,J) 存在传递依赖。

因此，一个满足3NF的关系仍不是一个理想的关系模型，需要进一步的规范化。

4. BC范式(BCNF)

定义6.11 对于关系模式 R，若 R 中的所有非平凡的、完全的函数依赖的决定因素是候选键，则 $R\in$ BCNF。

根据BCNF的定义，可以得到以下结论，若 $R\in$ BCNF，则有：

(1) R 中所有非主属性对每一个候选键都是完全函数依赖。

(2) R 中所有主属性对每一个不包含它的候选键也是完全函数依赖。

(3) R 中没有任何属性完全函数依赖于非候选键的任何一组属性。

【例6-10】 关系模式STJ(S,T,J)中，由于存在 $T\rightarrow J$，并且该函数依赖的决定因素没有包含候选键，因而STJ$\notin$BCNF。若将STJ分解为ST(S,T)和TJ(T,J)，分解后的关系模式均为BCNF。

注意：虽然分解后的关系模式均是BCNF，但是原有的函数依赖只保留了 $T\rightarrow J$。

以上是在函数依赖的范畴内讨论了1NF、2NF、3NF和BCNF。其中，1NF是关系模式所隐含的，2NF 和 3NF 是讨论 BCNF 的基础，本身意义并不大，重要的和广泛应用的是 BCNF，它能满足一般应用的数据处理要求。如果一个关系数据库中的所有关系模式都属于 BCNF，那么在函数依赖范围内，它已实现模式的彻底分解，达到最高的规范化程度。但是，如果考虑其他的数据依赖，例如多值依赖，它仍然不是完美的关系模式。对此教材不进行过多的讨论了。

6.2.3 关系模式的规范化

对关系模式进行进一步规范化的主要目的，是消除关系模式存在的数据冗余和更新异常。规范化的过程可用图 6-5 来表示。

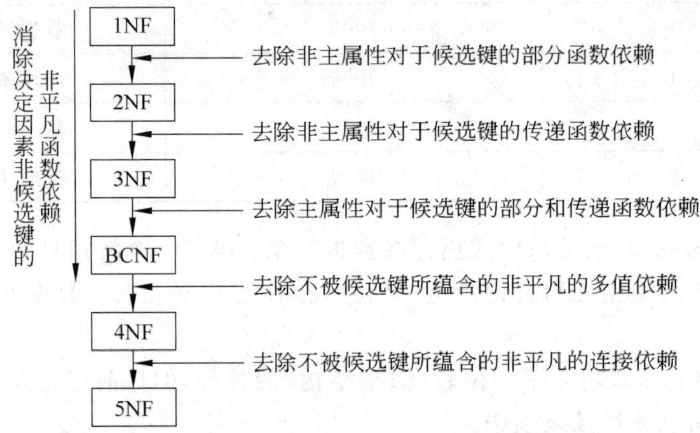

图 6-5 关系模式的规范化过程

关系模式规范化的过程是通过对关系模式的分解来实现的，即把低一级的关系模式分解为若干高一级的关系模式。比较理想的分解应该是既具有无损连接性又保持函数依赖，这样的分解是等价分解，但同时满足上述两个条件往往很难达到，因此，人们从不同的角度对“等价”的概念形成了三种不同的定义：

- 分解具有无损连接性，即数据等价。
- 分解保持函数依赖，即语义等价。
- 分解既具有无损连接性又保持函数依赖，即数据等价并且语义等价。

1. 模式分解的概念

定义 6.12 设有一关系模式 $R(U,F)$，若用一关系模式的集合 $\rho=\{R_1(U_1,F_1), R_2(U_2,F_2),\cdots,R_n(U_n,F_n)\}$来取代，其中 $U=\bigcup U_i$，并且 $U_i \not\subseteq U_j$，$1\leqslant i,j\leqslant n$，$F_i$是 F 在 U_i上的投影，则称此关系模式的集合 ρ 为 R 的一个分解，以 $\rho=\{R_1,R_2,\cdots,R_n\}$表示。

定义 6.13 F_i是 F 在 U_i上的一个投影定义为

$$F_i=\{X\rightarrow Y \mid X\rightarrow Y\in F^+ \wedge XY\subseteq U_i\}$$

F 在 R_i的投影 F_i 为 F^+ 中所有只包含 R_i的属性集 U_i中属性的函数依赖的集合，即如果 $X\rightarrow Y$ 在 F_i中，则 X 和 Y 的所有属性(XY)均在 U_i中。

在 6.1 节的应用实例 1 中，关系模式 R(学生学号，学生姓名，所在系，系主任，课程名称，成绩)中存在着函数依赖：$F=\{$学生学号→学生姓名，学生学号→所在系，所在系→系主任，(学生学号，课程名称)→成绩$\}$，该模式存在着数据冗余以及由此带来的更新异常。在

6.2.2节中，通过将其分解为R_1、R_2，再进一步将R_2分解为R_3、R_4，将原关系模式分解为三个满足3NF的模式，消除了原模式的数据冗余以及由此产生的更新异常。根据分解及投影的定义，可将其分解表示为$\rho_1=\{R_1$({学生学号，课程名称，成绩}，{(学生学号，课程名称)→成绩})，R_3({学生学号，学生姓名，所在系}，{学生学号→学生姓名，学生学号→所在系})，R_4({所在系，系主任}，{所在系→系主任})}。

2. 无损连接分解

定义6.14 设$\rho=\{R_1(U_1,F_1),\cdots,R_k(U_k,F_k)\}$是$R(U,F)$的一个分解，$r$是$R(U,F)$的一个关系，则$\pi_{R_i}(r)=\{t.U_i|t\in r\}$为$r$在子模式$R_i$上的投影，$m_\rho(r)=\pi_{R_1}(r)\bowtie\pi_{R_2}(r)\cdots\bowtie\pi_{R_n}(r)$是$r$在$\rho$中的各关系模式上投影的连接。

定义6.15 设$\rho=\{R_1(U_1,F_1),\cdots,R_k(U_k,F_k)\}$是$R(U,F)$的一个分解，若对$R(U,F)$的任何一个关系$r$均有$r=m_\rho(r)$成立，则称分解$\rho$具有无损连接性。分解$\rho$是"无损连接分解"(lossless join decomposition)，简称"无损分解"；否则，称为"损失分解"(lossy decomposition)。

若将关系模式R(学生学号，学生姓名，所在系，系主任，课程名称，成绩)分解为$\rho_2=\{R_1$(学生学号)，R_2(学生姓名)，R_3(所在系)，R_4(系主任)，R_5(课程名称)，R_6(成绩)}，该分解虽符合定义，分解后的关系模式也不存在数据冗余和更新异常的问题，但是该分解没有意义，分解后无法得知"每个学生属于哪个专业系"，"每个专业系的系主任是谁"这样一些信息，也就是分解后的信息发生了丢失，如果对分解后的子关系模式进行自然连接，无法恢复到原关系模式R，这样的分解是有损分解。而对分解ρ_1中的子关系模式进行自然连接，可恢复原关系模式R的所有信息，即分解具有无损连接性。

3. 保持函数依赖分解

定义6.16 对于关系模式$R(U,F)$，设$\rho=\{R_1(U_1,F_1),R_2(U_2,F_2),\cdots,R_n(U_n,F_n)\}$是$R$的一个分解，若$F^+=(\cup F_i)^+$，则称分解$\rho$保持函数依赖。

若将关系模式R(学生学号，学生姓名，所在系，系主任，课程名称，成绩)分解为$\rho_3=\{R_1$({学生学号，课程名称，成绩}，{(学生学号，课程)→成绩})，R_2({学生学号，学生姓名，所在系}，{学生学号→学生姓名，学生学号→所在系})，R_3({学生学号，系主任}，{学生学号→系主任})}，该分解虽然符合定义，对分解后的关系模式进行自然连接，可恢复到原关系模式，即具有无损连接性。但是，原关系模式中的函数依赖"所在系→系主任"丢失了，即没有保持函数依赖，这样的分解仍存在更新异常。例如，某学生的所在系发生了变化，其系主任并不会自动改变，这就带来了数据不一致问题。

关系模式分解的两个特性实际上涉及到两个数据库模式的等价问题，这种等价包括数据等价和函数依赖等价两个方面。数据等价是指两个数据库实例表示同样的信息内容，用"无损分解"衡量，可通过对关系进行投影或连接来实现。函数依赖等价是指两个数据库模式应有相同的函数依赖集闭包，在函数依赖集闭包相等的情况下，数据的语义是不会出差错的。但是，无损分解与保持函数依赖之间没有必然的联系。

对数据库逻辑结构设计而言，违反数据等价或函数依赖等价的分解很难说是一个好的模式设计。在函数依赖范畴内，希望分解的结果能达到BCNF，并且能保持无损连接性和函数依赖性。但是，这三个目标有时不能同时满足，一般只能做到如下两点：

- 若分解具有无损连接性，那么模式一定能分解到BCNF。

• 若要分解既保持函数依赖，又具有无损连接性，那么模式可以分解到 3NF，但不一定能达到 BCNF。

由此可见，分解的结果有时不得不在 3NF 和 BCNF 中进行选择，而这应取决于实际应用需求。数据库设计者在设计关系数据库逻辑结构时，应该权衡利弊，尽可能使数据库模式保持最好的特性。一般尽可能设计成 BCNF 模式集，如果设计成 BCNF 模式集达不到保持函数依赖的特点，那么只能降低要求，设计成 3NF 模式集，以求达到保持依赖和无损分解的特点。

6.3 关系模式设计

关系模式规范化的基本思想是逐步消除关系模式属性间不合适的数据依赖，使模式中的各关系模式达到某种程度的分离。在设计关系模式时，尽量使得每个关系仅描述一个概念、一个实体或实体之间的一种联系，若多于一个概念就把它“分离”出去。所谓规范化实质上是概念的单一化。因此，在设计关系模式时要尽量使得每个关系模式描述的信息比较单一，遵循“一事一地”的模式设计原则。下面介绍如何在该原则指导下，将概念结构设计阶段得到的 E-R 图向关系数据模式转换的原则和方法，完成数据库逻辑结构设计。

6.3.1 E-R 图向关系模型的转换

关系数据库的逻辑结构是一组关系模式，而 E-R 图则是由实体集、属性和联系三个要素组成。将 E-R 图转换为关系数据库逻辑结构，实际上就是要将实体集、属性和联系转换为相应的关系模式。

因此，将 E-R 图转换成关系模式着重要解决如下两个问题：

• 如何将实体集和实体间的联系转换为关系模式。
• 如何确定这些关系模式的属性和候选键。

为了解决上述问题，转换应该遵循如下原则。

1. 实体型的转换

一个实体型转换为一个关系模式，实体的属性就是关系的属性，实体型的码就是关系的候选键。

【例 6-11】 将图 4-10 中的考生实体转换为一个考生关系模式。

考生(准考证号，姓名，考试科目，考试时间，考场)

2. 实体间联系的转换规则

两个实体间联系的类型有 1∶1、1∶n、m∶n，每种类型有相应的转换规则。

1) 1∶1 联系的转换方法

对于 1∶1 的联系，既可单独对应一个关系模式，也可以不单独对应一个关系模式，如图 6-6 所示。

(1) 将联系转化为一个独立的关系模式，关系模式的属性由参与联系的各实体的码以及该联系本身的属性构成，且每个实体的码均可作为该关系模式的候选键。

(2) 如果联系不单独对应一个关系模式，可将联系合并到与该联系相关的任意一端实体所对应的关系模式中。需要在被合并的关系模式中增加联系本身的属性以及与联系相关的另一端实体的码，新增属性后原关系模式的候选键不变。

【例 6-12】 将图 6-7 中含有 1∶1 联系的 E-R 图转化为关系模式。

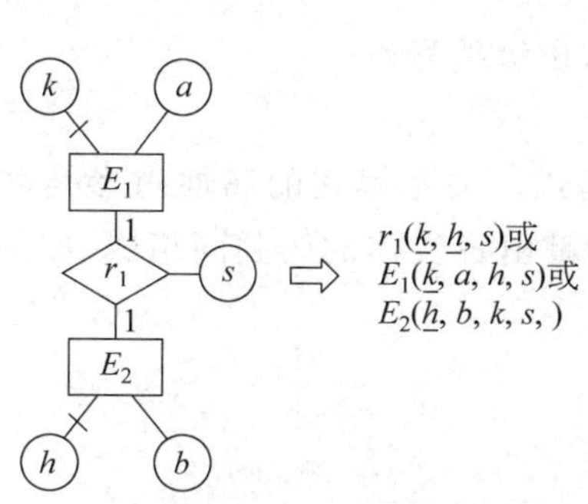

图 6-6 1∶1 联系的 E-R 模型转换为关系模式

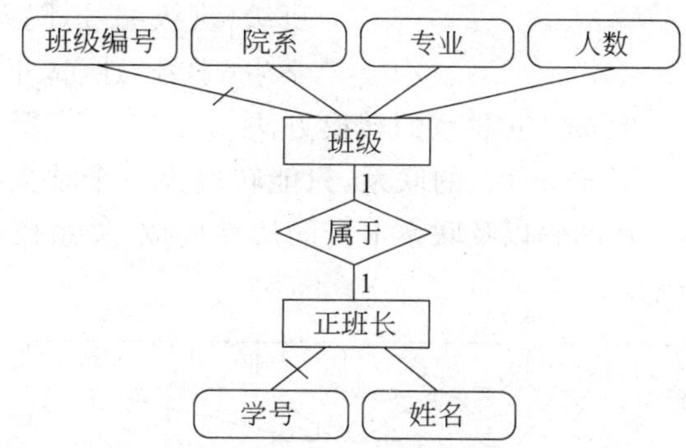

图 6-7 1∶1 联系转换为关系模式的实例

该例有三种方案可供选择。

方案 1：联系转化成独立的关系，转换后的关系模式为

班级(<u>班级编号</u>，院系，专业，人数)

正班长(<u>学号</u>，姓名)

属于(<u>学号</u>，班级编号) 或属于(学号，<u>班级编号</u>)

方案 2：联系合并到实体"正班长"对应的关系模式中，转换后的关系模式为

班级(<u>班级编号</u>，院系，专业，人数)

正班长(<u>学号</u>，姓名，班级编号)

方案 3：联系合并到实体"班级"对应的关系模式中，转换后的关系模式为

班级(<u>班级编号</u>，院系，专业，人数，班长学号)

正班长(<u>学号</u>，姓名)

2) 1∶n 联系的转换方法

对于 1∶n 的联系，既可单独对应一个关系模式，也可以不单独对应一个关系模式，如图 6-8 所示。

(1) 将联系转换为一个独立的关系模式，关系模式的属性由参与联系的各实体的码以及该联系本身的属性构成，关系模式的候选键为 n 端实体的码。

(2) 如果联系不单独对应一个关系模式，可将联系合并到 n 端实体所对应的关系模式中。需要在 n 端实体对应的关系模式中增加联系本身的属性以及与联系相关的另一端实体的码，新增属性后，原关系模式的候选键不变。

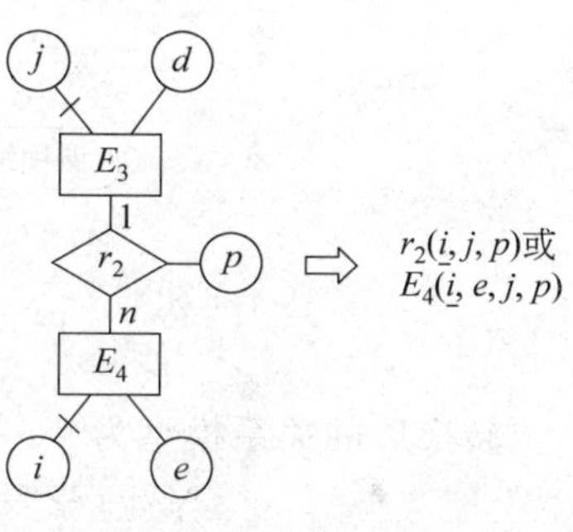

图 6-8 1∶n 联系的 E-R 模型转换为关系模式

【例 6-13】 将图 6-9 中含有 1∶n 联系的 E-R 图转化为关系模型。

该转换有两种方案供选择。

方案 1：联系转化为单独的关系模式，转换后的关系模式为

班级(<u>班级编号</u>，院系，专业，人数)

学生(<u>学号</u>，姓名，年龄，性别)

属于(学号,班级编号)

方案 2：联系合并到 n 端实体对应的关系模式中，转换后的关系模式为

班级(班级编号,院系,专业,人数)

学生(学号,姓名,年龄,性别,班级编号)

3) $m:n$ 联系的转换方法

对于 $m:n$ 的联系，只能转换为一个独立的关系模式。关系模式的属性由参与联系的各实体的码以及联系本身的属性构成，关系模式的候选键由各实体的码共同组成，如图 6-10 所示。

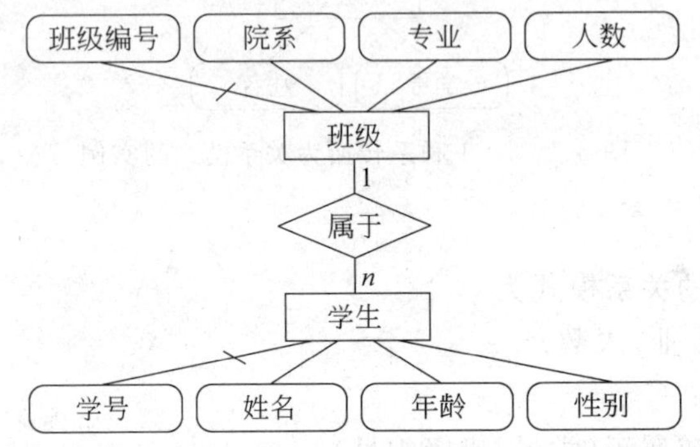

图 6-9　两元 $1:n$ 联系转换为关系的实例

$r_3(l, m, p)$

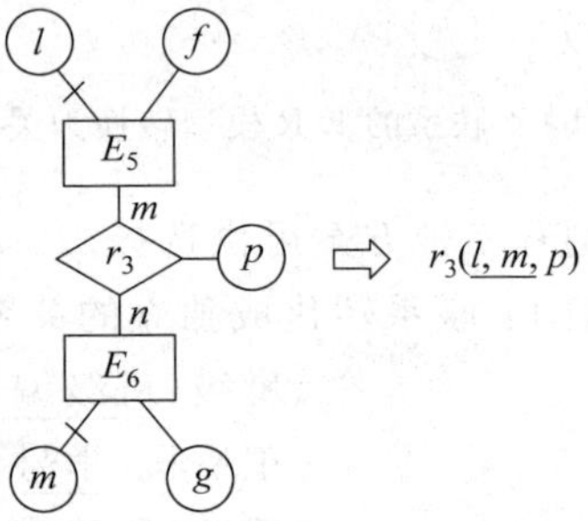

图 6-10　$m:n$ 联系的 E-R 模型转换为关系模式

【例 6-14】 将图 6-11 中含有 $m:n$ 联系的 E-R 图转化为关系模型。

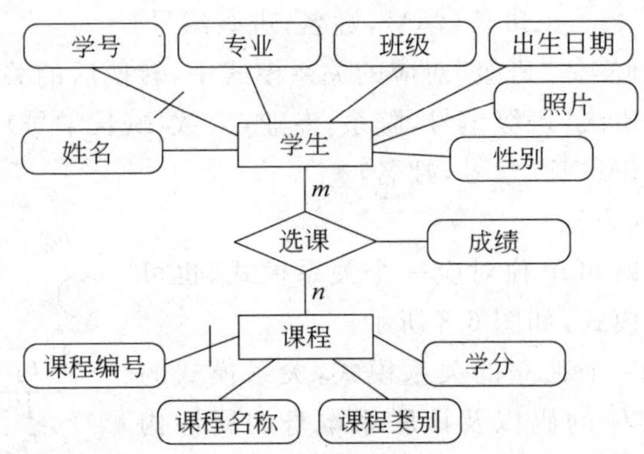

图 6-11　两元 $m:n$ 联系转换为关系的实例

转换后的关系模型为

学生(学号,姓名,专业,班级,出生日期,性别,照片)

课程(课程编号,课程名称,课程类别,学分)

选课(学号,课程编号,成绩)

对于三个或三个以上实体间的一个多元联系可以转化为一个关系模式，该关系模式的属性为多元联系相连的各实体的码及联系自身的属性，而关系的候选键为各实体的码的组合或其子集。

【例 6-15】 对于图 6-12 所示的三个实体之间的多对多的联系，可转化为如下关系模式：

供应商(<u>供应商号</u>,供应商名,所在城市,状态)
零件(<u>零件号</u>,零件名,颜色,重量)
工程(<u>工程号</u>,工程名,所在城市)
供应(<u>供应商号</u>,<u>工程号</u>,<u>零件号</u>,数量)

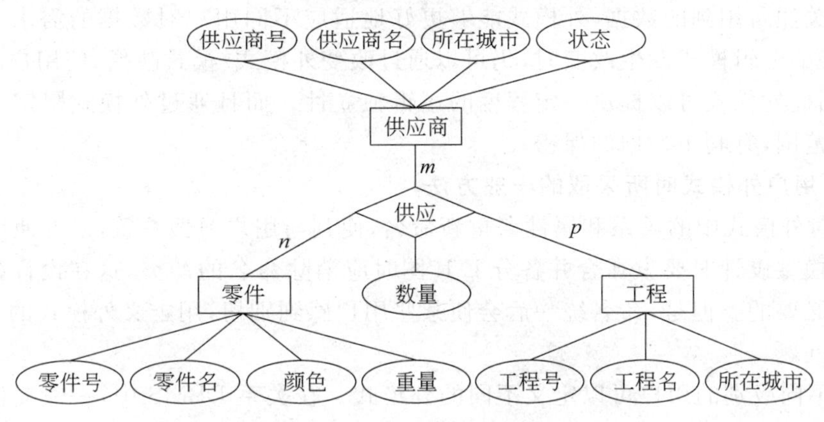

图 6-12 三个实体之间的联系

6.3.2 数据模式的优化

如果设计者能深入分析应用需求,正确设计出所有的实体和联系集,并且将其由 E-R 图按规则正确转换为关系模式,则关系模式通常不需要进行太多的规范化。然而,E-R 图设计是一个复杂且主观的过程,有些约束关系并不能通过 E-R 图表达出来。一些不"好"的 E-R 模型设计可能忽略数据之间的约束关系而产生冗余,尤其在设计大型数据库模式时更可能发生。此外,关系模式除了由 E-R 模型转换而来,也可能由其他方式得到,因此数据库逻辑设计的结果不是唯一的。为了进一步提高信息系统的性能,有必要根据应用需求适当修改、调整数据逻辑结构,这就是数据模式的优化。关系数据模式的优化,通常以规范化理论为指导,对转换得到的关系模式进行分析和调整,其中主要的工作有:

(1) 确定数据依赖。根据需求分析的结果,确定关系模式内部各属性之间以及不同关系模式的属性之间存在的数据依赖关系。

(2) 确定关系模式的候选键和所属范式。按照数据依赖关系判定关系模式的候选键,检测是否存在部分依赖或传递依赖,从而确定该模式属于第几范式。

(3) 模式分解。根据范式要求(规范化为 3NF 还是 BCNF),运用规范化方法将关系模式分解成所要求的关系模式。规范化过程将消除冗余的依赖,从而提高数据操作的效率和存储空间的利用率。

(4) 模式合并。分析现有模式是否满足应用需求,决定是否对某些模式进行合并。例如,当查询经常涉及多个关系模式的属性时,系统将经常进行连接操作,为减少因连接所花费的代价,可考虑将这几个关系合并为一个关系。

6.3.3 用户外模式的设计

数据库逻辑结构的设计,不仅包括信息系统的全局逻辑模式的设计,还包括用户外模式的设计。目前,RDBMS一般都支持视图机制,可以利用这一功能设计更符合局部用户需要的用户外模式(子模式)。

1. 设计用户外模式的作用

对于某个用户来说,并不需要了解一个庞大、复杂的数据库的全部数据,通过外模式可以使用户只关注所用到的数据,外模式能够更好地适应不同用户对数据的需求。有了外模式后,当系统的逻辑模式发生改变时,仍可以通过改变外模式/模式映像,使用户所看到的外模式不变,因此外模式可以提供一定程度的逻辑独立性。而且通过外模式限定了各用户访问数据库的范围,有利于数据的保密。

2. 设计用户外模式时所采取的一般方法

(1) 可对外模式中的关系和属性名重新命名,使其与用户习惯一致,以方便用户使用。

在概念模型设计时要求在合并各分E-R图时应消除命名的冲突,这在设计数据库整体结构是非常必要的。但是,命名统一后会使某些用户感到别扭,用定义外模式的方法可以有效地解决该问题。

(2) 对不同级别的用户可以定义不同的外模式。在关系DBMS中,一般提供视图功能来虚拟定义用户所希望看到的表。一部分与用户相关的基表,加上按需定义的视图,就构成了一个用户的外模式。由于视图能够对表的行和列的操作进行限制,为不同用户指定了访问数据的范围,访问不到的数据对其是隐藏的。

(3) 将常用的复杂查询定义为视图,简化对数据的操作。实际使用中,经常要进行某些复杂的查询,包括多表连接、嵌套、分组和统计等。为了方便用户,可以将这些复杂查询定义为对视图的操作,用户只需对定义好的视图进行查询,避免了每次查询都要进行重复描述,大大简化了用户的操作。

6.4 小　结

本章主要在函数依赖的范畴内讨论了关系模式的规范化,给出了范式的概念。数据依赖满足一定约束(性质)的关系模式的集合称为范式,根据约束的程度,范式有多个级别,主要有1NF、2NF、3NF、BCNF等。通过对低一级范式作进一步的规范化,可将其转化为高一级的范式,从而消除原模式中存在的数据冗余和更新异常问题,并产生一种更好地反映现实世界的设计。

关系模式的规范化是通过模式分解来实现的,分解后的关系模式具有较少的列,能描述的信息也相应地减少了,或者说语义更纯了。模式的分解,总是从一个关系模式出发,分解过程采用了两种关系运算——投影和自然连接。投影过程必须基于一种无损的方式,并且最好保持原有的依赖。

数据库设计者在设计关系数据库时,应权衡利弊,尽可能使数据库模式保持最好的特性。一般尽可能设计成BCNF模式集。如果设计成BCNF模式集达不到保持函数依赖的特点,那么只能降低要求,设计成3NF模式集,以求达到保持依赖和无损分解的特点。

用户需要结合应用环境和现实世界的具体情况,合理地选择数据库模式。有时出于对数据库性能的考虑而允许数据库中存在数据冗余,以获得比较好的性能。例如:

(1) 复制某些数据列到一些表中,以便更容易地访问,而不必进行多表的连接。

(2) 存储派生数据以加快数据处理过程。

(3) 合并某些已分解的关系模式,以减少多个表连接的开销。

规范化理论为数据库设计提供了理论的指南和工具。数据库设计是极其复杂的工作,数据库设计人员应熟悉规范化理论,实际的数据库逻辑结构设计工作可在理论的指导下,采用一些具体的原则和方法。若将E-R图中的实体集、属性和联系转换为关系模型中相应的关系模式,可将一个实体型转换为一个关系模式,实体的属性就是关系的属性,实体型的码就是关系的候选键,根据两个实体间联系的类型,联系可有相应的转换规则。

习　题

一、填空题

1. 数据冗余不仅浪费存储空间,还可能导致更新异常和________。更新异常包括________、________和________。

2. 满足1NF、2NF和3NF的模式集合之间是一种________关系。

3. 在函数依赖的范围内,________NF达到了最高的规范化程度。

4. 若关系R所有的属性都是不可再分的数据项,则称R属于第________范式。

5. 1NF的关系消除非主属性对候选键的________函数依赖后,可将范式等级提高到2NF。

6. 关系模式由2NF转化为3NF是消除了非主属性对候选键的________。

7. 关系模式由3NF转化为BCNF是消除了________。

8. 关系模式的规范化是通过________来实现的。

二、选择题

1. 关系数据库规范化理论是为解决关系数据库中(　　)问题而引入的。

A. 插入、修改、删除异常和数据冗余　　B. 提高查询速度
C. 减少数据操作的复杂性　　D. 保证数据的安全性和完整性

2. 设有关系模式EMP(职工号,姓名,年龄,技能)。假设职工号唯一,每个职工有多项技能,则EMP表的主属性是(　　)。

A. 职工号　　B. 姓名,技能　　C. 技能　　D. 职工号,技能

3. 设关系模式$R(A,B)$上的函数依赖为$A\rightarrow B$,在函数依赖范围内,则R最高属于(　　)。

A. 2NF　　B. 3NF　　C. BCNF　　D. 1NF

4. 设$R(U)$是属性集U上的关系模式,X、Y是U的子集。若对于$R(U)$的任意一个可能的关系r,r中不可能存在两个元组在X上的属性值相等,而在Y上的属性值不等,则称(　　)。

A. Y函数依赖于X　　B. Y对X完全函数依赖
C. X为U的候选键　　D. R属于2NF

5. 当B属性函数依赖于A属性时,属性A与B的联系是(　　)。

A. 1对多　　B. 多对1　　C. 多对多　　D. 以上都不是

6. 关系模式分解的无损连接和保持函数依赖两个特性之间(　　)。

A. 前者蕴含后者　　B. 后者蕴含前者

C. 二者同时成立，或同时不成立　　D. 没有必然联系

7. 逻辑结构设计阶段得到的结果是(　　)。

A. 数据字典描述的数据需求　　B. E-R图表示的概念模型

C. 某个DBMS所支持的数据模型　　D. 包括存储结构和存取方法的物理结构

8. 从E-R模型向关系模型转换时，一个 $m:n$ 联系转换为关系模式时，该关系模式的候选键是(　　)。

A. m 端实体的关键字

B. n 端实体的关键字

C. m 端实体关键字与 n 端实体关键字组合

D. 重新选取其他属性

9. 在关系数据库的设计中，设计关系模式是(　　)的任务。

A. 需求分析阶段　　B. 概念设计阶段

C. 逻辑设计阶段　　D. 物理设计阶段

10. 在关系数据库的设计中，设计视图是(　　)的任务。

A. 需求分析阶段　　B. 概念设计阶段

C. 逻辑设计阶段　　D. 物理设计阶段

三、简答题

1. 理解并给出下列术语的定义：

函数依赖、部分函数依赖、完全函数依赖、传递函数依赖、候选键、1NF、2NF、3NF、BCNF。

2. 建立一个关于系、学生、班级、学会等诸信息的关系数据库。

描述学生的属性有：学号、姓名、出生年月、系名、班号、宿舍区；

描述班级的属性有：班号、专业名、系名、人数、入校年份；

描述系的属性有：系名、系号、系办公室地点、人数；

描述学会的属性有：学会名、成立年份、地点、人数。

有关语义如下：一个系有若干专业，每个专业每年只招一个班，每班有若干学生。一个系的学生住在同一宿舍区。每个学生可参加若干学会，每个学会有若干学生。学生参加某学会有一个入会年份。

请给出关系模式，写出每个关系模式的函数依赖集，指出是否存在传递函数依赖，对于函数依赖左部是多属性的情况，讨论函数依赖是完全函数依赖，还是部分函数依赖。指出各关系的候选键、外键，有没有全键存在？

3. 规范化设计理论对数据库设计有什么指导意义？

4. 假设为自学考试成绩管理设计了一个关系 $R(S\#, SN, C\#, CN, G, U)$，其属性的含义依次为考生号、姓名、课程号、课程名、分数和主考学校名称。规定每个学生学习一门课程只有一个分数；一个主考学校主管多门课程的考试，且一门课程只能属于一个主考学校管理；每名考生有唯一的考号，每门课程有唯一的课程号。

(1) 根据题目所描述的语义，写出关系模式 R 的基本函数依赖集。

(2) 确定关系模式 R 的候选键。

(3) 说明关系模式 R 最高达到第几范式？为什么？

四、设计题

1. 针对第 4 章课后设计题中的"学生运动会管理系统",要求完成：

(1) 根据设计出的概念模型来设计系统的关系数据库逻辑结构,指出各关系模式的主键和外键。

(2) 用 SQL 语言定义有关运动员参加比赛信息的关系模式(要求包含相关的完整性约束)。

2. 针对第 4 章课后设计题中的"图书管理系统",要求完成：

(1) 根据设计出的概念模型设计系统的关系数据库逻辑结构,指出各关系模式的主键和外键。

(2) 用 SQL 语言定义有关图书出版信息的关系模式(要求包含相关的完整性约束)。

3. 针对第 4 章课后设计题中的"部门信息管理系统",要求完成：

(1) 根据设计出的概念模型设计系统的关系数据库逻辑结构,指出各关系模式的主键和外键。

(2) 用 SQL 语言定义有关产品销售信息的关系模式(要求包含相关的完整性约束)。

第7章　数据的组织与存储

信息系统中的数据库最终要存储在外部存储设备中，DBMS提供多种数据组织方法，为数据库设计人员和DBA在DBMS上设计、实现和操作数据库时有充分的选择余地，能从众多选择中挑选出最适合应用需求的特定数据组织方式，实现数据库的物理设计。

本章讨论物理数据库所要存储的数据，数据的组织和存储方式，数据的存储优化技术，以及数据库的物理设计具体考虑的一些内容等。

7.1　数据库存储管理的数据

数据库是大量有结构的相关的持久数据集合。存储在存储介质上的数据被组织为记录文件，每个记录是数据值的一个集合，数据值描述了有关实体、实体属性及其联系。在利用文件系统管理数据的系统中每个文件存储同类实体的数据，各文件是孤立的，没有体现实体之间的联系。数据库系统是文件系统的发展，数据库系统中数据的物理组织必须体现实体之间的联系，支持数据库的逻辑结构——各种数据模型。

因此，数据库系统中要存储如下4个方面的数据：

- 数据描述，即数据外模式、模式、内模式。
- 数据本身。
- 数据之间的联系。
- 存取路径。

1. 数据描述

数据库系统要存储系统运行时所涉及的各种对象及其属性的描述信息。在关系数据库系统中，这些对象包括描述数据库结构及其约束的数据库模式、视图、访问权限以及数据库状态信息的记录和统计。例如，模式包含的关系名称及其属性构成；子模式所包含的关系名称及其属性构成；用户的标识、口令、存取权限；数据文件的名称、物理位置、文件组织方式；现有关系（基表）的个数、视图的个数、元组（记录）的个数、不同属性值的元组（记录）个数，等等。

数据库系统还要存储系统中对象之间关系的描述信息，包括各级模式间的映射关系、用户与子模式间的对应关系等。例如，哪个用户使用哪个子模式，哪个模式对应于哪些数据文件，以及存储在哪些物理设备上，等等。

这些有关数据的描述（称为元数据）存储在数据库的数据字典中。数据字典是数据库系统运作的基础，任何数据库操作都要参照数据字典的内容。关系数据库中数据字典的组织通常与数据本身的组织相同。数据字典按内容的不同在逻辑上组织为若干张表，在物理上就对应若干文件而不是一个文件。由于每个文件中存放的数据量不大，可简单地用顺序文件来组织。

2. 数据及数据间的联系

对于数据自身的组织，DBMS 可以根据数据和处理的要求自己设计文件结构，也可以从操作系统提供的文件结构中选择合适的加以实现。

数据库中数据组织与数据之间的联系是紧密结合的。在数据的组织和存储中必须直接或间接、显式或隐含地体现数据之间的联系，这是数据库物理组织中主要考虑和设计的内容。

关系数据库中实现了数据表示的单一性，数据和数据之间的联系的组织方式相同，都用一种数据结构——“关系表”来表示。在数据库的物理组织中，每一个关系表通常对应一种文件结构。文件存储结构是定义一个关系表文件中记录的特定组织形式。

3. 存取路径

存取路径是实现数据访问和存储的基本手段。在关系数据库中，存取路径是指访问一个关系表文件中行集合的特殊技术，它使用一种基于表存储结构的算法，或基于所选择的表上可用的索引。索引是附属的数据库结构，可能是单独存储的一个文件，它支持对关系表中行的快速访问。存取路径的物理组织通常采用 B^+ 树类文件结构和 Hash 类文件结构。

在关系数据库中，存取路径和数据是分离的，对用户是隐蔽的。SQL 语句的执行结果不会受到执行时使用的存取路径的影响，因为查询是作用在数据库上的，由数据库返回查询结果的信息，所以在设计查询时，程序员不必关心系统的存取路径。

尽管存取路径的选择不会影响查询结果，但它对性能有重要的影响。根据所使用的存取路径，执行时间可能从几秒到几个小时不等，特别是查询涉及大量的记录表，而这些表中有几千行或者上万行时更是如此。

数据库系统中的这些数据都要采用一定的文件组织来组织和存储起来。其中，数据字典是由系统建立的，数据库用户只能对数据字典中的内容进行查询操作，而不能进行更新操作。

例如，在 SQL Server 中，数据字典信息存储在一类称为系统表的特殊表中。这些系统表是在数据库创建时同时创建的，不能被用户删除和修改，其格式取决于 SQL Server 的内部架构(如图 7-1 所示)，并与具体的 SQL Server 数据库管理系统版本有关。

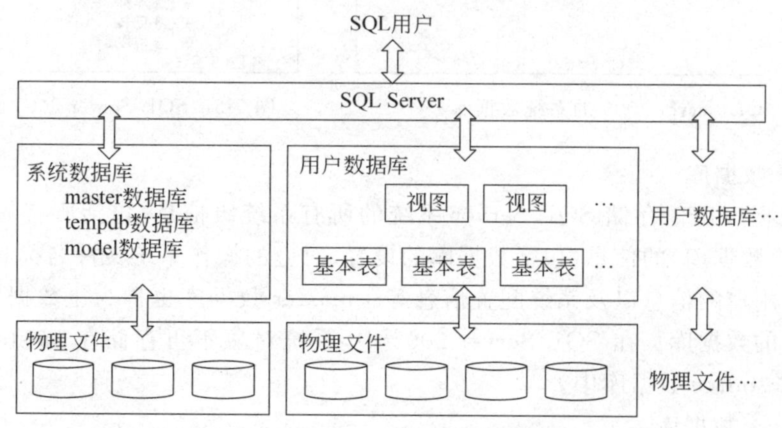

图 7-1　SQL Server 2005 的存储架构

SQL Server 有 3 个基本系统数据库用于支持 SQL Server 的运行与管理。所有用户对象(包括基本表、视图和触发器等)都建立在用户数据库中,在一个 SQL Server 上可以建立多个数据库。数据库的物理存储基本是由 SQL Server 自动管理的。用户通过 SQL Server 提供的工具或接口访问如下系统数据库和用户数据库(见图 7-2 和图 7-3)。

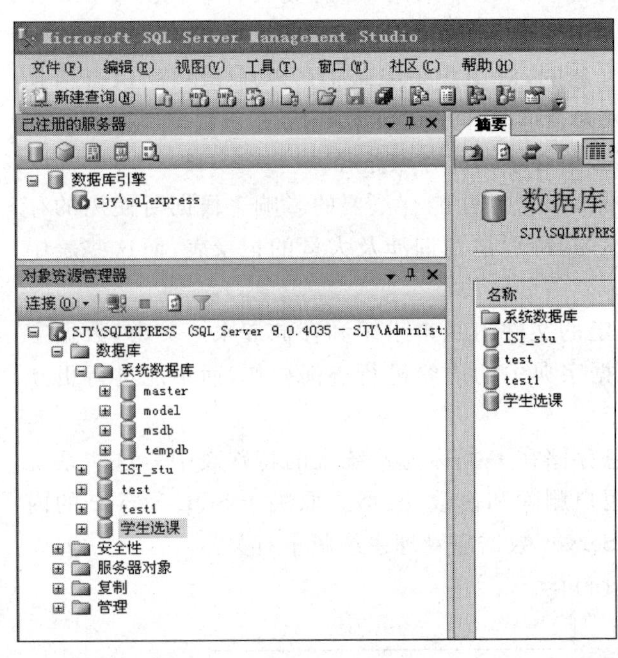

图 7-2 SQL Server 2005 的系统数据库

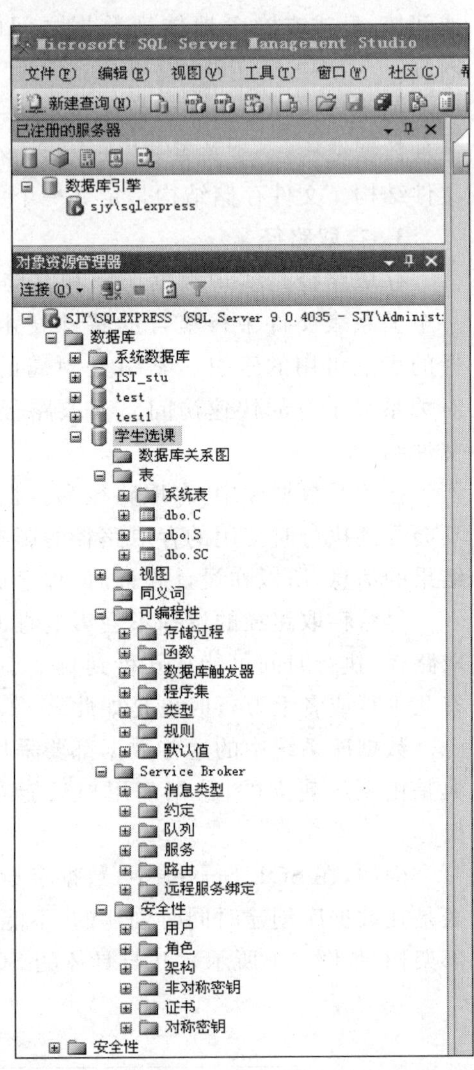

图 7-3 SQL Server 2005 的用户数据库

1) master 数据库

master 数据库用于存储 SQL Server 系统的所有系统级信息,包括所有的其他数据库(如建立的用户数据库)的信息(包括数据库的设置、对应的操作系统文件名称和位置等)、所有数据库注册用户的信息以及系统配置信息等。master 数据库也称为主数据库,是用于管理其他数据库的数据库。在 SQL Server 2005 中,系统对象不再存储在 master 数据库中,而是存储在 Resource 数据库中。

2) Resource 数据库

Resource 数据库是只读数据库,它包含了 SQL Server 2005 中的所有系统对象。SQL

Server 系统对象(如 sys. objects)在物理上存在于 Resource 数据库中,但在逻辑上,它们出现在每个数据库的 sys 架构中。Resource 数据库不包含用户数据或用户元数据。

3) tempdb 数据库

tempdb 数据库用于保存所有的临时表和临时存储过程,还可以满足任何其他的临时存储要求。tempdb 数据库是全局资源,所有连接到系统的用户的临时表和存储过程都存储在该数据库中。

4) model 数据库

model 数据库是一个模板数据库,当使用 CREATE DATABASE 命令建立新数据库时,新数据库总是先通过复制 model 数据库中的内容创建。

5) 用户数据库

每个用户数据库存储与特定的主题或过程相关的数据,以及为支持对数据执行的活动而定义的其他对象,如视图、索引、存储过程、用户定义函数和触发器等,这些对象一般也是以系统表的形式存储在数据库中。

7.2 数据库存储

7.2.1 存储介质

信息系统中的数据库必须物理地存储在某种计算机存储介质上,这样 DBMS 才可以在需要时检索、更新和处理这些数据。数据库通常存储在大容量的外部存储设备上。磁盘是目前常用的外部存储器,能长时间地联机存储数据,用户可以直接存取磁盘中某一位置的数据,因此磁盘也称为"直接存取存储器"。用户要访问数据,必须把数据从磁盘读到主存才能使用,而不是存储在主存中,其原因如下:

(1) G(giga,千兆,2^{30}B)数量级的数据库也不足为奇,目前已出现许多 T(tera,兆兆,2^{40}B)数量级,甚至 P(peta,千兆兆,2^{50}B)数量级的数据库。主存虽能提供对数据的高速存取,但存储空间有限,目前典型计算机的配置大约 1~2GB 主存,数据库不能完全存放在内存中。

(2) 相对于主存,磁盘是非易失性存储介质,当设备被关闭或电源发生故障时,磁盘能保持内容的完整,导致磁盘永久丢失存储数据的情况较少出现。

(3) 磁盘上每个数据单元的存储成本远远小于主存。

与系统的中央处理器(CPU)相比,磁盘是一种低速设备,在数据库系统运行时,CPU 是不直接访问磁盘上的数据文件的。CPU 可以利用访问一个磁盘扇区的时间执行成百上千条指令,执行磁盘读写所花费的时间或许要比用于操纵主存中的数据所花费的时间长很多。因此,DBMS 通过在内存中开辟"缓冲区",采用"预先读延迟写"的磁盘缓冲存取技术来匹配磁盘和内存的存取速度。

数据在磁盘上以称为"块"的定长存储单位形式组织。一个块是一个磁道上顺序存储的多个相邻扇区。读取时,只需一次时间延迟来将磁头定位于该块的扇区起始处。块(又称"页")是内、外存数据交换的基本单位。磁盘中的块称为"物理磁盘块"或"物理块",内存中临时存放物理块内容的块称为"缓冲块",所有的内存"缓冲块"组成了"磁盘缓冲区"。

存储记录的磁盘块的大小，即一个磁盘块所包含的扇区数一般根据如下两方面来确定：一方面，当一个特定的应用访问表中记录 A_1 时，应用很可能会访问表中与 A_1 相邻的另一条记录 A_2（如关系表被经常读取），如果 A_2 和 A_1 处在相同的磁盘块，则系统无须额外读取另一个磁盘块。因此，磁盘块所包含的扇区数应足够大，以便能容得下这些额外的记录从而避免对磁盘的另一次访问。另一方面，随着磁盘块的增大，数据的传输时间会增加，大的磁盘块要求内存中有大的缓冲区，而且也可能大大地超出与 A_1 相邻的实际要访问的信息（如超出一个表所包含的信息）。所以，磁盘块的大小需要权衡考虑，但决定权在厂家而不在用户。因此，加快数据库存取操作，提高信息系统的性能的关键是安排好数据，使得当某一个磁盘块中有数据被访问时，大约在同时很有可能该块上的其他数据也需要被访问。这就是存储优化所要考虑的问题。

7.2.2 数据库存储文件

每个数据库至少具有两个存储的操作系统文件：一个是数据文件；另一个是日志文件。数据文件包含数据和对象，例如表、索引、存储过程和视图。日志文件包含恢复数据库中的所有事务所需的信息。

例如，在 SQL Server 2005 中用户数据库中数据可以三种文件形式进行存储。

(1) 主文件：数据库的主要数据文件，包含数据库的启动信息，并指向数据库中的其他文件。用户数据和对象可存储在此文件中，也可以存储在次要文件中。每个数据库有一个主要数据文件，文件扩展名一般为.mdf。

(2) 次要文件（辅助文件）：次要文件是可选的，由用户定义并存储用户数据。可通过次要文件将数据分散存储到多个磁盘上，或者实现大数据库文件的存储，以保证数据库的增长。次要文件扩展名一般为.ndf。

(3) 日志文件：日志文件保存用于恢复数据库的事务日志信息，记录所有事务以及每个事务对数据库所做的修改。如果系统出现故障，它将成为最新数据的唯一来源，支持数据库系统完成如下操作：恢复个别的事务；系统启动时恢复所有未完成的事务；将还原的数据库、文件、文件组或页恢复到故障点；支持备份服务器解决方案等（见 9.2 节）。每个数据库必须至少有一个日志文件，文件扩展名一般为.ldf。

在 SQL Server 2005 中，每个数据库至少有两个文件，即一个主文件和一个日志文件（如图 7-4 所示）。默认情况下，即在单磁盘系统中，数据文件和日志文件被放在同一个驱动器的同一个路径下。但是，在实际系统应用环境中，一般将数据文件和日志文件放在不同的磁盘上，以保证数据库能够可靠恢复。

7.2.3 数据库创建和管理

1. 创建数据库

若要创建数据库，必须确定数据库名称、所有者；确定存储该数据库的文件及其大小；确定事务日志文件的位置和大小等。所有者是创建数据库的用户，在创建数据库之前，他必须至少拥有 CREATE DATABASE、ALTER DATABASE 权限。model 数据库中的所有用户定义对象都将复制到所有新创建的数据库中，可以向 model 数据库中添加任何对象（如表、视图、存储过程和数据类型等），以将这些对象包含到所有新创建的数据库中。

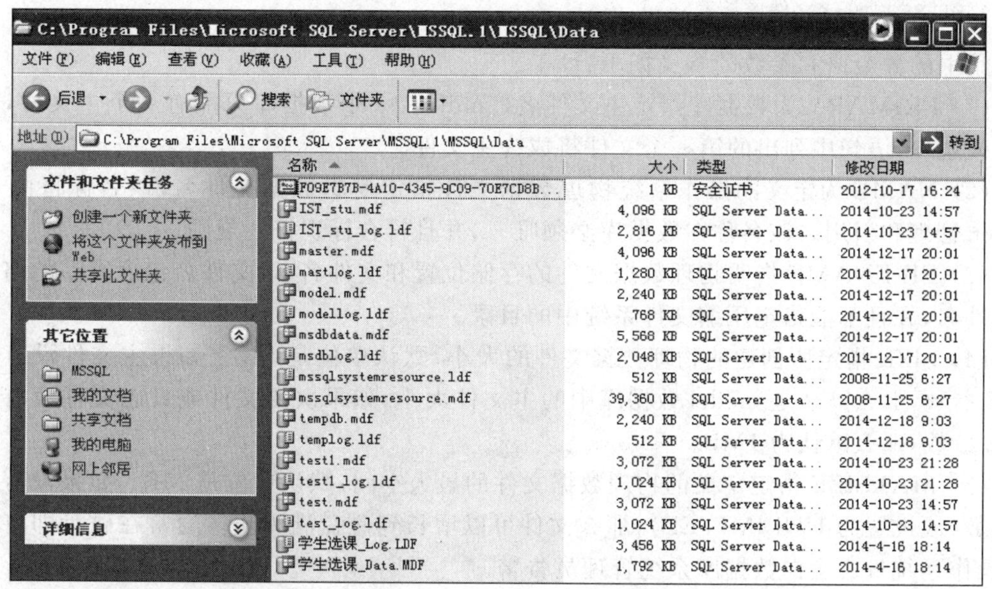

图 7-4 SQL Server 2005 的数据库存储文件

在 SQL Server 中，创建数据库使用 CREATE DATABASE 语句，其语法为

```
CREATE DATABASE <数据库名>
[ON
<filespec>[,<filespec>,…]
[,FILEGROUP <文件组名><filespec>[,<filespec>,…]]
[LOG ON <filespec>[,<filespec>,…]]
```

数据库定义语句中包括以下 4 个方面的内容：

(1) 定义数据库名。数据库名称必须唯一，并且符合标识符的规则，最多可以包含 128 个字符。

(2) 定义数据文件。在 ON 子句中，指定了用来存储数据库的操作系统文件(存储在磁盘上的数据文件)，文件的具体信息由后面的<filespec>选项列表决定。可以定义多个数据文件，默认第一个为主文件。

(3) 定义用户文件组。需给出文件组名称，后续的<filespec>选项列表给出该组的文件描述。利用文件组可以将指定的逻辑文件存储到指定的物理文件。

(4) 定义日志文件。指定用来存储数据库日志的操作系统文件(日志文件)，后续的<filespec>选项列表给出日志文件的描述。可以定义多个日志文件。如果没有指定 LOG ON，将自动创建一个日志文件，该文件使用系统生成的名称，大小为数据库中所有数据文件大小总和的 25%。

<filespec>选项用于定义对应的操作系统文件属性，其格式为

```
[PRIMARY][(NAME=<逻辑数据文件名>,]
FILENAME='<操作系统数据文件路径和文件名>'
[,SIZE=<文件长度>]
[,MAXSIZE=<最大长度>]
```

```
[,FILEROWTH=<文件增长率>])[,…n]]
```

其中的各短语和参数的含义如下：

(1) PRIMARY为数据库指定主文件名(.mdf)。一个数据库只能有一个主文件，如果没有该选项，语句中列出的第一个文件将成为主文件。

(2) NAME为定义的操作系统物理数据文件指定逻辑数据文件名，该名称将由SQL Server管理和引用。该名称在数据库必须唯一，并且符合标识符的规则。

(3) FILENAME指明物理数据文件的存储位置和文件名，该文件名包含完整的路径名和文件名，并且不能指定压缩文件系统中的目录。

(4) SIZE指定所创建的物理数据文件的大小，默认单位是MB。如果主文件没有提供SIZE参数，那么默认是model数据库中的主文件大小；如果次要文件或日志文件没有提供SIZE参数，那么默认为1MB。

(5) MAXSIZE指定定义的物理数据文件的最大空间，默认单位是MB。如果没有指定该参数(或设置为UNLIMITED)，那么文件可以增长到磁盘满为止。通常在磁盘即将变满时，操作系统日志会向数据库系统管理员告警。

(6) FILEROWTH指定物理数据文件的增长率，其结果不能超过MAXSIZE设置，默认单位是MB，如果指定为百分比数(%)，则增量大小为发生增长时文件的指定百分比。如果没有指定该值，默认值为10%，最小值为64KB。

从CREATE DATABASE命令可以看出来，建立数据库的实质功能是向操作系统申请数据库所需的存储空间。一个数据库需要多少空间，可以在系统规划和需求分析阶段根据对数据存储数量的分析和预测初步确定。

2. 选择数据库

数据库的选择使用USE命令，其格式为

```
USE<数据库名>
```

3. 删除数据库

删除数据库的语句格式为

```
DROP DATABASE <数据库名1>[<数据库名2>[,…]]
```

【例7-1】 使用CREATE DATABASE命令在SQL Server中建立MyDB(学生-课程)数据库，向操作系统申请的数据主文件的初始大小为10MB，最大为50MB，增量为5MB；日志文件的初始大小为5MB，最大为25MB，增量为5MB。

```
CREATE DATABASE MyDB
ON
   (NAME=elective_dat,
    FILENAME='c:\mssql\data\electivedat.mdf',
    SIZE=10MB,
    MAXSIZE=50MB,
    FILEROWTH=5MB)
LOG ON
   (NAME=elective_log,
```

```
FILENAME='d:\mssql\log\electivelog.ldf',
SIZE=5MB,
MAXSIZE=25MB,
FILEROWTH=5MB)
```

需要注意的是，在建立数据库之前，为操作系统文件指定的目录路径必须存在。以上命令在C盘的\mssql\data\目录下建立10MB的文件electivedat.mdf作为数据主文件，在D盘的\mssql\log\目录下建立5MB的文件electivelog.ldf作为日志文件。

创建数据库后，可以对其原始定义进行更改，包括扩展、收缩、添加或删除数据文件，分离或附加数据库，移动、重命名或删除数据库等。这些数据库的修改操作可以交互式完成，也可以通过SQL语句完成。调整或修改数据库的SQL语句是ALTER DATABASE。

7.3 存储优化

虽然DBMS在创建数据库之后基本可以自动完成数据库的存储管理，但为了提高系统存储和响应效率，DBMS还会提供一些手段使得系统管理员可人为管理来达到优化存储的目的。例如，SQL Server提供以下几种手段。

(1) 文件组：通过文件组可以实现分类存储，把指定的数据存储到指定的物理文件。

(2) 分区：通过建立分区表，将超大的表根据需要划分成若干数据子集，每个数据子集存放到一个物理文件，实现快速、有效地管理和访问各数据子集。

(3) 索引：通过建立索引提高查询性能。

本节介绍SQL Server提供的提高系统存储和响应效率的手段，来帮助体会数据文件的存储对数据库性能的影响。

7.3.1 文件组

关系数据库管理系统一般不需要用户关心数据的存储细节，但是对于大型数据库，如果数据量很大，为了方便管理和提高性能可能会允许用户将数据库中的多个表分别存储在不同的物理文件中，或者把经常在一起使用的数据(如需频繁做连接操作的表)尽可能地物理存储在一起，来进一步提高系统的查询和操作性能，也便于管理数据。SQL Server通过文件组可以实现分类存储，把指定的数据存储到指定的物理文件。

文件组分为主文件组和用户定义文件组两大类。主文件组包含主数据文件和任何没有明确分配给其他文件组的其他文件。系统表的所有信息存储在主文件组中。用户定义文件组是通过在CREATE DATABASE或ALTER DATABASE语句中使用FILEGROUP关键字指定的任何文件组。可以在首次创建数据库时创建文件组，也可以以后在数据库中添加更多文件时使用ALTER DATABASE语句来创建文件组。

```
ALTER DATABASE <数据库名>
    ADD FILEGROUP <文件组名><filespec>[,<filespec>,…]
```

文件组不能独立于数据库文件创建。文件组是在数据库中组织文件的一种管理机制。一个物理文件只可以是一个文件组的成员。

在 SQL Server 中最多可以为每个数据库创建 32767 个文件组。文件组只能包含数据文件，文件组与日志无关，事务日志文件不能是文件组的一部分，日志空间和数据空间是分开管理的。

【例 7-2】 在创建数据库的同时创建一个用户文件组，为文件组添加文件，并将数据表存储在文件中。

```
CREATE DATABASE MyDB
  ON PRIMARY
     (NAME=elective_dat,
      FILENAME='c:\mssql\data\electivedat.mdf',
      SIZE=10MB,
      MAXSIZE=50MB,
      FILEROWTH=5MB),
  FILEGROUP MyDB_FG
     (NAME='MyDB_FG_dat1',
      FILENAME='c:\mssql\data\MyDB_FG_dat1.ndf',
      SIZE=5MB,
      MAXSIZE=50MB,
      FILEROWTH=5MB)
  LOG ON
     (NAME=elective_log,
      FILENAME='d:\mssql\log\electivelog.ldf',
      SIZE=5MB,
      MAXSIZE=25MB,
      FILEROWTH=5MB)     //创建数据库 MyDB,不仅包括一个主数据文件和一个日志文件,还包
                         //括一个用户定义文件组。主数据文件在主文件组中,而用户定义文
                         //件组只包含一个次要文件
  ALTER DATABASE MyDB
    ADD FILE
     (NAME='MyDB_FG_dat2',
      FILENAME='e:\mssql\data\ MyDB_FG_dat2.ndf',
      SIZE=5MB,
      MAXSIZE=50MB,
      FILEROWTH=5MB),
    TO FILEGROUP MyDB_FG                //为用户定义文件组添加存储文件
CREATE TABLE MyTable
    (cola int PRIMARY KEY,
     colb char(8))
  ON  MyDB_FG                           //在指定的文件组上创建表
```

上面的例子中创建了 MyDB 数据库，数据库包含一个主文件组(PRIMARY)和一个用户定义文件组(MyDB_FG)，还包括一个日志文件。主文件组只包括一个文件，MyDB_FG 用户文件组包括两个文件。通过在指定的文件组上创建表，可将 MyTable 表的所有数据都存储在 c:\mssql\data\MyDB_FG_dat1.ndf 和 e:\mssql\data\ MyDB_FG_dat2.ndf 这两个物理文件中。

由此可见，利用文件组可以达到把指定数据存储到指定物理文件的目的，并可以改善数据库的性能。利用文件组可以实现跨多个磁盘或磁盘冗余阵列系统创建数据库，让更多的磁头组设备同时并行地访问磁盘块，可以增加在单位时间内的磁盘块访问数量，加快数据库操作的速度。此外，可以将最常用的表放在一个文件组的一个文件中，该文件位于一个磁盘上，而将数据库中其他不常访问的表放在另一个文件组的其他文件中，该文件组位于另一个磁盘上，通过该方法实现数据布局，改善数据库性能。

7.3.2 分区

为了将含有上百万条甚至上千万条记录的超大表，根据需要划分成若干数据子集，每个数据子集存放到一个物理文件，达到可以快速、有效地管理和访问各数据子集的目的，在SQL Server Enterprise Edition（企业版）这样高版本的DBMS可以采用分区技术。

例如，对于一个每个月都会产生上百万条记录的表，可以按月划分数据子集，每个月的数据集中存储在一起。若对当前月份主要执行INSERT、UPDATE和DELETE操作，而对以前月份的数据则主要执行SELECT操作，这样按月份对表进行分区的优点尤为明显，针对不同分区可以执行不同的维护操作。如果该表没有分区，那么任何操作都需要访问整个表的数据，这样会消耗大量资源。

在SQL Server Enterprise Edition中，实现分区的步骤如下。

(1) 建立分区函数。

```
CREATE PARTITION FUNCTION <分区函数名>(<参数类型>)
  AS RANGE[LEFT|RIGHT]
    FOR VALUES([<临界值>[,…n]])
```

其中，<参数类型>不可以是text、ntext、image、xml、timestamp、varchar(max)、n varchar(max)、varbinary(max)等大文本或大二进制数据类型。

(2) 建立分区方案。

```
CREATE PARTITION SCHEME <分区方案名>
  AS PARTITION <分区函数名>
    [ALL]TO({<文件组名>|[PRIMARY]}[,…n])
```

其中，<文件组名>|[PRIMARY][,…n]指定用来实现分区的文件组，相应的文件组必须存在。分区分配到文件组的顺序是从分区1开始，按文件组在[,…n]中列出的顺序进行分配。在[,…n]中，可以多次指定同一个文件组，但文件组数应大于分区数。

(3) 按分区方案建立表。

和使用文件组类似，可以在CREATE TABLE语句的尾部使用ON短语来指定使用的分区方案。

【例7-3】 建立一个基于整数类型的分区函数，实现表的分区存储。

```
CREATE PARTITION FUNCTION myPF(int)
  AS RANGE LEFT FOR VALUES(1,100,1000);
CREATE PARTITION SCHEME myPS
  AS PARTITION myPF
```

```
  TO(test1fg, test2fg, test3fg, test4fg);
CREATE TABLE TestPartitionTable
    (col1 int,
     col2 char(10)
    )
  ON myPS(col1);
```

这里建立了 4 个分区，将来依据该分区方案建立的 TestPartitionTable 分区表根据分区的列 col1 的值分别存储在 4 个文件组中：

- col1＜＝1 的值存储在文件组 test1fg；
- 1＜col1＜＝100 的值存储在文件组 test2fg；
- 100＜col1＜＝1000 的值存储在文件组 test3fg；
- col1＞1000 的值存储在文件组 test4fg。

7.3.3 索引

对于应用发出的对数据库的查询和更新操作，都必须根据选择条件选择出一条或多条记录以供检索、删除或修改。当数据库的多个记录均满足某一查找条件时，第一个记录(按记录的物理顺序)最先被找到，并将其指定为当前记录。此后的查找操作就从这条记录开始，再定位数据库中满足条件的下一条记录。许多查询只涉及数据库中的少量记录，如果查询时读取磁盘文件上的所有数据记录并逐一检查，则效率低下。最好系统能直接定位那些满足查询条件的数据记录。目前大多数关系数据库管理系统采用一种辅助存取结构——索引(index)，用于提高检索记录的速度以响应特定查找条件。

对存储在数据库中的信息的一个 SQL 查询语句，并没有提供给用户关于查询将被如何执行的细节以及系统执行该查询使用的技术，具体使用何种技术由数据库管理系统来决定。DBMS 中数据的存储结构和物理组织所采用的技术，最终都是为高效查询做准备的，提供给 DBMS 的查询优化器，实现把用户提交给 DBMS 的查询语句转换为高效的执行计划并加以执行。索引就是用于提高查询性能的主要手段。

1. 索引的概念

关系中某属性(组)上的索引是一种数据结构，它提供了在该属性(组)上快速查找具有某个特定值的元组的方法。索引可以建立在元组的某一属性或者属性组上，这个属性或者属性组就被称为索引键(index key)，有时也被称为查找键。索引键可以来自关系的任何一个属性或者属性组，而不必是建立索引的关系的键属性。通过建立索引结构，形成索引键值和记录地址之间的映射，在＜索引键值，地址指针＞对中，地址指针指向具有该索引键值的元组集的存放位置。索引结构可以存储在一个单独的文件中，该文件称为索引文件。＜索引键值，地址指针＞对作为索引文件的一条记录，或称为索引项。

由于索引记录中只含有索引键值和地址指针，索引文件所占磁盘块数量通常比数据文件所占磁盘块数量少，而且由于索引文件是按索引键值排序的，因此可以使用二分查找法来查找索引键值所在记录。若索引文件有 n 个索引块，只需查找 $\log_2 n$ 个块。若索引文件足够小，一般可一次读入内存，甚至可以永久地存放在主存缓冲区中。如果这样，查找索引键就只涉及主存访问而不需要执行 I/O 操作。由于可以很快找到某索引键值所在索引记录和其对应的记录地址，再根据记录地址将磁盘中的记录所在磁盘块直接读入内存，就不必扫描整个数据库文件，如图7-5所示。

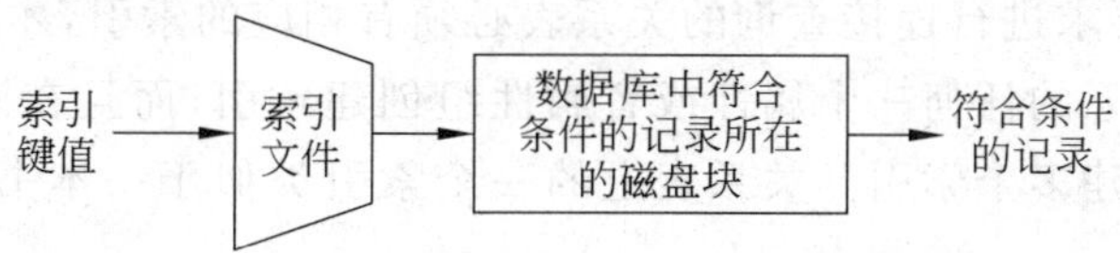

图7-5 利用索引文件访问数据文件中的记录

显然，使用索引可以大大减少对磁盘的I/O操作次数，从而可以加快记录的查找速度，有助于基于索引键高效地存取记录，节约查询处理的时间。特别对于比较大的数据库，效果更加明显。因为当关系变得很大时，通过扫描关系中所有元组来找出那些（可能数量很少）匹配给定查询条件的元组代价太高。

【例7-4】 考虑在例5-13中的“学生-课程”数据库中进行如下查询：

```
SELECT *
  FROM S
    WHERE SEX='女' AND SD='计算机系';
```

关系中可能存在10000个学生元组，但只有大约200人是计算机系的，其中女同学只有50个左右。

实现这个查询的最原始的方式是获取所有10000个元组，并用WHERE子句中的条件逐个测试每个元组。但如果存在某种方法，它仅取出学生所在系为计算机系的200多个元组并逐个测试性别是否为女，那么查询效率就会大大提高。更有效的方法是能直接取得满足两个条件的50个左右的元组，其性别为女，而所在系为计算机系，即为该关系建立多属性索引。

通常，DBMS允许在多个属性上创建一个多属性索引，如果多属性索引中的键是某些属性按特定顺序的组合，那么可以使用这个索引找出匹配属性列表中前面的任何属性子集值的全部元组。这样，多属性索引的设计就是属性列表顺序的选择。在例7-4中，若查找时对所在系的查询比对性别的查询多，就要用基于(SD, SEX)的索引；而若对性别的查询比对所在系的查询多，就要用基于(SEX, SD)的索引。

在包含连接的查询中，索引同样非常有用。

【例7-5】 在例5-13中的“学生-课程”数据库中增加一个专业系的关系模式D(DN, DD)，其中DN为专业系名称，DD为系主任姓名。对于如下查询：

```
SELECT DD
  FROM S,D
    WHERE SNO='s06' AND S.SD=D.DN;
```

该查询要求找出学号为s06的学生所在系的系主任的名字。如果在关系S的SNO属性上建有索引，那么就可以用该索引来获得SNO值为s06的元组。从这个元组中，可以得到SD值。

假设关系D的DN属性上也建有索引，那么就可以通过索引中键值等于SD值的项找到D中相应的元组，然后从这个元组中得到系主任的名字DD值。通过这两个索引，仅需查看分别来自两个关系的两个元组，即可得到所需的查询结果。

如果没有索引，在对两个关系进行连接操作时，系统需要遍历两个关系的每一个元组，其查询工作量非常大。如果在连接属性上建立索引，则可以大大提高连接操作的效率。所以，许多数据库系统要求进行连接查询的关系表必须有相应的索引，才能执行连接操作。

不仅可以基于关系的任何一个属性或者属性组创建索引，而且在同一关系上可以基于不同属性或属性组创建多个索引。关系表上的一个索引类似于一本书的索引，或者类似于图书馆的分类卡。

2. 索引的创建

1）聚集索引和非聚集索引

在一个关系表上可以创建聚集和非聚集两种类型的索引。如果关系表中数据记录按索引键物理排序，则称该有序索引为聚集索引（又称聚簇索引，Clustered Index），否则就称之为非聚集索引（又称非聚簇索引，Unclustered Index）。

一般来说，在一个关系表上建立索引不会影响文件中记录的物理存储顺序，但“聚集索引”的建立会使数据文件中记录的物理顺序与索引记录的排列顺序一致。也就是假设创建关系表 S 时基于属性 SNO 建立聚集索引，就会生成基于属性 SNO 的顺序文件。若已存在关系表 S，则建立聚集索引的同时会导致文件中记录的物理顺序的变更，代价较大，因此不宜基于经常更新的属性列建立聚集索引。

因为数据文件最多只能在一个排序键上排序，最多只有一个聚集索引，聚集索引通常称为主索引，非聚集索引通常称为辅助索引（或次索引）。

假设关系表的索引键值为连续的自然数值，每个存储块中只存放两条记录，即文件的第一个块中存放键值为 1 和 2 的两条记录；假定每个存储块中存放 4 条索引记录，只列出了索引键字段；假设数据记录以紧凑的方式呈现，实际的磁盘块中会有预留空间，以容纳可能插入关系中的新元组，那么聚集索引如图 7-6 所示，非聚集索引如图 7-7 所示。

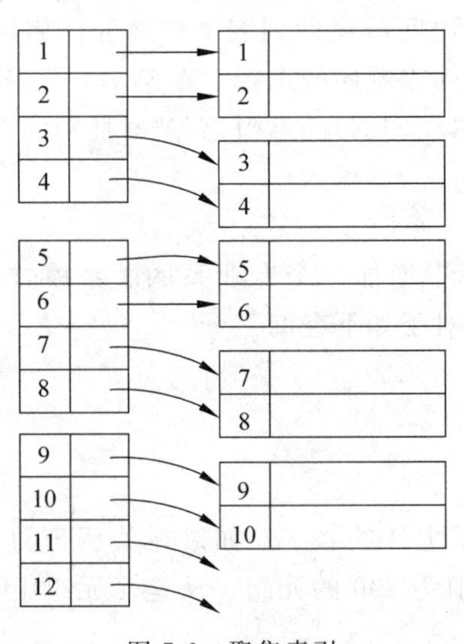

图 7-6　聚集索引

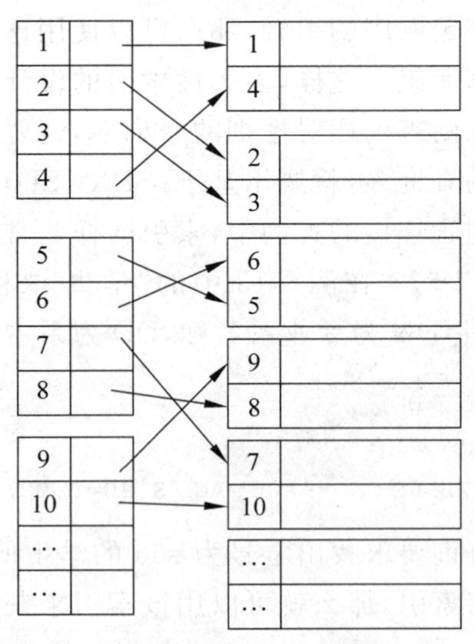

图 7-7　非聚集索引

在聚集索引中，物理位置上相近的索引项在一定程度上预示相应数据记录的索引键值也很近，因此对于那些经常要按某属性列进行范围查询的情况特别有效。使用聚集索引找到第一个满足条件的数据记录后，便可以确保物理相近的其他记录也满足查询条件，从而能大大减少查找时所要访问的磁盘块，提高数据访问的性能。

【例 7-6】 一个关系表可能存储在 10000 个磁盘块上，但对一个特定的查询(等值查询或范围查询)来说，只有 100 个元组满足条件。如果数据存储在没有索引文件的堆文件中，可能需要 10000 次 I/O 操作；如果在这个查询的 WHERE 子句的查找属性上有一个非聚集索引是可用的，那么这个查询最多只需要 100 次 I/O 操作。如果在查找属性上有一个聚集索引是可用的，且每个磁盘块平均包含 20 条数据记录，可能只需要 5 次 I/O 操作，检索 5 个磁盘块。以上均忽略对索引文件的 I/O 操作。

2) 创建索引的语句

对某些数据库系统，聚集索引总是与数据文件集成为一种存储结构，在这种情况下，索引记录包含数据记录，由语句 CREATE TABLE 创建表时同时创建。非聚集索引存储在一个单独的文件中，可以单独用语句 CREATE INDEX 来为表增加索引。

在用 CREATE TABLE 创建表的同时创建索引，要求在如下语句的完整性约束条件中加以说明。

```
CREATE  TABLE  <表名>
    (<属性列名 1><数据类型>[<列级完整性约束条件>]
    [,<属性列名 2><数据类型>[<列级完整性约束条件>],…]
    [,<表级完整性约束条件>]);
```

说明：

(1) ＜列级完整性约束条件＞可为 PRIMARY KEY CLUSTERED | NON CLUSTERED，用来定义该属性列为主键，同时建立基于该主键的聚集或非聚集索引。

(2) ＜表级完整性约束条件＞可为 PRIMARY KEY [CLUSTERED | NONCLUSTERED](＜属性列名组＞)，用来定义＜属性列名组＞为表的主键，同时建立基于该主键的聚集或非聚集索引。

由语句 CREATE INDEX 创建索引的语句格式为：

```
CREATE [UNIQUE] [CLUSTERED] INDEX <索引名>
    ON <表名>(<属性列名 1>[<次序>][,<属性列名 2>[<次序>],…])
    [其他参数];
```

说明：

(1) “其他参数”是与物理存储有关的参数，如说明将索引创建到指定分区或文件组。如果不指定，则索引存储由 DBMS 决定。

(2) ＜表名＞指定要建索引的基本表的名字。索引可以建在该表的一个或多个属性列上，各属性列名之间用逗号分隔。

(3) 每个＜属性列名＞后面还可以用＜次序＞指定索引键值的排列次序，可选 ASC(升序)或 DESC(降序)，默认时为 ASC。

(4) UNIQUE 表示该索引中不存在索引键值相同的索引项。

(5) CLUSTERED 表示要建立的索引是聚集索引，默认表示为非聚集索引。

在建立索引后，相应的索引描述存储到数据字典中。

【例 7-7】 为例 5-13 中的"学生-课程"数据库创建学生表，同时创建基于主键的索引。

图 7-8 中的 SQL 语句定义了学生关系表(S5)，并在主键 SNO 上定义了聚集索引。若任意输入学生元组后，再打开表时，会按照学号 s01，s02，…的顺序(升序)呈现出来，数据文件是一个基于 SNO 的顺序文件。若再想基于 SB 建立聚集索引，是不可以的，如图 7-9 所示。而若定义学生关系表(S3)的同时创建的是 SNO 上的非聚集索引，如图 7-10 所示，则任意输入学生元组后，再打开表时，会按照输入的顺序呈现出来，数据文件是一个堆文件。此时，可再为关系表(S3)建立基于 SB 的聚集索引，如图 7-11 所示。若任意输入学生记录后，再打开表时，学生记录会按照出生日期的先后(升序)顺序呈现出来，数据文件是一个基于 SB 的顺序文件。

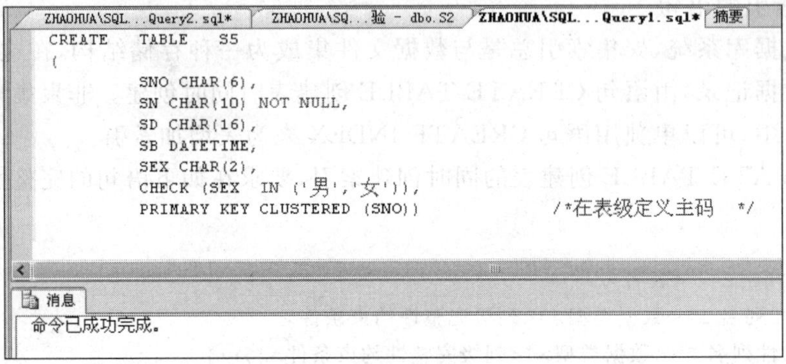

```
ZHAOHUA\SQL...Query2.sql* | ZHAOHUA\SQ...验 - dbo.S2 | ZHAOHUA\SQL...Query1.sql* | 摘要
CREATE   TABLE   S5
(
        SNO CHAR(6),
        SN CHAR(10) NOT NULL,
        SD CHAR(16),
        SB DATETIME,
        SEX CHAR(2),
        CHECK (SEX  IN ('男','女')),
        PRIMARY KEY CLUSTERED (SNO))                /*在表级定义主码  */

消息
命令已成功完成。
```

图 7-8　创建表的同时创建聚集索引

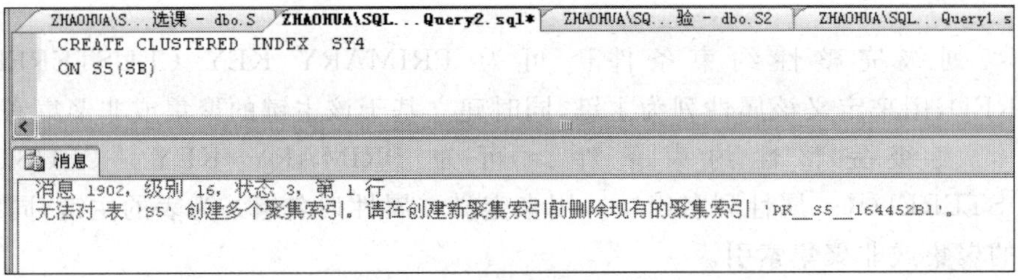

```
ZHAOHUA\S...选课 - dbo.S | ZHAOHUA\SQL...Query2.sql* | ZHAOHUA\SQ...验 - dbo.S2 | ZHAOHUA\SQL...Query1.s
CREATE CLUSTERED INDEX  SY4
ON S5(SB)

消息
消息 1902, 级别 16, 状态 3, 第 1 行
无法对 表 'S5' 创建多个聚集索引。请在创建新聚集索引前删除现有的聚集索引 'PK__S5__164452B1'。
```

图 7-9　不能为同一个表创建多个聚集索引

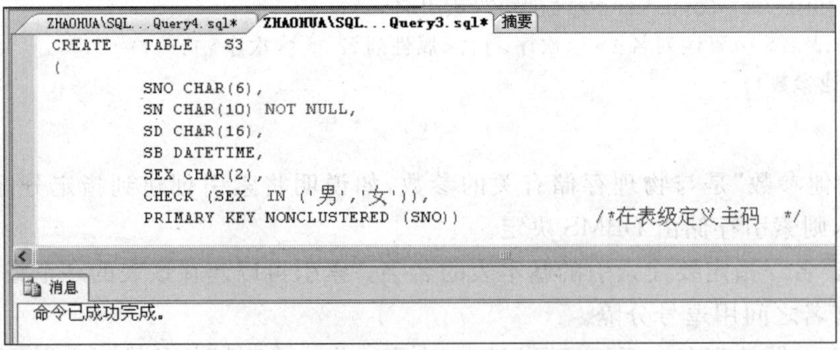

```
ZHAOHUA\SQL...Query4.sql* | ZHAOHUA\SQL...Query3.sql* | 摘要
CREATE   TABLE   S3
(
        SNO CHAR(6),
        SN CHAR(10) NOT NULL,
        SD CHAR(16),
        SB DATETIME,
        SEX CHAR(2),
        CHECK (SEX  IN ('男','女')),
        PRIMARY KEY NONCLUSTERED (SNO))         /*在表级定义主码  */

消息
命令已成功完成。
```

图 7-10　创建表的同时创建非聚集索引

3. 索引的管理

在数据库进行插入、更新和删除操作之后，DBMS 都会自动维护索引，随着时间的推移可能会导致索引中的信息分散存储，即会产生大量碎片，碎片太多的索引肯定会降低查询性

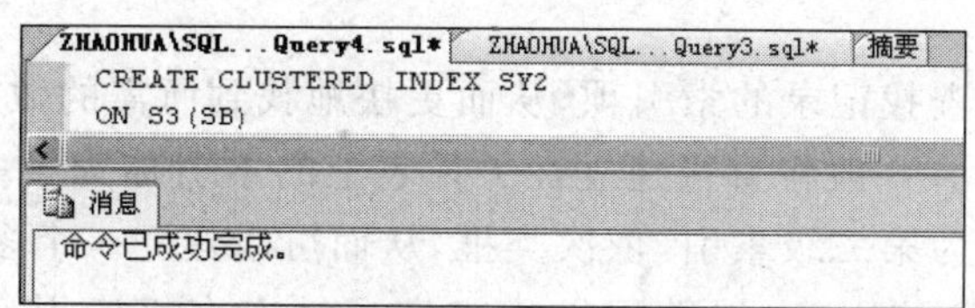

图 7-11　为表创建基于非主键的聚集索引

能，导致信息应用系统响应缓慢。因此，在系统运行过程中，还需要及时优化索引，可通过重新组织索引或重新生成索引来修复碎片。

在 SQL Server 中可以通过 sys.dm_db_index_physical_stats 函数诊断碎片，然后通过 ALTER INDEX 命令重组或重新生成索引。

ALTER INDEX 命令的语句格式为

```
ALTER INDEX<索引名>  ON<表或视图>
  {REBUILD|DISABLE|REORGANIZE}
```

说明：

(1) REBUILD 将使用相同的列、索引类型、唯一性属性和排序顺序重新生成索引(包括被 DISABLE 禁用的索引)。

(2) DISABLE 把索引标记为禁用，被禁用的索引 DBMS 将不对它进行维护，如果要重新启用则使用 REBUILD 选项重新生成索引。

(3) REORGANIZE 将重新组织索引的叶子结点。

不再需要的索引应及时删除，避免系统为维护索引降低系统操作性能。删除索引的语句格式为

```
DROP  INDEX  <索引名>  ON  <表名>  或  DROP  INDEX  <表名>.<索引名>
```

4. 索引文件的存储

索引可以有多种形式，每种索引都使用一种特定的数据结构来实现提高查询速度的目的。索引在提高数据查询性能的同时，不仅需要额外的存储空间，同时还会影响系统进行数据插入、删除和修改时的性能。因为在更新数据时，需要花费一定的时间来维护索引结构。因此，需要根据实际的数据应用，综合考虑各方面的因素，来选择适合的索引结构。

选用何种数据结构的索引，主要基于以下几方面的考虑。

(1) 存取类型：用户是根据属性值查找记录，还是根据属性值的范围查找记录。

(2) 存取时间：通过索引查找特定记录或记录集所花费的时间。

(3) 插入时间：找到正确的位置插入新记录所花费的时间和修改索引结构所花费的时间。

(4) 删除时间：找到被删记录并进行删除所花费的时间和修改索引结构所花费的时间。

(5) 索引空间的开销：索引结构所需要的额外存储空间。索引实际上是用空间代价来换取系统查询性能的提高。

目前，常用的索引文件结构是采用顺序文件来实现单级索引，采用 B^+ 树数据结构来实

现多级索引。

为了能够快速定位查找记录的索引项，从而更快地找到所需的数据记录，引入多级索引(Multilevel Index)结构。一般将直接建立在关系表上的索引称为第一级索引，根据第一级索引文件建立的索引称为第二级索引，依次类推，从而可以建立一个多级索引结构。

目前，大多数 DBMS 使用 B^- 树数据结构来实现动态多级索引，而最常用的是其称为 B^+ 树的变体。B^+ 树把索引文件所占的磁盘存储块组织成一棵树，这棵树是平衡的。

下面介绍 B^+ 树的组织。

在数据库技术中，一棵 m 阶平衡树或者为空，或者满足以下条件：

- 每个结点至多有 m 棵子树；
- 根结点或为叶结点，或至少有两棵子树；
- 每个非叶结点至少有$\lceil m/2 \rceil$ 棵子树；
- 从根结点到叶结点的每一条路径都有同样的长度，即叶结点在同一层次上。

对应于每个 B^+ 树索引都有一个参数 m，它决定了 B^+ 树索引的所有磁盘存储块的布局。

说明：

(1) 每个结点中至多有 $m-1$ 个索引键值 K_1、K_2、…、K_{m-1}，m 个指针 P_1、P_2、…、P_m，且 $K_1<K_2<\cdots<K_{m-1}$。形式如下：

$$<<K_1,P_1>,<K_2,P_2>,\cdots,<K_{m-1},P_{m-1}>,P_m>$$

P_1	K_1	P_2	K_2	…	P_{m-1}	K_{m-1}	P_m

(2) 每个叶结点中的指针 P_i 指向一个索引键值为 K_i 的数据文件记录或一个记录指针桶，且指针桶中的每个指针指向具有索引键值为 K_i 的一条数据文件记录。每个叶结点最多可存放 $m-1$ 个索引键值 K_i，最少也要存放$\lceil (m-1)/2 \rceil$个索引键值 K_i。各叶结点中的 K_i 值不重复且不相交，构成关系表的一级稠密索引，每个叶结点中的索引键值 K_i 按升序排列。利用每个叶结点中的最后一个指针 P_m，指向下一个键值大于它的叶结点磁盘块，将所有叶结点按索引键值的排序顺序链接在一起，可以提供对数据文件的基于索引键的有序访问。

(3) 非叶结点中，如果非叶结点有 n 个指针，则$\lceil m/2 \rceil \leqslant n \leqslant m$，结点中将有 $n-1$ 个键值。对于 P_i 指向的子树中的索引键值 X，有：

当 $1<i<n$ 时，$K_{i-1} \leqslant X < K_i$

当 $i=1$ 时，$X<K_i$，即 $X<K_1$

当 $i=n$ 时，$K_{i-1} \leqslant X$，即 $K_{n-1} \leqslant X$

非叶结点形成了叶结点上的一个多级索引，每个非叶结点(不包括根结点)中至少有$\lceil m/2 \rceil$个指针，至多有 m 个指针。指针的数目 n 称为结点的“扇出端数”。对于第一个指针 P_1 指向的子树中所有索引键值均小于 K_1；对于第 i 个指针 P_i($i=2,3,\cdots,n-1$)，那么 P_i 指向的子树中所有结点的索引键值均小于 K_i，而大于或等于 K_{i-1}；指针 P_n 指向的子树中所有索引键值均大于或等于 K_{n-1}。若 $n<m$，非叶结点中指针 P_n 之后的所有空闲空间都作为预留空间，可用于插入新的索引项。

(4) 根结点与其他非叶结点不同，它包含的指针数可以小于$\lceil m/2 \rceil$，但必须至少包含两个指针，即只有某级索引需要多个磁盘块(大于1)存储时，才需要建上一级索引。

(5) 所有被使用的键和指针通常都存放在结点的开头位置，但叶结点的第 n 个指针例外，该指针要放在最后，用来指向下一个叶结点。

在对数据文件的记录进行更新操作后，系统会对B^+树进行维护，满足上述约束，从而保持B^+树的平衡。

B^+树是建立索引的一种强有力的工具。如图 7-12 所示为一棵完整的三层B^+树。其中B^+树的索引键是关系表的主键，其值是 2～47 之间的所有素数，即叶结点中为数据文件的每一个记录设有一个键-指针对。所有叶结点都有 2 个或 3 个键-指针对，指针指向具有这些键值的记录；还有一个指向序列中键值大于它的下一叶结点的指针，如果该叶结点是序列中的最后一个，则该指针为空。

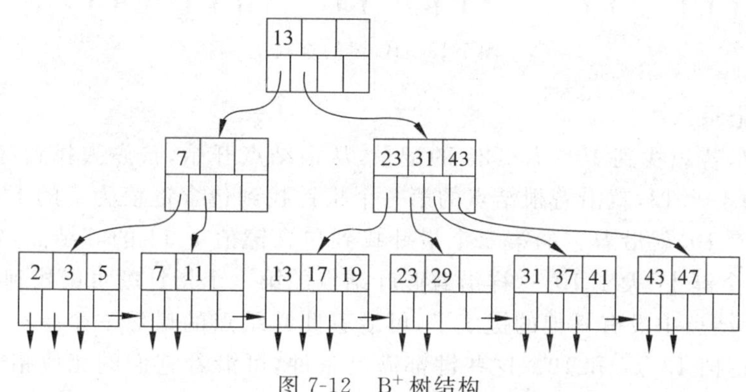

图 7-12　B^+树结构

根结点仅有两个指针，为所允许的最小指针数，根结点的键值将可通过第一个指针访问到的键值和可通过第二个指针访问到的键值分割开来，即不超过 12 的键值可通过根结点的第一个子树找到，大于等于 13 的键值可通过第二个子树找到。而通过根结点的第一个子结点，又进一步将小于 7 和大于等于 7(但小于 13)的键值分开。

假设需要在B^+树中查找索引键值为K的记录，查询开始结点为T(初始为根结点)，则查询过程可如下进行：

(1) 如果结点T的键值为K_1、K_2、…、K_n，只有一个子结点可使我们找到具有键值K的叶结点。如果$K<K_1$，则为第一个子结点；如果$K_1 \leqslant K<K_2$，则为第二个子结点……如果$K_n \leqslant K$，则为第$n+1$个子结点。将这一子结点记为T。

(2) 如果结点T是非叶结点，则返回(1)继续查找。

(3) 否则(表示结点T是叶结点)，在结点T中查找，若存在索引键值$K_i=K$，则指针P_i可让我们找到所需的记录；如果不存在某个索引键值$K_i=K$，则表示文件中没有索引键值为K的记录。

【例 7-8】 在图 7-12 的B^+树上分别查找索引键值$K=12$、$10 \leqslant K \leqslant 25$和$K=29$的记录。

在图 7-13 中，沿路径①(路径用直线箭头表示)可查找$K=12$的记录；沿路径②可连续找到满足条件的$K=11$、13、17、19、23 的记录；沿路径③可查找$K=29$的记录。

在路径①中，若想找到$K=12$的记录，从根结点开始，其中只有一个键 13。因为$12<13$，就沿着根结点的第一个指针找到包含键值为 7 的下层结点。在这个结点上由于$7<12$，就沿着它的第二个指针找到包含键值 7、11 的叶结点，如果数据文件中有键值为 12 的记录，就应该在这个叶结点中找到键 12。既然没有发现值为 12 的键，可以确定在数据文件中没

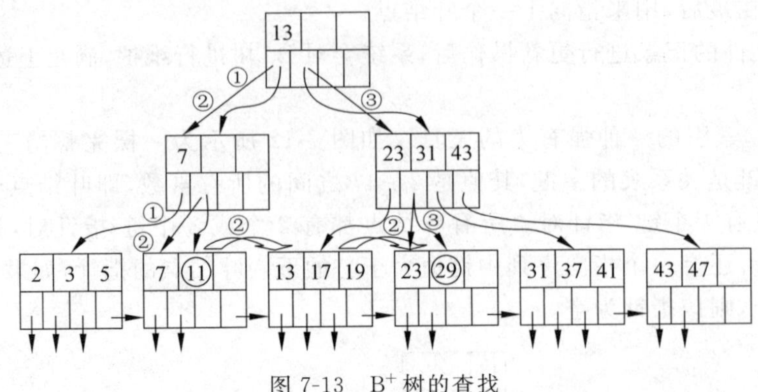

图 7-13 B^+ 树的查找

有键值为 12 的记录。

在路径②中，若想找到 $10 \leqslant K \leqslant 25$ 的记录，从根结点开始，首先去找到键值 10 可能在的叶结点。因为 $10<13$，就沿着根结点的第一个指针找到包含键值为 7 的下层结点。在这个结点上由于 $7<10$，就沿着它的第二个指针找到包含键值 7、11 的叶结点，它的第一个键小于 10，但第二个键 11 大于 10，这样沿着此叶结点的第二个指针就可以找到满足条件的第一个记录。此叶结点中没有其他的键值了，可沿着此叶结点的最后一个指针找到它的下一个叶结点，包含键值 13、17 和 19。这些键都满足条件，可沿着它们的相应指针检索具有这些键的记录。然后再找到下一个叶结点，找到键值 23 及其相应的记录。而键 29 大于 25，查询结束。这样就检索到了满足 $10 \leqslant K \leqslant 25$ 的 5 个记录，其键值分别为 11、13、17、19 和 23。因为叶结点是按索引键值的排序顺序链接在一起，所以可以快速实现范围查询。

在路径③中，若想找到 $K=29$ 的记录，也从根结点开始。因为 $13<29$，就沿着根结点的第二个指针找到包含键值为 23、31 和 43 的下层结点。在这个结点上由于 $23<29<31$，就沿着它的第二个指针找到包含键值 23 和 29 的叶结点，这样就找到了键 29，沿着此叶结点的第二个指针就可以找到数据文件中键值为 29 的记录。

由此可见，对于一个层高为 n 的 B^+ 树索引，查询时只需读取 B^+ 树中从根结点到叶结点的 n 个磁盘块，再加上根据索引键值将数据文件中的对应磁盘块读入内存，也就只需访问 $n+1$ 次磁盘块就能找到记录。在数据文件很大时，这个查询速度是很快的。

图 7-12 给出了一棵 $m=4$ 的 B^+ 树示意图。在树中每个块中可以存放 3 个键值和 4 个指针，这是一个不代表通常情况的小数字。B^+ 树结构与内存中常用的树结构(如二叉树)的一个重要区别在于结点的大小及其构成的树的高度不同。B^+ 树的结点较大，一般占一个磁盘块大小，每个结点中可以有大量的指针，因此 B^+ 树一般“胖而矮”，不像二叉树那样“瘦而高”。一般在存储块能容纳 $m-1$ 个键值和 m 个指针的情况下，应把 m 取得尽可能大。

对于典型的键、指针和磁盘块大小来说，一般取 3 作为 B^+ 树的层数，除非数据库极大。假定磁盘块大小为 4KB，且整数型键值占 4 个字节，指针占 8 个字节。若不考虑磁盘块块首部信息所占空间，那么 m 值可以是满足 $4(m-1)+8m \leqslant 4096$ 的最大整数值 m，即 $m=341$。假如一般的磁盘块的充满度介于最大(340)和最小(170)中间(在每个磁盘块中一般都保留一些空间，以插入新的索引项)，即一般的磁盘块有 255 个指针。这样，一个根结点，有 255 个子结点，有 $255^2=65025$ 个叶结点；在这些叶结点中，可以有 255^3，即约 1.66×10^3 万个指向记录的指针。也就是说，记录数小于等于 1.66×10^3 万的文件都可以被 3 层的 B^+ 树容纳。对该 B^+ 树的查询只需 3 次磁盘 I/O 操作，甚至可以更少。假若根结点块缓存在主存中，则只需 2 次磁盘读操作。

对采用 B^+ 树索引结构的数据文件插入和删除一个记录，虽然操作比查找要复杂，但许多地方仍优于其他数据结构。

若使得 B^+ 树叶结点不存储指向数据记录的指针，而是直接存储记录本身，那么这种结构称为"B^+ 树文件组织"。这样，查询时到达叶结点后，可以直接把数据记录找到，不必再沿着指针去找数据记录。索引文件性能得到进一步提高。

7.4 数据库的物理设计

数据库的物理设计的内容主要包括设计数据库的存储结构和物理实现方法。主要考虑以下几方面的内容。

1. 估算数据库的数据存储量

数据存储量也就是数据库规模，即大小。

在设计数据库时，可能需要估计填入数据后数据库的大小，从而确定信息系统的有关硬件配置，来保证有足够的物理磁盘空间用于存储数据和创建索引，获得应用程序所需的性能。

可以利用需求分析阶段采集的数据需求，对数据库的大小作粗略的估算，并对数据库的增长速度作出预测。比较简单、快速的方法，是通过测算每个关系的大小来估算数据库的规模。测算关系的大小可按如下方法进行。

(1) 计算关系的每一行的字节数。

在磁盘上，数据库以文件形式组织，文件由记录组成，用一个记录来表示一个数据对象(例如元组)在磁盘块中的连续字节存放。通过将表示数据对象的记录放在一个或多个磁盘块中，来表示诸如关系的数据集。

每条记录由一些字段(相关数据值或数据项)集合组成，其中每个数据值(项)由一个或多个字节构成，并与记录中的一个特定字段相对应。字段名及其相应数据类型的值集合即构成了一个记录类型或记录格式定义。字段的数据类型通常是编程时使用的某种标准数据类型。

对于给定的计算机系统，各数据类型所需的字节数是固定的，一个整型可能需要 4 个字节，一个长整形需要 8 个字节，一个逻辑型数据需要 1 个字节，一个日期型可能需要 8 个字节，K 个字符的定长字符串需要 K 个字节，变长字符串需要的字节数等于字段值中的实际字节数。

通常，记录以记录的首部(header)开始，首部是关于记录自身信息的一个定长区域。例如，可能要在记录中保存如下信息：

- 一个指向该记录中存储数据的模式的指针。例如，一个元组(行)的记录可以指向该元组所属的关系的模式，此信息可以帮助系统找到记录的字段。
- 记录长度。此信息帮助系统在不用查看模式的情况下略过某些记录。
- 时间戳。标记记录最后一次被修改或被读的时间。
- 指向记录的字段指针。此信息可以代替模式信息，多用于有变长字段的记录中。

在许多情况下,一个文件的所有记录均属于同一记录类型,所有记录都有相同的字段,且字段的长度都是固定的。但是,也存在着文件记录均属于同一记录类型,却有一个或多个字段是大小变化的,记录行的长度取可能的最大值。

(2) 用关系的行数乘以行的长度。

(3) 另加20%的空间用作索引和其他开销。

2. 确定数据库文件的存储

为了提高系统性能,应该根据应用情况和硬盘等资源的情况,来考虑安排数据库的存储以及日志文件的安排,可以适当考虑为数据库文件建立文件组和创建分区。这里给出如下存储安排建议。

(1) 大多数数据库在只有单个数据文件和单个事务日志文件的情况下性能良好。

(2) 如果使用多个文件,可为附加文件创建第二个文件组,并将其设置为默认文件组。这样,主文件将只包含系统表和对象。

(3) 若要使性能最大化,应在尽可能多的不同的可用本地物理磁盘上创建文件或文件组。如果文件位于不同的物理磁盘上,由于采用并行磁盘I/O,性能将得以改善。

- 将争夺空间最激烈的对象置于不同的文件组上。
- 将在同一连接查询中使用的不同表置于不同的文件组中。
- 将最常访问的表和属于这些表的非聚集索引置于不同的文件组中。

(4) 勿将事务日志文件置于已存有其他文件和文件组的物理磁盘上。

3. 确定快速存取数据库的方法

数据库系统一般都提供了多种快速存取数据库中数据的方法,最普遍的方法就是为数据库创建索引。

索引虽然是提高数据库查询效率的重要手段,但是滥用索引也会降低数据库操作的效率。因为当对数据库进行增加、删除和修改操作时,系统必须花时间和资源去维护索引。因此,索引设计的不好或者使用不当也会降低数据库的性能。设计高效的索引对于获得良好的数据库和信息系统性能极为重要。但是,为数据库及其信息系统选择正确的索引是一项需要在查询速度与更新所需开销之间取得平衡的复杂任务,因此设计索引要考虑以下一些问题和策略:

(1) 当表较小时一般不需要索引。

(2) 当数据库处于频繁修改期时,不宜建立过多的索引。

(3) 当数据库主要用于查询时,可以根据需要多建立一些索引,建立索引的属性一般要是经常用来作为查询条件的属性。

(4) 在主键和外键上建立索引。由于主键和外键经常出现在连接条件中,在主键和外键上建立索引可以提高关系连接查询的速度,同时也有利于系统实施实体完整性和参照完整性。

(5) 如果根据某属性的等值查询所得到的结果元组数量较少,则可以考虑在此属性上建立索引。

(6) 可对经常用于统计查询的属性建立索引,可根据索引数据直接获取统计结果,而不必再去访问对应关系的数据块。

(7) 在频繁更新的属性列上尽量不建立聚集索引,DBMS一般在具有PRIMARY KEY

约束的主关键字上建立聚集索引，而主键一般不进行更新操作。最好在创建任何非聚集索引之前创建聚集索引，否则创建聚集索引时将重建表上现有的非聚集索引。

(8) 如果视图包含聚集或连接运算，可在视图上建立相关索引。

7.5 小 结

本章介绍了在数据库系统中需存储的数据。在关系数据库系统中，无论数据本身还是数据之间的联系以及有关数据的描述(数据字典)，均可以"关系表"文件结构存储在磁盘等存储介质上。每个用户数据库至少具有两个存储的操作系统文件：一个数据文件和一个日志文件。

本章介绍了关系 DBMS 提供的进行存储优化的文件组、分区和索引等技术。着重讨论索引技术是如何提高从数据文件中检索记录的效率的。索引可以建立在记录的某一属性或者属性组上，这个属性或者属性组被称为索引键。通过建立索引键和记录地址之间的映射，可基于索引键高效地存取记录。索引可以有聚集索引等多种形式。每种索引都使用一种特定的数据结构来实现利用索引提高查询速度的目的。目前常用的索引文件结构是采用顺序文件来实现单级索引，采用 B 树数据结构来实现多级索引。索引在提高数据查询性能的同时，不仅需要额外的存储空间，同时还会影响系统进行数据插入、删除和修改时的性能。在评价哪种索引能够改善应用的性能时，应从整体上进行考虑。

最后基于数据库的存储管理讨论了第 4 章数据库的物理设计环节所要注意的一些问题。

习 题

一、填空题

1. 数据库管理系统中要存储________、________、________和________ 4 个方面的数据。

2. 有关数据的描述称为元数据，其存储在数据库系统的________中。

3. 数据库通常存储在大容量的外部存储设备上，________是目前常用的外部存储器。

4. 数据在磁盘上以称为________的定长存储单位形式组织。

5. 数据库管理系统中每个用户数据库至少具有两个存储的操作系统文件：一个________和一个________。________包含数据和对象，________包含恢复数据库中的所有事务所需的信息。

6. 根据关系中某些属性值的排序顺序存储记录的文件称为________。

7. 在数据库管理系统中，通过 SQL 提供的________语句建立索引文件。利用索引文件建立索引键值和________之间的映射，可基于索引键高效地存取记录。目前，大多数数据库系统使用________数据结构来实现动态多级索引。

8. 数据文件最多只能在一个排序键上排序，最多只能有一个________。

9. 在数据库设计中，索引的设计属于________的任务。

10. 对于大型数据库，如果数据量很大，为了方便管理和提高性能，引入在数据库中组织文件的一种管理机制，即________。

11. 为了提高查询速度可以采用________技术，将超大的表根据需要划分成若干数据子集，每个数据子集存放到一个物理文件，这样可以快速、有效地管理和访问各数据子集。

二、选择题

1. 在数据库系统的三级模式结构中，定义索引的组织方式属于(　　)。

A. 概念模式　　B. 外模式　　C. 逻辑模式　　D. 内模式

2. 数据字典中不包含以下(　　)。

A. 学生表的定义　　B. 安全性和完整性约束规则

C. 计算机系学生视图的定义　　D. 学生"张三"的信息

3. 下列关于索引的叙述，正确的是(　　)。

A. 可以根据需要在基本表上建立一个或多个索引，从而提高系统的查询效率

B. 一个基本表最多只能有一个索引

C. 建立索引的目的是为了给数据表中的元素指定别名，从而使别的表也可以引用这个元素

D. 一个基本表上至少要存在一个索引

4. 物理结构设计阶段得到的结果是(　　)。

A. 数据字典描述的数据需求

B. E-R 图表示的概念模型

C. 某个 DBMS 所支持的数据模型

D. 包括存储结构和存取方法的物理结构

三、简答题

1. 简述数据字典的内容和作用。

2. 为什么数据库管理系统中在主键上都默认创建索引？

3. 试解释为什么一个文件只能有一个聚集索引。

4. 多级索引如何提高查找文件的效率？

5. B^+树的阶数 m 是什么？描述 B^+树的内部结点和叶结点的结构。

6. 假定指针占 4B，而键占 20B，大小为 16384B 的块可以存放多少个键和指针？

7. B^+树中内结点和叶结点的键和指针的最小数目在下列情况下分别是多少？

(a) 每块可以存放 11 个键和 12 个指针。

(b) 每块可以存放 12 个键和 13 个指针。

第 8 章　数据一致性与事务并发控制

随着信息管理技术和网络技术的发展，在网络服务（web service）、银行业务或机票预订这样的信息系统中，可能每秒钟执行上百个事务。这些事务由成千上万的不同地点的桌面计算机或自动取款机启动，在同一时间完全可能有两个事务影响同一个银行账目或航班信息，会经常出现并发操作所带来的数据不一致问题。

本章将针对信息系统中并发事务所带来的数据不一致问题，介绍 DBMS 中事务的概念及提供的并发控制技术，来帮助读者了解信息系统在运行和维护阶段存在的数据一致性问题及其解决方法。

8.1　数据不一致性问题

在信息系统中，数据库用于建立现实世界中一些企业状态的模型。为了响应现实世界中影响企业状态的事件而对数据库进行的更新，应该达到数据库中的数据与企业状态相一致的特性，即数据库应该处于一致性状态。

信息系统的事务在执行过程中需要不同的资源，为了充分利用系统资源，发挥数据库共享资源的特点，在多用户的信息系统中，系统有能力同时执行多个并发的事务，在任何给定的时刻可能有数百个正在执行却只部分完成的事务。

【例 8-1】　航空公司为乘客提供一个选择航班座位的网络界面，界面显示空闲座位分布图，分布图中的数据是从航空公司数据库中获得的。

乘客想查看 2010 年 1 月 1 号航班 F123 的座位情况，订票系统通过与乘客的交互获得航班号和日期，可能提交一个对数据库的如下查询：

```
SELECT  seatNo
FROM  Flights
WHERE  fltNo='F123'  AND  fltDate='2010-01-01'
       AND  seatStatus='available';
```

当乘客单击一个空位（如 16A）时，这个座位就被其预订了。于是系统提交一个对数据库的如下更新操作：

```
UPDATE  Flights
SET  seatStatus='occupied'
WHERE  fltNo='F123' AND  fltDate='2010-01-01'
       AND  seatNo='16A';
```

与此同时，可能另一个预订 2010 年 1 月 1 号航班 F123 的乘客在其他终端上也看到座位 16A 是空位，也选择了座位 16A。系统也会提交一个对数据库的更新操作。这两个操作的任何一个都可以正确地执行，但是全局结果却不对：两个顾客都认为自己获得了座位 16A。

类似的问题在系统中会经常出现，因为某个事务 T 读入缓冲区的数据 A 不仅被 T 还可能被其他访问 A 的事务对其进行读或写，这样并发事务同时试图读或写同一个数据库对象就可能产生数据不一致性问题。主要体现在如下几个方面。

1. 更新丢失

更新丢失(lost update)是指两个事务分别读入同一数据并进行更新，后提交的事务的结果覆盖了先提交的事务的结果，导致先提交的事务的更新被丢失。

【例 8-2】 在图 8-1 中，事务 T_2 在 T_1 改变 X 值之前便读取了 X 的值，又在事务 T_1 更新 X 之后更新了 X，导致 T_1 对数据 X 的更新值丢失。

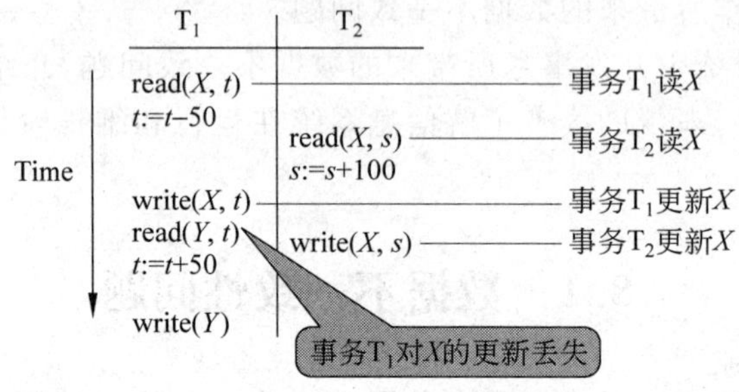

图 8-1 更新丢失问题

例如，要从客户 A 的账户(余额 500 元)中同时转账 50 元和 100 元给客户 B 和客户 C，对系统来讲，这是两个并发的操作，更新丢失问题可能会导致客户 A 的账户余额是 450 元或 400 元，而不是 350 元的错误。

2. 脏读

脏数据(dirty data)是表示还没有提交的事务所写的数据的通用术语。脏读是对脏数据的读取。

【例 8-3】 在图 8-2 中，T_1 更新了数据 X，但是在 T_1 完成之前发生了故障，这样系统必须将 X 的值恢复为原值。但在系统进行恢复之前，事务 T_2 读取了夭折事务 T_1 对数据库的更新，即脏数据 X。

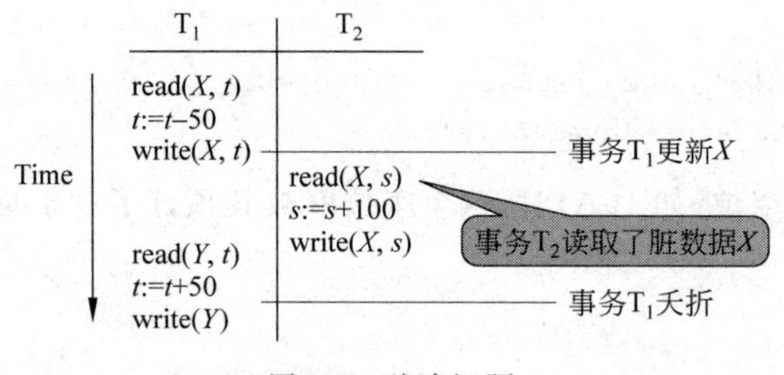

图 8-2 脏读问题

3. 不可重复读

不可重复读(non-repeatable read)是指事务多次发出同一查询而得到不同的结果。事务 T_1 读取数据后，事务 T_2 执行更新操作，使得 T_1 无法再现前一次读取的结果。具体地说，不可重复读分为以下三种情况：

(1) 事务 T_1 读取某一数据后，事务 T_2 对其做了修改，当事务 T_1 再次读取该数据时，得到与前一次不同的值。

(2) 事务 T_1 按一定的条件从数据库中读取了某些数据(如记录)后,事务 T_2 删除了其中部分数据(记录),当 T_1 再次按相同条件读取数据时,发现某些数据(记录)神秘失踪了。

(3) 事务 T_1 按一定的条件从数据库中读取某些数据(如记录)后,事务 T_2 插入了一些数据(记录),当 T_1 再次按相同的条件读取数据时,发现多了一些数据(记录)。

后两种不可重复读问题,有时也称为幻影(phantom row)现象。

【例 8-4】 在图 8-3 中,事务 T_1 读取数据 X、Y 后,对其进行了求和,之后事务 T_2 对其做了修改并提交,当事务 T_1 再次对 X、Y 进行求和时,得到与前一次不同的值,导致了一个错误的求和结果。

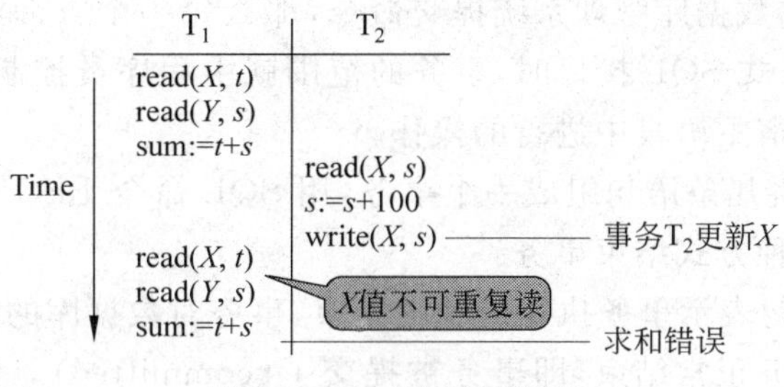

图 8-3 不可重复读问题

需要说明的是,本章为了便于讨论并发操作,采用大多数教材使用的原语形式的描述。教材使用的原语包括:

(1) Read(X,t):事务向缓冲区管理器发出读取数据 X 请求,如果数据 X 已在缓冲区中,数据 X 可被事务读到其局部地址空间中,复制给局部变量 t 进行处理。如果包含数据 X 的块不在缓冲区中,则首先执行 input(X)操作,将数据所在磁盘块从磁盘读到磁盘缓冲区中。

(2) Write(X,t):事务完成对局部变量 t 的修改操作后,会将 t 值复制给缓冲区中的数据 X。如果包含数据 X 的块不在缓冲区中,则首先执行 input(X)操作,将数据所在磁盘块从磁盘读到缓冲区中。最终还必须由缓冲区管理器将缓冲区中数据 X 更新到磁盘上,即执行 output(X)操作。

并发事务操作所带来的这些问题使得在数据库理论相对成熟后,在相当长的一段时间内数据库系统产品无法进入实用。

1976 年,Jim Gray 提出数据库领域中事务(Transaction)概念和相关技术,使得事务成为数据库应用于银行、金融等行业的基础。信用卡刷卡、网上转账这些操作都是作为数据库事务来完成的,事务机制保证了这些操作的正确性和完整性,从而使 DBMS 得到广泛的应用并顺利进入市场。Jim Gray 的研究成果反映在其专著 *Transaction Processing: Concepts and Techniques* 中。

8.2 事务的概念

8.2.1 事务的定义

在许多信息系统中,事务就是一种为了维护企业状态与数据库状态一致的、与数据库交互的程序。实际上，事务可能是为了响应现实世界中影响企业状态的事件而对数据库进行的更新。例如，银行业务中的存款事务，事件可能是顾客给出纳员现金和存单，事务为响应事件而更新数据库中顾客的账户信息。

在数据库系统中，事务是一组需要一起执行的操作序列，是数据库系统中的逻辑工作单元。

在关系数据库中，一个事务中包含的操作可以是一条 SQL 语句、一组 SQL 语句或整个程序。

事务的开始与结束可以由程序员显式控制。如果没有显式地定义事务，则由 DBMS 按默认规定自动划分事务。

如果以交互方式向数据库管理系统提交命令，那么每一个查询或数据库更新语句就是一个事务。当使用嵌入式 SQL 接口时，事务的范围就由程序员控制，既可以包括若干查询和更新，又可以包括在宿主语言中进行的操作。

SQL 允许程序员将几条语句组成一个事务，用 SQL 命令 BEGIN TRANSACTION 来标记事务的开始，以两种方式结束事务：

(1) COMMIT 语句表示事务执行成功地结束，事务对数据库的所有更新写回到磁盘上的物理数据库中去，事务正常结束，即事务被提交了(committed)。数据库进入一个新的正确状态。

(2) ROLLBACK 语句表示事务运行的过程中发生了某种故障，事务不能继续执行，数据库可能处于不正确的状态，系统必须使事务夭折(abort)或不成功结束。同时撤销事务中对数据库的所有已完成的更新操作，数据库应恢复该事务到初始状态，即事务被回滚(rolled back)。

【例 8-5】 定义事务 T_1，完成从客户 A 的账户中转账 5000 元给客户 B 的转账业务。

从用户的观点，电子资金转账是一个业务、交易，是一个独立的操作，在 DBS 中，应是一个事务，要么转账成功，要么不能转账，这是用户所能接受的，其他错误是不能忍受的。可以如下定义该事务：

```
BEGIN TRANSACTION T1
  UPDATE  Accounts
  SET  balance=balance-5000
  WHERE  acctNo=A;                              /从账户 A 中减去 5000 元
  IF  balance<0  BEGIN
                  PRINT '金额不足,不能转账!'
                  ROLLBACK
               END;
UPDATE  Accounts
SET  balance=balance+5000
WHERE  acctNo=B;                                /向账户 B 中加上 5000 元
COMMIT
```

事务要求在产生 A 账户余额不足的情况，打印“金额不足，不能转账”信息，以 ROLLBACK 方式结束，让事务回滚。只有在 A 账户资金充足的情况下才能转账，以 COMMIT 方式结束。

事务和程序是两个概念。一个程序可包含多个事务，也可是一个事务。然而，事务不是一种普通的程序，它们必须满足一些要求，特别是它们执行的方式超过了对非事务程序的通常要求，即事务的执行要满足 ACID 特性。

8.2.2 事务的 ACID 特性

为保证定义的事务发挥作用，事务要具有 4 个特性：原子性（atomicity）、一致性（consistency）、隔离性（isolation）和持久性（durability）。这个 4 个特性也简称为事务的 ACID 特性。

1. 原子性

事务是原子的，即一个事务对数据库的所有操作是一个不可分割的工作单元。事务必须作为整体执行或根本不执行，即事务中包括的诸操作要么都执行完，要么没有执行。

事务的原子性意味着每个事务要么提交，要么因异常中止而回滚。如果没有执行完，则不能产生任何效果（就像它根本没有执行一样）。

保证事务原子性是数据库系统本身的职责，由 DBMS 的事务管理器来实现。如果事务的原子性得不到保证，仅有事务中部分操作被执行，那么很有可能产生数据库状态的不一致性（正确性）。

【例 8-6】 对于例 8-5 中的转账业务，若在执行第 1 个更新操作后系统出现故障，不能执行完所有的操作。原子性要求事务必须回滚，撤销对数据 A 的操作。否则就会产生数据库状态的不一致性，从账户 A 支出 5000 元，而没有转入账户 B 中。

2. 一致性

事务的一致性是指事务执行的结果必须使数据库从一个一致性状态变到另一个一致性状态。

假设当事务开始执行的时候，数据库状态满足所有完整性约束，则数据库处于一致性状态。当事务在没有其他任何事务和系统错误的情况下执行完后，数据库状态再一次满足完整性约束，并且新状态反映事务成功提交的结果，则数据库再次处于一致性状态。

确保单个事务的一致性是编写事务的应用程序员的职责。在系统运行时，由 DBMS 的完整性子系统执行测试任务。SQL 为事务设计者在维护一致性方面提供一些支持。比如，当数据库设计完后，数据库设计者可以指定某种类型的完整性约束并且把它们包含在数据库表的定义语句中。此后，当每个事务执行的时候，DBMS 自动检查是否违反任何指定的约束，并且阻止任何违反约束的事务的完成。

【例 8-7】 对于例 8-5 中的转账业务，事务的一致性要求转账前后账户 A 和 B 的资金总额不变，即应用程序员在编写事务时要使账户 A 的支出和账户 B 存入的资金相同。同时为实现不能透支转账的约束条件，可在定义账户信息表时自定义“账户余额不能小于 0”这样的完整性约束条件。当事务执行的时候，即使不添加 IF 语句，DBMS 也会阻止违反约束的事务的完成，使数据库处于一致性状态。

3. 隔离性

在多用户的现代数据库系统中，系统有能力并发执行多个事务。在这种情况下，在任何给定的时刻，都有许多正在执行的却只部分完成的事务。

在事务的并发执行中，不同事务的数据库操作高效及时地交替执行，并可能对同一数据对象进行操作。单个事务的一致性并不能保证数据库就处于一致性的状态，并发执行的事务间还必须具有隔离性。

隔离性是指一个事务内部的操作及使用的数据对其他并发事务是隔离的，并发执行的各个事务之间不能互相干扰。任一事务的更新操作在其成功提交前，对其他事务是不可见的。

【例 8-8】 对于例 8-5 中的转账业务，事务的隔离性要求并发执行的另一个对账户 A 进行操作的事务，在该转账事务开始后和提交前，是不能读取账户 A 的余额并对其进行更新的，否则就会带来数据的不一致问题。

隔离性要求事务并发执行的整体效果必须等同于某一次序下事务顺序(serially)执行的效果。因为如果所有的事务是一致的，并且数据库初始化时就处于一致性状态，则事务顺序地执行将保持数据库的一致性。

4. 持久性

持久性也称永久性(permanence)，指一个事务一旦提交，它对数据库中数据的改变就应该是永久性的。接下来的其他操作或故障不应该对其执行结果有任何影响，即使计算机或数据库的存储介质发生故障甚至崩溃，也不能丢失执行的结果。

【例 8-9】 对于例 8-5 中的转账业务，事务的持久性要求当顾客确认转账成功并离开后，不管银行的业务终端机或系统服务器出现任何故障，都必须能保留顾客转账后的结果。

事务的 ACID 特性是数据库保持一致性的前提。DBMS 必须保持事务的 ACID 特性，使数据库能维持一个一致的、当前最新的现实世界的模型，并且事务一直能给用户提供正确的和最新的响应。

下面讨论数据库管理系统是如何通过事务管理，对并发执行的事务进行控制，保证事务的隔离性，解决前面的并发事务操作带来的数据不一致问题。而对发生故障后系统中的事务进行恢复，保证事务的原子性和持久性的问题将在第 9 章讨论。

8.3 并发控制

当多用户并发地存取数据库时就会产生多个事务同时存取同一数据的情况，并发执行的事务之间的相互影响可能导致数据库状态的不一致。各个事务的一致性并不能保证数据库就处于一致性的状态，并发执行的事务间还必须具有隔离性。保证并发执行的事务能保持隔离性的整个过程称为并发控制(concurrency-control)。

隔离性要求事务并发执行的整体效果，必须等同于某一次序下事务顺序执行的效果。为了保证事务的隔离性和数据库的一致性，并发控制管理器需要对并发操作进行正确调度，并采用一定的技术来保证调度是可串行化的。

8.3.1 事务的调度

1. 调度

多个事务中的并发操作，按照它们的执行时间排序形成的一个操作序列称为调度。

n 个事务 $T_1, T_2, \cdots, T_n$ 的调度 S 是这 n 个事务中的操作的一个执行顺序。调度 S 需要服从下述约束：

(1) 在 S 中事务 T_i 中的操作的执行顺序，必须与单个 T_i 执行时操作的执行顺序相同，即同一个事务中的操作在调度中的执行顺序是固定不变的。

(2) 在 S 中其他事务 T_j 中的操作可以与 T_i 中的操作交错执行。

2. 串行调度

若调度 S 中的多个事务依次执行，每个事务 T 中的操作都是连续执行的，不存在不同事务中的操作的交错执行，则称该调度为串行调度(如图 8-4 和图 8-5 所示)，否则称为非串行调度。并发事务中的操作的不同交错执行次序就构成了不同的非串行调度(如图 8-6 所示)。

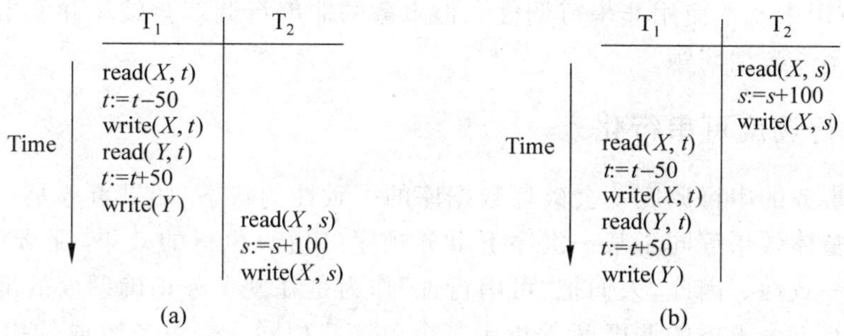

图 8-4　串行调度

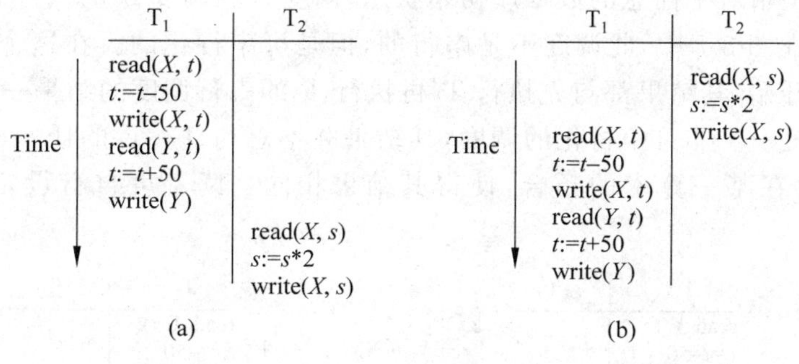

图 8-5　串行调度

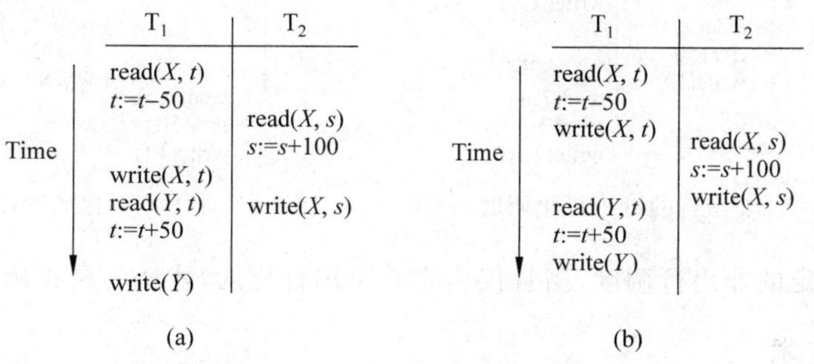

图 8-6　非串行调度

【例 8-10】　对图 8-4 中的并发事务，变量 t、s 分别是事务 T_1、T_2 的局部变量，不是数据库数据。数据库中的数据 X、Y 的值是它们在主存缓冲区的值，而不一定是它们在磁盘上的值。有两个串行调度，一个是 T_1 在 T_2 前(图 8-4(a)所示)，而另一个是 T_2 在 T_1 前(如图 8-4(b)

所示）。如果两个调度中 X、Y 的初值一样，如 $X=100$、$Y=50$，则两个串行调度的结果一样，均为 $X=150$、$Y=100$。但是，通常并不能期望串行执行的结果与事务顺序无关。例如图 8-5 中的并发事务，若事务的执行顺序不同，两个串行调度的结果并不一样。假设初值 $X=100$、$Y=50$，则结果分别为 $X=100$、$Y=100$（如图 8-5(a)所示）和 $X=150$、$Y=100$（如图 8-5(b)所示）。

若所有的事务具有一致性并且数据库初始化时就处于一致性状态下，则多个事务的串行调度不会破坏数据库的一致性状态。但是串行调度限制了事务的并发操作，降低了 CPU 的吞吐率，不能充分利用系统资源，发挥数据库共享资源的特点，导致数据库系统性能的低下，因此实际应用中基本使用非串行调度。但事务的非串行调度会破坏并发事务的隔离性，带来数据库的不一致性问题。

8.3.2 非串行调度可串行化

由于多个事务的串行调度不会破坏数据库的一致性的状态，如果事务是一致的，多个事务并发执行的整体效果等同于某一次序下事务顺序（串行）执行的效果，那么该并发调度将保持数据库的一致性。因此，人们把“可串行性”作为是并发事务正确调度的准则。

若一个具有 n 个事务的调度 S 等价于某个由这些相同 n 个事务组成的串行调度 S'，那么 S 就是可串行化的。

这里的等价是指对于任意的数据库初始状态，调度 S 和调度 S' 的执行效果相同。

【例 8-11】 在图 8-7 中，此调度不是串行的，但是可串行化的。在这个调度中，从任何一个一致的状态开始，其结果都与先执行 T_1 再执行 T_2 的串行调度的结果一样。而图 8-8 中的非串行调度却是一个非可串行化的调度，其结果并不总与 T_1、T_2 的任一串行调度的结果相同，虽然可能存在某一算术的巧合，使得其结果相同。读者可自行设定初始状态进行验证。

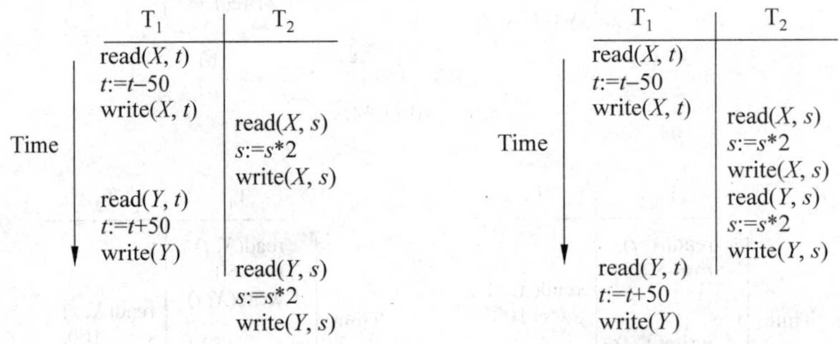

图 8-7 非串行的可串行化调度　　　图 8-8 非可串行化的调度

对于一个给定的非串行调度，当且仅当它是可串行化的，才认为是正确调度。

8.3.3 封锁技术

封锁技术通过在数据对象上维护“锁”(lock)以防止非可串行化的行为。基于锁的并发控制的基本思想是：当一个事务在对其需要访问的数据对象（如关系、元组）进行操作之前，先向系统发出请求，获得它所访问的数据库对象上的锁，以防止其他事务几乎在同一时间访问这些数据并因此引入非可串行化的可能。封锁技术可以实现冲突可串行化。

1. 锁

1）封锁模式

引入锁后，事务在执行时，除读写数据外还必须申请和释放锁。事务 T 即使只想读数据库对象 A 而不写它，也必须获得 A 上的锁，以免另一个事务可能为 A 写入一个新值而导致非可串行化行为。但另一方面，只要几个事务都不允许写 A，不允许几个事务同时读 A 就是毫无道理的。因此，常用的封锁模式中有两种不同种类的锁，一种用于读（称为“共享锁”或“读锁”），一种用于写（称为“排他锁”或“写锁”）。

（1）共享锁（share locks，简称 S 锁）

若事务 T 对数据对象 A 加上共享锁，则事务 T 可以读 A 但不能写 A，其他事务只能再对 A 加共享锁，而不能加排他锁，直到 T 释放 A 上的共享锁。这就保证了其他事务可以读 A，但在 T 释放 A 上的共享锁之前不能对 A 做任何更新。

（2）排他锁（exclusive locks，简称 X 锁）

若事务 T 对数据对象 A 加上排他锁，则只允许 T 读和写 A，其他任何事务都不能再对 A 加任何类型的锁，直到 T 释放 A 上的锁。这就保证了其他事务在事务 T 释放 A 上的排他锁之前不能再读取和更新 A。

因此，对任何数据库对象 A，其上或者可以有一个排他锁，或者没有排他锁而有任意数目的共享锁。如果事务想要写 A，需要申请 A 上的一个排他锁；如果想要读 A 而不写 A，那么倾向于只获得 A 上的共享锁。

2）相容性矩阵

如果使用几种封锁方式，那么需要一个关于在已知同一数据库对象上可能已经被加锁的情况下何时能同意其他封锁请求的策略。相容性矩阵是一个描述锁管理策略的简单方法。

在相容性矩阵中，每个封锁方式有一行和一列，行对应于数据库对象 A 上一个事务已经持有的锁，而列对应于另一个事务在 A 上申请的锁方式，如表 8-1 所示。

表 8-1 共享锁和排他锁的相容性矩阵

事务 T_2 申请的锁

事务 T_1 获得的锁	T_1 \ T_2	X	S	—
	X	N	N	Y
	S	N	Y	Y
	—	Y	Y	Y

Y＝Yes 相容的请求
N＝No 不相容的请求

在表 8-1 中的锁相容性矩阵，最左边一列表示事务 T_1 已经获得某数据对象上的锁的方式，其中—表示没有加锁。最上边一行表示另一事务 T_2 对同一数据对象发出的封锁请求。T_2 的封锁请求能否被满足用矩阵中的 Y 和 N 表示，Y 表示 T_2 的锁方式请求与 T_1 已持有的锁方式相容，封锁请求可以满足。N 表示事务 T_2 的锁方式请求与 T_1 已持有的锁方式冲突，T_2 的请求被拒绝。

3）锁的升级

占有数据对象 A 上的共享锁的事务 T 对其他事务来说是“友好的”，因为其他事务也会被允许同时访问 A。因此，如果一个想要读 A 并将为 A 写入新值的事务 T 首先获得 A 上的一个共享锁，而仅在后来当 T 准备好为 A 写入新值时将锁升级为排他锁。显然没有理由阻止事务在同一数据库对象上对不同方式的锁提出申请。而允许锁的升级，将会使并发执行的事务提早执行或提前完成，提高事务的执行效率。不幸的是，不加区别地使锁升级，将会带来新的并且可能更严重的死锁问题（后续详述）。

2. 两阶段封锁协议

在运用封锁技术时，对数据库对象加锁时需要约定一些规则，以保证申请锁的事务的调度是可串行化的，例如何时申请锁、持锁时间、何时释放锁等，这些规则称为封锁协议。约定不同的规则就形成了各种不同的封锁协议，两阶段封锁协议（two-phase locking protocol，2PL）是最常用的一种封锁协议。

为便于叙述问题，下面扩展事务中的操作原语，在事务的操作中增加封锁和解锁的动作：

- Slock（A）：事务请求数据库对象 A 上的共享锁。
- Xlock（A）：事务请求数据库对象 A 上的排他锁。
- Unlock（A）：事务释放它在数据库对象 A 上的锁（解锁）。

【例 8-12】 对图 8-9 中的非可串行化的调度加入封锁和解锁的动作，在读之前申请读锁，在写之前申请写锁，然后释放锁，如图 8-9 所示。在图中，两并发事务的调度虽然保持事务的一致性以及封锁操作的合法性，但它仍是非可串行化的。

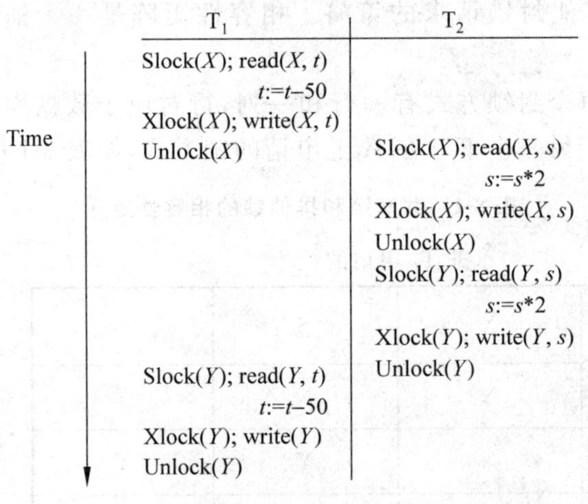

图 8-9 封锁后仍不能实现可串行化

两阶段封锁是对一个事务中封锁操作的顺序进行限制的条件，要求在每个事务中，所有封锁请求先于所有解锁请求。也就是说，事务在对数据库对象使用锁时必须分加锁和解锁两个阶段：

（1）第一阶段是获得锁阶段，也称扩展阶段。在这个阶段，事务只能申请完成事务操作所需要的所有锁，以后不能再申请新的锁。

（2）第二阶段是释放锁阶段，也称收缩阶段。在这个阶段，事务释放所申请的所有锁，也不能再申请任何锁。

在实际应用中，通常将释放锁阶段放在事务结束时的操作 COMMIT 或 ROLLBACK 中完成。这样，若事务 T 遵循两阶段封锁协议，其封锁操作序列类似如下形式：

```
Slock(A)…Slock(B)…Xlock(C)…Unlock(B)…Unlock(A)…Unlock(C)
```

若其封锁操作序列类似如下形式，则事务 T 不遵循两阶段封锁协议：

```
Slock(A)…Unlock(A)…Slock(B)…Xlock(C)…Unlock(C)…Unlock(B);
```

可以证明，若并发执行的所有事务均遵循两阶段封锁协议，则对这些事务的任何并发调度策略都是可串行化的。

许多 DBMS 的并发控制管理器采用严格的两阶段锁协议来实现可串行性，其协议规则包含如下内容：

(1) 事务 T 在读一个数据库对象前必须获得该数据对象上的读锁，如果没有其他事务拥有这个数据对象上的写锁，那么事务 T 的封锁请求得到满足，允许操作继续执行。

(2) 事务 T 在更新一个数据库对象前必须获得该数据对象上的写锁，如果没有其他事务拥有这个数据对象上的读锁或写锁，那么事务 T 的封锁请求得到满足，允许操作继续执行。若事务 T 已具有该数据对象上的读锁，则必须将读锁升级到写锁，也必须获得该数据对象上的写锁。

(3) 若事务 B 的封锁请求与事务 A 已获得的锁不相容时，事务 B 将处于等待状态，直到事务 A 释放其所拥有的锁为止。

(4) 事务所获得的锁将一直保持到事务结束才释放。即直到事务提交或中止并且提交或中止日志记录已被刷新到磁盘后，事务才允许释放锁。这是严格封锁的要求。

【例 8-13】 图 8-10 给出了利用严格两阶段封锁协议可使图 8-8 中的非可串行化调度变为可串行化的调度。事务 T_2 对数据 X 的读锁请求与事务 T_1 已持有的数据 X 上的写锁不相容，事务 T_2 处于等待状态，在事务 T_1 释放锁之前被拒绝执行，推迟了将导致非可串行化的操作的执行，实现了可串行化。调度的执行，实际上相当于事务 T_1 先于 T_2 的一个串行调度。

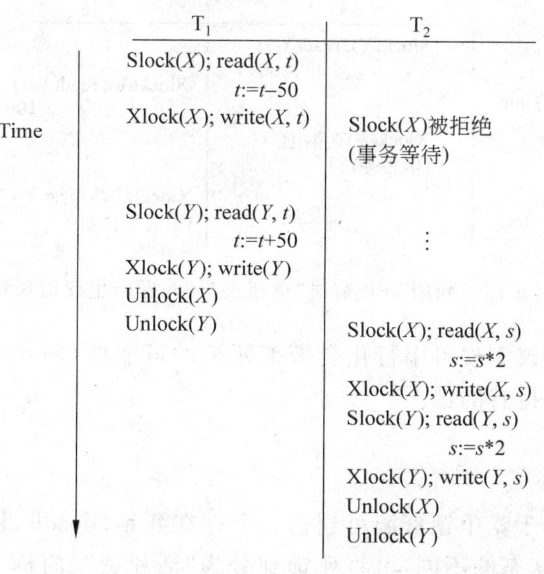

图 8-10 用严格两阶段封锁协议实现可串行化

利用严格两阶段封锁协议也可解决前面讨论的“脏读”问题。

【例 8-14】 在图 8-11 中，利用严格两阶段封锁协议可使图 8-2 中的会读取脏数据的事务 T_2 推迟执行，直到事务 T_1 夭折后回滚并释放其所持有的锁后才开始执行。此时，事务 T_2 读取的数据 X 的值将是事务 T_1 回滚后的 X 值，即事务 T_1 没开始执行前的 X 值，不再是脏数据。

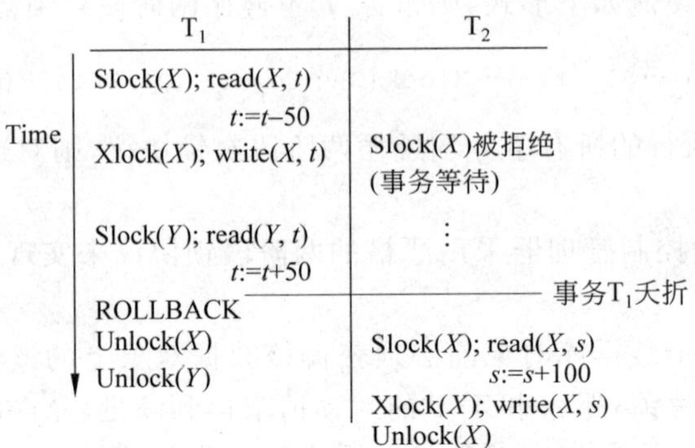

图 8-11 利用严格两阶段封锁协议解决“脏读”问题

请读者尝试利用两阶段封锁协议解决“不可重复读”问题。下面分析利用两阶段封锁协议解决“更新丢失”问题可能会出现什么现象。

【例 8-15】 在图 8-12 中，试图利用严格两阶段封锁协议来解决图 8-1 中的“更新丢失”问题。非串行化调度中的事务 T_1 获得 X 上的读锁后开始执行，随后事务 T_2 对数据 X 的读锁请求也得到满足开始执行。当事务 T_1 想对 X 写入新值时，欲将读锁升级为写锁，但其对 X 的写锁请求与事务 T_2 当前所持有的锁不相容，事务 T_1 的写锁请求被拒绝，事务 T_1 开始等待。当事务 T_2 想对 X 写入新值时，也欲将读锁升级为写锁，但其对 X 的写锁请求也与事务 T_1 当前所持有的锁不相容，事务 T_2 的写锁请求也被拒绝，事务 T_2 也开始等待。现在两个事务都不能继续进行，并将一直等待。

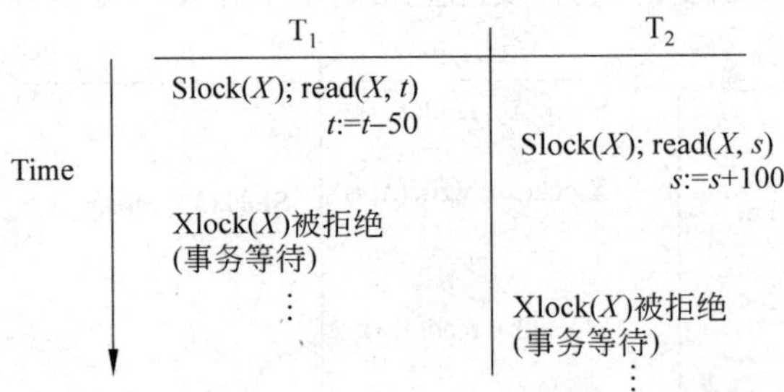

图 8-12 利用 2PL 解决“更新丢失”问题产生死锁现象

利用两阶段封锁协议实现可串行化会带来死锁的可能性，即并发执行的事务中某些事务永远等待另一个事务持有的锁。

8.3.4 死锁问题

并发执行的事务由于竞争锁资源可到达一个存在死锁(deadlock)的状态。根据发生死锁时，并发事务的等待状态的不同，可将死锁细分为“活死锁”(简称“活锁”)和“死死锁”(简称“死锁”)。

1. 活锁

并发事务中有部分事务因封锁申请得不到满足而长期处于等待状态,但其他的事务仍然可以继续运行下去,这种长期等待状态被称为“活锁”。

【例 8-16】 在图 8-13 中,事务 T_1、T_3、T_4因锁请求逐渐得到满足,能够继续执行。事务 T_2有可能永远等待,形成活锁。

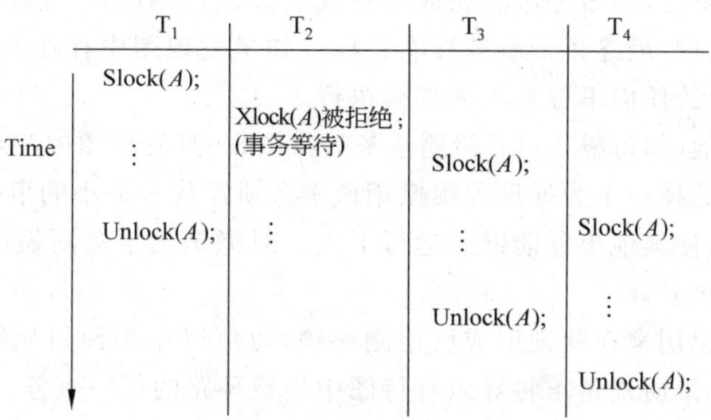

图 8-13 活锁现象

避免活锁的简单方法是采用先来先服务的策略。当多个事务请求封锁同一数据对象时,按请求封锁的先后次序对这些事务排队。该数据对象上的锁一旦释放,首先批准申请队列中第一个事务获得锁。

2. 死锁

并发事务中的每个事务都可能拥有一部分“锁”,并因申请其他事务所持有的“锁”而等待,由此产生的循环等待现象被称为“死锁”。

例 8-15 中事务 T_1、T_2分别等待对方释放锁,同时又都持有对方所申请的锁,两个事务将永远等待下去,谁也不能完成,形成死锁。

从例 8-15、例 8-16 中可以看到,利用两阶段封锁协议进行并发控制可能导致死锁现象,其原因在于一个事务封锁了另一个事务也要封锁的数据对象,或者每个事务在同一数据对象上持有共享锁并且希望将锁升级。

3. 死锁的预防与检测

处理死锁的方法大致分为两种,一是根据产生死锁的原因,破坏产生死锁的条件,对事务进行管理,使死锁永远都不可能形成;二是允许死锁发生,定期检测系统中是否存在死锁,一旦检测到死锁,就设法解除。常用事务等待图法,既可以预防死锁,也可用来检测和解除死锁。

事务等待图是一个有向图 $G=(T,U)$。T 为结点的集合,每个结点表示正运行的事务;U 为边的集合,每条边表示事务等待的情况。例如,T_2持有数据对象 A 上的读锁,T_1要申请 A 上的写锁,则 T_1等待 T_2,在 T_1、T_2之间划一条有向边,从 T_1指向 T_2。

【例 8-17】 图 8-14(a)表示事务 T_1、T_2互相等待,产生死锁。图 8-14(b)表示事务 T_1、T_2、T_3、T_4依次等待,产生死锁;而且事务 T_2、T_3还互相等待,也产生死锁。

用事务等待图动态反映并发事务的等待情况,如果在等待图中无环路,那么至少有一个

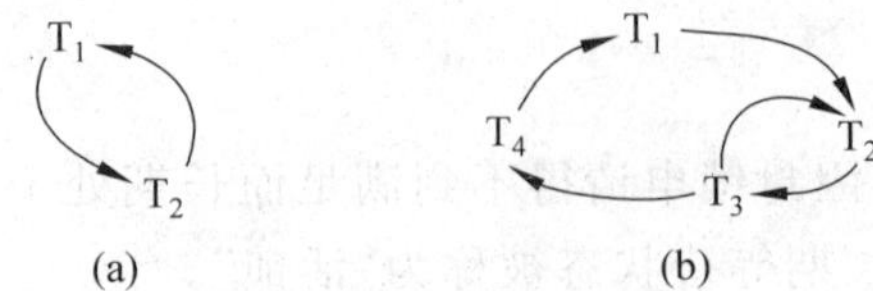

图 8-14 发生死锁的事务等待图

事务不在等待其他事务,该事务可能完成并释放资源;然后有另一个事务不用等待,这个事务又能完成;依此类推,最终每个事务都能完成。如果发现图中存在环路,则表示系统中存在死锁,那么环路中的任何事务都不能继续执行。

系统需周期性地(如每隔 1min)检测事务等待图,一旦发现图中存在回路,就设法解除。通常采用的方法是选择一个为处理死锁撤销该事务所需代价最小的事务,将其回滚,释放此事务持有的所有锁,使其他事务能继续运行下去。对撤销的事务所做的操作就是第 9 章所讲的对事务故障的恢复。

事务等待图可以用来在死锁形成后检测死锁,也可以用来预防死锁的形成。避免死锁的一种策略,就是回滚所提请求将导致等待图中出现环路的任一事务。

即使有了检测和解除死锁的手段,人们仍然不希望有死锁,因为死锁浪费了系统资源,降低了系统的运行效率。就是不发生死锁,并发控制管理器通过给数据库对象加锁来实现事务隔离性,也会增加事务的响应时间,减少事务吞吐量,对于某些应用来说这是无法接受的。为了适应这些应用,大多数商业 DBMS 提供两种方法来缓解:采用多粒度封锁方法和定义事务的隔离性级别。

8.3.5 封锁粒度

为了减少维护大量锁的开销,很多系统的并发控制管理器封锁了比单个数据项要大的数据对象。封锁对象可以是逻辑单元,包括属性值、属性值集合、元组、关系、索引项、整个索引和整个数据库等,也可以是物理单元页或块(数据页或索引页)、物理记录等。

封锁对象单元的大小决定了锁的粒度(granularity)。如果封锁对象单元小,则称为细(fine)粒度,否则就是粗(coarse)粒度。粒度形成了基于包含关系的层次结构。通常,细粒度锁是元组锁,中等粒度锁是在包含指定元组的页或数据块上的锁,粗粒度锁是覆盖关系表的所有页的关系锁。

【例 8-18】 考虑银行的数据库。如果将关系作为数据库对象,对整个存储账户余额的关系只有一个锁。由于大多数事务都可能会改变账户余额,大多数事务都需要账户关系上的一个排他锁,那么系统只能允许极少的并发。因此,同一时间只有一个存款或取款事务能进行,而不管有多少处理器可以用来执行这些事务。如果选择给单独的页或数据块加锁,对应元组位于不同块上的账户就可以同时被更新。如果为每个元组提供一个锁,那么事务对账户的更新都可以同时进行。

细粒度锁比粗粒度锁具有更好的并发度,事务只封锁它们实际使用的数据对象。然而,与细粒度锁相关的开销比较大,并发控制管理器需要更多的空间来保存关于细粒度锁的信息,在为每个数据对象请求锁时也需花费更多的时间。为此封锁粒度的选择,需同时考虑封锁开销和并发度两个因素,以求得最优的效果。一般来说,对于需要处理大量元组的事务可以关系为封锁粒度;需要处理多个关系的大量元组的事务可以数据库为封锁粒度;而对于一个处理少量元组的用户事务,以元组为封锁粒度就比较合适了。

一些数据库系统提供不同的封锁粒度,供不同的事务选择使用。一些应用既能使用大粒度锁又能使用小粒度锁。

例如,SQL Server 的封锁操作是在 SELECT、INSERT、UPDATE 和 DELETE 等语句中添加 WITH 子句来完成的,封锁方式和封锁粒度有以下几种。

(1) TABLOCK:对表实施共享封锁,在读完数据后立即释放封锁,此类封锁可以避免读"脏"数据,但不具有可重复读的特性。

(2) HOLDLOCK:与 TABLOCK 一起使用,可将共享锁保留到事务完成,而不是在读完数据后立即释放锁,可以保证数据的可重复读特性。

(3) TABLOCKX:对表实施独占封锁。

(4) UPDLOCK:对表中的指定记录实施更新封锁。此时,其他事务可以对同一表中的其他记录也实施更新封锁,但不允许对表实施共享封锁和独占封锁。

(5) NOLOCK:不进行封锁,仅用于 SELECT 语句,允许事务读取未提交事务的数据,即有可能读取"脏数据"。

【例 8-19】 在 SQL Server 2005 上建立例 5-13 中的学生选课数据库。为了模拟并发环境,在 SQL Server 中打开多个查询窗口即可。通过并发执行带有封锁操作的事务来理解在 DBMS 中封锁类型、封锁方式和封锁粒度的概念。

执行事务 T_1:

```
begin transaction
select sno,grade
 from sc with(UPDLOCK)
    where sno='s01'
```

得到如图 8-15 所示的结果。

执行事务 T_2:

```
begin transaction
select sno,grade
 from sc with(UPDLOCK)
    where sno='s01'
```

无结果显示,因事务 T_1 已对该记录实施了更新封锁,事务 T_2 不能再对该记录进行更新封锁,事务 T_2 不能执行,处于等待状态,如图 8-16 所示。

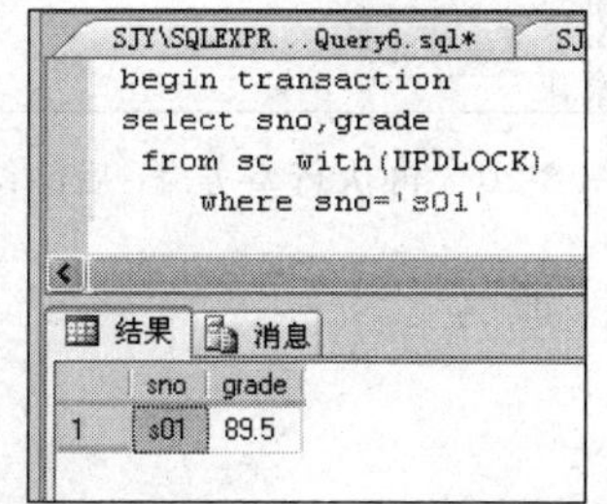

图 8-15 执行事务 T_1 后的结果

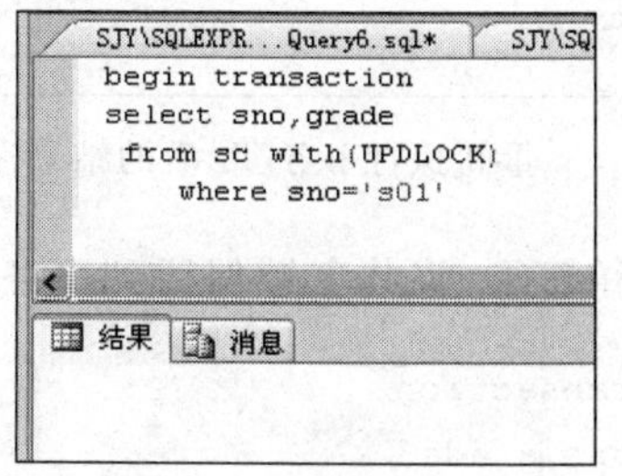

图 8-16 事务 T_2 不能执行,处于等待状态

执行事务 T_3：

```
begin transaction
select sno,grade
 from sc with(UPDLOCK)
   where sno='s02'
```

得到如图 8-17 所示结果。其他事务可以对同一表中的其他记录进行更新封锁。

执行事务 T_4：

```
begin transaction
select sno,grade
 from sc with(TABLOCK)
   where sno='s02'
```

无结果显示，因事务 T_1 已对该表中记录实施了更新封锁，其他事务不能对该表进行共享封锁。事务 T_4 处于等待状态，如图 8-18 所示。

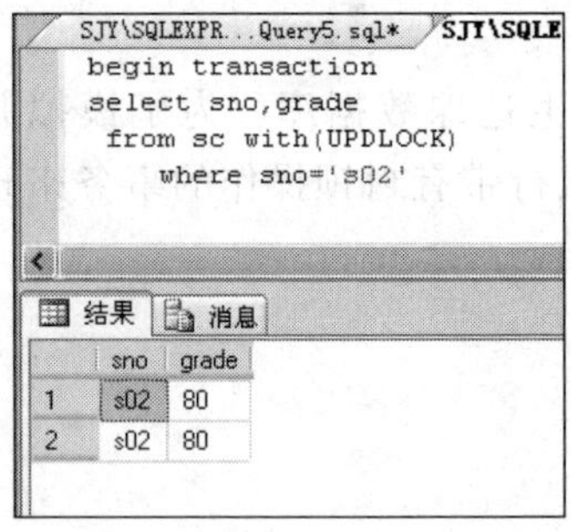

图 8-17 执行事务 T_3 后的结果

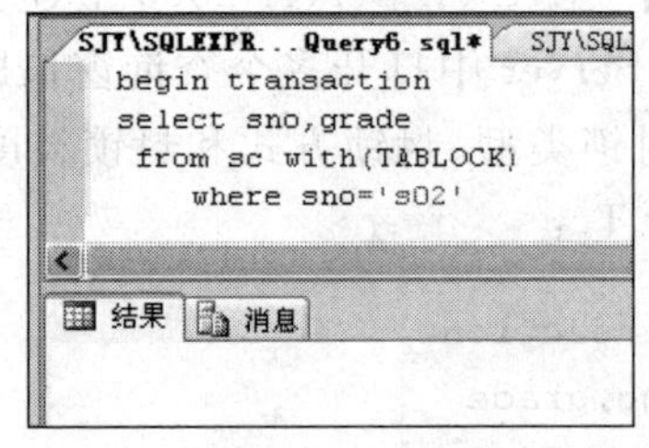

图 8-18 因事务 T_1 实施了更新封锁，事务 T_4 处于等待状态

假设前面的事务均已提交或撤销，重新执行事务 T_4，则得到如图 8-19 所示的结果。

然后再执行事务 T_1，可得到如图 8-20 所示的结果。因为事务 T_4 对表实施了共享封锁，但在读完数据后立刻释放了封锁，事务 T_1 才可以对表中的指定记录进行封锁。

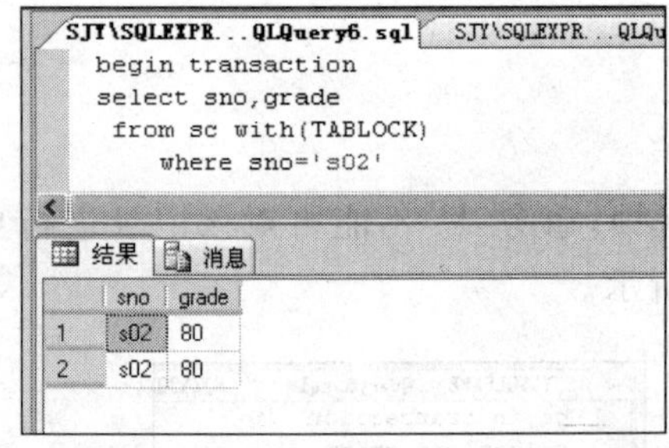

图 8-19 重新执行事务 T_4 后的结果

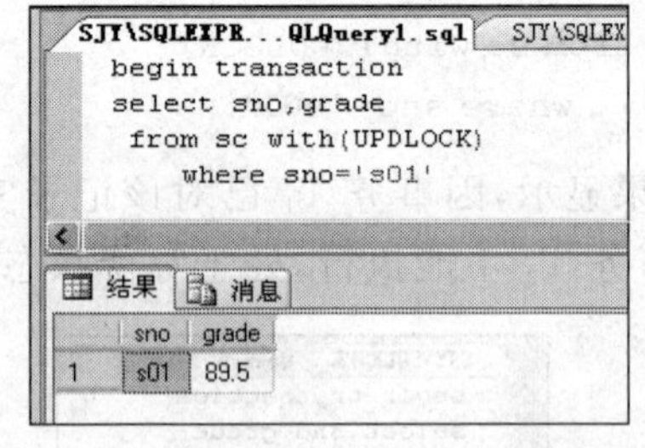

图 8-20 再执行事务 T_1 后的结果

但如果事务 T_4 将共享锁保留到事务完成，即事务 T_4 改为

```
begin transaction
select sno,grade
 from sc with(TABLOCK HOLDLOCK)
```

```
    where sno='s02'
```

则执行结果如图 8-21 所示，再执行事务 T_1，则事务 T_1 不能执行，处于等待状态，如图 8-22 所示。

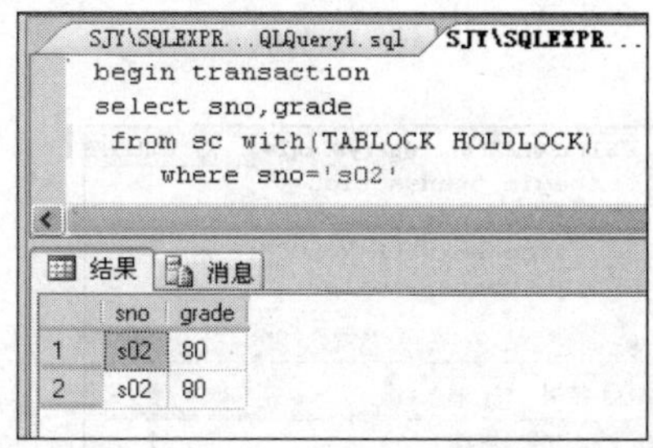

图 8-21 事务 T_4 共享锁保留后的执行结果

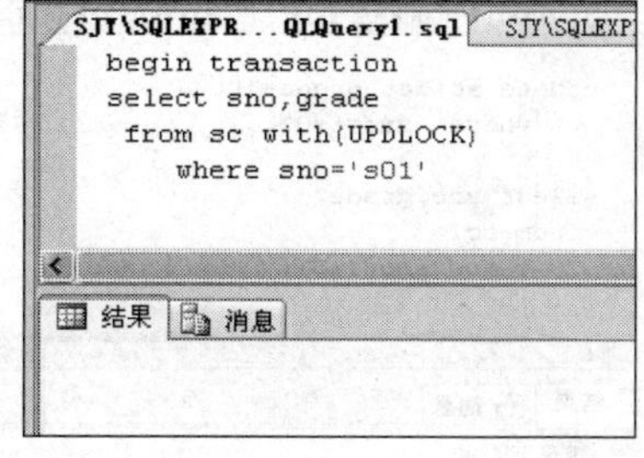

图 8-22 事务 T_4 保留共享锁后事务 T_1 不能执行

但是如果在执行事务 T_4 后，执行事务 T_5：

```
begin transaction T5
select sno,grade
 from sc with(NOLOCK)
    where sno='s01'
```

即将事务 T_1 中的 UPDLOCK 改为 NOLOCK，不进行封锁，则事务 T_5 可以执行，得到结果，如图 8-23 所示。

假设前面的事务均已提交或撤销，执行事务 T_6：

```
begin transaction T6
select sno,grade
 from sc with(TABLOCK HOLDLOCK)
    where sno='s01'
```

得到如图 8-24 所示的结果。

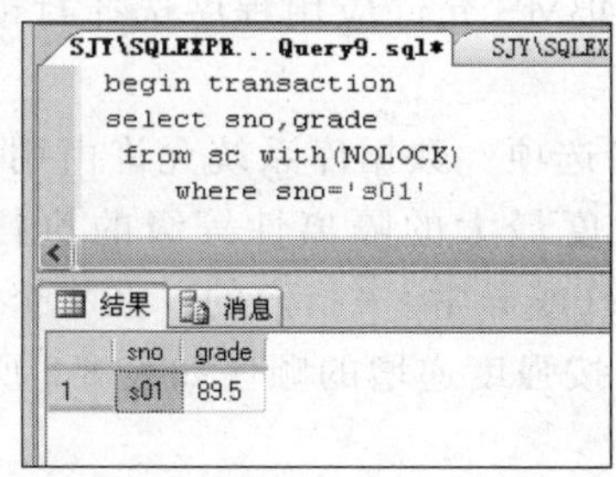

图 8-23 执行事务 T_5 后的结果

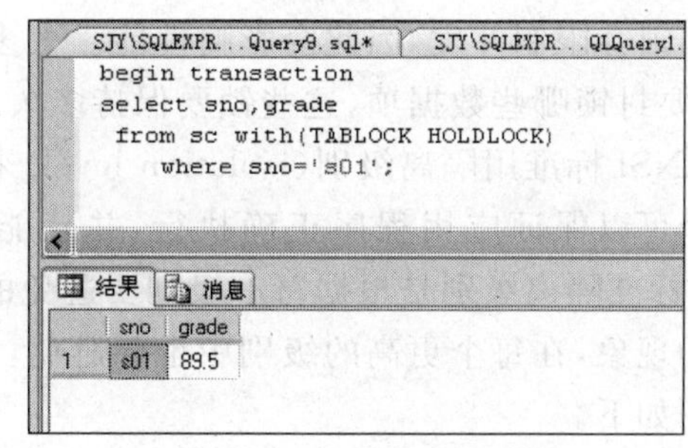

图 8-24 执行事务 T_6 后的结果

事务 T_6 继续执行：

```
update sc set grade=100
  where  sno='s01';
select sno,grade
 from sc
```

```
    where sno='s01'
```

得到如图 8-25 所示的结果，事务 T_6 对 sno='s01'的记录进行了更新。然后，执行事务 T_5 可看到事务 T_6 的更新结果，如图 8-26 所示。

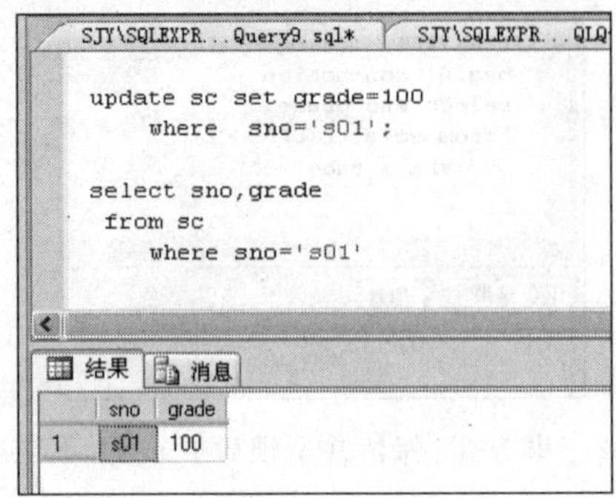

图 8-25　事务 T_6 对 s01 进行了更新

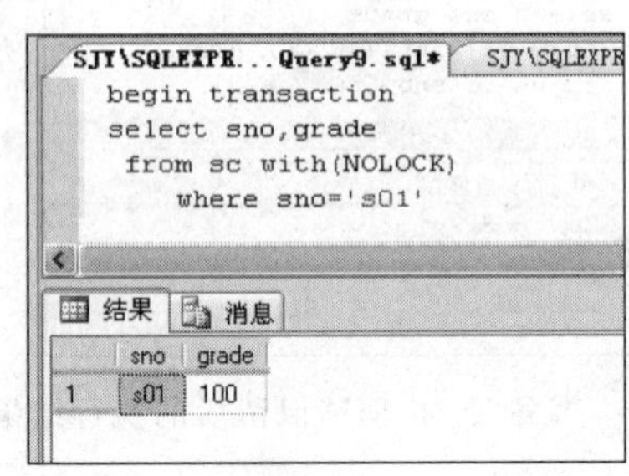

图 8-26　事务 T_5 可看到事务 T_6 的更新结果

事务 T_6 继续执行：

```
rollback

select sno,grade
 from sc
    where sno='s01'
```

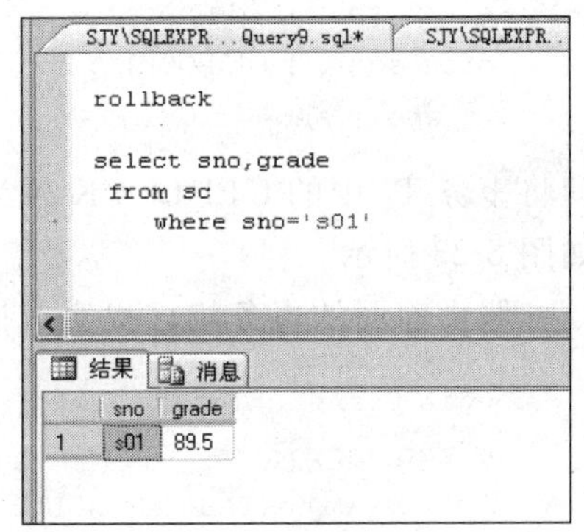

图 8-27　事务 T_6 撤销后 s01 的值

得到如图 8-27 所示的结果。即事务 T_6 撤销后，该事务先前对 sno='s01'的记录进行的更新被撤销，恢复为事务执行前的值，此时已造成事务 T_5 读取的数据为"脏数据"。

8.3.6　事务的隔离级别

加锁会限制并发，因此会影响性能。大多数商业 DBMS 允许应用程序选择封锁协议。例如，要封锁哪些数据项，这些锁要保持多久。

ANSI 标准用隔离级别(isolation level)来描述这些选项。数据库系统允许由用户来选择一个可以保证应用程序正确执行，并且能够使并发度最大的隔离性等级的执行选项。ANSI 标准隔离级别是根据每一级别要避免的某种现象(或异常)来指定的。在一个级别要避免的现象，在每个更高的级别中也要避免。这些级别按强度递增的顺序如表 8-2 所示，具体说明如下。

表 8-2　ANSI 标准隔离级别

隔离级别	脏读	非重复读	数据一致性	并发控制性
READ UNCOMMITTED	是	是	较低	最高
READ COMMITTED	否	是	一般	一般
REPEATABLE READ	否	否	较高	较低
SERIALIZABLE	否	否	最高	最低

(1) READ UNCOMMITTED(读未提交)：可以读未提交的数据，即可以脏读。脏读有时是严重的，有时是无关紧要的。当它无关紧要时，可以偶尔脏读一次，从而避免DBMS用来防止出现脏读所做的耗时的工作，以及为了等到不可能出现脏读而造成的并发性的损失。

(2) READ COMMITTED(读提交)：只能读提交数据，不允许读脏数据，但允许不可重复读。

(3) REPEATABLE READ(可重复读)：特定事务执行的对同一元组连续的查询不会产生不同的值。但是，同一查询的第二次执行以及后续的执行，有可能检索到幻影元组。幻影元组是在该事务执行时数据库插入操作带来的元组。

(4) SERIALIZABLE(可串行化)：不允许有幻影，事务的执行必须是可串行化的。

SQL标准规定同一个应用程序的不同事务可以在不同的隔离级别上执行。可通过SET TRANSACTION ISOLATION LEVEL语句指定，例如：

```
SET TRANSACTION ISOLATION LEVEL READ COMMITTED;
```

该语句设置该事务在READ COMMITTED(读提交)隔离级别下运行，禁止读取脏数据。

事务的隔离级别只影响在该隔离级别下运行的事务可以看到的那些数据，不影响在其他隔离级别下运行的事务所看到的数据。例如，对在SERIALIZABLE(可串行化)级别上执行的事务T，T的执行必须看起来好像所有其他事务要么完全在T之前执行，要么完全在T之后执行。如果另一事务运行在READ UNCOMMITTED(读未提交)隔离级别，则它可以看到来自T的脏数据，且T夭折。

每个隔离级别通过不同的方法来使用锁。事务在执行SQL语句的时候获得它们要存取的数据对象的锁。一旦获得了锁，就会将锁保持到提交的时候(称为“长期锁”)，或者只保持到语句执行完毕(称为“短期锁”)。在所有的隔离级别上写锁都是长期锁，读锁在每个级别上的处理方式有以下不同。

(1) READ UNCOMMITTED：没有获得读锁也可以执行读操作，即事务可以读取其他事务已经在其上加过写锁的数据(元组)。因此，该事务可能会读取没有提交的脏数据。

(2) READ COMMITTED：读数据之前，要获得该数据(元组)上的短期读锁，可能要等到该数据上的写锁释放，即只能读取提交的数据，不会读取脏数据。但是读操作完成之后就释放读锁，所以特定事务对同一数据对象(元组)的两次连续的读操作可能会被另一个事务(更新这个数据然后提交)的执行所分隔，即读是不可重复的。

(3) REPEATABLE READ：事务获取数据的读锁(在由SELECT返回的每个元组上获得长期读锁)，直到事务提交，尽管可能存在幻影，但不可能存在不可重复读。

(4) SERIALIZABLE：在进行所有数据(关系)的读操作之前都要求获得长期读锁，即可保证事务的执行是可串行化的。

SQL Server完全兼容ANSI 92标准定义的4个隔离级别。它的默认隔离级别是提交读。SET TRANSACTION ISOLATION LEVEL语句会改变事务的隔离级别，直到事务结束。必要时需要改回默认级别。

在实际应用中，也可以将隔离级别和封锁结合起来使用。例如，如果指定事务的隔离级别是可重复读的，则事务中所有SELECT语句的执行都运行于该隔离级别上，并一直保持到事务结束或者将隔离级别设置为另一个级别。如果有必要，可以通过指定表级封锁（如 SQL Server 中的 TABLOCK）来代替单个 SELECT 语句的隔离级别，则该语句的封锁行为将不会影响事务中其他语句。

【例 8-20】 在 SQL Server 2005 上建立例 5-13 中的学生选课数据库，表 8-3 给出了在学生选课数据库上交错执行的两个事务，其中事务 A 使用封锁方式，事务 B 使用隔离级别来保证事务的隔离性。

表 8-3　学生选课数据库上交错执行的事务 A 和事务 B

时间	事　务　A	事　务　B
T_0	begin transaction select * from sc with(TABLOCKX)	SET TRANSACTION ISOLATION LEVEL READ UNCOMMITTED begin transaction
T_1		select * from sc SET TRANSACTION ISOLATION LEVEL READ COMMITTED
T_2	 rollback	select * from sc

T_3	
	
	begin transaction
	update sc with(UPDLOCK)
	  set grade= 100
	    where sno= 's01';
	commit transaction
		select * from sc
		    where sno= 's01'

T_4		select * from sc
		    where sno= 's01'
		SET TRANSACTION ISOLATION LEVEL REPEATABLE READ
		select * from sc
		    where sno= 's01'

T_5	update sc with(UPDLOCK) set grade= 95 where sno= 's01';	 commit transaction

针对表 8-3 中所示的交叉事务，请思考如下问题：

(1) 在 T_1 时刻事务 B 的 SELECT 语句能否及时执行？为什么？

(2) 在 T_2 时刻事务 B 的 SELECT 语句能否及时执行？为什么？

(3) 在 T_3 和 T_4 时刻事务 B 的 SELECT 语句查询到的结果是否一致？为什么？

(4) 在 T_5 时刻事务 A 的 UPDATE 语句能否及时执行？为什么？

8.4 小结

信息系统中并发执行的操作会带来更新丢失、读脏数据、不可重复读等数据不一致问题。在DBMS中引入事务概念来解决这类问题。

事务是数据库的逻辑工作单元，具有原子性、一致性、隔离性和持久性。

为保证事务的隔离性，需要对事务的并发执行进行控制，常见的方法是封锁技术。封锁技术通过在数据对象上维护“锁”以防止非可串行化的行为，两阶段封锁协议可以实现可串行化。但封锁技术会产生死锁现象，应加以避免和解除。为解决封锁技术带来的增加了事务的响应时间以及减少了事务吞吐量的问题，大多数商业DBMS采用多粒度封锁和定义事务的隔离性级别的方法。ANSI标准隔离级别包括READ UNCOMMITTED、READ COMMITTED、REPEATABLE READ和SERIALIZABLE。

习题

一、填空题

1. DBMS的基本逻辑工作单元是________，它是用户定义的一组SQL语句或整个程序。

2. 事务必须具有的4个性质是：________、________、________和________，简称为事务的ACID特性。

3. 一个事务中对数据库的所有操作是一个不可分割的操作序列，要么都做，要么都不做，这个性质称为事务的________。

4. 一个事务的执行不能被其他事务干扰的特性，称为事务的________。

5. 如果事务是一致的，多个事务并发执行的整体效果等同于某一次序下事务串行执行的效果，那么该并发调度将保持数据库的________状态。

6. 多个事务并发操作会带来：丢失修改、脏读和________三类数据不一致现象。

7. 并发控制的主要方法是采用________技术。

8. 若事务T对数据对象A加了S锁，则其他事务只能对数据A再加________，不能加________，直到事务T释放A上的锁。

二、选择题

1. DBMS并发控制和恢复的基本单位是(　　)。

   A. 表　　B. 命令　　C. 事务　　D. 程序

2. 对事务回滚的正确描述是(　　)。

   A. 将该事务对数据库的修改进行恢复

   B. 将事务对数据库的更新写入硬盘

   C. 跳转到事务程序的开头重新执行

   D. 将事务中修改的变量值恢复到事务开始时的初值

3. 事务的并发执行会带来(　　)数据不一致性问题。

   A. 丢失修改、不可重复读、读脏数据、死锁

B. 不可重复读、读脏数据、死锁

C. 丢失修改、读脏数据、死锁

D. 丢失修改、不可重复读、读脏数据

4. 在数据库技术中,"脏数据"是指(　　)。

A. 未回滚的数据　　B. 未提交的数据

C. 回滚的数据　　D. 未提交随后又被撤销的数据

5. 数据库中的封锁机制是(　　)的主要方法。

A. 完整性　　B. 安全性　　C. 并发控制　　D. 恢复

6. 若事务 T 对数据对象 A 加上 S 锁,则(　　)。

A. 事务 T 可以读 A 和修改 A,其他事务只能对 A 加 S 锁,不能加 X 锁

B. 事务 T 可以读 A 但不能修改 A,其他事务能对 A 加 S 锁和 X 锁

C. 事务 T 可以读 A 但不能修改 A,其他事务只能对 A 加 S 锁,不能加 X 锁

D. 事务 T 可以读 A 和修改 A,其他事务能对 A 加 S 锁和 X 锁

7. 若事务 T 对数据 R 已加 X 锁,则其他事务对数据 R(　　)。

A. 可以加 S 锁不能加 X 锁　　B. 不能加 S 锁可以加 X 锁

C. 可以加 S 锁也可以加 X 锁　　D. 不能加任何锁

三、简答题

1. 并发执行操作不加控制会带来哪些数据不一致问题?

2. 什么是可串行化调度?

3. 什么是封锁粒度? 在 SQL Server 中的封锁方式和封锁粒度有哪几种?

4. 严格的两阶段封锁协议包含哪些内容?

5. 什么是死锁? 如何用事务等待图来预防和检测死锁?

6. ANSI 标准提供几种隔离级别选项? 设置不同隔离级别的作用是什么? 不同隔离级别存在何种不一致问题?

7. 在下面的每个动作序列中,假设共享锁恰好在每个读动作前申请,而排他锁恰好在每个写动作前申请。此外,解锁恰好发生在事务执行的最后一个动作后。说明哪些动作被拒绝以及是否有死锁发生,并说明在动作执行过程中等待图怎样演变。如果存在死锁,选择一个事务并将其中止,说明动作序列将怎样继续下去。

(1) $r_1(A)$;$r_3(B)$; $r_2(C)$;$w_1(B)$;$w_3(C)$;$w_2(D)$;

(2) $r_1(A)$;$r_3(B)$; $r_2(C)$;$w_1(B)$;$w_3(C)$;$w_2(A)$;

(3) $r_1(A)$;$r_3(B)$;$w_1(C)$;$w_3(D)$;$r_2(C)$;$w_1(B)$; $w_4(D)$;$w_3(A)$;

(4) $r_1(A)$;$r_3(B)$;$w_1(C)$;$r_2(D)$;$r_4(E)$;$w_2(B)$; $w_3(C)$;$w_4(A)$;$w_1(D)$。

第9章 数据恢复和数据安全

信息系统在使用过程中，经常发生各类故障或遭到外来的各种人为的攻击，给系统的安全带来威胁。对于一个信息系统，若要保证其信息的安全，通常要做到以下几点，也称为信息安全的基本属性。

1）保密性

保密性(confidentiality)是指信息不被非授权访问，即使非授权用户得到信息也无法知晓信息内容，因而不能使用。军用信息的安全尤为注重信息的保密性。

通常通过访问控制阻止非授权用户获得机密信息，通过加密变换阻止非授权用户获知信息内容。

2）完整性

完整性(integrity)是指维护信息的一致性，即信息在生成、存储、传输和使用的过程中保持不被修改、不被破坏、不被插入、不延迟、不乱序和不丢失等特性。

信息在传输过程中所受的损害主要是遭受攻击所致；在数据存储过程中遭受的改变可能是攻击者窃取系统控制后所为，也可能是数据拥有者的操作失误或系统故障所致。

3）可用性

可用性(availability)是指保障信息资源随时可提供服务的特性，即授权用户根据需要可以随时访问所需信息。可用性还包括具有在某些不正常条件下继续运行的能力。

可用性是信息资源服务功能和性能可靠性的度量，涉及的面比较广泛，包括硬件、软件的可靠性，故障系统的可工作性等。

4）可识别性

可识别性(authentication)是指对系统用户所声称的身份进行确认。通过用户身份鉴别等控制手段，确保只有那些被授权的用户才具有对信息和服务的访问权限。

5）不可抵赖性

不可抵赖性(non-repudiation)保障用户无法在事后否认曾经对信息进行的生成、签发、接收等行为，是针对通信各方信息真实同一性的安全要求。制止发信者否认发送数据的企图，以及收信者否认接收数据的企图。一般通过数字签名来提供抗否认服务。

为保证信息的上述安全属性，就要采用一切可能的方法和手段，实现信息系统安全，其中包括采用信息安全技术来加固系统自身的安全，如要求 DBMS 提供保障数据库安全的功能，来保证数据的安全。

本章将讨论为保证信息系统安全，DBMS 提供的保障系统故障后数据一致性的事务恢复机制和防止非授权用户对数据越权访问的授权控制机制，帮助读者了解信息系统中的安全性问题和相关技术。

9.1 故　障

信息系统中硬件的故障、软件的错误、操作员的失误以及恶意的破坏是不可避免的，这些故障轻则造成DBMS中运行的事务非正常中断，影响数据库中数据的正确性；重则破坏数据库，使数据库中全部或部分数据丢失，从而导致数据库处于错误状态。

9.1.1 故障类型

信息系统可能发生的故障可以分为以下几类。

1. 事务内部的故障

事务内部的故障有的是可以通过事务程序本身来进行预期处理。例如，对于例8-5中的转账事务，可以预见会产生账户A余额不足的情况，定义事务时可以在事件发生时让事务回滚。

事务内部的故障更多是非预期的，不能由事务自身进行处理，如事务执行过程中发生运算溢出(试图用0作为除数)、违反了某些完整性约束、并发事务陷入死锁等。此时，系统会强迫发生故障的事务中止。

2. 系统故障

系统故障是指造成信息系统停止运转的任何事件。例如，特定类型的硬件错误(CPU故障)、操作系统故障、DBMS代码错误、突然停电，等等。

发生系统故障后，系统要重新启动，由于内存是"易失性的"，会造成主存内容尤其是数据库缓冲区中的内容丢失，所有运行事务都将非正常终止，但不会影响到磁盘上的数据库。

3. 介质故障

系统故障常称为软故障(soft crash)，介质故障常称为硬故障(hard crash)。介质故障主要指外存故障，如磁盘损坏、磁头碰撞，瞬时强磁场干扰等；或者是使数据库存储介质完全毁坏的灾难性故障，如数据库所在地发生爆炸或大火以及恶意破坏等。这类故障比前两类故障发生的可能性小得多，但其破坏性最大，会破坏磁盘上的数据库。

9.1.2 故障导致的错误状态

事务的执行并不直接访问磁盘中的数据库，对于事务中的每一个write(X,t)操作，事务完成对局部变量t的修改操作后，会将t值复制给缓冲区中的数据X。如果数据X不在缓冲区中，则首先执行input(X)操作，将数据从磁盘读到缓冲区中。最终还必须由缓冲区管理器将缓冲区中数据X更新到磁盘上，即执行output(X)操作。但何时执行output(X)操作，由缓冲区管理策略决定，如图9-1所示。

由于内存的缓冲区可能不是足够大，所以某个事务A的write操作可能需要在事务A提交之前完成对数据库的更新，即执行了output操作，这可能是为了给另一个事务B腾出空间(称为B窃取A的空间)。此外，在事务提交的时候强制地执行output操作可能是低效的，例如在100个事务连续更新同一个数据库对象的情况下，需要强制写100次，而实际上一次就足够了。基于以上原因，实际的事务管理器常采用一种称为窃取/不强制(steal/noforce)的策略：

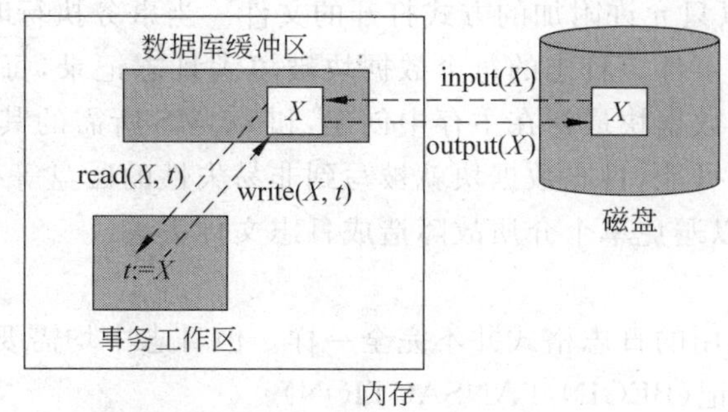

图 9-1 事务与磁盘数据的交互

(1) 在事务提交之前，事务的部分执行结果可能已被更新到磁盘上的数据库。

(2) 事务到达提交点后，并不立即将执行结果更新到磁盘上的数据库。

当系统采取这种窃取/不强制的缓冲区管理策略，就会导致发生故障后事务可能处于以下错误状态：

(1) 发生事务故障后，事务不能正常提交，但夭折的事务的部分执行结果可能已对数据库进行了更新，破坏了事务的原子性。

(2) 发生系统故障后，一些夭折的事务的部分执行结果可能已写入磁盘上的数据库；有些已提交的事务对数据库的更新结果可能有一部分甚至全部留在缓冲区中，尚未写回到磁盘上的数据库中。因此，系统故障破坏事务的原子性和持久性。

(3) 发生介质故障后，会破坏磁盘上的数据库，已提交的事务对数据库的更新结果将丢失，并影响正在存取这部分数据的所有事务。因此，介质故障会破坏事务的原子性和持久性。

9.2 数据库恢复

数据库管理系统所具有的把数据库从错误状态恢复到某一已知的正确状态(一致性状态或完整性状态)的功能，称为数据库的恢复(recovery)功能。数据库的恢复通过 DBMS 的事务恢复机制实现，由恢复管理器来完成。

在第 8 章讨论了为实现事务的隔离性需对并发执行的事务进行控制，而事务的原子性和持久性均需要恢复技术的支持。

9.2.1 恢复的实现技术

为了记录系统中事务的运行情况及其对数据库的更新，用于发生故障后事务的恢复，以及为保存磁盘上的数据，保持事务的持久性，最常用的技术是创建日志文件和对数据进行转储。通常在一个数据库系统中，这两种方法一起使用。

1. 日志

在信息系统发生事务故障后，系统必须知道已经执行过的事务操作信息，从而保证能够完整并正确地进行故障恢复。系统维护了一个日志文件来记录事务对数据库的重要操作，使得数据库的每一个变化都单独记录在磁盘上。

日志(log)是一个以只允许附加的方式打开的文件。当事务执行时,日志管理器负责在日志中记录每个重要的事件。日志的每个数据块被填满日志记录,每个日志记录对应于这些事件中的一个。日志数据块最初在主存中创建,和 DBMS 所需的其他任何块一样由缓冲区管理器分配。一旦有可能,日志数据块就被写到非易失性的磁盘等存储介质中,并通常被复制到不同的设备上,以避免单个介质故障造成日志文件丢失。

1) 日志的内容

不同数据库系统采用的日志格式并不完全一样。但日志中均需要包括以下内容:

(1) 事务的开始标记(BEGIN TANSACTION)。

(2) 事务的结束标记(COMMIT 或 ROLLBACK)。

(3) 事务对数据库的所有更新操作。

日志是日志记录构成的文件。每当事务执行时,事务的开始和结束以及对数据库的更新操作就被记录到日志里,这些记录不允许修改或删除。对于更新操作的日志记录,每个日志记录主要包括如下信息:

(1) 事务的标识(标明是哪个事务)。

(2) 操作的数据对象(数据对象的内部标识)。

(3) 更新前数据的旧值(对插入操作而言,此项为空值)。

(4) 更新后数据的新值(对删除操作而言,此项为空值)。

例如,在日志中可由系统自动生成如下形式的日志记录:

[start_transaction, T]: 事务 T 开始执行。

[commit, T]: 事务 T 成功完成。事务 T 对数据库所做的任何更新都应反映到磁盘上。然而,由于用户不能控制缓冲区管理器何时决定将事务提交结果所在块从主存复制到磁盘,当生成[commit, T]日志记录时,通常不能确定更新已经在磁盘上。

[abort, T]: 事务 T 异常中止。事务 T 所做的任何更新都不能复制到磁盘上,否则事务管理器有责任消除其对磁盘数据库的更新。

[write, T, *X*, 旧值,新值]: 事务 T 已将数据项 *X* 的值从旧值改为新值。该日志记录是对写入内存的 WRITE 操作做出的反映,更新记录所反映的改变通常发生在主存中而不是磁盘上。

2) 登记日志的原则

为保证数据库是可恢复的,把日志记录登记在日志文件时必须遵循以下两条原则:

(1) DBMS 可能同时处理多个事务,事务 T 产生的日志记录可能和其他事务的日志记录相互交错,在日志文件中登记日志记录的次序必须严格按并发事务执行的时间次序登记。

(2) 必须先写日志,后写数据库。因为把对数据的更新写到数据库中和把表示这个更新的日志记录写到日志文件中是两个不同的操作。有可能在这两个操作之间发生故障,即这两个写操作只完成了一个。如果先进行了数据库更新,而在运行日志中没有登记这个更新,则以后就无法恢复这个更新了。如果先写日志,但没有更新数据库,按日志恢复时只不过多执行一次不必要的被撤销事务的恢复操作。

日志先写原则的深层含义包括如下三个方面:

(1) 对数据库的更新写入数据库之前,它对应的日志记录必须写入日志。

(2) 一个事务的所有其他日志都必须在它的 COMMIT 日志记录写入日志之前写入

日志。

(3) 只有在一个事务的 COMMIT 日志记录写入日志之后，该事务的 COMMIT 操作才能结束。

为了强制将日志记录写到磁盘上，缓冲区管理器需要刷新日志，将以前没有复制到磁盘的日志记录或从上一次复制以来新增加的日志记录复制到磁盘中。

2. 数据转储(备份)

日志可以提供针对事务故障和系统故障的数据恢复，为了使当发生介质故障造成磁盘上的数据丢失时，也能对数据库进行恢复，通常还要采用数据转储(又称备份)技术。

数据转储由 DBA 定期地在某种存储介质(磁带或光盘，或其他磁盘)上创建一个与数据库自身分离的数据库备份，并把备份存放在远离数据库的某个安全的地方。这些数据库备份简称为备份，也称后备副本或后援副本。备份保存数据库在转储时的状态。

转储是一个冗长的过程，十分耗费时间和资源，不能频繁进行。通常避免在每次转储时都复制整个数据库(称为完全转储)，而只需要复制上次转储后更新过的数据(称为增量转储)。

例如，SQL Server 除了支持全备份和增量备份外，还可备份数据库文件和文件组，而不是备份完整数据库。其完成备份的操作语句的一般格式为

```
BACKUP {DATABASE|LOG}  <数据库名>
  {FILE=logic_file_list|FILEGROUP=filegroup_list}
  TO {DISK|TAPE}='physical_backup_device_name'
  [WITH DIFFERENTIAL]
```

说明：

(1) DATABASE 指明进行数据库备份；若加上 FILE＝logic_file_list 指明要进行文件备份，logic_file_list 为要备份的文件的逻辑文件名列表；若加上 FILEGROUP＝filegroup_list 指明要进行文件组备份，filegroup_list 为要备份的文件组列表。

(2) LOG 指明进行事务日志备份，事务日志的基准是上一次日志备份，每次数据库全备份之后都会启动一个新的日志。不与 WITH DIFFERENTIAL 选项同时使用。

(3) TO DISK 说明备份到磁盘，TO TAPE 说明备份到磁带，'physical_backup_device_name' 指定了存储备份的物理文件名或物理设备名。

(4) WITH DIFFERENTIAL 选项指明做数据库或文件(组)的增量备份，增量备份是在全备份的基础上进行的，每次增量备份的基准是最近一次全备份，而不是上一次增量备份。

由此可见，数据库全备份、增量备份和日志备份构成了一个完整的数据库备份方案，当数据库遭到破坏时，利用该方案可以将数据库恢复到最新的一致状态。进行文件或文件组备份提高了备份的效率和灵活性。

DBA 应该根据数据库使用情况确定一个适当的转储周期和转储方式。例如，根据转储时系统状态的不同，转储可分为静态转储和动态转储。

(1) 静态转储

如果有可能暂时关闭数据库，可以进行静态转储。静态转储是在系统中无运行事务时进行的转储。转储必须等待正运行的用户事务结束才能进行，转储期间不允许(不存在)对

数据库的任何存取活动。新的事务必须等待转储结束才能执行。

静态转储虽然简单，并且能够得到一个与转储时的数据库相一致的副本，但会降低数据库的可用性。

(2) 动态转储

大多数数据库不能在转储所需要的一段时间(可能是几个小时)内关闭，因此需要考虑动态转储。动态转储是指转储期间允许对数据库进行存取，即转储和用户事务可以并发执行。

动态转储可以克服静态转储的缺点，它不用等待正在运行的用户事务结束，也不会影响新事务的运行。但是，在动态转储进行的数分钟或数小时中，系统中的事务可能改变磁盘上的许多数据库数据，转储结束时备份上的数据可能是也可能不是转储开始的值，不能得到与某一数据库状态相一致的副本。需要利用备份和转储过程中的日志才能把数据库恢复到一个一致的状态。

转储不是实时的，备份应该什么时候、用什么方式做，数据库管理员(DBA)需考虑数据库的不同规模、不同用途，即制定转储策略应考虑以下一些因素：

(1) 转储周期，按月、周、天，还是小时；进行人工转储，还是设计程序定期自动转储。

(2) 进行静态转储还是动态转储。

(3) 备份的类型(全备份还是增量备份)；按文件还是按文件组做备份。

(4) 存储备份的介质和质量(磁盘还是磁带)；备份介质的存放是否安全(是否防窃、防磁、防火)；

(5) 进行转储的用户的权限等。

至于如何确定这些因素，数据库管理员和系统管理员在制定转储策略时，可能会对不同的应用、不同的数据库规模，从不同的角度进行考虑。例如，在确定备份周期时可能会考虑以下几点：

(1) 如果数据库破坏，企业的业务能支持多久？如果数据库对每天的事务处理都至关重要，那么就必须经常转储。

(2) 对历史数据可以只转储一次，但要多复制几个备份，以免备份介质损坏或造成数据丢失。

(3) 如果数据库的使用频率和更新频率非常高，可以考虑每天做一次全备份、几次增量备份；否则，只需要每周，甚至每月做一次全备份即可。

(4) 进行数据恢复的时间，全备份和增量备份的恢复哪个省时？

对于备份策略，可以在实际应用中进行测试和调整，使之更合理和实用。

实际的信息管理系统，除了利用DBMS提供的数据库备份技术，为了保证系统能够正常运转，或者在由故障造成中断后能尽快恢复，通常还采用以下几种技术实现数据的备份，以保证数据的恢复。

(1) 采用磁盘冗余阵列(redundant arrays of independent disk，RAID)技术。

RAID技术利用磁盘分段、磁盘镜像、数据冗余技术等提供磁盘数据备份，提供系统可靠性。根据提供的安全等级RAID分为RAID0、RAID1…RAID5等若干等级。最简单的方案是镜像(mirror)各个磁盘，系统把整个数据库或其中的关键数据复制到另一个磁盘上，保证镜像数据与原始数据的一致性。其中哪个磁盘作数据盘，哪个作冗余盘无关紧要。凭借另一个磁盘使数据不会因一个磁头损坏或磁盘损坏而损坏，因为已损磁盘的镜像上的数据仍是可读的。此时，数据丢失的唯一可能是在原始数据磁盘损坏正在被修复的同时，镜像磁盘也损坏了。由于一个磁盘的平均故障时间为3.4～9.1年，所以磁盘同时损坏的概率很小。

(2) 双机热备份。

采用两台计算机来同时、同步工作，一台作为主服务器，一台作为从服务器，所有的磁盘读写操作在主服务器完成的同时，也在从服务器上完成。两个服务器上的数据是同步的。在主服务器发生故障时，系统可以立刻将工作切换到从服务器，从而保证应用不会中断。双机热备份的两台服务器可进行异地安置，保证即使遇到战争、地震、海啸等灾难时，另一台服务器能提供备份数据，系统正常运转。

(3) 双工备份。

在一台计算机上有双路磁盘通道——两个硬盘控制器和两组硬盘，这两组硬盘分别由各自的硬盘控制器来控制，计算机会对这两组硬盘进行同步更新。当一个硬盘通道(控制器或硬盘)损坏时，另一个通道可以保证计算机继续正常工作。

(4) 数据银行。

利用网络把数据传输到远程的安全计算机存储系统——数据银行中。对数据的写操作，既要写到本地的存储器中，也要写到远程的数据库中，以防止数据的丢失。

9.2.2 恢复的策略

下面讨论DBMS是如何利用所建立的冗余数据，即日志和数据库备份，来实施数据库恢复，将数据库恢复到故障前的某个一致性状态。针对不同故障所导致的错误状态，恢复的策略和方法也不一样。

1. 事务故障的恢复

事务故障破坏事务的原子性，导致事务不能正常提交，并且夭折事务的部分执行结果可能已对数据库进行了更新，破坏了事务的原子性。

恢复管理器要在不影响其他事务运行的情况下，强行回滚(ROLLBACK)该事务，即利用日志撤销此事务已对数据库进行的更新，使得该事务好像根本没有启动一样，从而保持事务的原子性。这类恢复操作称为事务撤销(UNDO)。

事务故障的恢复是由系统自动完成的，对用户是透明的。系统进行事务恢复的步骤如下(参见图9-2)：

(1) 从尾部开始反向扫描日志文件(即从最近写的记录到最早写的记录)，查找该事务(T_1)的更新操作(U_1)。

(2) 对该事务的更新操作执行逆操作，即将更新记录中"更新前的值(X_{old})"写入数据库，以防万一恰好在发生故障前X已被修改。假如更新操作是插入操作，则相当于做删除操作(此时"更新前的值"为空)；若是删除操作，则做插入操作；若是修改操作，则用修改前的值代替修改后的值。

(3) 继续反向扫描日志文件，查找该事务的其他更新操作，并做同样处理。

(4) 如此处理下去，直至读到此事务的开始标记(B_1)，事务故障恢复就完成了，并在日志文件中添加异常中止记录(A_1)。

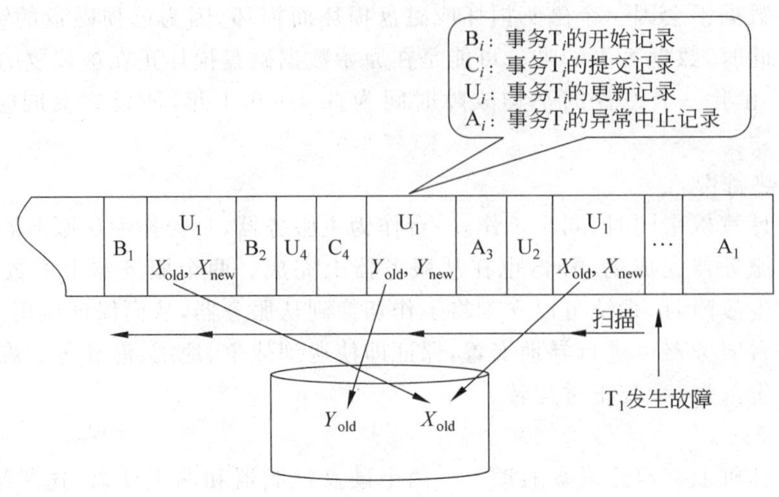

图 9-2 事务故障的恢复

2. 系统故障的恢复

发生系统故障后内存中数据库缓冲区的内容都被丢失，所有运行事务都非正常终止。导致一些尚未完成的事务的部分执行结果产生的对数据库的更新可能已写入磁盘上的数据库；而有些已完成的事务对数据库的更新结果可能有一部分甚至全部留在缓冲区，尚未写回到磁盘上的数据库中，从而造成数据库可能处于不一致的状态。

恢复管理器必须在系统重新启动时让所有非正常终止的事务回滚，强行撤销（UNDO）所有未完成事务，保持事务的原子性；重做（REDO）所有已提交的事务，保持事务的持久性。从而将数据库恢复到一致性状态。

系统故障的恢复是由系统在重新启动时自动完成的，不需要用户干预。系统进行恢复的步骤如下：

(1) 恢复管理器首先要将事务划分为已提交事务和未提交事务。

从头开始正向扫描日志文件（参见图 9-3），找出在故障发生前已提交的事务（如 T_2、T_4），这些事务在日志文件中既有 BEGIN TRANSACTION 记录，也有 COMMIT 记录，将其事务标识记入重做队列 REDO-LIST。同时找出故障发生时尚未完成的事务（如 T_1、T_3 和 T_6），这些事务只有 BEGIN TRANSACTION 记录，无相应的 COMMIT 记录，将其事务标识记入撤销队列 UNDO-LIST。对已撤销的事务（如 T_5），不再进行恢复操作。

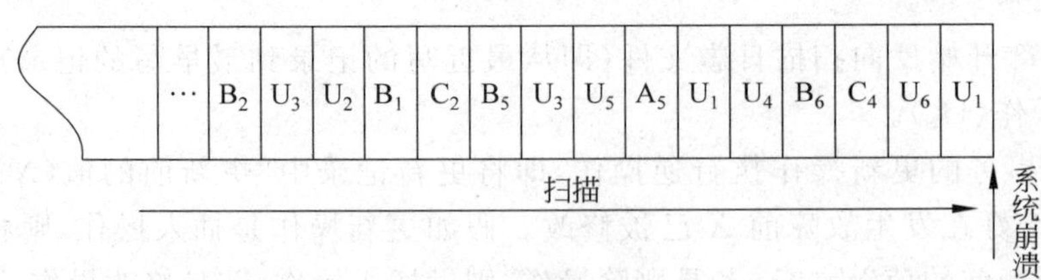

图 9-3 正向扫描日志文件

(2) 对撤销队列 UNDO-LIST 中的各个事务进行撤销（UNDO）处理。

由于日志中可能有多个未提交的事务，甚至可能有多个未提交的事务修改了某数据对

象 X,所以在恢复值的顺序上必须是逆序的。恢复管理器需要反向扫描日志文件,对所有需撤销的事务(如 T_1、T_3 和 T_6)的更新操作依次执行其逆操作,即将更新记录中"更新前的值"写入数据库(参见图 9-4),最终完成对每个需撤销事务的恢复,并生成其异常中止记录。

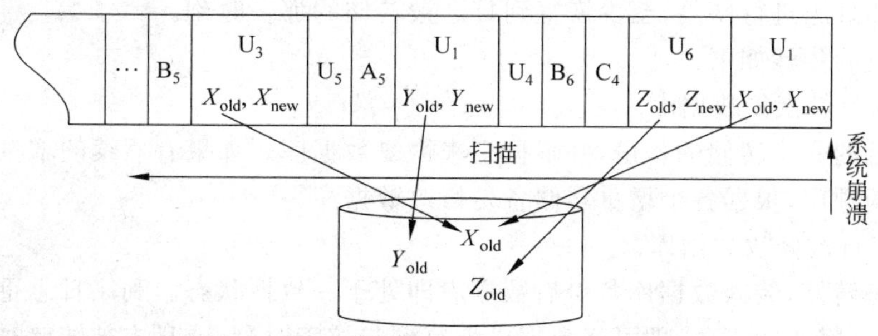

图 9-4 撤销(UNDO)处理

(3) 对重做队列 REDO-LIST 中的各个事务进行重做(REDO)处理。

由于事务提交生成[commit, T]日志记录时,并不能确定更新已经在磁盘上。重做(REDO)就是让已提交事务对数据库所做的任何更新都反映到磁盘上。恢复管理器需要正向扫描日志文件,对每个需重做的事务(如 T_2、T_4)重新执行日志中所记录的更新操作,即将更新记录中"更新后的值"写入数据库(参见图 9-5)。

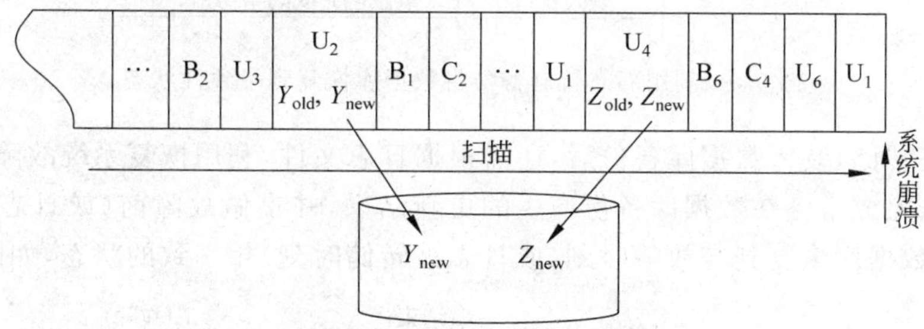

图 9-5 重做(REDO)处理

在利用日志文件进行系统故障恢复时,恢复管理器不管日志有多长,都要搜索整个日志文件,检查所有日志记录。这种做法存在两个问题:一是为确定哪些事务需要撤销,哪些事务需要重做,需搜索整个日志文件;二是很多需要重做处理的事务实际上已经早将它们的更新操作结果写到磁盘的数据库中了,然而恢复子系统又重新执行了恢复操作。

现在许多 DBMS(如 SQL Server)提供一种检查点(checkpoint)技术实现系统故障的恢复。该技术可以限制恢复管理器必须回溯的日志文件长度,有效减少重新启动系统时需要恢复的事务,从而减少恢复操作所需的时间和资源。在此不作进一步讨论。

3. 介质故障的恢复

介质故障是最严重的一种故障,最主要的危害是破坏磁盘上的数据库,使得所有已提交的事务的结果不能持久地保存在磁盘上,并影响正在存取这部分数据的所有事务,破坏事务的持久性和原子性。

介质故障(包括磁盘上的数据库崩溃)的恢复不仅要使用日志,还要使用前面介绍的数据转储等技术。备份保存数据库在转储时的状态,当介质故障发生时,数据库就可以被恢复到这一状态。而要想将数据库恢复到离故障发生时更近的状态，就需要使用日志。前提是备份的日志得到保存，并且日志自身在故障之后仍存在。为防止日志的丢失，可以将日志在刷新到磁盘后就对它做备份。当发生介质故障，磁盘上的数据和日志都丢失时，就可以使用备份的数据和日志进行恢复，至少恢复到日志被转储的那一时刻。

进行恢复的步骤如下：

(1) 根据备份恢复数据库。

找到最近的完全转储的备份，并根据它来恢复数据库。如果有后续的增量转储备份，按照从前往后的顺序，根据各个增量转储备份修改数据库。

(2) 利用日志修改数据库。

对于静态转储，装入数据库备份后数据库即处于一致性状态。利用日志重做故障前(或日志转储前)已完成的事务，即可将数据库恢复到与故障时刻(或日志被转储时刻)相一致的状态，如图 9-6 所示。

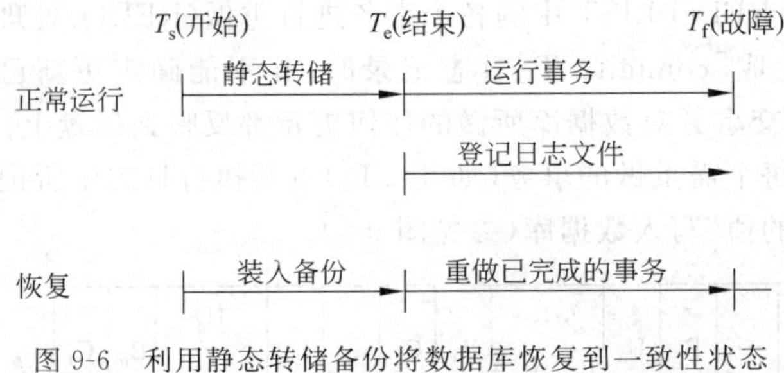

图 9-6 利用静态转储备份将数据库恢复到一致性状态

对于动态转储，装入数据库备份后，还需根据日志文件，利用恢复系统故障的方法，撤销转储结束时未完成事务在数据库备份产生的更新结果，并重做故障前(或日志转储前)已完成的事务，将数据库恢复到与故障时刻(或日志被转储时刻)相一致的状态，如图 9-7 所示。

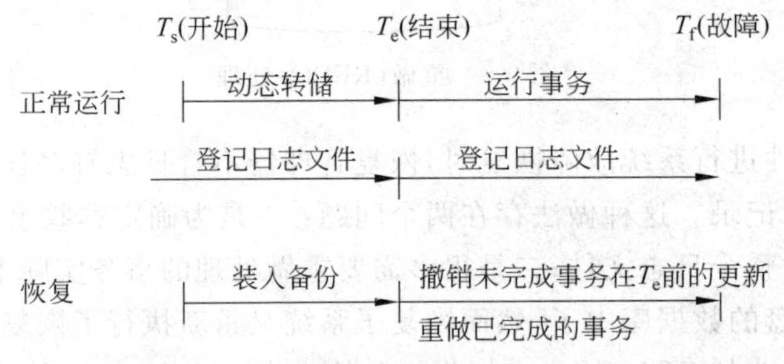

图 9-7 利用动态转储备份将数据库恢复到一致性状态

利用备份和日志文件进行恢复时，没有必要对转储结束后到故障发生前还在运行的事务进行撤销处理，因为这些事务对数据库进行的更新随着磁盘的损坏已丢失，相当于已"撤销"了。

利用备份进行介质故障的恢复需要 DBA 的介入，但 DBA 只需要重装最近转储的数据库备份(离故障发生时刻最近的转储备份)和有关的日志文件备份，然后执行系统提供的恢复命令即可，具体的恢复操作仍由 DBMS 完成。

在 SQL Server 中，可使用如下语句来完成数据库的恢复操作，其一般格式为

```
RESTORE  DATABASE  <数据库名>
  {FILE=logic_file_name|FILEGROUP=logical_filegroup_name}
  FROM {DISK|TAPE}='physical_backup_device_name'
  [WITH
      [[,]{NORECOVERY|RECOVERY}]
      [[,]REPLACE]
  ]
```

说明：

(1) DATABASE指明进行数据库备份。若加上FILE＝logic_file_name指明要进行恢复的逻辑文件名称，可以恢复多个文件；若加上FILEGROUP＝logical_filegroup_name指明要进行恢复的文件组名称，可以恢复多个文件组。

(2) NORECOVERY指示恢复操作不撤销备份中任何未提交的事务，如果后续还有恢复操作则选择此项，此时数据库处于不一致的状态；RECOVERY(默认)指示恢复操作撤销备份中任何未提交的事务，系列恢复操作的最后一个恢复操作选择此项，之后数据库将处于某个一致性状态，可以使用数据库了。

(3) REPLACE指示即使存在另一个具有相同名称的数据库，也创建指定的数据库及其相关文件，即删除现有数据库；如果没有指定该选项，则进行安全检查以防止意外重写现有的数据库。

利用数据库备份恢复后，还要利用日志进行恢复，其操作语句的一般格式为

```
RESTORE  LOG  <数据库名>
  FROM {DISK|TAPE}='physical_backup_device_name'
  [WITH
      [[,]{NORECOVERY|RECOVERY}]
      [[,]STOPAT=date_time
      |[,]STOPATMARK='mark_name'[AFTER datetime]
      |[,]STOPBEFOREMARK='mark_name' [AFTER datetime]
      ]

  ]
```

说明：

(1) STOPAT ＝ date_time 指定将数据库恢复到指定日期和时间时的状态；STOPATMARK| STOPBEFOREMARK指定将数据库恢复到指定的标记(包括|不包括包含该标记的事务)。

(2) 在STOPATMARK|STOPBEFOREMARK选项中，如果省略AFTER datetime，则恢复操作将在含有指定名称的第一个标记处停止；如果指定AFTER datetime，则恢复操作将在含有在datetime(或之后)时间的指定名称的第一个标记处停止。

(3) 所有中间恢复步骤都选择NORECOVERY选项，最后一个恢复操作选择RECOVERY选项。

恢复一个数据库的时间比转储一个数据库的时间要长，因为转储仅仅是复制，而恢复则包括了读和写的过程，并且还要初始化未使用的空间等。一般恢复一个数据库的时间是转储一个数据库的时间的数倍，甚至更长，这与信息量的大小有关，也与转储策略有关。

9.3 DBMS的安全性控制

防止系统中的数据被非法使用和恶意破坏，要比防止意外故障造成的数据损坏要困难得多。恶意破坏有多种形式，可能是对计算机设备的物理破坏和盗窃，也可能是对系统中数据未经授权的读取、修改和删除等，这些都可能会带来严重的后果。

信息系统安全涉及很多层面，除了信息系统应该具有安全保护功能之外，还需要从管理机制、人员行为、系统安全以及网络安全等多方面采取措施。如果信息系统物理安全防护和人员管理存在严重的安全性缺陷，信息系统自身的安全性措施将形同虚设。因此，系统管理员和各级用户要有安全防范意识，充分用好信息系统自身的安全功能，也包括DBMS提供的安全功能，来保证数据库及其中数据的安全。

9.3.1 身份认证

身份认证是证实用户的真实身份与其所声称的身份是否相符的过程，为了限制非法用户访问信息。以密码理论为基础的身份认证是安全信息系统中的第一道关卡，是最基本的安全功能，其他的安全功能都要依赖于它。一旦身份认证系统被攻破，那么系统的所有安全措施将形同虚设。黑客攻击的目标往往就是身份认证系统。

1. 身份验证模式

信息系统一般采用基于口令的认证方式，利用用户名来识别具体用户，利用口令(password)来鉴别用户的真伪。对于合法用户，只有注册到一个正在运行的DBMS(如SQL Server)，才有可能访问数据库系统中的数据对象。

比如，SQL Server在安装过程中需要为DBMS选择身份验证模式，可供选择的模式有Windows身份验证模式和混合模式两种。Windows身份验证模式会启用Windows身份验证并禁用SQL Server标准身份验证；而混合模式会同时启用Windows身份验证和SQL Server标准身份验证。实际上，一般的DBMS都只提供标准身份验证模式，由DBMS独立来管理自己的数据库安全。

1) Windows身份验证模式

Windows身份验证模式也称为集成身份验证模式，是一种信任连接模式，用户通过Windows操作系统的身份验证后则自动进行SQL Server身份验证，通过回叫Windows以获得信息，重新验证用户名和口令，如图9-8所示。

Microsoft公司将SQL Server DBMS和Windows操作系统的安全性集成在一起进行管理，可以提供更多的安全功能。

2) 混合身份验证模式

混合模式使用户可以根据实际情况选择身份验证模式。当用户使用SQL Server标准身份验证模式时，需要指定登录名和密码，SQL Server通过检查是否已设置合法SQL Server登录账户，以及指定的密码是否匹配进行身份验证，如图9-9所示。

身份验证模式的选择可根据不同的环境、用户和应用进行选择，对于管理员级别的用户或在数据中心从事有关业务的用户选择Windows身份验证模式比较合理、方便；而对于大多数普通用户，也许设置为SQL Server身份验证模式更好。

图 9-8 SQL Server 的 Windows 身份验证模式

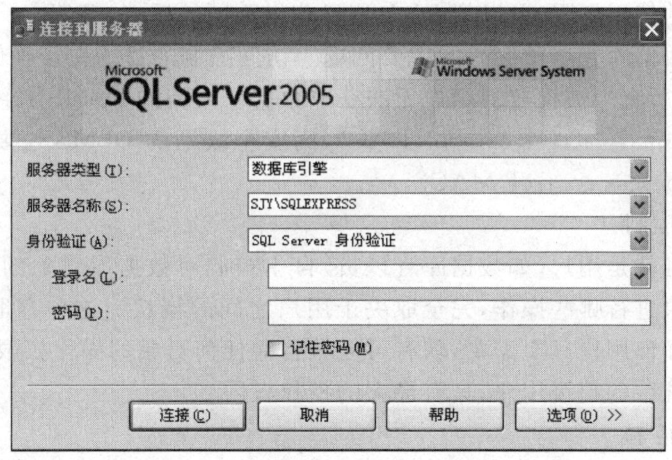

图 9-9 SQL Server 的 SQL Server 身份验证模式

2. 用户身份

一个用户首先要是一个数据库系统的登录用户，然后才可以访问某一个具体的数据库，所以有登录用户(login user)和数据库用户(database user)两个概念。一个登录用户只有登录成功，才有可能访问数据库系统中的数据对象。一个登录用户可以是多个数据库的用户。登录用户由系统管理员管理，而数据库用户可以由数据库管理员管理(当然也可以由系统管理员代管)。

一般 DBMS 将数据库用户分为如下 4 类：

(1) 系统管理员用户。在一个 DBMS 上拥有一切权限的用户，负责整个系统的管理，可以建立多个数据库，在所有数据库上拥有所有权限。一般 DBMS 在安装时至少有一个系统管理员用户。例如，SQL Server 默认的系统管理员用户是 sa，负责在该 SQL Server 上的所有系统管理。

(2) 数据库管理员用户(DBA)。在某一个数据库上拥有一切权限的用户，负责一个具体数据库的建立和管理。在 SQL Server 中称为 dbo(Database Owner)，也称为数据库属主或数据库拥有者。

(3) 数据库对象用户。可以建立数据库对象(如表、视图等)的用户,在自己建立的数据库对象上拥有全部操作权限。在 SQL Server 中称为 dboo(Database Object Owner),也称为数据库对象属主或数据库对象拥有者。

(4) 数据库访问用户。一般的数据库访问用户,可以对被授权的数据库对象进行操作,如查询数据、修改数据等。

这 4 类用户从前到后权限逐渐降低,一般较低级别的用户的权限是较高级别用户授予的。例如,系统管理员用户授权某个用户可以建立数据库,则该用户便可以建立数据库,并成为建立数据库的数据库管理员用户。

9.3.2 访问控制

注册到数据库系统的用户,并不意味着在数据库上拥有全部权限。DBMS 都有一套创建和管理各种级别用户的机制,不同的用户有不同的级别,可以访问不同的数据对象,对数据库对象有不同的使用权限,可以从 DBA 那里获得不同的授权,等等。

访问控制是数据库安全所关心的主要问题。访问控制的目的在于确保只有授权用户才能访问数据库,而所有未被授权的用户无法获取数据。大型的 DBMS 系统几乎都支持自主访问控制(discretionary access control,DAC),高安全级别的 DBMS 还要求支持强制访问控制(mandatory access control,MAC)。

1. 自主存取控制

自主存取控制就是用户(如数据库管理员)自主控制对数据库对象的操作权限,哪些用户可以对哪些对象进行哪些操作,完全取决于用户之间的授权。这种存取控制方式非常灵活,但容易失控,任何用户只要需要,就有可能获得对任何对象的操作权限。其中,数据库管理员如同操作系统中的超级用户,具有最大的授权权限。

2. 强制存取控制

在强制存取控制方法中,每一个数据对象被标以一定的密级(classification level),每一个用户也被授予一个许可证级别(clearance level)。密级可分为绝密、机密、秘密和公开等若干级别。对于任意一个对象,只有具有合法许可证的用户才可以存取。因此,强制存取控制本质上具有分层特点,且相对比较严格,特别适合层次严明的军方和政府等数据管理。

9.3.3 数据库加密

数据库加密是保证数据安全的另一种手段。用户可能使用通常的系统设施存取数据库,数据库在操作系统下都是以文件形式进行管理,非授权用户可以直接利用操作系统的漏洞窃取数据库文件,或篡改数据库文件内容。对这样的威胁,最有效的解决方法就是数据加密,即以加密格式存储和传输敏感数据。

数据库加密,包括在传输过程中采用加密保护,以及对存储的敏感数据进行加密保护。数据库加密可以由用户用自己的密钥加密自己的敏感信息,不了解数据库内容的 DBA 无法进行正常解密,可以实现个性化的用户隐私保护。

数据库加密按照加密部件在数据库系统中所处的层次与位置,分为库内加密和库外加密。

（1）库内加密：在DBMS内核层实现加密，加密功能集成为DBMS的功能，可以实现加密功能与DBMS之间的无缝耦合。加/解密过程对用户与应用透明，数据在物理存储之前完成加/解密工作。

（2）库外加密：加/解密过程发生在DBMS之外，大多在客户端实现，由专门的加密服务器或硬件完成。减少了数据库服务器与DBMS的运行负担。DBMS所管理的是明文，加密密钥与所加密的数据可分开保存，安全性较高。客户端与服务器配合可以实现端到端的网上密文传输。在新兴的外包数据库服务模式中，要求加/解密都在客户端完成，库外加密受到关注。

数据库加密对象可以是整个表，类似OS中文件加密的方法，也可以是关系表中的属性（列）、元组（记录）或元组中某个属性的值。加密粒度越小，系统的安全性与灵活性越高，实现技术也越复杂，引入的密钥也越多，密钥管理的复杂度越大，同时系统的效率受到的影响也越大。

加密算法是数据加密的核心，算法必须适应数据库系统的特性，加/解密尤其是解密响应迅速。目前还没有公认的专门针对数据库加密的加密算法，一般根据数据库特点选择现有的加密算法来进行数据库加密。例如，对称密钥算法（data encryption standard，DES）和非对称密码系统（RSA算法）。

9.4 DBMS的授权控制

下面介绍大多数DBMS提供的可实现数据安全访问的自主访问控制机制和视图机制。

9.4.1 自主访问控制

1. 用户的存取权限

用户对某一数据对象的操作权力称为权限。在DBMS中，用户的存取权限由两个要素组成：数据库对象和操作类型。

- 数据库对象：包括数据库、基本表、表中记录、属性值，视图、索引等。
- 操作类型：不同数据库对象上的操作权限有所不同，主要包括SELECT、INSERT、DELETE、UPDATE、REFERENCES、ALL PRIVILEGES等。其中，ALL PRIVILEGES是所有权限的简写形式，REFERENCES表示允许用户定义新关系时，引用其他关系的主键作为外键。

2. 授权的授予与收回

在自主访问控制方法中，用户对不同的数据库对象有不同的存取权限，不同的用户对同一数据对象也有不同的权限，而且用户还可以将自己所拥有的权限转授给其他用户。DBMS通过SQL提供的GRANT和REVOKE语句定义用户权限，形成授权规则，并将其记录在数据字典中。当用户发出存取数据库的操作请求后，DBMS授权子系统查找数据字典，根据授权规则进行合法性检查，以决定接受还是拒绝执行此操作。

1）GRANT语句

GRANT语句用于向用户授予权限，其一般格式为

```
GRANT  <权限列表>  ON  <数据库对象>
```

```
TO  <用户列表>
[WITH GRANT OPTION];
```

选项 WITH GRANT OPTION 表示被授权的用户可以将这些权限继续转授给其他用户。

【例 9-1】 把查询 S 表和修改学生学号的权限授给用户 U4,并允许其将权限转授出去,如图 9-10 所示。

```
GRANT  SELECT,UPDATE(SNO)  ON  S
TO  U4
WITH  GRANT  OPTION;
```

主体(P): U4
安全对象(S): dbo.S
有效权限(E):

权限	列
SELECT	
SELECT	SB
SELECT	SD
SELECT	SEX
SELECT	SN
SELECT	SNO
UPDATE	SNO

列权限

主体(P): U4
授权者(G): dbo
表名(N): dbo.S
权限名称(M): Update
列权限(C):

列名	授予	具有授予权限	拒绝
SB	☐	☐	☐
SD	☐	☐	☐
SEX	☐	☐	☐
SN	☐	☐	☐
SNO	☑	☑	☐

图 9-10　例 9-1 执行授权之后 U4 所具有的权限

关系上的 UPDATE 权限允许用户修改关系上的任何元组。UPDATE 权限既可以在关系的所有属性上授予,又可以在某些属性上授予,将被授予 UPDATE 权限的属性列表列在 UPDATE 后的括号中。如果省略属性列表,则授予的是关系中所有属性上的 UPDATE 权限。

关系上的 INSERT 权限允许用户往关系中插入元组。INSERT 权限也可以指定属性列表,则对关系所做的任何插入必须只针对这些属性,插入元组的其他属性要么被赋默认值(如果属性上定义了默认值),要么被赋为 NULL 值。

【例 9-2】 把对 S 表的全部操作权限授予用户 U1 和 U2。

```
GRANT  ALL  PRIVILEGES
ON  S
TO  U1,U2;
```

注意: 在 SQL Server 2005 中,如果授权对象为表,则 ALL 表示 DELETE、INSERT、REFERENCES、SELECT 和 UPDATE,例 9-2 执行后,U1 和 U2 所具有的权限如图 9-11 所示。

2) REVOKE 语句

授予的权限可以由 DBA 或其他授权者用 REVOKE 语句收回,其一般格式为

```
REVOKE  [GRANT  OPTION  FOR] <权限列表>
```

主体(P): U1

安全对象(S): dbo.S

有效权限(E):

权限	列
DELETE	
INSERT	
REFERENCES	
REFERENCES	SB
REFERENCES	SD
REFERENCES	SEX
REFERENCES	SN
REFERENCES	SNO
SELECT	
SELECT	SB
SELECT	SD
SELECT	SEX
SELECT	SN
SELECT	SNO
UPDATE	
UPDATE	SB
UPDATE	SD
UPDATE	SEX
UPDATE	SN
UPDATE	SNO

主体(P): U2

安全对象(S): dbo.S

有效权限(E):

权限	列
DELETE	
INSERT	
REFERENCES	
REFERENCES	SB
REFERENCES	SD
REFERENCES	SEX
REFERENCES	SN
REFERENCES	SNO
SELECT	
SELECT	SB
SELECT	SD
SELECT	SEX
SELECT	SN
SELECT	SNO
UPDATE	
UPDATE	SB
UPDATE	SD
UPDATE	SEX
UPDATE	SN
UPDATE	SNO

图 9-11 例 9-2 执行授权之后 U1 和 U2 所具有的权限

```
ON    <数据库对象>
FROM    <用户表>
[RESTRICT | CASCADE];
```

说明：

- GRANT OPTION FOR 表示只有授权权限被收回。
- CASCADE 表示把该用户所转授出去的权限同时收回。
- RESTRICT 表示当不存在连锁收回时，才能收回权限，否则系统拒绝回收。

对于 RESTRICT 和 CASCADE 选项，不同的 DBMS 默认执行的选项不同。

【例 9-3】 把例 9-1 中用户 U4 修改学生学号的权限收回，并级联收回所授出的权限，如图 9-12 所示。

```
REVOKE  UPDATE(SNO)
  ON  S
  FROM  U4  CASCADE;
```

通过 GRANT 和 REVOKE 语句，用户可以“自主”地决定将数据的存取权限授予其他用户，“自主”地决定是否也将“授权”的权限授予其他用户。因此，这样的访问控制机制是“自主访问控制”。

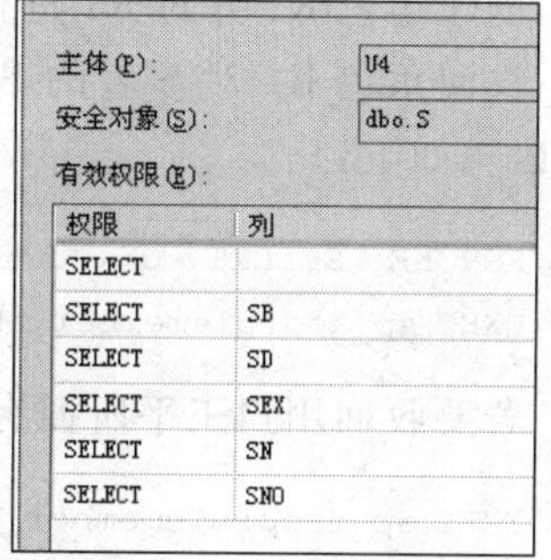

主体(P): U4

安全对象(S): dbo.S

有效权限(E):

权限	列
SELECT	
SELECT	SB
SELECT	SD
SELECT	SEX
SELECT	SN
SELECT	SNO

图 9-12 例 9-3 执行权限回收后 U4 所具有的权限

9.4.2 基于角色的授权

角色是DBMS用于支持用户群组的一种机制,可为一组具有相同权限的用户创建一个角色。任何可以授予用户的权限都可以授予角色,给角色授权与给用户授权一样。角色是被命名的一组与数据库操作相关的权限,角色是权限的集合。

基于角色的授权概念并没有出现在SQL中,但许多DBMS支持基于角色授权的存取控制。SQL Server所使用的TRANSACT SQL中,实现对角色的创建、授权、权限收回语句的一般格式为

```
CREATE  ROLE  <角色列表>;
GRANT  <权限列表>  ON  <数据库对象>  TO  <角色列表>;
REVOKE  <权限列表>  ON  <数据库对象>  FROM  <角色列表>;
```

角色可以授予用户,也可以授予给其他角色。TRANSACT SQL中为用户授予角色的语句格式为

```
sp_addrolemember  <角色>,<用户>;
```

回收用户所拥有的角色的权限的语句格式为:

```
sp_droprolemember  <角色>,<用户>;
```

因此,一个用户或一个角色的权限包括所有直接授予用户/角色的权限,以及所有授予给用户/角色所拥有的角色的权限。使用角色来管理数据库权限可以简化授权的过程。

【例9-4】 角色的创建、授权和权限收回。

```
CREATE  ROLE  R1;                              /创建角色 R1
GRANT  SELECT,UPDATE,INSERT  ON  S  TO  R1;
                         /将对表 S 的查询、修改和插入记录的权限授予角色 R1
GRANT  DELETE  ON  S  TO  R1;                  /将对表 S 的删除记录的权限授予角色 R1
```

创建角色R1并对R1进行授权后,R1所具有的权限如图9-13所示。

收回角色R1对S表的SELECT权限,并将角色R1赋予用户王平,结果如图9-14所示,语句如下:

```
REVOKE  SELECT  ON  S  FROM  R1 ;
EXEC sp_addrolemember  R1,王平;
```

若要收回用户王平所拥有的角色R1及其所有权限,则语句如下:

```
EXEC sp_droprolemember  R1,王平;
```

9.4.3 视图的授权

DBMS可通过定义视图为用户提供外模式,来隐藏视图外数据库中的数据。进一步通过授予用户只允许访问视图的权限,来提高隐藏数据的安全性。用户所具有的关系上的权限与其拥有的关系上视图的权限是不同的。

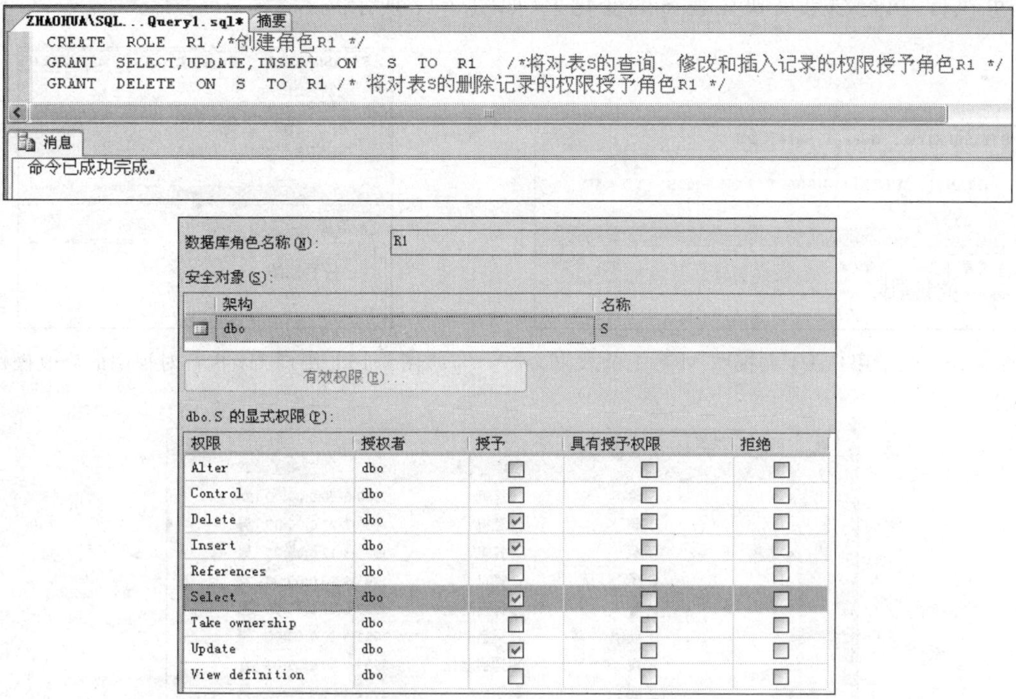

ZHAOHUA\SQL...Query1.sql* 摘要

```
CREATE  ROLE  R1 /*创建角色R1 */
GRANT  SELECT,UPDATE,INSERT  ON   S  TO  R1   /*将对表S的查询、修改和插入记录的权限授予角色R1 */
GRANT  DELETE  ON  S  TO  R1 /* 将对表S的删除记录的权限授予角色R1 */
```

消息

命令已成功完成。

数据库角色名称(N): R1

安全对象(S):

架构	名称
dbo	S

有效权限(F)...

dbo.S 的显式权限(P):

权限	授权者	授予	具有授予权限	拒绝
Alter	dbo	☐	☐	☐
Control	dbo	☐	☐	☐
Delete	dbo	☑	☐	☐
Insert	dbo	☑	☐	☐
References	dbo	☐	☐	☐
Select	dbo	☑	☐	☐
Take ownership	dbo	☐	☐	☐
Update	dbo	☑	☐	☐
View definition	dbo	☐	☐	☐

图 9-13　例 9-4 创建角色并对角色授权

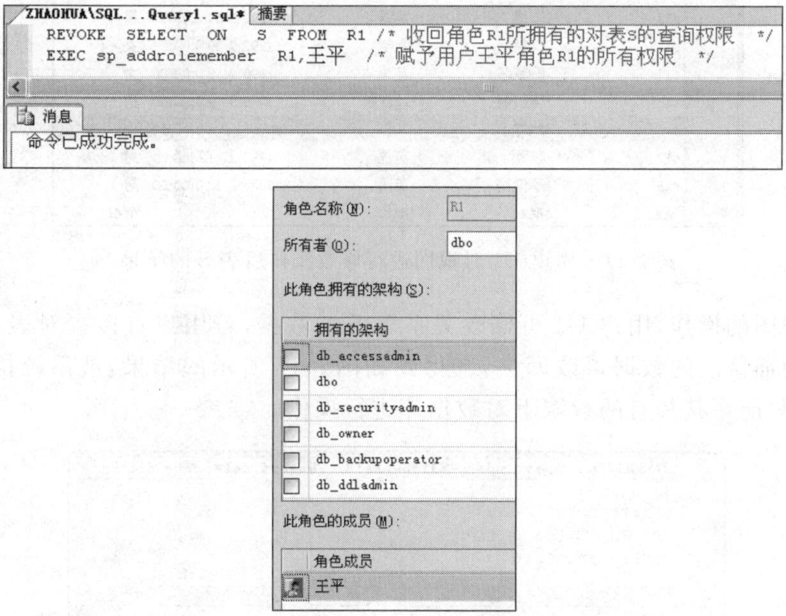

ZHAOHUA\SQL...Query1.sql* 摘要

```
REVOKE  SELECT  ON   S  FROM  R1 /* 收回角色R1所拥有的对表S的查询权限  */
EXEC sp_addrolemember  R1,王平  /* 赋予用户王平角色R1的所有权限   */
```

消息

命令已成功完成。

角色名称(N): R1

所有者(O): dbo

此角色拥有的架构(S):

	拥有的架构
☐	db_accessadmin
☐	dbo
☐	db_securityadmin
☐	db_owner
☐	db_backupoperator
☐	db_ddladmin

此角色的成员(M):

角色成员
王平

图 9-14　例 9-4 赋予用户王平角色 R1

【例 9-5】 系统管理员(sa)为“学生选课”数据库(参见例 5-13)添加了用户 U1,并赋予其只具有 SELECT 权限。然后再赋予其对例 5-64 所建的视图 M_S 具有 SELECT 和 UPDATE 权限(如图 9-15 所示)。用户 U1 执行对视图的修改操作(如图 9-16 所示),修改操作可执行，执行结果反映在表 S 的变化上（如图 9-17 所示）。

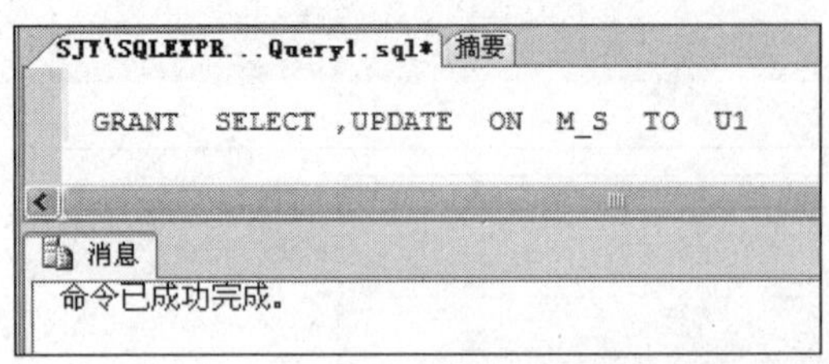

图 9-15　赋予用户 U1 在视图 M_S 上的权限

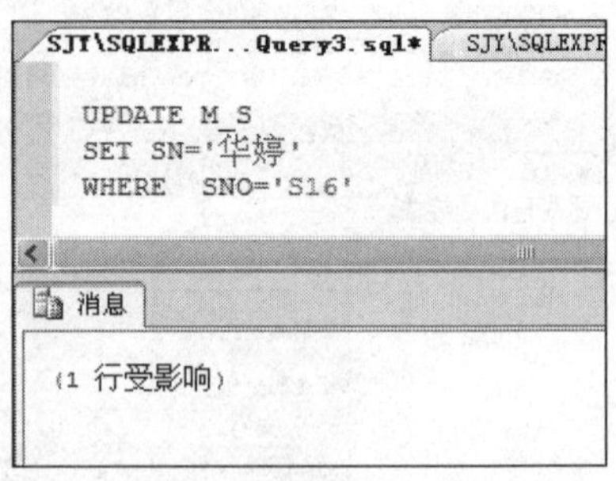

图 9-16　用户 U1 执行对视图的修改操作

表 - dbo.S　摘要

	SNO	SN	SD	SB	SEX
	s01	王玲	计算机	1990-6-30 0:00:00	女
	s02	李渊	计算机	1900-3-23 0:00:00	男
	s03	罗军	计算机	1991-8-12 0:00:00	男
	s04	赵泽	计算机	1993-9-12 0:00:00	女
	s05	许若	指挥自动化	1990-6-27 0:00:00	男
	s06	王仙华	指挥自动化	1991-5-20 0:00:00	男
	s07	朱祝	指挥自动化	1994-7-10 0:00:00	女
	s08	王明	数学	1991-10-3 0:00:00	男
	s09	王学之	物理	1992-1-1 0:00:00	男
	s10	吴谦	指挥自动化	1991-3-25 0:00:00	女
	s11	崔雪	数学	1990-7-1 0:00:00	女
	s12	李想	英语	1992-8-5 0:00:00	男
	s13	季然	数学	1992-9-30 0:00:00	女
	s14	顾梦莎	英语	1990-4-19 0:00:00	女
	s15	费汉萌	计算机	1989-8-19 0:00:00	男
▶	s16	华婷	数学	1990-10-1 0:00:00	男
	s17	亨利	英语	1991-12-12 0:0...	男
	s18	李爱民	英语	1988-3-18 0:00:00	男
*	NULL	NULL	NULL	NULL	NULL

图 9-17　用户 U1 对视图进行修改操作后表 S 的结果

通过对视图的操作，用户 U1 可修改关系表 S 的数据，若用户直接去对表 S 进行修改，例如试图把前面修改的数据再改回去，却得到如图 9-18 所示的结果，被系统拒绝执行。由此可见，用户只能在其具有的权限下对数据库进行操作。

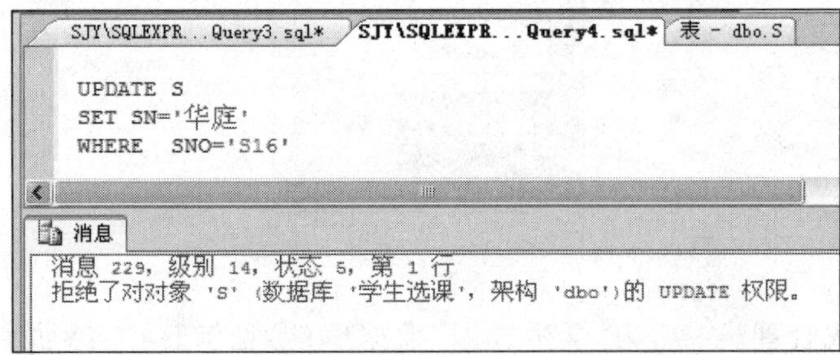

图 9-18　系统拒绝用户 U1 对关系表 S 的修改操作

9.5 小　结

本章介绍了为保证信息系统安全，DBMS提供的保障系统故障后数据一致性的事务恢复机制和防止非授权用户对数据越权访问的授权控制机制。

系统出现的各类故障会破坏事务的原子性和持久性。为了把数据库从事务故障、系统故障和介质故障等造成的错误状态中恢复，要利用存储在日志文件和备份中的冗余数据来重建数据库，将数据库恢复到故障前某一时刻的一致性状态。对事务故障的恢复就是利用日志撤销(UNDO)事务已对数据库进行的更新。对系统故障的恢复要在系统重新启动时撤销(UNDO)所有未完成事务，重做(REDO)所有已提交的事务。对介质故障的恢复可使用备份的数据和日志将数据库恢复到故障发生前的某个一致性状态。

DBMS可提供身份认证、访问控制和数据加密等数据库的安全性控制功能。本章着重介绍了大多数DBMS提供的自主访问控制功能，利用SQL提供的授权(GRANT)和收回授权(REVOKE)语句及视图机制可以实现自主访问控制。

习　题

一、填空题

1. 信息安全的基本属性包括：________、________、________、________和________。

2. ________是指信息不被非授权访问，即使非授权用户得到信息也无法知晓信息内容，因而不能使用。

3. ________是指维护信息的一致性，即信息在生成、存储、传输和使用的过程中保持不被修改、不被破坏、不被插入、不延迟、不乱序和不丢失等的特性。

4. ________是指保障信息资源随时可提供服务的特性，即授权用户根据需要可以随时访问所需信息。

5. ________是证实用户的真实身份与其所声称的身份是否相符的过程，为了限制非法用户访问信息。

6. SQL Server在安装过程中需要为DBMS选择身份验证模式，可供选择的模式有________和________两种。

7. 对数据库的操作权限或存取控制分为________与________。

8. 自主存取控制就是用户(如数据库管理员)________对数据库对象的操作权限，哪些用户可以对哪些对象进行哪些操作，完全取决于用户之间的授权。

9. 在强制存取控制方法中，每一个数据对象被标以一定的密级，每一个用户也被授予一个________。密级可分为________、________、________和公开等若干级别。

10. 数据库加密按照加密部件在数据库系统中所处的层次与位置分为________和________。

11. 用于数据库恢复的基本技术有________和________。

12. 数据库系统可能发生的故障有事务故障、系统故障和________故障。

二、选择题

1. 下列 SQL 语句中,用来给用户授权的是(　　)。

A. ALTER　　B. CREATE　　C. GRANT　　D. INSERT

2. 下面(　　)不属于数据库的安全性控制内容。

A. 身份认证　　B. 访问控制　　C. 规范化　　D. 数据加密

3. 用 SQL 语言实现自主访问控制不涉及下面(　　)。

A. 权限　　B. 密级　　C. 数据对象　　D. 用户

4. 若系统在运行过程中,由于某种硬件故障,使存储在外存上的数据部分损失或全部损失,这种情况称为(　　)。

A. 事务故障　　B. 系统故障　　C. 介质故障　　D. 运行故障

5. 系统故障会造成(　　)。

A. 内存数据丢失　　B. 硬盘数据丢失

C. 软盘数据丢失　　D. 磁带数据丢失

6. 在对数据库进行恢复时,对已经 COMMIT 但更新未写入磁盘的事务执行(　　)操作。

A. REDO　　B. UNDO　　C. ABORT　　D. ROLLBACK

三、简答题

1. DBMS 如何利用视图机制来实现安全性控制?
2. 试述角色管理在访问控制中的作用。
3. 试述 GRANT 语句中 WITH GRANT OPTION 子句的作用。
4. 试述 REVOKE 语句中 GRANT OPTION FOR 子句和 CASCADE 子句的作用。
5. 数据库系统运行中可能产生的各类故障会导致数据库出现哪些错误状态?
6. 登记日志文件的原则有哪些?
7. 针对不同的故障,试给出恢复的策略和方法。
8. 举例说明 DBMS 是如何用 SQL 语句来进行数据转储和恢复的。

四、实训

设有学生选课数据库,包括 S、C 和 SC 三个关系模式:

S(SNO,SN,SD,SB,SEX)

C(CNO,CN,PC,TN)

SC(SNO,CNO,GRADE)

试用 SQL 语句实现下列操作:

(1) 授权用户张山对表 S 和 C 的查询权限。

(2) 授权用户李斯对表 SC 的插入和删除权限。

(3) 授权用户王武对表 SC 具有查询权限,对成绩属性具有更新权限;然后再撤销其对成绩属性所具有的更新权限。

(4) 授权用户赵亮对所有表具有所有权限,并具有给其他用户授权的权限。

(5) 创建一个视图,包含每门课程的课程号,课程的最高成绩、最低成绩、平均成绩;再创建一个具有查询该视图权限的角色,并将角色权限授权给用户周力。

第 10 章　面向对象程序设计——C#语言

本章介绍面向对象程序设计(OOP)的基础知识,帮助具有 C 语言基础的读者初步掌握 C#语言的基本语法,并以此为基础理解掌握 OOP 的基本原理和方法。

10.1　C#语言特点

Microsoft.NET(以下简称.NET)框架是微软公司提出的新一代软件开发模型框架,C#语言是.NET 框架中新一代的开发工具语言。C#语言是一种现代的、面向对象的语言,它简化了 C++ 语言在类、命名空间、方法重载和异常处理等方面的操作,一定程度上摒弃了 C++ 不必要的复杂性,更易使用,更少出错。

用C#语言编写的源程序,必须用 C#语言编译器将 C#源程序编译为中间语言(MicroSoft intermediate language,MSIL)代码,形成扩展名为 exe 或 dll 文件。中间语言代码不是 CPU 可执行的机器码,在程序运行时,必须由通用语言运行环境(common language runtime,CLR)中的即时编译器(just in time,JIT)将中间语言代码翻译为 CPU 可执行的机器码,由 CPU 执行。CLR 为 C#语言中间语言代码提供了一种运行环境,C#语言的 CLR 和 Java 语言的虚拟机类似,这种执行方法使得运行速度有所下降,但也带来一些好处。C#语言的主要特点如下。

(1) 通用语言规范:.NET 系统包括 C#、C++、VB、J#等语言,遵守通用语言规范。任何遵守通用语言规范的语言源程序,都可编译为相同的中间语言代码,由 CLR 负责执行。只要为其他操作系统编制相应的 CLR,中间语言代码也可在其他系统中运行。

(2) 自动内存管理:CLR 内建垃圾收集器,当变量实例的生命周期结束时,垃圾收集器负责收回不被使用的实例占用的内存空间。不必像 C 和 C++ 语言用语句在堆中建立的实例,必须用语句释放实例占用的内存空间。也就是说,CLR 具有自动内存管理功能。

(3) 交叉语言处理:由于任何遵守通用语言规范的语言源程序,都可编译为相同的中间语言代码,不同语言设计的组件,可以互相通用,可以从其他语言定义的类派生出本语言的新类。由于中间语言代码由 CLR 负责执行,因此异常处理方法是一致的。

(4) 增强的安全性:C#语言不支持指针,一切对内存的访问都必须通过对象的引用变量来实现,只允许访问内存中允许访问的部分,可以防止病毒程序使用非法指针访问私有成员,也可以避免指针的误操作产生的错误。CLR 执行中间语言代码前,要对中间语言代码的安全性、完整性进行验证,防止病毒对中间语言代码的修改。

(5) 完全面向对象:与 C++ 语言既支持面向过程程序设计又支持面向对象程序设计不同,C#语言是完全面向对象的,在 C#中不再存在全局函数、全局变量,所有的函数、变量和常量都必须定义在类中,避免了命名冲突。

10.2 C♯控制台应用程序

控制台应用程序是基于字符界面和命令行方式运行的一种应用程序，它从控制台(如Windows系统的命令提示符窗口)接收输入，并把输出结果以字符的方式显示在控制台上。控制台应用程序是结构最简单的一种应用程序，它只涉及最基本的语法和程序流程控制，本章主要采用这种方式编写示例代码，第11章将介绍更复杂的窗口应用程序。

1. 使用SDK命令行工具编写控制台程序

第一个C♯程序是非常简单的，程序首先让用户通过键盘输入自己的名字，然后程序在屏幕上打印一条欢迎信息。程序的代码如下：

```
using System;                                  //导入命名空间
class Welcome                                  //类定义，类的概念见10.3节
{  /*解释开始，和C语言解释用法相同
   解释结束*/
   static void Main()                          //主程序，程序入口函数，必须在一个类中定义
   {  Console.WriteLine("请输入你的姓名:");   //控制台输出字符串
      Console.ReadLine();                      //从键盘读入数据，输入回车结束
      Console.WriteLine("欢迎!");
   }
}
```

可以用任意一种文本编辑软件完成上述代码的编写，然后把文件存盘，假设文件名为welcome.cs，C♯源文件是以cs作为文件的扩展名。和C语言相同，C♯语言区分大小写。

高级语言总是依赖于许多在程序外部预定义的变量和函数。在C或C++中这些定义一般放到头文件中，用♯include语句来导入头文件，而在C♯语言中使用using语句导入名字空间，using System语句的意义是导入System名字空间，从而在代码中可以使用该命名空间下系统预定义的变量和函数，如本例中的Console变量和WriteLine函数。如果不导入名字空间，代码需要改写：

```
class Welcome
{  static void Main()
   {  System.Console.WriteLine("请输入你的姓名:");
      System.Console.ReadLine();
      System.Console.WriteLine("欢迎!");
   }
}
```

也就是在每个Console前加上一个前缀System.，圆点.表示Console是作为System的成员而存在的。C♯中抛弃了C和C++中繁杂且易错的操作符::和->，C♯中的复合名字一律通过.来连接。

程序的第二行class Welcome声明了一个类，类的名字是Welcome。C♯程序中每个变量或函数都必须属于一个类，包括主函数Main()，而不能像C或C++那样建立全局变量。C♯语言程序总是从Main()开始执行，一个程序中不允许出现两个或两个以上的Main()。

请牢记 C# 中 Main()必须被包含在一个类中，Main 第一个字母必须大写，必须是一个静态方法，也就是 Main()必须以 static 修饰。static void Main()是类 Welcome 中定义的主函数。

程序所完成的输入输出功能是通过 Console 类完成的，Console 是在名字空间 System 中已经定义好的一个类。Console 类有两个最基本的方法 WriteLine 和 ReadLine。ReadLine 表示从控制台接收输入，WriteLine 则用于在控制台上显示输出。

运行 C# 源程序的最低要求是安装.Net Framework SDK，其中内置了 C# 的编译器 csc.exe，下面首先使用命令行编译器对程序 welcome.cs 进行编译。

假设已经将 welcome.cs 文件保存在 d:\IST\目录下，启动命令行提示符，在屏幕上输入一组命令(>为 DOS 提示符，不用输入)：

```
>d:{回车}
>cd Charp{回车}
>C:\Windows\Microsoft.NET\Framework\ v2.0.50727\csc welcome.cs{回车}
```

如果一切正常 welcome.cs 文件将被编译，编译后生成可执行文件 welcome.exe。可以在命令提示符窗口运行文件 welcome.exe。整个编译和运行过程如图 10-1 所示。

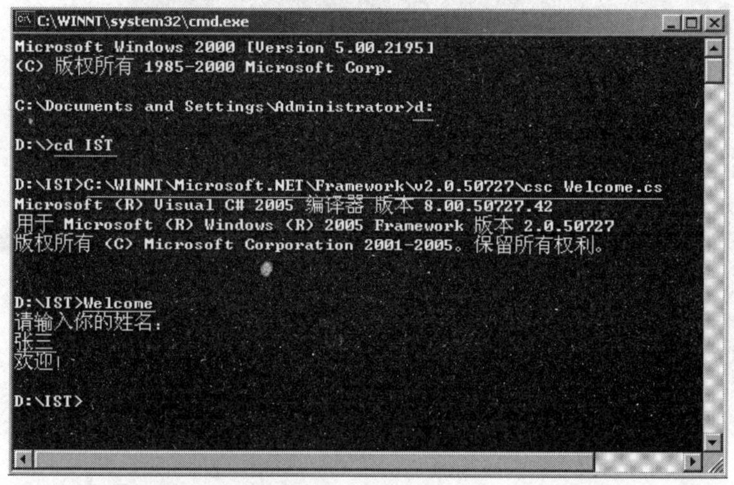

图 10-1 命令行编译和运行 C# 控制台程序

2. 使用 Visual Studio 2005 建立控制台程序

运行 Visual Studio 2005(简称 VS2005)程序，单击新建项目按钮，在项目类型中选择 Visual C# 项目，在模板中选择控制台应用程序，在名称编辑框中输入项目名称(如 Chap10-1)，在输入框中输入存储位置(如 D:\IST)，单击"确定"按钮，创建项目，如图 10-2 所示。

开发一个应用程序，可能包含多个文件(如源代码、资源文件和配置文件)，所有这些文件的集合称为一个项目。

修改 Program.cs 文件如下：

```
using System;
using System.Collections.Generic;
using System.Text;
```

```
namespace Chap10_1
{
    class Program
    {
        static void Main(string[] args)
        {
            Console.WriteLine("请输入你的姓名:");
            Console.ReadLine();
            Console.WriteLine("欢迎!");
        }
    }
}
```

按 Ctrl+F5 键运行程序,运行效果与图 10-1 相同。

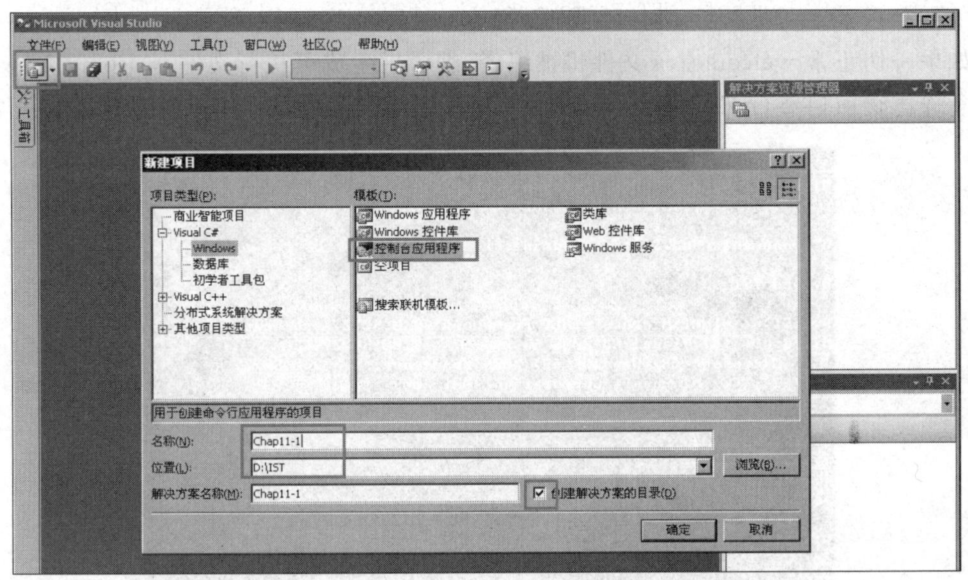

图 10-2　Visual Studio 2005 新建项目对话框

10.3　面向对象程序设计的基本概念

面向对象程序设计(OOP)方法提出了一个全新的概念:类(class),它的主要思想是将数据(数据成员)及处理这些数据的相应方法(函数成员)封装到类中,类的实例称为对象(object)。这就是常说的封装性。

10.3.1　类的基本概念

从语法结构的角度来看,类可以认为是对结构的扩充,它和 C 语言中的结构最大的不同是:类中不但可以包括数据,还可以包括处理这些数据的函数,类是对数据和处理数据的方法(函数)的封装;从逻辑抽象的角度来看,类是对某一类具有相同特性和行为的事物的描述。

【例 10-1】 定义一个描述个人情况的类 Person。

```
class Person                          //类的定义,class 是保留字,表示定义一个类,Person 是类名
{
    private string name="张三";                  //类的数据成员声明
    private int age=12;                          //private 表示私有数据成员

    public void Display()                        //类的方法(函数)声明,显示姓名和年龄
    {
        Console.WriteLine("姓名:{0},年龄:{1}",name,age);
    }

    public void SetName(string PersonName)  //修改姓名的方法
    {
        name=PersonName;
    }

    public void SetAge(int PersonAge)       //修改年龄的方法
    {
        age=PersonAge;
    }
}
```

其中,Console. WriteLine("姓名:{0},年龄:{1}",name,age)将第二个参数变量 name 替换{0}位置,将第三个参数变量 age 替换{1}位置,再将完整的字符串在控制台输出。{n}称为占位符,主要是为了便于从多个字符串变量中拼接构造出一个新的字符串,同时又有利于代码的可读性。

例 10-1 定义了一个新的数据类型,该类型是对个人的特征和行为的描述,它的类型名为 Person,和 int、char 一样为一种数据类型。

类声明的基本格式如下:

```
类修饰符 class 类名{类定义体}
```

其中,关键字 class、类名和类体是必须具备的,类修饰符将在后续内容中介绍。

10.3.2 类成员的存取控制

以个人信息为例,有的信息是公开的(如姓名),有的信息可能只有好友才知道(如生日),还有的信息属于隐私只能本人知道。类中的变量和函数也存在类似的存取权限问题。在 OOP 中,采用权限控制字来指定访问权限,常用的访问权限控制字有 private(私有)和 public(公有)。

在数据成员或函数成员前增加访问权限控制字,私有数据成员只能被类内部的函数使用和修改,私有函数成员只能被类内部的其他函数调用;类的公有函数成员可以被类的外部程序调用,类的公有数据成员可以被类的外部程序直接使用修改。对于上述例子,name 和

age 是私有数据成员，SetName()和 SetAge()是公有函数，这样设计的目的是使得数据只能按指定的方法修改。

"封装"有两个意义，一是把数据和处理数据的方法封装在类中，二是用访问权限控制字使类内部的数据和方法具有隐蔽性。

10.3.3 对象的基本概念

例 10-1 定义的 Person 类仅是一个用户新定义的数据类型，由它可以生成 Person 类的实例，在 OOP 中称为对象。类和对象的关系，是类型和实例的关系，例如：

```
int i=5;
```

其中，int 是类型，i 是实例。之前定义的 Person 类，就是类似于 int 类型，不同之处在于，int 类型是语言预定义的类型，而 Person 类是自定义的类型。

用如下方法声明类的对象：

```
Person  zhangsan=new Person();
```

此语句建立 Person 类的一个实例——对象 zhangsan，返回对象地址赋值给 Person 类变量 zhangsan。也可以分两步创建 Person 类的对象：

```
Person  zhangsan;
zhangsan=new Person();
```

zhangsan 虽然存储的是 Person 类对象地址，但不是 C 语言中的指针，不能像指针那样可以进行加减运算，也不能转换为其他类型地址，它是引用型变量，只能引用(代表)Person 对象。和 C、C++ 不同，C# 只能用此种方法生成类对象。

在程序中，可以用 zhangsan. 方法名或者 zhangsan. 数据成员名访问对象的成员。例如，zhangsan. Display()，公用数据成员也可以这样访问。注意，C# 语言中不包括 C++ 语言中的->符号。

10.3.4 类的构造函数和析构函数

在建立类的对象时需先初始化，例如对数据成员初始化。这些可以用构造函数来完成。每当用 new 生成类的对象时，自动调用类的构造函数。因此，可以把初始化的工作放到构造函数中完成。构造函数和类名相同，没有返回值。例如，可以定义 Person 类的构造函数如下：

```
public Person(string Name,int Age)          //类的构造函数,函数名必须和类同名,无返回值
{
    name=Name;
    age=Age;
}
```

当用 Person zhangsan＝new Person("张三",20)语句生成 Person 类对象时，将自动调用以上构造函数。

变量和类的对象都有生命周期，生命周期结束，这些变量和对象就要被撤销。类的对象

被撤销时，将自动调用析构函数，一些善后工作可放在析构函数中完成。析构函数的名字为～类名，无返回类型，也无参数。Person 类的析构函数为～Person()。C＃中类析构函数不能显示地被调用，它是被垃圾收集器撤销不被使用的对象时自动调用的。

10.3.5 构造函数的重载

在 C＃语言中，同一个类中的函数，如果函数名相同，而参数类型或个数不同，则认为是不同的函数，这叫函数重载。仅返回值不同，不能看成是不同的函数。这样，可以在类定义中，定义多个构造函数，名字相同但参数类型或个数不同。根据生成类的对象方法不同，调用不同的构造函数。例如，可以定义 Person 类没有参数的构造函数如下：

```
public Person()                              //类的构造函数，函数名和类同名，无返回值
{
    name="张三";
    age=12;
}
```

用语句 Person OnePerson＝new Person("李四",30)生成对象时，将调用有参数的构造函数，而用语句 Person OnePerson＝new Person()生成对象时，调用无参数的构造函数。由于析构函数无参数，因此析构函数不能重载。

10.3.6 面向对象程序设计完整示例

下边用一个完整的例子说明 Person 类的使用。在 10.2 节中建立的项目中，修改代码如下。

【例 10-2】 OOP 完整示例(灰底部分为新增或修改的代码)。

```
using System;
using System.Collections.Generic;
using System.Text;
namespace Chap10_1
{    class Person
   {  private String name="张三";              //类的数据成员声明
      private int age=12;
      public void Display()                    //类的方法(函数)声明，显示姓名和年龄
      {   Console.WriteLine("姓名：{0}，年龄：{1}",name,age);
      }
      public void SetName(string PersonName)  //指定修改姓名的方法(函数)
      {   name=PersonName;
      }
      public void SetAge(int PersonAge)       //指定修改年龄的方法(函数)
      {   age=PersonAge;
      }
      public Person(string Name,int Age)      //构造函数，函数名和类同名，无返回值
```

```
        {   name=Name;
            age=Age;
        }
        public Person()                                    //类的构造函数重载
        {   name="田七";
            age=12;
        }
    }
    class Program
    {   static void Main(string[] args)
        {   Person OnePerson=new Person("李四",30);   //生成类的对象
            OnePerson.Display();
//下句错误,在其他类(Class1类)中,不能直接修改 Person 类中的私有成员
            //OnePerson.name="王五";
//只能通过 Person 类中公有方法 SetName 修改 Person 类中的私有成员 name
            OnePerson.SetName("王五");
            OnePerson.SetAge(40);
            OnePerson.Display();
            OnePerson=new Person();
            OnePerson.Display();
        }
    }
}
```

按 Ctrl＋F5 键运行后,显示的效果是:

```
姓名:李四,年龄:30
姓名:王五,年龄:40
姓名:田七,年龄:12
```

10.4 C#的数据类型

C#语言的数据类型可以分为三种:值类型、引用类型、指针类型,指针类型仅用于非安全代码中。本节重点讨论值类型和引用类型。

10.4.1 值类型和引用类型的区别

在C#语言中,值类型变量存储的是数据类型所代表的实际数据,值类型变量的值(或实例)存储在栈(stack)中,赋值语句是传递变量的值。引用类型(如类就是引用类型)的实例,也称为对象,不存在栈中,而存储在可管理堆(managed heap)中,堆实际上是计算机系统中的空闲内存。引用类型变量的值存储在栈中,但存储的不是引用类型对象,而是存储引用类型对象的引用,即地址,和指针所代表的地址不同,引用所代表的地址不能被修改,也不能

转换为其他类型地址，它是引用型变量，只能引用指定类对象，引用类型变量赋值语句是传递对象的地址。

【例 10-3】 值类型和引用类型示例。

```
using System;
class MyClass                                   //类为引用类型
{   public int a=0;
}
class Test
{   static void Main()
    {    f1();
    }
    static public void f1()
    {    int v1=1;                              //值类型变量 v1,其值 1 存储在栈中
         int v2=v1;                             //将 v1 的值(为 1)传递给 v2,v2=1,v1 值不变
         v2=2;                                  //v2=2,v1 值不变
         MyClass r1=new MyClass();              //引用变量 r1 存储 MyClass 类对象的地址
         MyClass r2=r1;                         //r1 和 r2 都代表是同一个 MyClass 类对象
         r2.a=2;                                //和语句 r1.a=2 等价
    }
}
```

存储在栈中的变量，当其生命周期结束，自动被撤销。例如，v1 存储在栈中，v1 和函数 f1 同生命周期，退出函数 f1，v1 就不存在了。但在堆中的对象不能自动被撤销。C 和 C++ 语言是在堆中建立的对象，不使用时必须用语句释放对象占用的存储空间。而.NET 系统 CLR 内建立垃圾收集器，当对象的引用变量被撤销，表示对象的生命周期结束，则由垃圾收集器负责收回不被使用的对象占用的存储空间。例如，上例中引用变量 r1 及 r2 是 MyClass 类对象的引用，存储在栈中，退出函数 f1，r1 和 r2 都不存在了，在堆中的 MyClass 类对象也就被垃圾收集器撤销。也就是说，CLR 具有自动内存管理功能。

10.4.2 值类型变量

C＃语言值类型可以分为以下几种：

(1) 简单类型(Simple types)：简单类型中包括数值类型和布尔类型。数值类型又细分为整数类型、字符类型、浮点数类型和十进制类型。

(2) 结构类型(Struct types)。

(3) 枚举类型(Enumeration types)。

C＃语言值类型变量无论如何定义，总是值类型变量，不会变为引用类型变量。

1. 结构类型

结构类型和类一样，可以声明构造函数、数据成员、方法和属性等。结构和类最根本的区别是结构是值类型，而类是引用类型。和类不同，结构不能从另外一个结构或类派生，本身也不能被继承，因此不能定义抽象结构，结构成员也不能被访问权限控制字 protected 修饰，不能用 virtual 和 abstract 修饰结构方法。在结构中不能定义析构函数。虽然结构不能

从类和结构派生，可是结构能够继承接口，结构继承接口的方法和类继承接口的方法基本一致。

【例 10-4】 定义一个点结构 point。

```
using System;
struct point                    //结构定义
{    public int x,y;            //结构中也可以声明构造函数和方法，变量不能赋初值
}
class Test
{    static void Main()
     {    point P1;
          P1.x=166;
          P1.y=111;
          point P2;
          P2=P1;                //值传递，使 P2.x=166,P2.y=111
          point P3=new point(); //用 new 生成结构变量 P3,P3 仍为值类型变量
     }                          //用 new 生成结构变量 P3 仅表示调用默认构造函数，使 x=y==0
}
```

2. 简单类型

简单类型也是结构类型，有构造函数、数据成员、方法和属性等，因此语句 int i＝int. MaxValue;string s＝i. ToString()是正确的。即使一个常量，C＃也会生成结构类型的实例，因此也可以使用结构类型的方法，例如，string s＝13. ToString()是正确的。简单类型包括整数类型、字符类型、布尔类型、浮点数类型和十进制类型。具体如表 10-1 所示。

表 10-1　C＃简单数据类型

保留字	System 命名空间中的名字	字节数	取 值 范 围
sbyte	System. Sbyte	1	－128～127
byte	System. Byte	1	0～255
short	System. Int16	2	－32768～32767
ushort	System. UInt16	2	0～65535
int	System. Int32	4	－2147483648～2147483647
uint	System. UInt32	4	0～4292967295
long	System. Int64	8	－9223372036854775808～9223372036854775808
ulong	System. UInt64	8	0～18446744073709551615
char	System. Char	2	0～65535
float	System. Single	4	3. 4E－38～3. 4E＋38
double	System. Double	8	1. 7E－308～1. 7E＋308
bool	System. Boolean		(true,false)
decimal	System. Decimal	16	$(-7.9\times10^{28}\sim7.9\times10^{28})/(10^{0\sim28})$

C＃简单类型的使用方法和 C、C++ 中相应的数据类型基本一致。需要注意的是：

(1) 和 C 语言不同，无论在何种系统中，C＃每种数据类型所占字节数是一定的。

(2) 字符类型采用 Unicode 字符集,一个 Unicode 标准字符长度为 16 位。

(3) 整数类型不能隐式被转换为字符类型,例如 char c1=10 是错误的,必须写成:char c1=(char)10,char c='A',char c='\x0032';char c='\u0032'。

(4) 布尔类型有两个值:false,true。不能认为整数 0 是 false,其他值是 true。bool x=1 是错误的,只能写成 x=true 或 x=false。

(5) 十进制类型(decimal)也是浮点数类型,只是精度比较高,一般用于财政金融计算。

3. 枚举类型

C#枚举类型的使用方法和 C、C++ 中的枚举类型基本一致。

【例 10-5】 枚举类型使用。

```
using System;
class Class1
{   enum Days {Sat=1, Sun, Mon, Tue, Wed, Thu, Fri};

    static void Main(string[] args)
    {   Days day=Days.Tue;
        int x=(int)Days.Tue;                       //x=2
        Console.WriteLine("day={0},x={1}",day,x);  //显示结果为:day=Tue,x=4
    }
}
```

在此枚举类型 Days 中,每个元素的默认类型为 int,其中 Sun=0,Mon=1,Tue=2,依次类推。也可以直接给枚举元素赋值。例如:

```
enum Days{Sat=1,Sun,Mon,Tue,Wed,Thu,Fri,Sat};
```

在此枚举中,Sun=1,Mon=2,Tue=3,Wed=4,Thu=5,Fri=6,Sat=7。和 C、C++ 中不同,C#枚举元素类型可以是 byte、sbyte、short、ushort、int、uint、long 和 ulong 类型,但不能是 char 类型,例如:

```
enum Days:byte{Sun,Mon,Tue,Wed,Thu,Fri,Sat};               //元素为字节类型
```

4. 值类型的初值和默认构造函数

所有变量都要求必须有初值,如果没有赋值,则采用默认值。对于简单类型,sbyte、byte、short、ushort、int、uint、long 和 ulong 默认值为 0,char 类型默认值是 0,float 为 0.0f,double 为 0.0d,decimal 为 0.0m,bool 为 false,枚举类型为 0,在结构类型和类中,数据成员的数值类型变量设置为默认值,引用类型变量设置为 null。

可以显式地对变量赋初值,例如 int i=0。对于复杂结构类型,其中的每个数据成员都按此种方法赋值显得过于麻烦。由于数值类型都是结构类型,可用 new 语句调用其构造函数初始化数值类型变量,例如 int j=new int()。注意,用 new 语句并不是把 int 变量变为引用变量,j 仍是值类型变量,这里 new 仅仅是调用其构造函数。所有的数值类型都有默认的无参数的构造函数,其功能就是为该数值类型赋初值为默认值。对于自定义结构类型,由于已有默认的无参数的构造函数,不能再定义无参数的构造函数,但可以定义有参数的构造函数。

10.4.3 引用类型

C#语言中引用类型可以分为以下几种：

(1) 类。C#语言中预定义了一些类：对象类(object 类)、数组类、字符串类等。当然，程序员可以定义其他类。

(2) 接口。

(3) 委托。

C#语言引用类型变量无论如何定义，总是引用类型变量，不会变为值类型变量。C#语言引用类型对象一般用运算符 new 建立，用引用类型变量引用该对象。本节着重介绍对象类型、数组和字符串类型。

1. 对象类(object 类)

C#中的所有类型(包括数值类型)都直接或间接地以 object 类为基类。对象类是所有其他类的基类。任何一个类定义，如果不指定基类，则默认 object 为基类。C#语言规定，基类的引用变量可以引用派生类的对象。注意，派生类的引用变量不可以引用基类的对象。因此，对一个 object 的变量可以赋予任何类型的值：

```
int x=25;
object obj1;
obj1=x;
object obj2='A';
```

object 关键字是在命名空间 System 中定义的，是类 System.Object 的别名。

2. 数组类

在进行批量处理数据的时候，要用到数组。数组是一组类型相同的有序数据。数组按照数组名、数据元素的类型和维数来进行描述。C#语言中数组是类 System.Array 类对象。例如，声明一个整型数数组：int[] arr=new int[5];实际上生成了一个数组类对象，arr是这个对象的引用(地址)。

在C#中数组可以是一维的也可以是多维的，同样也支持数组的数组，即数组的元素还是数组。一维数组最为普遍，应用也最多。

【例 10-6】 一维数组示例。

```
using System;
class Test
{   static void Main()
    {   int[] arr=new int[3];                    //用 new 运算符建立一个 3 个元素的一维数组
        for(int i=0;i<arr.Length;i++)            //arr.Length 是数组类变量,表示数组元素个数
            arr[i]=i*i;                          //数组元素赋初值,arr[i]表示第 i 个元素的值
        for(int i=0;i<arr.Length;i++)            //数组第一个元素的下标为 0
            Console.WriteLine("arr[{0}]={1}",i,arr[i]);
    }
}
```

这个程序创建了一个 int 类型 3 个元素的一维数组，初始化后逐项输出。其中 arr.

Length 表示数组元素的个数。注意,数组定义不能写为 C 语言格式: int arr[]。程序的输出为:

```
arr[0]=0
arr[1]=1
arr[2]=4
```

例 10-6 中使用的是一维数组,下面介绍多维数组,例如:

```
string[] a1;                          //一维 string 数组类引用变量 a1
string[,] a2;                         //二维 string 数组类引用变量 a2
a2=new string[2,3];
a2[1,2]="abc";
string[,,] a3;                        //三维 string 数组类引用变量 a3
string[][] j2;                        //数组的数组,即数组的元素还是数组
string[][][][] j3;
```

在数组声明的时候,可以对数组元素进行赋值,如:

```
int[] a1=new int[]{1,2,3};            //一维数组,有 3 个元素
int[] a2=new int[3]{1,2,3};           //此格式也正确
int[] a3={1,2,3};                     //相当于 int[] a3=new int[]{1,2,3};
int[,] a4=new int[,]{{1,2,3},{4,5,6}}; //二维数组,a4[1,1]=5
int[][] j2=new int[3][];              //定义数组 j2,有 3 个元素,每个元素都是一个数组
j2[0]=new int[]{1,2,3};               //定义第一个元素,是一个数组
j2[1]=new int[]{1, 2, 3, 4, 5, 6};    //每个元素的数组可以不等长
j2[2]=new int[]{1, 2, 3, 4, 5, 6, 7, 8, 9};
```

3. 字符串类(string 类)

C# 还定义了一个基本的类 string,专门用于对字符串的操作。这个类也是在名字空间 System 中定义的,是类 System.String 的别名。字符串应用非常广泛,在 string 类的定义中封装了许多方法,下面的一些语句展示了 string 类的一些典型用法。

1) 字符串定义

```
string s;                             //定义一个字符串引用类型变量 s
s="Zhang";                            //字符串引用类型变量 s 指向字符串"Zhang"
string  FirstName="Ming";
string  LastName="Zhang";
string  Name=FirstName+"  "+LastName; //运算符+已被重载
string  SameName=Name;
char[] s2={'计','算','机','科','学'};
string s3=new String(s2);
```

2) 字符串搜索

```
string s="ABC科学";
int i=s.IndexOf("科");
```

搜索"科"在字符串中的位置,因第一个字符索引为 0,所以"A"索引为 0,"科"索引为 3,

因此这里 i=3,若没有此字符串则 i=-1。注意,在 C#中,ASCII 和汉字都用 2 字节表示。

3）字符串比较函数

```
string s1="abc";
string s2="abc";
int n=string.Compare(s1,s2);     //n=0
```

n=0 表示两个字符串相同,n 小于零,s1<s2,n 大于零,s1>s2。此方法用于区分大小写。

4）判断是否为空字符串

```
string s="";
string s1="不空";
if(s.Length==0)
    s1="空";
```

5）得到子字符串或字符

```
string s="取子字符串";
string ss=s.Substring(2,2);        //从索引为 2 开始取 2 个字符,ss="字符",s 内容不变
char ss1=s[0];                     //ss1='取'
```

6）字符串删除函数

```
string s="取子字符串";
string ss=s.Remove(0,2);           //从索引为 0 开始删除 2 个字符,ss="字符串",s 内容不变
```

7）插入字符串

```
string s="计算机科学";
string s1=s.Insert(3,"软件");   //s1="计算机软件科学",s 内容不变
```

8）字符串替换函数

```
string s="计算机科学";
string s1=s.Replace("计算机","软件");          //s1="软件科学",s 内容不变
```

9）把字符串转换为字符数组

```
string S="计算机科学";
char[] s2=S.ToCharArray(0,S.Length);           //属性 Length 为字符类对象的长度
```

10）其他数据类型转换为字符串

```
int i=9;
string s8=i.ToString();                        //s8="9"
float n=1.9f;
string s9=n.ToString();                        //s8="1.9"
```

其他数据类型都可用此方法转换为字符类对象。

11）大小写转换

```
string s="AaBbCc";
string s1=s.ToLower();              //把字符转换为小写,s 内容不变
string s2=s.ToUpper();              //把字符转换为大写,s 内容不变
```

12）删除所有的空格

```
string s="A   bc ";
s.Trim();                           //删除所有的空格
```

10.4.4 类型转换

在编写C#语言程序中,经常会碰到类型转换问题。例如,整型数和浮点数相加,C#会进行隐式转换。详细记住哪些类型数据可以转换为其他类型数据是不可能的,也是不必要的。程序员应记住类型转换的一些基本原则,编译器在转换发生问题时,会给出提示。C#语言中类型转换分为隐式转换、显示转换、加框和消框等。

1. 隐式转换

隐式转换就是系统默认的、不需要加以声明就可以进行的转换。例如,从 int 类型转换到 long 类型就是一种隐式转换。在隐式转换过程中,转换一般不会失败,转换过程中也不会导致信息丢失,例如:

```
int i=10;
long l=i;
```

2. 显示转换

显式类型转换,又称强制类型转换。与隐式转换正好相反,显式转换需要明确地指定转换类型,显示转换可能导致信息丢失。下面的语句把长整形变量显式转换为整型:

```
long l=5000;
int i=(int)l;                       //如果超过 int 取值范围,将产生异常
```

3. 加框和消框

加框(boxing)和消框(unboxing)是C#语言类型系统提出的核心概念,加框是值类型转换为 object(对象)类型,消框是 object(对象)类型转换为值类型。有了加框和消框的概念,对任何类型的变量来说,最终都可以看作是 object 类型。

1）加框操作

把一个值类型变量加框也就是创建一个 object 对象,并且将这个值类型变量的值复制给这个 object 对象,例如:

```
int i=10;
object obj=i;                       //隐式加框操作,obj 为创建的 object 对象的引用
```

也可以用显式的方法来进行加框操作,例如:

```
int i=10;
object obj=object(i);               //显式加框操作
```

值类型的值加框后，值类型变量的值不变，仅将这个值类型变量的值复制给这个 object 对象，例如：

```
using System
class Test
{   public static void Main()
    {   int n=200;
        object o=n;
        o=201;                          //不能改变 n
        Console.WriteLine("{0},{1}",n,o);
    }
}
```

输出结果为：200,201。这就证明了值类型变量 n 和 object 类对象 o 都独立存在着。

2）消框操作

和加框操作正好相反，消框操作是指将一个对象类型显式地转换成一个值类型。消框的过程分为两步：首先检查这个 object 对象，看它是否为给定的值类型的加框值，如果是，则把这个对象的值复制给值类型的变量，例如：

```
int i=10;
object obj=i;
int j=(int)obj;                         //消框操作
```

可以看出，消框过程正好是加框过程的逆过程，必须注意加框操作和消框操作必须遵循类型兼容的原则。

3）加框和消框的使用

定义如下函数：

```
void Display(Object o)                  //注意,o 为 Object 类型
{   int x=(int)o;                       //消框
    System.Console.WriteLine("{0},{1}",x,o);
}
```

调用此函数：int y＝20；Display(y)；在此利用了加框概念，虚参被实参替换：Object o＝y，也就是说，函数的参数是 Object 类型，可以将任意类型实参传递给函数。

10.5 C＃的运算符

C＃语言和C语言的运算符用法基本一致，下面着重讲解二者之间不一致的部分。

10.5.1 运算符分类

与C语言一样，如果按照运算符所作用的操作数个数来划分，C＃语言的运算符可以分为以下几种类型：

- 一元运算符：一元运算符作用于一个操作数，如－x、＋＋x、x－－等。
- 二元运算符：二元运算符对两个操作数进行运算，如 x＋y。

• 三元运算符：三元运算符只有一个 x?y:z。

C#语言运算符的详细分类见表 10-2。

表 10-2 C#运算符

类　　别	操　作　符
初级操作符	(x)、x.y、f(x)、a[x]、x++、x--
一元操作符	+、-、!、~、++x、-x、(T)x
运算操作符	*、/、%、+、-
移位操作符	<<、>>
关系操作符	<、>、<=、>=、is、as
等式操作符	==、!=
逻辑操作符	&、^、|、&&、||
条件操作符	?:
赋值操作符	=、*=、/=、%=、+=、-=、<<=、>>=、&=、^=、|=

10.5.2 测试运算符 is

is 操作符用于动态地检查表达式是否为指定类型。使用格式为 e is T，其中 e 是一个表达式，T 是一个类型，该式判断 e 是否为 T 类型，返回值是一个布尔值。

【例 10-7】 is 操作符使用示例。

```
using System;
class Test
{   public static void Main()
    {   Console.WriteLine(1 is int);
        Console.WriteLine(1 is float);
        Console.WriteLine(1.0f is float);
        Console.WriteLine(1.0d is double);
    }
}
```

输出如下：

```
True
False
True
True
```

10.5.3 typeof 运算符

typeof 操作符用于获得指定类型在 system 名字空间中定义的类型名字。

【例 10-8】 typeof 操作符使用示例。

```
using System;
```

```
class Test
{   static void Main()
    {   Console.WriteLine(typeof(int));
        Console.WriteLine(typeof(System.Int32));
        Console.WriteLine(typeof(string));
        Console.WriteLine(typeof(double[]));
    }
}
```

产生如下输出,由输出可知,int 和 System. int32 是同一类型。

```
System.Int32
System.Int32
System.String
System.Double[]
```

10.5.4 溢出检查操作符 checked 和 unchecked

在进行整型算术运算(如+、-、*、/等)或者从一种整型显式转换到另一种整型时,有可能出现运算结果超出这个结果所属类型值域的情况,这种情况称为溢出。整型算术运算表达式可以用 checked 或 unchecked 溢出检查操作符,来决定在编译和运行时是否对表达式溢出进行检查。如果表达式不使用溢出检查操作符或者使用了 checked 操作符,常量表达式溢出,在编译时将产生错误,表达式中包含变量,程序运行时执行该表达式产生溢出,将产生异常提示信息。而使用了 unchecked 操作符的表达式语句,即使表达式产生溢出,编译和运行时都不会产生错误提示。但是,这往往会出现一些不可预期的结果,所以使用 unchecked 操作符要小心。例 10-9 说明了 checked 和 unchecked 操作符的用法。

【例 10-9】 checked 和 unchecked 操作符使用示例。

```
using System;
class Class1
{   static void Main(string[] args)
    {
    const int x=int.MaxValue;
        unchecked                                   //不检查溢出
        {   int z=x*2;                              //编译时不产生编译错误,z=-2
            Console.WriteLine("z={0}",z);           //显示-2
        }
        checked                                     //检查溢出
        {
            int z1=(x*2);                           //编译时会产生编译错误
            Console.WriteLine("z={0}",z1);
        }
    }
}
```

10.5.5 new 运算符

new 操作符可以创建值类型变量、引用类型对象，同时自动调用构造函数，例如：

```
int x=new int();                //用 new 创建整型变量 x，调用默认构造函数
Person C1=new Person();         //用 new 建立 Person 类对象。Person 变量 C1 对象的引用
int[] arr=new int[2];           //数组也是类，创建数组类对象，arr 是数组对象的引用
```

需要注意的是，int x=new int()语句将自动调用 int 结构不带参数的构造函数，给 x 赋初值 0，x 仍是值类型变量，不会变为引用类型变量。

10.5.6 运算符的优先级

当一个表达式包含多种操作符时，操作符的优先级控制着操作符求值的顺序。例如，表达式 x+y*z 按照 x+(y*z)顺序求值，因为 * 操作符比 + 操作符有更高的优先级。这和数学运算中的先乘除后加减是一致的。10.5.1 节中的表 10-2 总结了所有操作符从高到低的优先级顺序。

当两个有相同优先级的操作符对操作数进行运算时，如 x+y-z，操作符按照出现的顺序由左至右执行，x+y-z 按(x+y)-z 进行求值。赋值操作符按照右接合的原则，即操作按照从右向左的顺序执行。如 x=y=z 按照 x=(y=z)进行求值。建议在写表达式的时候，如果无法确定操作符的实际顺序，则尽量采用括号来保证运算的顺序，这样也使得程序一目了然，而且自己在编程时能够思路清晰。

10.6 C#的程序控制语句

C#语言控制语句和 C 基本相同，使用方法基本一致。C#语言控制语句包括：if 语句、swith 语句、while 语句、do…while 语句、for 语句、foreach 语句、break 语句、continue 语句、goto 语句、return 语句和异常处理语句等，其中 foreach 语句和异常语句是 C#语言新增加的控制语句。本节首先介绍这些语句和 C 语言的不同点，然后介绍 C#语言新增加的控制语句。

10.6.1 C#和 C 语言的不同点

C#语言和 C 语言的不同点如下：

(1) 与 C 语言不同，if 语句、while 语句、do…while 语句、for 语句中的判断语句，一定要用布尔表达式，不能认为 0 为 false，其他数为 true。

(2) switch 语句不再支持遍历，C 语言和 C++ 语言允许 switch 语句中 case 标签后不出现 break 语句，但 C#语言不允许这样，它要求每个 case 标签项后使用 break 语句或 goto 跳转语句，即不允许从一个 case 自动遍历到其他 case，否则编译时将报错。

switch 语句的控制类型，即其中控制表达式的数据类型，可以是 sbyte、byte、short、ushort、uint、long、ulong、char、string 或枚举类型。每个 case 标签中的常量表达式必须属于或能隐式转换成控制类型。如果有两个或两个以上 case 标签中的常量表达式值相同，编译

时将会报错。执行 switch 语句，首先计算 switch 表达式，然后与 case 后的常量表达式的值进行比较，执行第一个与之匹配的 case 分支下的语句。如果没有 case 常量表达式的值与之匹配，则执行 dafault 分支下的语句，如果没有 dafault 语句，则退出 switch 语句。switch 语句中可以没有 dafault 语句，但最多只能有一个 dafault 语句。

【例 10-10】 switch 语句示例。

```
using System;
class class1
{   static void Main()
    {   System.Console.WriteLine("请输入要计算天数的月份");
        string s=System.Console.ReadLine();
        string s1="";
        switch(s)
        {   case "1": case "3": case "5":
            case "7": case "8": case "10":
            case "12":                          //共用一条语句
                s1="31";break;
            case "2":
                s1="28";break;
            case "4": case "6": case "9":
                goto case "11";                 //goto 语句仅为说明问题，无此必要
            case "11":
                s1="30";break;
            default:
                s1="输入错误";break;
        }
        System.Console.WriteLine(s1);
    }
}
```

10.6.2 foreach 语句

foreach 语句是 C# 语言新引入的语句，C 语言中没有这个语句，它借用 Visual Basic 中的 foreach 语句。语句的格式为：

```
foreach(类型 变量名 in 表达式)循环语句
```

其中，表达式必须是一个数组或其他集合类型，每一次循环从数组或其他集合中逐一取出数据，赋值给指定类型的变量，该变量可以在循环语句中使用、处理，但不允许修改变量，该变量的指定类型必须和表达式所代表的数组或其他集合中的数据类型一致。

【例 10-11】 foreach 使用示例。

```
using System;
class Test()
{   public static void Main()
    {   int[] list={10,20,30,40};           //数组
```

```
        foreach(int m in list)
            Console.WriteLine("{0}",m);
    }
}
```

对于一维数组，foreach 语句循环顺序是从下标为 0 的元素开始，一直到数组的最后一个元素。对于多维数组，元素下标的递增是从最右边那一维开始的。同样 break 和 continue 可以出现在 foreach 语句中，功能不变。

10.6.3 异常语句

在编写程序时，不仅要关心程序的正常操作，还应该考虑到程序运行时可能发生的各类不可预期的事件。例如，用户输入错误、内存不够、磁盘出错、网络资源不可用、数据库无法使用等。所有这些错误被称为异常，不能因为这些异常使程序运行产生问题。各种程序设计语言经常采用异常处理语句来解决这类异常问题。

C＃提供了一种处理系统级错误和应用程序级错误的结构化的、统一的、类型安全的方法。C＃异常语句包含 try 子句、catch 子句和 finally 子句。try 子句中包含可能产生异常的语句，该子句自动捕捉执行这些语句过程中发生的异常。catch 子句中包含了对不同异常的处理代码，可以包含多个 catch 子句，每个 catch 子句中包含了一个异常类型，这个异常类型必须是 System. Exception 类或它的派生类引用变量，该语句只捕捉该类型的异常。可以有一个通用异常类型的 catch 子句，该 catch 子句一般在事先不能确定会发生什么样的异常的情况下使用，也就是可以捕捉任意类型的异常。一个异常语句中只能有一个通用异常类型的 catch 子句，而且如果有的话，该 catch 子句必须排在其他 catch 子句的后面。无论是否产生异常，子句 finally 一定被执行，在 finally 子句中可以增加一些必须执行的语句。

异常语句捕捉和处理异常的机理是：当 try 子句中的代码产生异常时，按照 catch 子句的顺序查找异常类型。如果找到，那么执行该 catch 子句中的异常处理语句；如果没有找到，那么执行通用异常类型的 catch 子句中的异常处理语句。由于异常的处理是按照 catch 子句出现的顺序逐一检查 catch 子句，因此 catch 子句出现的顺序是很重要的。无论是否产生异常，一定执行 finally 子句中的语句。异常语句中不必一定包含所有三个子句，因此异常语句可以有以下三种可能的形式。

1）try-catch 语句，可以有多个 catch 语句

【例 10-12】 try-catch-finally 语句示例。

```
using System
using System.IO                                          //使用文件必须引用的名字空间
public class Example
{   public static void Main()
    {   StreamReader sr=null;                            //必须赋初值 null,否则编译不能通过
        try
        {   sr=File.OpenText("d:\\csarp\\test.txt"); //可能产生异常
            string s;
            while(sr.Peek()!=-1)
            {   s=sr.ReadLine();                         //可能产生异常
```

```
                Console.WriteLine(s);
            }
        }
        catch(DirectoryNotFoundException e)             //无指定目录异常
        {   Console.WriteLine(e.Message);
        }
        catch(FileNotFoundException e)                  //无指定文件异常
        {   Console.WriteLine("文件"+e.FileName+"未被发现");
        }
        catch(Exception e)                              //其他所有异常
        {   Console.WriteLine("处理失败:{0}",e.Message);
        }
        finally
    {   if(sr!=null)
            sr.Close();
        }
    }
}
```

2）try-finally 语句

在例 10-12 中，其实也可以不用 catch 语句，在 finally 子句中把文件关闭，提示用户是否正确打开了文件，请读者自己完成。

3）try-catch 语句

请读者把例 10-12 修改为使用 try-catch 结构，注意在每个 catch 语句中都要关闭文件。

10.6.4 名字空间

一个应用程序可能包含许多不同的部分，除了自己编制的程序之外，还要使用操作系统或开发环境提供的函数库、类库或组件库，软件开发商处购买的函数库、类库或组件库，开发团队中其他人编制的程序等。为了组织这些程序代码，使应用程序可以方便地使用这些程序代码，C#语言提出了名字空间的概念。名字空间是函数、类或组件的容器，把它们按类别放入不同的名字空间中，名字空间提供了一个逻辑上的层次结构体系，使应用程序能方便地找到所需代码。这和 C 语言中的 include 语句的功能有些相似，但实现方法完全不同。

1. 名字空间的声明

用关键字 namespace 声明一个名字空间，名字空间的声明要么是源文件 using 语句后的第一条语句，要么作为成员出现在其他名字空间的声明之中。也就是说，在一个名字空间内部还可以定义名字空间成员。全局名字空间应是源文件 using 语句后的第一条语句。在同一名字空间中，不允许出现同名名字空间成员或同名的类。在声明时不允许使用任何访问修饰符，名字空间隐式地使用 public 修饰符。例如：

```
using System;
namespace N1                    //N1 为全局名字空间的名称,应是 using 语句后的第一条语句
{   namespace N2                                  //名字空间 N1 的成员 N2
    {   class A                                   //在 N2 名字空间定义的类不应重名
```

```
        {   void f1(){};}
        class B
        {   void f2(){};}
    }
}
```

也可以采用非嵌套的语法来实现以上名字空间：

```
namespace N1.N2                                      //类 A、B 在名字空间 N1.N2 中
{   class A
    {   void f1(){};}
    class B
    {   void f2(){};}
}
```

还可以采用如下格式：

```
namespace N1.N2                                      //类 A 在名字空间 N1.N2 中
{   class A
    {   void f1(){};}
}
namespace N1.N2                                      //类 B 在名字空间 N1.N2 中
{   class B
    {   void f2(){};}
}
```

2. 名字空间的使用

如在程序中，需引用其他名字空间的类或函数等，可以使用语句 using。例如，需使用上节定义的方法 f1()和 f2()，可以采用如下代码：

```
using N1.N2;
class WelcomeApp
{   A a=new A();
    a.f1();
}
```

using N1. N2 实际上是告诉应用程序到哪里可以找到类 A，可重新参阅 10.2 节中的第一个控制台示例程序。

10.7 面向对象程序设计基础

10.7.1 类的继承

在 10.3.1 小节，定义了一个描述个人情况的类 Person，如果需要定义一个雇员类，当然可以从头开始定义雇员类 Employee。但是这样不能利用 Person 类中已定义的函数和数据。比较好的方法是，以 Person 类为基类，派生出一个雇员类 Employee，雇员类 Employee 继承了 Person 类的数据成员和函数成员，即 Person 类的数据成员和函数成员成为

Employee 类的成员。这个 Employee 类称为以 Person 类为基类的派生类。C＃用继承的方法，实现代码的重用。

1. 派生类的声明格式

派生类的声明格式如下：

```
属性 类修饰符 class 派生类名:基类名 {类体}
```

【例 10-13】 雇员类 Employee 定义。

```
class Employee:Person                         //Person 类是基类
{   private string department;                //部门,新增数据成员
    private decimal salary;                   //薪金,新增数据成员
    public Employee(string Name,int Age,string D,decimal S):base(Name,Age)
    {              //注意 base 的第一种用法,根据参数调用指定基类构造函数,注意参数的传递
        department=D;
        salary=S;
    }
    public new void Display()                 //覆盖基类 Display()方法,注意 new,不可用 override
    {   base.Display();                       //访问基类被覆盖的方法,base 的第二种用法
        Console.WriteLine("部门:{0}  薪金:{1}",department,salary);
    }
}
//主函数
class Class1
{   static void Main(string[] args)
    {   Employee OneEmployee=new Employee("李四",30,"计算机系",2000);
        OneEmployee.Display();
    }
}
```

Employee 类继承了基类 Person 的方法 SetName()、SetAge()，数据成员 name 和 age，即认为基类 Person 的这些成员也是 Employee 类的成员，但不能继承构造函数和析构函数。添加了新的数据成员 department 和 salary。覆盖了方法 Display()。注意，虽然 Employee 类继承了基类 Person 的 name 和 age，但由于它们是基类的私有成员，Employee 类中新增或覆盖的方法不能直接修改 name 和 age，只能通过基类原有的公有方法 SetName()和 SetAge()修改。如果希望在 Employee 类中能直接修改 name 和 age，必须在基类中修改它们的属性为 protected。

2. base 关键字

base 关键字用于从派生类中访问基类成员，它有两种基本用法：

(1) 在定义派生类的构造函数中，指明要调用的基类构造函数，由于基类可能有多个构造函数，根据 base 后的参数类型和个数，指明要调用哪一个基类构造函数。参见例 10-11 雇员类 Employee 构造函数定义中的 base 的第一种用法。

(2) 在派生类的方法中调用基类中被派生类覆盖的方法。参见例 10-13 雇员类 Employee 的 Display()方法定义中的 base 的第二种用法。

3. 覆盖基类成员

在派生类中,通过声明与基类完全相同新成员,可以覆盖基类的同名成员,完全相同是指函数类型、函数名、参数类型和个数都相同。如例10-13中的方法 Display()。派生类覆盖基类成员不算错误,但会导致编译器发出警告。如果增加 new 修饰符,表示认可覆盖,编译器不再发出警告。注意,覆盖基类的同名成员,并不是移走基类成员,只是必须用如下格式访问基类中被派生类覆盖的方法: base.Display()。

4. C#语言类继承特点

C#语言类继承有如下特点:

(1) C#语言只允许单继承,即派生类只能有一个基类。

(2) C#语言继承是可以传递的,如果C从B派生,B从A派生,那么C不但继承B的成员,还要继承A中的成员。

(3) 派生类可以添加新成员,但不能删除基类中的成员。

(4) 派生类不能继承基类的构造函数、析构函数和事件。但能继承基类的属性。

(5) 派生类可以覆盖基类的同名成员,如果在派生类中覆盖了基类同名成员,基类该成员在派生类中就不能被直接访问,只能通过 base. 基类方法名访问。

(6) 派生类对象也是其基类的对象,但基类对象却不是其派生类的对象。比如例10-13中定义的雇员类 Employee 是 Person 类的派生类,所有雇员都是人类,但很多人并不是雇员,可能是学生、自由职业者或儿童等。因此C#语言规定,基类的引用变量可以引用其派生类对象,但派生类的引用变量不可以引用其基类对象。

10.7.2 类的成员

由于C#程序中每个变量或函数都必须属于一个类或结构,不能像C或C++语言那样建立全局变量,因此所有的变量或函数都是类或结构的成员。类的成员可以分为两类:类本身所声明的以及从基类中继承来的。

1. 类的成员类型

类的成员包括以下类型:

(1) 局部变量。在for、switch等语句中和类方法中定义的变量,只在指定范围内有效。

(2) 字段。即类中的变量或常量,包括静态字段、实例字段、常量和只读字段。

(3) 方法成员。包括静态方法和实例方法。

(4) 属性。按属性指定的 get 方法和 set 方法对字段进行读写。属性本质上是方法。

(5) 事件。代表事件本身,同时联系事件和事件处理函数。

(6) 索引指示器。允许像使用数组那样访问类中的数据成员。

(7) 操作符重载。采用重载操作符的方法定义类中特有的操作。

(8) 构造函数和析构函数。

包含有可执行代码的成员被认为是类中的函数成员,这些函数成员有方法、属性、索引指示器、操作符重载、构造函数和析构函数。

2. 类成员访问修饰符

访问修饰符用于指定类成员的可访问性,C#语言的访问修饰符有 private、protected、public 和 internal 4种。private 声明私有成员,私有数据成员只能被类内部的函数使用和修改，私有函数成员只能被类内部的函数调用。派生类虽然继承了基类私有成员，但不能直接访问它们，只能通过基类的公有成员访问。protected 声明保护成员，保护数据成员只能被类内部和派生类的函数使用和修改，保护函数成员只能被类内部和派生类的函数调用。public 声明公有成员，类的公用函数成员可以被类的外部程序所调用，类的公用数据成员可以被类的外部程序直接使用。公有函数实际是一个类和外部通信的接口，外部函数通过调用公有函数，按照预先设定好的方法修改类的私有成员和保护成员。internal 声明内部成员，内部成员只能在同一程序集中的文件中才是可以访问的，一般是同一个应用(application)或库(library)。

10.7.3 类的字段和属性

一般把类或结构中定义的变量和常量称为字段。属性不是字段，本质上是定义修改字段的方法，由于属性和字段的紧密关系，下面把它们放到一起叙述。

1. 静态字段、实例字段、常量和只读字段

用修饰符 static 声明的字段为静态字段。不管包含该静态字段的类生成多少个对象或根本无对象，该字段都只有一个实例，静态字段不能被撤销。必须采用如下方法引用静态字段：类名.静态字段名。如果类中定义的字段不使用修饰符 static，该字段为实例字段，每创建该类的一个对象，在对象内创建一个该字段实例，创建它的对象被撤销，该字段对象也被撤销，实例字段采用如下方法引用：实例名.实例字段名。用 const 修饰符声明的字段为常量，常量只能在声明中初始化，以后不能再修改。用 readonly 修饰符声明的字段为只读字段，只读字段是特殊的实例字段，它只能在字段声明中或构造函数中重新赋值，在其他任何地方都不能改变只读字段的值。

【例 10-14】 字段示例。

```
public class Test
{   public const int intMax=int.MaxValue;   //常量,必须赋初值
    public int x=0;                         //实例字段
    public readonly int y=0;                //只读字段
    public static int cnt=0;                //静态字段
    public Test(int x1,int y1)              //构造函数
    {   //intMax=0;                         //错误,不能修改常量
        x=x1;                               //在构造函数允许修改实例字段
        y=y1;                               //在构造函数允许修改只读字段
        cnt++;                 //每创建一个对象都调用构造函数,用此语句可以记录对象的个数
    }
    public void Modify(int x1,int y1)
    {   //intMax=0;                         //错误,不能修改常量
        x=x1;
        cnt=y1;
        //y=10;                             //不允许修改只读字段
    }
}
class Class1
```

```
{   static void Main(string[] args)
    {   Test T1=new Test(100,200);
        T1.x=40;                              //引用实例字段采用方法:实例名.实例字段名
        Test.cnt=0;                           //引用静态字段采用方法:类名.静态字段名
        int z=T1.y;                           //引用只读字段
        z=Test.intMax;                        //引用常量
    }
}
```

2. 属性

C#语言支持组件编程，组件也是类，组件用属性、方法或事件描述。属性不是字段，但必然和类中的某个或某些字段相联系，属性定义了得到和修改相联系的字段的方法。C#中的属性更充分地体现了对象的封装性：不直接操作类的数据内容，而是通过访问器进行访问，借助于 get 和 set 方法对属性的值进行读写。访问属性值的语法形式和访问一个变量基本一样。

在前面类的基本概念一节中，定义了一个描述个人情况的类 Person，其中字段 name 和 age 是私有字段，记录姓名和年龄，外部通过公有方法 SetName 和 SetAge 修改这两个私有字段。现在用属性来描述姓名和年龄。

【例 10-15】 属性示例。

```
using System;
public class Person
{   private string P_name="张三";             //P_name 是私有字段
    private int P_age=12;                     //P_age 是私有字段
    public void Display()                     //类的方法声明,显示姓名和年龄
    {   Console.WriteLine("姓名:{0},年龄:{1}",P_name,P_age);
    }
    public string Name                        //定义属性 Name
    {   get
        {   return  P_name;}
        set
        {   P_name=value;}
    }
    public int Age                            //定义属性 Age
    {   get
        {   return  P_age;}
        set
        {   P_age=value;}
    }
}
public class Test
{   public static void Main()
    {   Person OnePerson=new Person();
        OnePerson.Name="田七";          //value="田七",通过 set 方法修改变量 P_Name
        string s=OnePerson.Name;       //通过 get 方法得到变量 P_Name 值
```

```
            OnePerson.Age=20;           //通过定义属性,即保证了姓名和年龄按指定方法修改
            int x=OnePerson.Age;        //语法形式和修改得到一个变量基本一致,符合习惯
            OnePerson.Display();
        }
    }
```

在属性的访问声明中，只有 set 访问器表明属性的值只能进行设置而不能读出，只有 get 访问器表明属性的值是只读的不能改写，同时具有 set 访问器和 get 访问器表明属性的值的读写都是允许的。

虽然属性和字段的语法比较类似，但由于属性本质上是方法，因此不能把属性当成变量那样使用，也不能把属性作为引用型参数或输出参数来进行传递。

10.7.4 类的方法

方法是类中用于执行计算或其他行为的成员。所有方法都必须定义在类或结构中。

1. 方法的声明

方法的声明格式如下：

属性 方法修饰符 返回类型 方法名(形参列表){方法体}

方法修饰符包括 new、public、protected、internal、private、static、virtual、sealed、override、abstract 和 extern。这些修饰符有些已经介绍过，其他未介绍过的修饰符将逐一介绍。返回类型可以是任何合法的 C# 数据类型，也可以是 void，即无返回值。形参列表的格式为

(形参类型 形参 1,形参类型 形参 2,…)

其中，可以有多个形参。不能使用 C 语言的形参格式。

2. 方法参数的种类

C# 语言的方法可以使用如下 4 种参数。请注意和参数类型的区别。

1) 值参数，不含任何修饰符

当用值参数向方法传递参数时，程序给实参的值做一份备份（拷贝），并且将此备份传递给该方法，被调用的方法不会修改实参的值，所以使用值参数时，可以保证实参的值是安全的。如果参数类型是引用类型，例如是类的引用变量，则备份中存储的也是对象的引用，所以备份和实参引用同一个对象，通过这个备份，可以修改实参所引用的对象中的数据成员。

2) 引用参数，以 ref 修饰符声明

有时在方法中，需要修改或得到方法外部的变量值，C 语言用向方法传递实参指针来达到目的，C# 语言用引用参数。当用引用参数向方法传递实参时，程序将把实参的引用，即实参在内存中的地址传递给方法，方法通过实参的引用，修改或得到方法外部的变量值。引用参数以 ref 修饰符声明。注意，在使用前，实参变量要求必须被设置初始值。

3) 输出参数，以 out 修饰符声明

为了把方法的运算结果保存到外部变量，需要知道外部变量的引用（地址）。输出参数用于向方法传递外部变量引用（地址），所以输出参数也是引用参数，与引用参数的差别在于调用方法前无须对变量进行初始化。在方法返回后，传递的变量被认为经过了初始化。

【例 10-16】 值参数、引用参数和输出参数使用示例。

```
using System;
class g{public int a=0;}                         //类定义
class Class1
{   public static void F1(ref char i)            //引用参数
    {   i='b';}
    public static void F2(char i)                //值参数,参数类型为值类型
    {   i='d';}
    public static void F3(out char i)            //输出参数
    {   i='e';}
    public static void F4(string s)              //值参数,参数类型为字符串
    {   s="xyz";}
    public static void F5(g gg)                  //值参数,参数类型为引用类型
    {   gg.a=20;}
    public static void F6(ref string s)          //引用参数,参数类型为字符串
    {   s="xyz";}
    static void Main(string[] args)
    {   char a='c';
        string s1="abc";
        F2(a);                                   //值参数,不能修改外部的 a
        Console.WriteLine(a);                    //因 a 未被修改,显示 c
        F1(ref a);                               //引用参数,函数修改外部的 a 的值
        Console.WriteLine(a);                    //a 被修改为 b,显示 b
        Char j;
        F3(out j);                               //输出参数,结果输出到外部变量 j
        Console.WriteLine(j);                    //显示 e
        F4(s1);                          //值参数,参数类型是字符串,s1 为字符串引用变量
        Console.WriteLine(s1);                   //显示:abc,字符串 s1 不被修改
        g g1=new g();
        F5(g1);                                  //值参数,但实参是一个类引用类型变量
        Console.WriteLine(g1.a.ToString());      //显示:20,修改对象数据
        F6(ref s1);                     //引用参数,参数类型是字符串,s1 为字符串引用变量
        Console.WriteLine(s1);                   //显示:xyz,字符串 s1 被修改
    }
}
```

4）数组参数,以 params 修饰符声明

数组参数使用 params 说明,如果形参表中包含了数组参数,那么它必须是参数表中最后一个参数,数组参数只允许是一维数组。例如,string[]和 string[][]类型都可以作为数组型参数。最后,数组型参数不能再有 ref 和 out 修饰符。

【例 10-17】 数组参数使用示例。

```
using System;
class Class1
{   static void F(params int[] args)             //数组参数,有 params 说明
```

```
    {   Console.Write("Array contains {0} elements:",args.Length);
        foreach(int i in args)
            Console.Write(" {0}",i);
        Console.WriteLine();
    }
    static void Main(string[] args)
    {   int[] a={1,2,3};
        F(a);                                //实参为数组类引用变量a
        F(10, 20, 30, 40);                   //等价于F(new int[] {60,70,80,90});
        F(new int[] {60,70,80,90});          //实参为数组类引用
        F();                                 //等价于F(new int[] {});
        F(new int[] {});                     //实参为数组类引用,数组无元素
    }
}
```

程序输出

```
Array contains 3 elements: 1 2 3
Array contains 4 elements: 10 20 30 40
Array contains 4 elements: 60,70,80,90
Array contains 0 elements:
Array contains 0 elements:
```

3. 静态方法和实例方法

用修饰符static声明的方法为静态方法,不用修饰符static声明的方法为实例方法。不管类生成或未生成对象,类的静态方法都可以被使用,使用格式为:类名.静态方法名。静态方法只能使用该静态方法所在类的静态数据成员和静态方法。这是因为使用静态方法时,该静态方法所在类可能还没有对象,即使有对象,由于用类名.静态方法名方式调用静态方法,静态方法没有this指针来存放对象的地址,无法判定应访问哪个对象的数据成员。在类创建对象后,实例方法才能被使用,使用格式为:对象名.实例方法名。实例方法可以使用该方法所在类的所有静态成员和实例成员。

【例10-18】 静态方法和实例方法示例。

```
using System;
public class UseMethod
{   private static int x=0;                   //静态字段
    private int y=1;                          //实例字段
    public static void StaticMethod()         //静态方法
    {   x=10;                                 //正确,静态方法访问静态数据成员
        //y=20;                               //错误,静态方法不能访问实例数据成员
    }
    public void NoStaticMethod()              //实例方法
    {   x=10;                                 //正确,实例方法访问静态数据成员
        y=20;                                 //正确,实例方法访问实例数据成员
    }
}
```

```
public class Class1
{   public static void Main()
    {   UseMethod m=new UseMethod();
        UseMethod.StaticMethod();           //使用静态方法格式为:类名.静态方法名
        m.NoStaticMethod();                 //使用实例方法格式为:对象名.实例方法名
    }
}
```

4. 方法的重载

在C#语言中,如果在同一个类中定义的函数名相同,而参数类型或参数个数不同,则认为是不相同的函数,仅返回值不同,不能看作不同函数,这称为函数的重载。前面 Person 类中定义了多个构造函数就是重载的例子。在C语言中,若计算一个数据的绝对值,则需要对不同数据类型求绝对值方法使用不同的方法名。例如,用 abc()求整型数绝对值,labs()求长整型数绝对值,fabs()求浮点数绝对值。而在C#语言中,可以使用函数重载特性,对这三个函数定义同样的函数名,但使用不同的参数类型。

【例 10-19】 方法重载示例。

```
using System;
public class UseAbs
{   public int  abs(int x)                  //整型数求绝对值
    {   return(x<0 ?-x:x);}
    public long abs(long x)                 //长整型数求绝对值
    {return(x<0 ?-x:x);}
    public double  abs(double  x)           //浮点数求绝对值
    {return(x<0 ?-x:x);}
}
class Class1
{   static void Main(string[] args)
    {   UseAbs m=new UseAbs();
        int x=-10;
        long y=-123;
        double z=-23.98d;
        x=m.abs(x);
        y=m.abs(y);
        z=m.abs(z);
        Console.WriteLine("x={0},y={1},z={2}",x,y,z);
    }
}
```

类的对象调用这些同名方法,在编译时,根据调用方法的实参类型决定调用哪个同名方法,计算不同类型数据的绝对值,这给编程提供了极大方便。

5. 操作符重载

操作符重载是将C#语言中的已有操作符赋予新的功能,但与该操作符的本来含义不冲突,使用时只需根据操作符出现的位置来判别其具体执行哪一种运算。操作符重载,实际是定义了一个操作符函数,操作符函数声明的格式如下:

```
static public 函数返回类型 operator 重新定义的操作符(形参表)
```

C#语言中有一些操作符是可以重载的，例如：+、-、!、~、++、--、true、false、*、/、%、&、|、^、<<、>>、==、!=、>、<、>=、<=等。但是，也有一些操作符是不允许进行重载的，例如：=、&&、||、?:、new、typeof、sizeof、is 等。

例 10-20 定义了一个复数类，并且希望复数的加减乘除用符号+、-、*、/来表示。

【例 10-20】 操作符重载示例。

```
using System;
class Complex                                          //复数类定义
{   private double Real;                               //复数实部
    private double Imag;                               //复数虚部
    public Complex(double x,double y)                  //构造函数
    {   Real=x;
        Imag=y;
    }
    static public Complex operator- (Complex a)        //重载一元操作符负号,注意1个参数
    {   return(new Complex(-a.Real,-a.Imag));}
    static public Complex operator+ (Complex a,Complex b)
                                                       //重载二元操作符加号
    {   return(new Complex(a.Real+b.Real,a.Imag+b.Imag));}
    public void Display()
    {   Console.WriteLine("{0}+({1})j",Real,Imag);}
}
class Class1
{   static void Main(string[] args)
    {   Complex x=new Complex(1.0,2.0);
        Complex y=new Complex(3.0,4.0);
        Complex z=new Complex(5.0,7.0);
        x.Display();                                   //显示:1+(2)j
        y.Display();                                   //显示:3+(4)j
        z.Display();                                   //显示:5+(7)j
        z=-x;                                          //等价于 z=opeator-(x)
        z.Display();                                   //显示:-1+(-2)j
        z=x+y;                                         //即 z=opeator+(x,y)
        z.Display();                                   //显示:4+(6)j
    }
}
```

6. this 关键字

每个类都可以有多个对象，例如定义 Person 类的两个对象：

```
Person P1=new Person("李四",30);
Person P2=new Person("张三",40);
```

由此 P1.Display()应显示李四信息，P2.Display()应显示张三信息，但无论创建多少个

对象，只有一个方法 Display()，该方法是如何知道显示哪个对象的信息的呢？C＃语言用引用变量 this 记录调用方法 Display()的对象，当某个对象调用方法 Display()时，this 关键字便引用该对象(记录该对象的地址)。因此，不同的对象调用同一方法时，方法便根据 this 关键字所引用的不同对象来确定应该引用哪一个对象的数据成员。this 是类中隐含的引用变量，它是被自动赋值的，可以使用但不能被修改。例如，P1. Display()，this 引用对象 P1 显示李四信息，P2. Display()，this 引用对象 P2 显示张三信息。

10.7.5 类的多态性

在面向对象的系统中，多态性是一个非常重要的概念。C＃支持两种类型的多态性。

第一种是编译时的多态性，一个类的对象调用若干同名方法，系统在编译时，根据调用方法的实参类型及实参的个数决定调用哪个同名方法，实现何种操作。编译时的多态性是通过方法重载来实现的。C＃语言的方法重载及操作符重载和 C++ 语言的基本一致。

第二种是运行时的多态性，是在系统运行时，不同对象调用一个名字相同、参数的类型及个数完全一样的方法，会完成不同的操作。C＃运行时的多态性通过虚方法实现。在类的方法声明前加上了 virtual 修饰符，被称为虚方法，反之为非虚方法。C＃语言的虚方法和 C++ 语言的基本一致。

【例 10-21】 虚方法与非虚方法的区别示例。

```
using System;
class A
{   public void F()                                    //非虚方法
    {   Console.Write("  A.F");}
    public virtual void G()                            //虚方法
    {   Console.Write("  A.G");}
}
class B:A                                              //A类为B类的基类
{   new public void F()                                //覆盖基类的同名非虚方法 F(),注意使用 new
    {   Console.Write("  B.F");}
    public override void G()                        //覆盖基类的同名虚方法 G(),注意使用 override
    {  Console.Write("  B.G");}
}
class Test
{   static void F2(A aA)                               //注意,参数为A类引用变量
    {   aA.G();}
    static void Main()
    {   B b=new B();
        A a1=new A();
        A a2=b;                    //允许基类引用变量引用派生类对象,a2引用派生类B对象b
        a1.F();                                        //调用基类A的非虚方法 F(),显示 A.F
        a2.F();                                        //F()为非虚方法,调用基类A的 F(),显示 A.F
        b.F();                                      //F()为非虚方法,调用派生类B的 F(),显示 B.F
        a1.G();       //G()为虚方法,因 a1引用基类A对象,调用基类A的 G(),显示 A.G
        a2.G();       //G()为虚方法,因 a2引用派生类B对象,调用派生类B的 G(),显示 B.G
```

```
        F2(b);      //实参为派生类 B 对象,由于 A aA=b,调用派生类 B 的函数 G(),显示 B.G
        F2(a1);     //实参为基类 A 对象,调用 A 类的函数 G(),显示 A.G
    }
}
```

那么输出应该是：

```
A.F  A.F  B.F  A.G  B.G  B.G  A.G
```

要注意例10-21中,不同对象调用同名非虚方法F()和同名虚方法G()的区别。a2虽然是基类引用变量,但它引用派生类对象b。由于G()是虚方法,因此a2.G()调用派生类B的G(),显示G.F。但由于F()是非虚方法,a2.F()仍然调用基类A的F(),显示A.F。或者说,如果将基类引用变量引用不同对象,或者是基类对象,或者是派生类对象,用这个基类引用变量分别调用同名虚方法,根据对象不同,会完成不同的操作。而非虚方法则不具备此功能。

方法F2(A aA)中,参数是A类类型,F2(b)中形参和实参的关系是A aA=b,即基类引用变量aA引用派生类对象b,aA.G()调用派生类B的函数G(),显示B.G。同理,F2(a1)实参为基类A对象,调用A类的函数G(),显示A.G。

在例10-1中,定义一个描述个人情况的类Person,其中公有方法Display()用来显示个人信息。在例10-13的派生雇员类Employee中,覆盖了基类的公有方法Display(),以显示雇员新增加的信息。如果希望隐藏这些细节,无论基类还是派生类,都调用同一个显示方法,根据对象不同,自动显示不同的信息。下面用虚方法来实现,这是一个典型的多态示例。

【例10-22】 虚方法示例。

```
using System;
public class Person
{   private String name="张三";                      //类的数据成员声明
    private int age=12;
    protected virtual void Display()                 //类的虚方法
    {   Console.WriteLine("姓名:{0},年龄:{1}",name,age);
    }
    public Person(string Name,int Age)               //构造函数,函数名和类同名,无返回值
    {   name=Name;
        age=Age;
    }
    static public void DisplayData(Person aPerson)   //静态方法
    {   aPerson.Display();               //不是静态方法调用实例方法,如写为 Display()错误
    }
}
public class Employee:Person                         //Person 类是基类
{   private string department;
    private decimal salary;
    public Employee(string Name,int Age,string D,decimal S):base(Name,Age)
    {   department=D;
        salary=S;
```

```
        }
        protected override void Display()                //重载虚方法,注意用 override
        {   base.Display();                              //访问基类同名方法
            Console.WriteLine("部门:{0}  薪金:{1} ", department,salary);
        }
    }
    class Class1
    {   static void Main(string[] args)
        {   Person OnePerson=new Person("李四",30);
            Person.DisplayData(OnePerson);               //显示基类数据
            Employee OneEmployee=new Employee("王五",40,"财务部",2000);
            Person.DisplayData(OneEmployee);             //显示派生类数据
        }
    }
```

运行后,显示的效果是:

```
姓名: 李四,年龄:30
姓名: 王五,年龄:40
部门:财务部  薪金:2000
```

10.7.6 接口

与类一样,在接口中可以定义一个和多个方法、属性、索引指示器和事件。但与类不同的是,接口中仅仅是它们的声明,并不提供实现。因此,接口是函数成员声明的集合。如果类或结构从一个接口派生,则这个类或结构负责实现该接口中所声明的所有成员。一个接口可以从多个接口继承,而一个类或结构可以实现多个接口。由于C#语言不支持多继承,因此如果某个类需要继承多个类的行为时,只能使用多个接口加以说明。

1. 接口声明

接口声明是一种类型声明,它定义了一种新的接口类型。接口声明格式如下:

```
属性  接口修饰符  interface  接口名:基接口{接口体}
```

其中,关键字 interface、接口名和接口体是必须有的,其他项是可选的。接口修饰符可以是 new、public、protected、internal 和 private,例如:

```
public interface IExample
{                                                   //所有接口成员都不能包括实现
    string this[int index] {get;set;}               //索引指示器声明
    event EventHandler E;                           //事件声明
    void F(int value);                              //方法声明
    string P { get; set;}                           //属性声明
}
```

声明接口时,需要注意以下内容:

(1) 接口成员只能是方法、属性、索引指示器和事件,不能是常量、域、操作符、构造函数或析构函数,不能包含任何静态成员。

(2) 接口成员声明不能包含任何修饰符,接口成员默认访问方式是 public。

2. 接口的继承

类似于类的继承性,接口也有继承性。派生接口继承了基接口中的函数成员说明。接口允许多继承,一个派生接口可以没有基接口,也可以有多个基接口。在接口声明的冒号后列出被继承的接口名字,多个接口名之间用分号分割。

【例 10-23】 接口继承示例。

```
using System;
interface IControl
{   void Paint();
}
interface ITextBox:IControl                    //继承了接口 Icontrol 的方法 Paint()
{   void SetText(string text);
}
interface IListBox:IControl                    //继承了接口 Icontrol 的方法 Paint()
{   void SetItems(string[] items);
}
interface IComboBox:ITextBox,IListBox
{                                              //可以声明新方法
}
```

上面的例子中,接口 ITextBox 和 IListBox 都从接口 IControl 中继承,也就继承了接口 IControl 的 Paint 方法。接口 IComboBox 从接口 ITextBox 和 IListBox 中继承,因此它应该继承了接口 ITextBox 的 SetText 方法和 IListBox 的 SetItems 方法,还有 IControl 的 Paint 方法。

3. 类对接口的实现

接口定义不包括函数成员的实现部分,由继承该接口的类或结构实现。类实现接口的本质是用接口规定类应实现哪些函数成员。用类来实现接口时,接口的名称必须包含在类声明的基类列表中。

在类的基本概念一节中,定义一个描述个人情况的类 Person,从类 Person 可以派生出其他类。例如,工人类、公务员类、医生类等。这些类有一些共有的方法和属性,例如工资属性。一般希望所有派生类访问工资属性时用同样变量名。该属性定义在类 Person 中不合适,因为有些人无工资,如小孩。如果定义一个类作为基类,包含工资属性,但 C# 不支持多继承,可行的办法是使用接口,在接口中声明工资属性。工人类、公务员类、医生类等都必须实现该接口,也就保证了它们访问工资属性时用同样变量名。

【例 10-24】 接口实现示例。

```
using System;
public interface I_Salary                      //接口
{   decimal Salary                             //属性声明
    {   get;
        set;
    }
```

```
}
public class Person
{…                                          //见 10.7.3 节 Person 类定义,这里不再重复
}
public class Employee:Person,I_Salary       //Person 类是基类,I_Salary 是接口
{                                   //不同程序员完成工人类、医生类等,定义工资变量名称可能不同
    private decimal salary;
    public new void Display()
    {   base.Display();
        Console.WriteLine("薪金:{0} ",salary);
    }
    //工人类、医生类等都要实现属性 Salary,保证使用的工资属性同名
    public decimal Salary
    {   get
        {   return  salary;}
        set
        {   salary=value;}
    }
}
public class Test
{   public static void Main()
    {   Employee S=new Employee();
        S.Name="田七";                       //修改属性 Name
        S.Age=20;                           //修改属性 Age
        S.Salary=2000;                      //修改属性 Salary
        S.Display();
    }
}
```

如果类实现了某个接口,那么类也隐式地继承了该接口的所有基接口,不管这些基接口有没有在类声明的基类表中列出。因此,如果类从一个接口派生,则这个类负责实现该接口及该接口的所有基接口中所声明的所有成员。

10.8 小　　结

面向对象程序设计方法(OOP)是现代软件开发技术的精髓,从早期的 SmallTalk 到现在流行的 C++、Java 和 C#等编程语言,无不贯穿着 OOP 的思想。本章结合 C#语言的语法规则,完整地介绍了面向对象的三大基本特性:封装、继承和多态。概括地说,封装是一种保护和抽象,继承反映了类与类之间的关系,促进了代码的重用,而多态实现了接口与实现的分离,保证了代码的灵活性,三者相结合,最大限度地保证了代码的可维护性、可扩展性和可重用性。当然,深入了解 OOP 的设计思想和方法,从面向结构和面向过程编程慢慢过渡到面向对象编程,这需要一个过程,只有多阅读代码,多编程实践,才能掌握其中的精髓,并体会到面向对象编程带来的便利和先进性。

习　题

1. 从键盘输入姓名，在显示器中显示对输入姓名的问候。提示：string 为字符串类型，用语句 string s=Console.ReadLine()输入姓名。

2. 构造函数和析购函数的主要作用是什么？它们各有什么特性？

3. 定义点(Point)类，数据成员为私有成员，增加有参数和无参数构造函数，在主函数中生成点类对象，并用字符显示点类对象的坐标。

4. 定义矩形(Rectangle)类，数据成员为私有成员，增加有参数和无参数构造函数，在主函数中生成矩形类对象，并用字符显示矩形类对象的长、宽和矩形左上角的坐标。

5. 说明值类型和引用类型的区别，并和 C 语言的相应类型比较。

6. 定义点结构，在主函数中生成点结构变量，从键盘输入点的位置，并重新显示坐标。

7. 定义整型一维数组，从键盘输入数组元素数值后，用循环语句显示所有元素的值。

8. 输入字符串，将字符串第一个字母和每个空格后的字母变为大写字母，其余字母为小写字母后输出。

9. 输入 5 个数，在每两个数之间增加 3 个空格后输出。

10. 编写一个猜数程序，程序设定一个 1 位十进制数，允许用户猜 3 次，错了告诉比设定数大还是小，用 switch 语句实现。

11. 用字符 * 在 CRT 上显示一个矩形。

12. 输入一个字符串，用 foreach 语句计算输入的字符串长度，并显示长度。

13. 将输入的两个数相加，并显示和。用异常语句处理输入错误。

14. 定义形状(Shape)类，从形状类派生矩形(Rectangle)类和圆(Circle)类，主程序实现用同一个方法显示矩形和圆的面积。

第 11 章　Windows 窗体程序

目前，.Net 环境下应用系统开发越来越受到软件行业和应用企业的青睐。Visual Studio .Net 为不同的应用程序提供了丰富的环境，一个项目本身可以由多种语言(如C++、C#、Visual Basic 等)来开发。

本章定位于在 Visual Studio .Net 2005 环境下，通过 C#语言开发 Windows Forms 应用程序，包括 Windows 窗体设计界面介绍、WinForm 窗口的基本操作、MDI 和 SDI 应用程序设计和高级窗体控件的开发。

11.1　Windows 窗体的基本概念

11.1.1　Windows Forms 程序的基本结构

在使用 Windows 操作系统时，经常会遇到如图 11-1 所示的窗体操作程序。

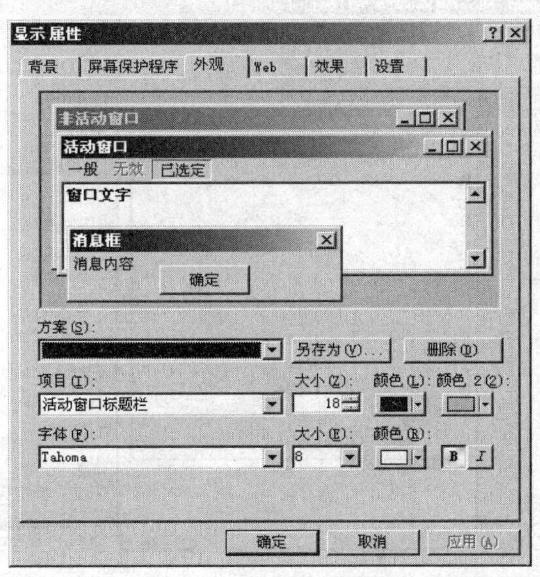

图 11-1　窗体操作程序

下面来建立第一个 C#环境下的 Windows 应用程序。启动 Visual Studio 2005，选择 C#语言，建立如图 11-2 所示的 Windows 应用程序。一般而言，开发应用程序包括建立项目、界面设计、属性设计和代码设计几个阶段。

在建立新的应用程序时，需定义项目的名称和具体的物理路径位置，单击“确定”按钮后将自动创建一个新的默认窗体 Form1，窗体设计器界面如图 11-3 所示。

在展开的窗体设计器界面中，使用较多的操作控制区域包括工具箱、属性和解决方案资源管理器。工具箱面板包含各类 Windows 窗体控件，属性面板显示当前选中 Windows 控

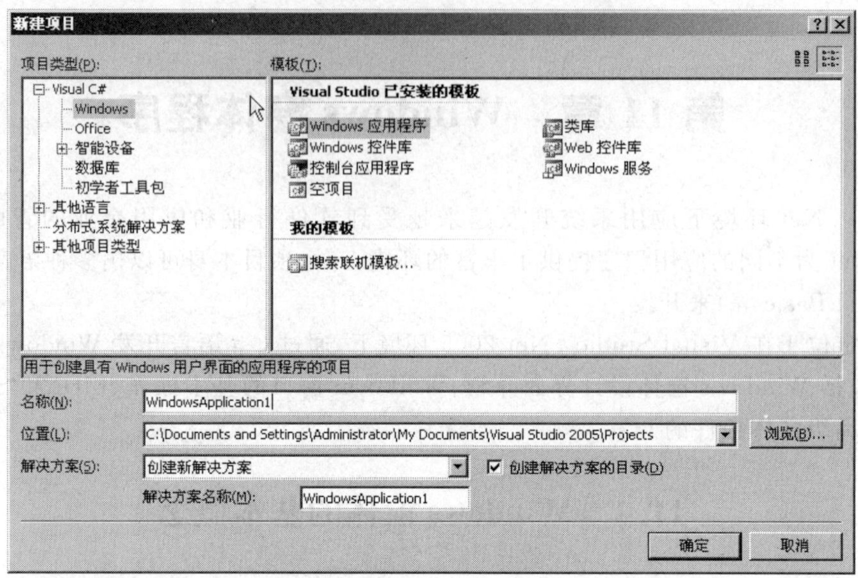

图 11-2　新建 Windows 应用程序

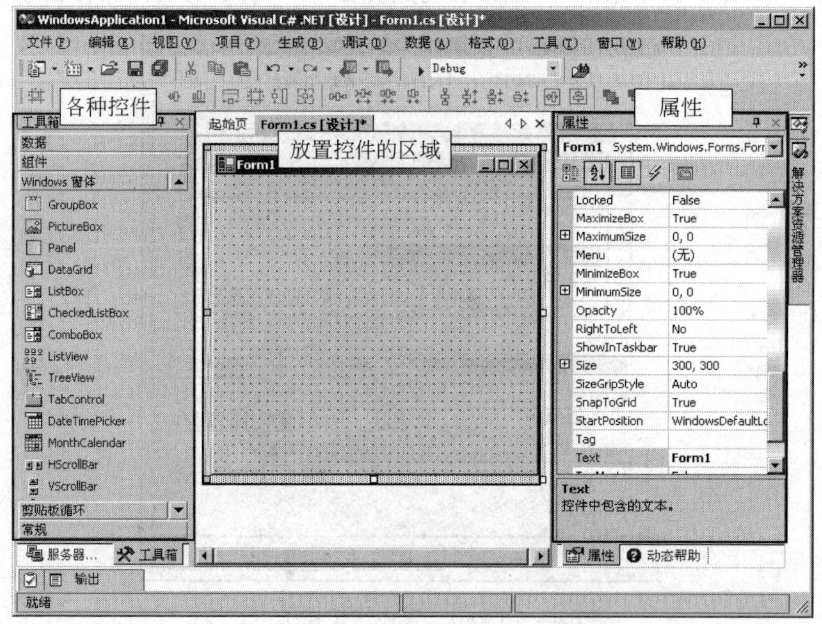

图 11-3　窗体设计器界面

件的具体属性设置，解决方案资源管理器反映当前开发需要操作的各种文件资源。

11.1.2　WinForm 程序的代码结构

1. 初识 WinForm 代码

在图 11-3 所示的主要窗体控制区中右击，在弹出的快捷菜单中选择“查看代码”命令，显示后台的 C＃代码如下：

```
using System;                                  //基础核心命名空间
using System.Drawing;                          //绘图工具
using System.Data;                             //数据库访问
using System.Collections;                      //链表、数组等基本数据结构
using System.ComponentModel;
using System.Windows.Forms;                    //窗体与控件
namespace WindowsApplication1
{
    ///<summary>
    ///Form1 的摘要说明
    ///</summary>
    public class Form1 : System.Windows.Forms.Form
    {
        InitializeComponent();
    }
}
```

2. 理解 InitializeComponent()方法

在每一个窗体生成的时候,都会针对当前的窗体定义 InitializeComponent()方法,该方法实际上是由系统生成的、对于窗体界面的定义方法。

在每一个 Form 文件建立后,都会同时产生程序文件(.CS 文件)以及与之相匹配的.Designer.CS 文件。业务逻辑以及事件方法等被编写在.CS 文件中,而界面设计规则被封装在.Designer.CS 文件里。下面的代码为.Designer.CS 文件:

```
namespace WindowsApplication1
{
    partial class Form1
    {
        ///<summary>
        ///必需的设计器变量
        ///</summary>
        private System.ComponentModel.IContainer components=null;
        ///<summary>
        ///清理所有正在使用的资源
        ///</summary>
        ///<param name="disposing">如果应释放托管资源则为 true;否则为 false</param>
        protected override void Dispose(bool disposing)
        {
            if(disposing && (components !=null))
            {
                components.Dispose();
            }
            base.Dispose(disposing);
        }
        #region Windows 窗体设计器生成的代码
```

```
        ///<summary>
        ///设计器支持所需的方法
        ///不要使用代码编辑器修改此方法的内容
        ///</summary>
        private void InitializeComponent()
        {
            this.components=new System.ComponentModel.Container();
            this.AutoScaleMode=System.Windows.Forms.AutoScaleMode.Font;
            this.Text="Form1";
        }
        #endregion
    }
}
```

在代码中,可以发现 InitializeComponent()方法和 Dispose()方法,前者为界面设计,后者为表单释放系统资源时的执行编码。

3. 创建 WinForm 应用程序的入口点

在 WinForm 应用程序的开发设计中,大部分应用会包含多个窗口。这种应用必须由程序员决定哪个 WinForm 的窗体被第一个执行,这部分代码在根目录下的 Program. cs 文件中,见下面代码:

```
[STAThread]
static void Main()
{
    Application.EnableVisualStyles();
    Application.SetCompatibleTextRenderingDefault(false);
    Application.Run(new Form1());
}
```

11.2 WinForm 中的常用控件

11.2.1 简介

WinForm 中的常用控件来自系统 System. Windows. Forms. Control,该类库来自 System. Windows. Forms 命名空间,该命名空间提供各种控件类,使用这些控件类可以创建丰富的用户界面。Control 为所有控件类的基类,Control 类将为 Form 中显示的所有控件提供基本功能,Form 类表示应用程序内的窗口,包括对话框、无模式窗口和多文档节目(MDI)客户端窗口及父窗口,同时也可以通过从 UserContol 类派生而创建自己的控件。

上述所有的这些可视化界面的组成统一称为控件,这些控件都源于 System. Windows. Forms 命名空间,该命名空间的结构如图 11-4 所示。

11.2.2 基本控件的使用

1. Label 标签控件

Label 标签控件是使用频率最高的控件之一,主要用于显示窗体文本信息。其基本的

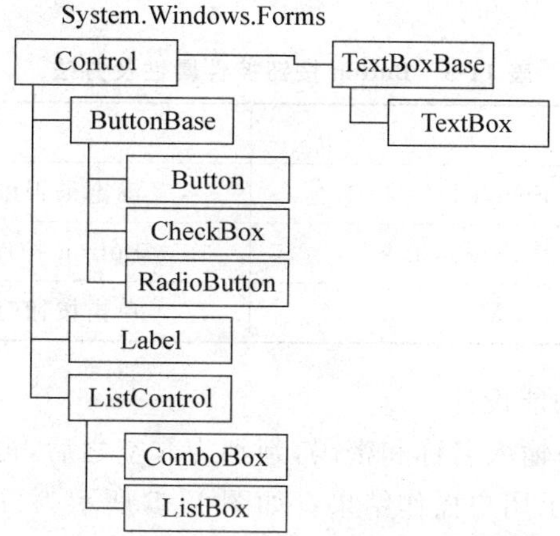

图 11-4 System. Windows. Forms 命名空间

属性和方法定义如表 11-1 所示。

表 11-1 Label 标签控件的属性和方法

项目		说明
属性	Text	该属性用于设置或获取与该控件关联的文本
方法	Hide	隐藏控件，调用该方法时，即使 Visible 属性设置为 True，控件也不可见
	Show	相当于将控件的 Visible 属性设置为 True 并显示控件
事件	Click	用户单击控件时将发生该事件

2. TextBox 文本框控件

TextBox 文本框控件是使用频率最高的控件之一，主要用于接收或显示用户文本信息。其基本的属性和方法定义如表 11-2 所示。

表 11-2 TextBox 文本框控件属性及方法

项目		说明
属性	MaxLength	可在文本框中输入的最大字符数
	Multiline	表示是否可在文本框中输入多行文本
	Passwordchar	机密和敏感数据，密码输入字符
	ReadOnly	文本框中的文本为只读
	Text	检索在控件中输入的文本
方法	Clear	删除现有的所有文本
	Show	相当于将控件的 Visible 属性设置为 True 并显示控件
事件	KeyPress	用户按一个键结束时将发生该事件

3. Button 按钮控件

Button 按钮控件主要接收用户功能确认操作，从而执行具体的触发事件。其基本的属性和方法定义如表 11-3 所示。

表 11-3　Button 按钮控件属性及方法

项　　目		说　　明
属性	Enabled	确定是否可以启用或禁用该控件
方法	PerFormClick	Button 控件的 Click 事件
事件	Click	单击按钮时将触发该事件

【例 11-1】　用户登录功能设计。

例题的目标是通过用户输入名称和密码，判别为非空之后，再判断是否符合系统规定的内容，无论成功或失败都提示用户操作结果。如图 11-5 所示为目标界面。

操作步骤如下：

(1) 从工具箱中拖曳标签件、Button 按钮控件以及在工具栏容器中的 groupBox 控件到 From 创图上，调整各个控件的基本属性以达到图 11-5 所示的效果。特别需要注意的是用户密码文本框的设置工作，其更改属性的办法如图 11-6 所示。

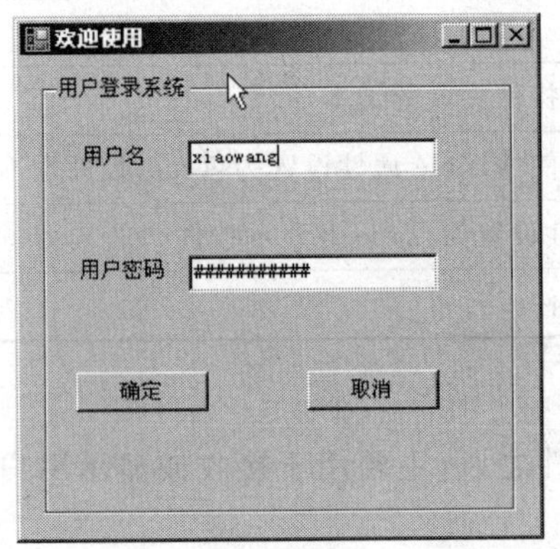

图 11-5　用户登录功能设计目标界面

ForeColor	WindowText
GenerateMember	True
HideSelection	True
ImeMode	NoControl
Lines	**String[] Array**
Location	**83, 102**
Locked	False
Margin	3, 3, 3, 3
MaximumSize	0, 0
MaxLength	32767
MinimumSize	0, 0
Modifiers	Private
Multiline	False
PasswordChar	#
ReadOnly	False
RightToLeft	No
ScrollBars	None
ShortcutsEnabled	True

图 11-6　改变文本框为密码框

(2) 双击“确定”按钮，进入.cs 文件编辑状态，准备进行开发，下面给出详细代码。

“用户登录”功能源代码如下：

```
private void button1_Click(object sender, EventArgs e)
{
    if(textBox1.Text==string.Empty || textBox2.Text==string.Empty)
    {
        MessageBox.Show("信息禁止为空!","登录提示");
        clear();
        return;
    }
    if(!textBox1.Text.Equals("admin") || !textBox2.Text.Equals("admin"))
    {
        MessageBox.Show("用户名称或密码为空!", "登录提示");
        clear();
```

```
            return;
        }
        else
        {
            MessageBox.Show("欢迎您登录本系统!","消息提示");
            clear();
        }
    }
```

“取消”功能源代码如下:

```
private void button2_Click(object sender, EventArgs e)
{
    clear();
}

public void clear()
{
    textBox1.Clear();                                    //清除文本框内容
    textBox2.Clear();                                    //清除文本框内容
    textBox2.Focus();                                    //使文本框获得焦点
}
```

4. ListBox 列表框控件

ListBox 列表框主要用于显示多行文本信息,以提供用户选择。其基本的属性和方法定义如表 11-4 所示。

表 11-4 ListBox 列表框控件属性及方法

项目		说明
属性	Items	列表框中的具体项目,需要用户自行编辑
	SelectionMode	指示列表框是单项选择、多项选择还是不可选择
	SelectedIndex	被选中的行索引,默认第一行为 0
	SelectedItem	被选中的行文本内容
	SelectedItems	ListBox 的选择列表集合
	Text	默认的文本内容
方法	ClearSelected	清除当前选择
事件	SelectedIndexChanged	一旦改变选择即触发该事件

【例 11-2】 使用列表框控件。

例题的目标是在 Form 窗体上建立一个列表框控件,窗体初始化时加载信息到列表框中,当用户单击某一行列表框内的信息时,弹出对话框,显示该具体的文本信息内容。图 11-7 所示为“使用列表框控件”实验目标界面。

操作步骤如下：

(1) 从工具箱中拖曳列表框 ListBox 控件到 Form 窗体上，调整控件基本属性，以达到图 11-7 所示的效果。

(2) 双击窗体界面，进入.cs 文件编辑状态，下面给出代码。

初始化源代码如下：

```
private void Form1_Load(object sender, EventArgs e)
{
    this.listBox1.Items.Add("指挥自动化工程");
    this.listBox1.Items.Add("计算机科学与技术");
    this.listBox1.Items.Add("作战信息管理");
    this.listBox1.Items.Add("地雷爆破与破障工程");
    this.listBox1.Items.Add("军事海洋学");
}
```

图 11-7 “使用列表框控件”实验目标界面

“单击 ListBox 的某行，获取该行信息”的源代码如下：

```
private void listBox1_SelectedIndexChanged(object sender, EventArgs e)
{
    MessageBox.Show("您选择的部门是:"+listBox1.SelectedItem.ToString()+",位列第"
    +listBox1.SelectedIndex.ToString(),"信息提示");
    //listBox.SelectedIndex 属性代表选中的行数
    //listBox.SelectedItem 属性代表选中的行信息内容
}
```

5. ComboBox 组合框控件

ComboBox 组合框控件为典型的多选一控件，主要用于限制用户在多个固定信息情况下选择唯一一行的文本信息，以确认用户选择逻辑。其基本的属性和方法定义如表 11-5 所示。

表 11-5 ComboBox 组合框控件属性及方法

项目		说明
属性	DropDownStyle	ComboBox 控件的样式
	MaxDropDownItems	下拉区显示的最大项目数
方法	Select	在 ComboBox 控件上选定指定范围的文本

【例 11-3】 使用组合框控件。

例题的目标是在 Form 窗体上建立一个列表框控件，使读者掌握 ComboBox 组合框控件的主要属性和方法。本次实验界面如图 11-8 所示。

操作步骤如下：

(1) 从工具箱中拖曳一个列表框控件到 Form 窗体上，调整控件基本属性以达到图 11-8 的效果。

(2) 双击窗体界面，进入.cs 文件编辑状态，准备进行开发。下面给出详细代码：

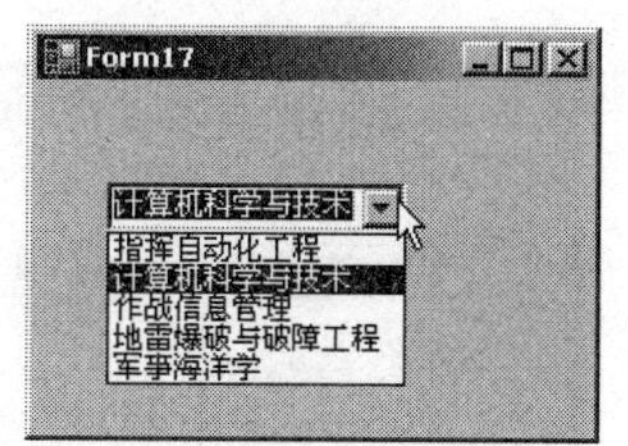

图 11-8 "ComboBox 组合框控件的使用"实验目标界面

```
private void Form1_Load(object sender, EventArgs e)
{
    this.comboBox1.Items.Add("指挥自动化工程");
    this.comboBox1.Items.Add("计算机科学与技术");
    this.comboBox1.Items.Add("作战信息管理");
    this.comboBox1.Items.Add("地雷爆破与破障工程");
    this.comboBox1.Items.Add("军事海洋学");
    //默认的选择是"计算机科学与技术"
    this.comboBox1.SelectedIndex=1;
}
```

6. 对话框窗口

在用户操作窗体系统时，经常会需要与计算机的会话机制，例如报错或者某种信息反馈等。从根本上说，对话框是继承窗体并被模式化的，对话框窗口(dialog)更多的是从人机交互角度来定义的。计算机给出提示所需参数并等待用户输入，使用者输入数据后执行，犹如一问一答的对话双方。Windows 程序中一般用窗体来实现人机交互，为了达到等待用户输入的目的，引入了系统对话框窗口的概念。表 11-6 给出了 MessageBox.Show()方法的重载参数。

表 11-6 MessageBox.Show()方法的重载参数

重载方法参数	说　明
Show(string text);	显示具有指定文本的消息框
Show(string text, string caption);	显示具有指定文本和标题的消息框
Show(string text, string caption, MessageBoxButtons buttons);	显示具有指定文本、标题和按钮的消息框
Show(string text, string caption, MessageBoxButtons buttons, MessageBoxIcon icon);	在指定对象的前面显示具有指定文本、标题、按钮和图标的消息框

【例 11-4】 使用对话框。

例题的目的是在 Form 窗体上创建两个 Button 控件，通过按钮控件的鼠标单击事件呈现不同的对话框样式，界面如图 11-9 和图 11-10 所示。

操作步骤如下：

(1) 从工具箱中拖曳 3 个 Button 控件和一个 Label 标签控件到 Form 窗体上，调整控件基本属性，达到图 11-9 所示的效果。

(2) 双击 Button 按钮，进入.cs 文件的编辑状态，准备进行开发。下面给出详细代码。

"问询提示"按钮鼠标单击事件源代码如下：

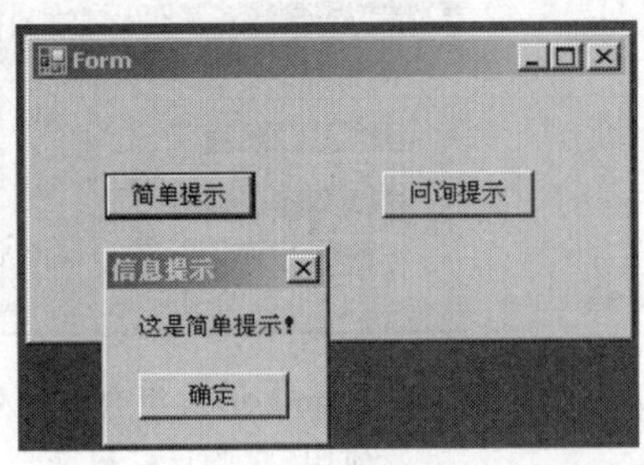

图 11-9　MessageBox. Show()方法重载的不同效果(1)

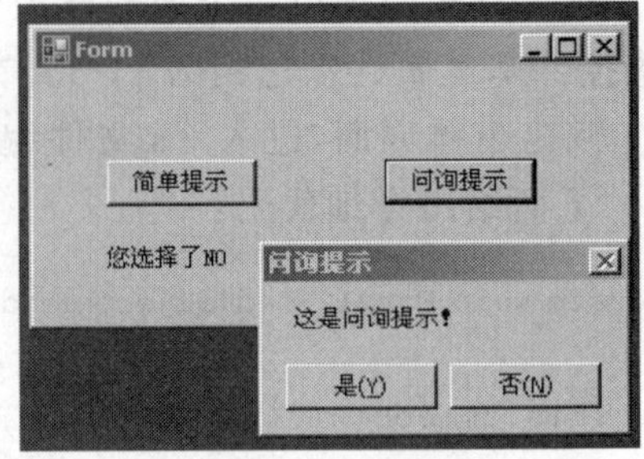

图 11-10　MessageBox. Show()方法重载的不同效果(2)

```
private void button1_Click(object sender, EventArgs e)
{
    //第一个参数是对话框正文信息,第二个参数是窗体左上角信息标志
    MessageBox.Show("这是简单提示!","信息提示");
}
```

"简单提示"按钮鼠标单击事件源代码如下:

```
private void button2_Click(object sender, EventArgs e)
{
    DialogResult result=MessageBox.Show("这是问询提示!","问询提示",
    MessageBoxButtons.YesNo);
    //1. DialogResult 属性用于获取或设置 MessageBox.Show()方法返回的一个值
    //单击按钮后返回该值
    //2. MessageBoxButtons.YesNo 表示提示信息为"是","否"两种按钮之一
    if(result==DialogResult.Yes)
    {
        label1.Text="您选择了 YES";
    }
    else
    {
        label1.Text="您选择了 NO";
    }
}
```

11.3　多文档界面处理

在前面所设计的窗口被称为单文档窗口(SDI)。但很多时候应用软件是在多文档窗口环境下进行开发设计的,这种多文档界面就是所谓的 MDI。MDI 编程主要用于在主窗体中新建窗体,并且能够对主窗体中的所有 MDI 窗体实现层叠、水平平铺和垂直平铺。

一般生成的窗体都属于单文档窗体,只有将单文档窗体的 IsMdiContainer 属性设置为 True,才可以将其设置为多文档窗体,如图 11-11 所示。

多文档界面的基本属性其实也就是窗体的属性,其主要属性、方法和事件如表 11-7 所示。

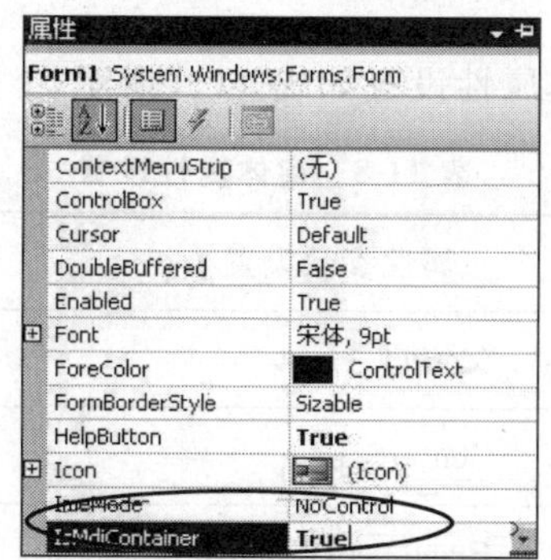

图 11-11　将单文档界面改为多文档界面

表 11-7　多文档界面属性

项　目		说　明
属性	StartPosition	初始窗口位置
	CancelButton	按下 Esc 键后执行那个按钮
	ControlBox	确定系统是否有图标和最大最小关闭按钮
	FormBorderStyle	指定边框和标题栏的外观和行为
	HelpButton	确定窗体的标题栏上是否有帮助按钮
	KeyPreview	确定窗体键盘事件是否已经向窗体注册
	MainMenuStrip	确定键盘激活和多文档合并
	ShowInTaskbar	确定窗体是否出现在任务栏中
	WindowState	确定窗体的初始可视状态
方法	Activate	当窗体被激活时候发生
	MdiChildActivate	当 MDI 子窗体被激活时候发生
事件	Activated	当窗体被激活时发生
	Load	当用户加载窗体时发生

【例 11-5】 建立多文档界面(MDI)。

例题的目的是建立一个 Form 主窗体,并在该主窗体中建立菜单,通过菜单打开其余的子窗体。最终的显示界面如图 11-12 所示。

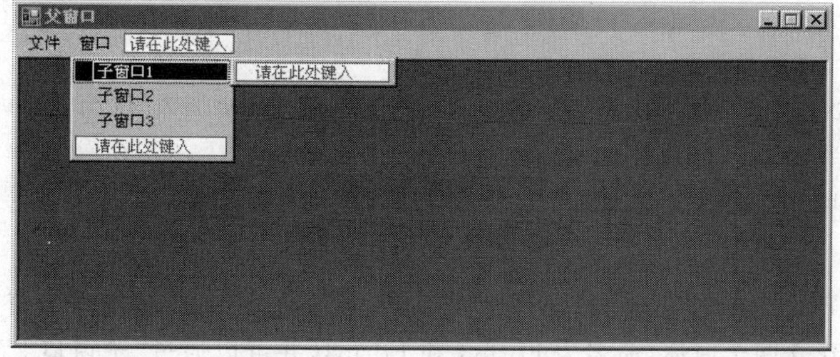

图 11-12　多文档界面

操作步骤如下：

(1) 当前操作的 Form 窗体属性设置如表 11-8 所示。

表 11-8　窗体属性设置

属 性 名 称	属性参数设置	说　　明
Text	父窗口	窗体标签名称
StartPosition	CenterScreen	窗体居中
FormBorderStyle	FixedToolWindow	无“最大”、“最小”按钮
IsMdiContainer	True	设为 MDI 主窗口

(2) 为该 MDI 窗体配置 MainMenu 菜单，工具箱默认没有该控件，打开工具箱所有的 Windows 控件部分，右击工具箱界面，在打开的快捷菜单中选择“选择项”命令，并在展开的“选择工具箱项”窗口中寻找 MainMenu 控件，添加后即出现在 Windows 控件部分。具体操作如图 11-13 所示。

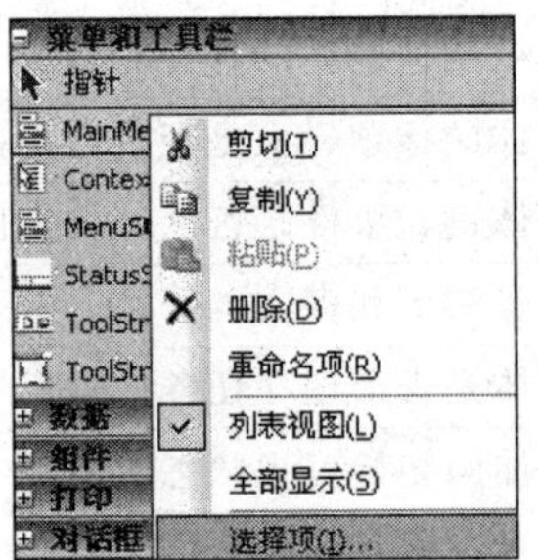

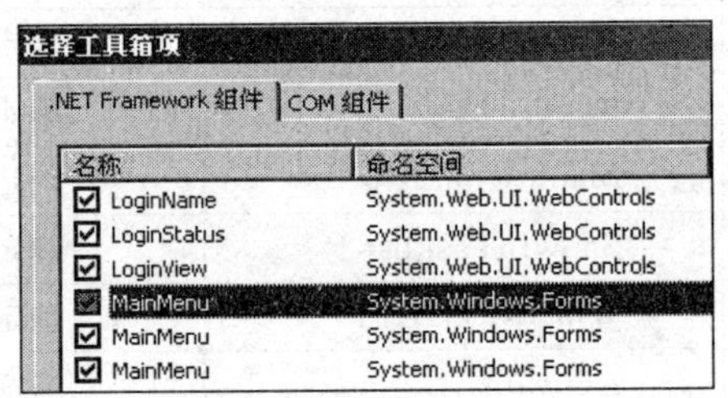

图 11-13　MDI 窗体添加 MainMenu 菜单控件

(3) 打开解决方案资源管理器，新建一个 Windows 窗体，命名为 Form2，该窗体并非 MDI 窗体，即无须指定其 IsMdiContainer 属性为 True。双击图 11-12 中菜单项内的“子窗口 1”项，计入代码编辑区域，填写“子窗口 1”菜单项，单击事件的源代码如下：

```
private void menuItem3_Click(object sender, EventArgs e)
{
    Form2 Mdichild=new Form2();          //首先实例化 Form2 对象,命名为 Mdichild
    Mdichild.MdiParent=this;
    //其次指定即将打开的 Form2 对象的 MdiParent,即 Form2 对象的 MDI 父窗口
    //为当前的主 MDI 窗口
    Mdichild.Show();                     //显示 Form2 对象的 MDI 父窗口
}
```

此时，打开的 Form2 窗体就只能在当前窗体下活动，而不会超出当前窗体的范围。按照此方法，再建立两个窗体，命名为 Form3 和 Form4，并可以通过“子窗口 2”和“子窗口 3”菜单打开它们。

11.4 Windows 高级控件

11.4.1 ListView 控件

在 Windows 操作系统中经常会操作资源管理器，而资源管理器的窗口设计本身就涵盖两个基本对象：ListView 控件和 TreeView 控件，如图 11-14 所示。

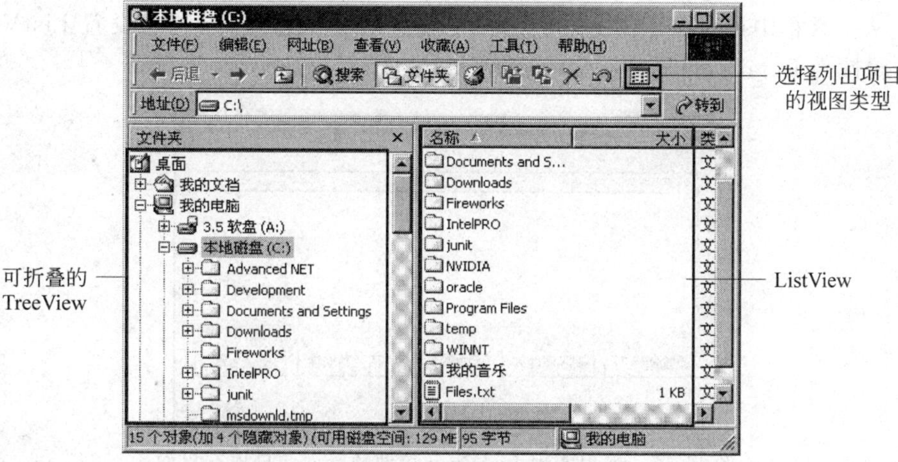

图 11-14 资源管理器界面

本节讨论的 ListView 控件的主要应用是创建与 Windows 资源管理器右窗口类似的用户界面，可以显示 4 种视图模式，即大模式、小模式、列表和详细资料。

ListView 控件主要的属性及方法如表 11-9 所示。

表 11-9 ListView 控件的属性及方法

项目		说明
属性	Items	ListView 中的具体内容
	MultiSelect	允许选择多个项
	SelectedItems	用户选择的 ListView 行
	Sorting	指定进行排序的方式
	Columns	详细视图中显示的列信息
	View	选择 5 种视图中的一种
方法	Clear()	彻底清除视图，删除所有的选项和列
	GetItemAt()	返回列表视图中位于 x,y 的选项
	Sort()	进行排序；仅限于字母数字类型
事件	BeginUpdate	开始更新，直到调用 EndUpdate 为止。当一次插入多个选项时，使用这个方法很有用，因为它会禁止视图闪烁，并可以大大提高速度
	EndUpdate	结束更新

在 ListView 控件的设置中，最为重要的是 Column 集合和 Column 对象。ListView 控件的 Columns 属性表示控件中出现的所有列标题集合。当控件的 View 属性设置为 Details 值时，ColumnHeader 对象与表头信息类似。

设置完 Column 集合相当于完成了表的表头设计工作，另外一项重要的工作是设置表的每一行信息，ListView 控件的设置中与行配置有关的是 Items 项集合和 Items 项对象。ListView 控件的 Items 属性表示包含控件中所有行信息的集合。

【例 11-6】 编程实现 ListView 控件的行列信息填充。

(1) 从工具箱中拖曳 5 个 Button 控件和 1 个 ListView 控件，同时设置 ListView 控件的 View 属性为 Details，布局如图 11-15 所示。

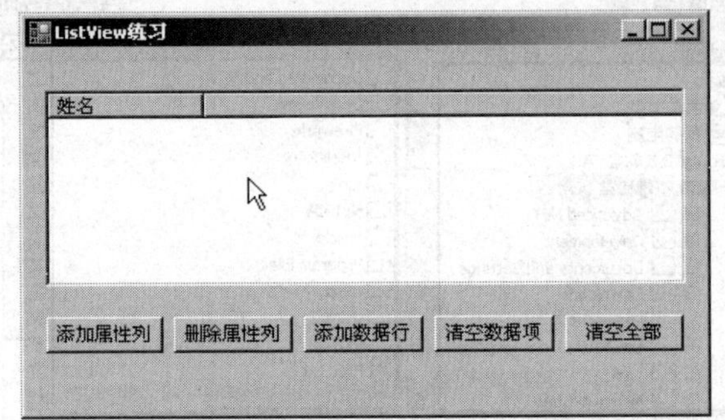

图 11-15　编程实现 ListView 控件的行列信息填充界面

(2) 具体功能的实现代码如下：

```
using System;
using System.Collections.Generic;
using System.ComponentModel;
using System.Data;
using System.Drawing;
using System.Text;
using System.Windows.Forms;

namespace WindowsApplication1
{
    public partial class Form62 : Form
    {
        public Form62()
        {
            InitializeComponent();
            listView1.View=View.Details;
            //设置 ListView 对象的 View 属性值为 Details
        }
        //在初始化事件中配置当前 ListView1 控件的基本属性
        private void Form62_Load(object sender, EventArgs e)
        {
```

```
        ColumnHeader Header1=new ColumnHeader();                 //创建表头对象
        //设置表头的名称、对齐方式和宽度
        Header1.Text="姓名";
        Header1.TextAlign=HorizontalAlignment.Center;
        Header1.Width=100;
        //将表头对象添加到 ListView 控件
        listView1.Columns.Add(Header1);
    }
    //添加属性列
    private void button1_Click(object sender, EventArgs e)
    {
        //添加表头列
        listView1.Columns.Add("年龄", 40, HorizontalAlignment.Center);
        listView1.Columns.Add("队别", 40, HorizontalAlignment.Center);
        listView1.Columns.Add("性别", 40, HorizontalAlignment.Center);
        button1.Enabled=false;
    }
    //删除属性列
    private void button2_Click(object sender, EventArgs e)
    {
        listView1.Columns.Remove(listView1.Columns[1]);
    }
    //添加数据行
    private void button3_Click(object sender, EventArgs e)
    {
        //添加第一个 Item
        listView1.Items.Add("row1","张三",0);
        //添加子项
        listView1.Items["row1"].SubItems.Add("21");
        listView1.Items["row1"].SubItems.Add("98001");
        listView1.Items["row1"].SubItems.Add("男");
        //以下类推
        listView1.Items.Add("row2", "李四", 0);
        //添加子项
        listView1.Items["row2"].SubItems.Add("22");
        listView1.Items["row2"].SubItems.Add("98002");
        listView1.Items["row2"].SubItems.Add("男");
    }
    //清空全部的数据项
    private void button4_Click(object sender, EventArgs e)
    {
        this.listView1.Clear();
    }
```

```
            //清除列表内容,不清除表头
            private void button5_Click(object sender, EventArgs e)
            {
                listView1.Items.Clear();
            }
            private void listView1_SelectedIndexChanged(object sender, EventArgs e)
            {
                foreach(ListViewItem lst in listView1.SelectedItems)
                {
                    //在这里对 lst 进行处理,lst 代表每一个被选中的 ListViewItem
                    MessageBox.Show(lst.Text);        //显示每一个被选中的项的第一列的文本
                }
            }
        }
    }
```

11.4.2 TreeView 控件

在 Windows 资源管理器中左窗格所包含的目录和文件是以树形视图样式排列的,这就是本节将讨论的 TreeView 控件的实际应用。在 TreeView 控件中,复选框和图标可以和文本一起显示,用于以节点形式显示文本或数据,这些节点按层次结构排列。TreeView 控件的实际应用如图 11-16 所示。

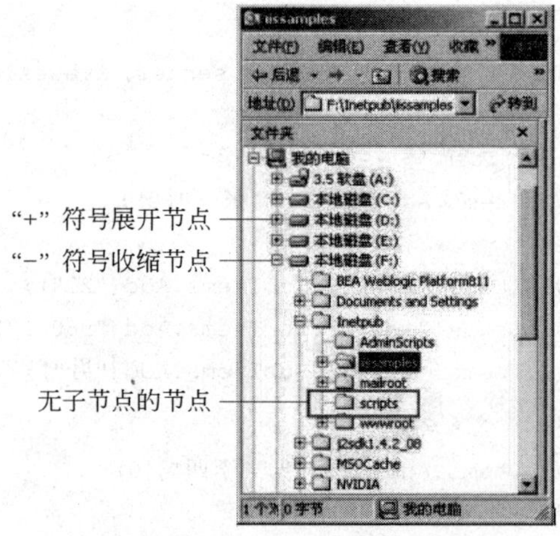

图 11-16 TreeView 控件的应用样式

在 TreeView 控件中,节点集和节点对象是重要的知识概念。TreeView 控件的 Nodes 属性表示为 TreeView 控件指定的树节点集,而树节点集中的每个树节点对象可包括它本身的树节点集。开发人员可以使用树节点集中 Add()、Remove()和 RemoveAt()方法,添加和移动集中的单个树节点。

TreeView 控件主要的属性和方法如表 11-10 所示。

表 11-10 TreeView 控件的属性及方法

项目		说明
属性	Nodes	根节点包含的集合
	ShowLines	是否显示父子节点之间的连接线，默认为 True
	StateImageList	树形视图用以表示自定义状态的 ImageList 控件
	Scrollable	是否出现滚动条
事件与方法	AfterCheck	选中或取消属性节点时发生
	AfterCollapse	折叠节点后发生
	AfterExpand	展开节点后发生
	AfterSelect	更改选定内容后发生
	BeforeCheck	选中或取消树节点复选框时发生
	BeforeCollapse	折叠节点前发生
	BeforeExpand	展开节点前发生
	BeforeSelect	更改选定内容前发生

TreeView 控件的操作主要包括加入子节点或兄弟节点、删除节点、展开和折叠节点等。下面分别进行讨论。

1）加入子节点

加入子节点的具体过程是：首先要在 TreeView 组件中定位要加入的子节点的位置，然后创建一个节点对象，然后利用 TreeVeiw 类中对节点的加入方法（即 Add()方法），加入此节点对象。

```
treeView1.SelectedNode.Nodes.Add(tmp);
```

2）加入兄弟节点

与加入子节点的方法类似，加入兄弟节点的具体过程如下：首先寻找当前选中节点的父节点，然后在该父节点下面再建立子节点，就可以建立选中节点的兄弟节点了。一般添加兄弟节点的语句如下：

```
treeView1.SelectedNode.Parent.Nodes.Add(tmp);
```

3）删除节点

删除节点的具体过程是：首先判断要删除的节点是否存在下一级节点，如果不存在，就调用 TreeView 类中的 Remove()方法删除节点了。

```
treeView1.SelectedNode.Remove();
```

4）展开所有节点

展开所有节点的具体过程如下：首先获取当前 TreeView 控件的根节点，然后利用 ExpandAll 方法展开节点。一般展开所有节点的语句如下：

```
//定位根节点
```

```
treeView1.SelectedNode=treeView1.Nodes [0];
//展开组件中的所有节点
treeView1.SelectedNode.ExpandAll();
```

5）展开选定节点的下一级节点

展开选定节点的下一级节点的具体过程如下：首先获取当前选中的节点，然后利用 Expand 方法展开节点。

一般展开下一级节点的语句如下：

```
treeView1.SelectedNode.Expand();
```

6）折叠所有节点

折叠所有节点的具体过程是：首先获取当前 TreeView 控件的根节点，然后利用 Collapse 方法折叠节点。

一般折叠所有节点的语句如下：

```
//定位根节点
treeView1.SelectedNode=treeView1.Nodes [ 0 ] ;
//折叠组件中所有节点
treeView1.SelectedNode.Collapse();
```

【例 11-7】 TreeView 控件的设计开发。

(1) 从工具箱中拖曳 1 个 textbox 控件、1 个 TreeView 控件和 3 个 Button 控件，如图 11-17 进行排列。

(2) 从工具箱的菜单和工具栏中拖曳 1 个 ContentMenuScript 控件，并设置该菜单的 3 个子菜单名称，如图 11-17 所示。该控件主要用于右击 TreeView 控件时，弹出用户自定义快捷菜单。

(3) 具体功能的实现见下面的代码：

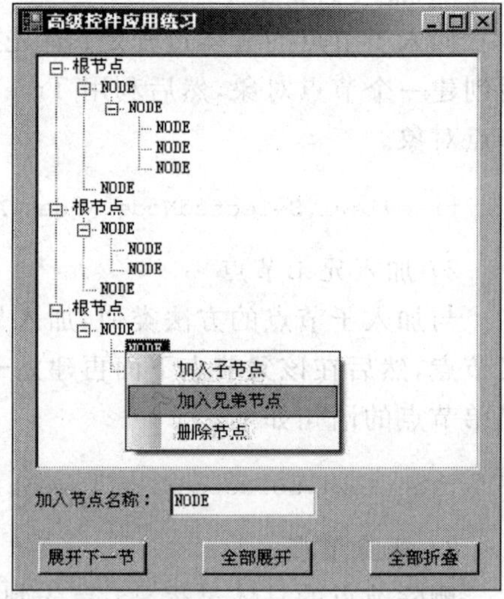

图 11-17　子菜单

```
using System;
using System.Collections.Generic;
using System.ComponentModel;
using System.Data;
using System.Drawing;
using System.Text;
using System.Windows.Forms;
namespace WindowsApplication1
{
    public partial class Form1 : Form
    {
        public Form1()
        {
            InitializeComponent();
        }
```

```
//初始化时,设置 TreeView 对象的根节点
private void Form1_Load(object sender, EventArgs e)
{
    treeView1.Nodes.Clear();
    TreeNode tem=new TreeNode("根节点");
    treeView1.Nodes.Add(tem);
}
//TreeView1 控件判断鼠标单击事件 MouseDown,如果判别为右击,
//则弹出快捷菜单
private void treeView1_MouseDown(object sender, MouseEventArgs e)
{
    if(e.Button==MouseButtons.Right)
        contextMenuStrip1.Show(this,  new  Point(e.X,  e.Y));
    //获取当前鼠标像素位置为快捷菜单弹出的位置
}
//展开下一节点
private void button1_Click(object sender, EventArgs e)
{
    treeView1.SelectedNode.Expand();
}
//展开全部节点
private void button2_Click(object sender, EventArgs e)
{
    //定位根节点
    treeView1.SelectedNode=treeView1.Nodes[0];
    //展开组件中的所有节点
    treeView1.SelectedNode.ExpandAll();
}
//全部折叠
private void button3_Click(object sender, EventArgs e)
{
    //定位根节点
    treeView1.SelectedNode=treeView1.Nodes[0];
    //展开组件中的所有节点
    treeView1.SelectedNode.Collapse();
}
//添加子节点
private void ToolStripMenuItem1_Click(object sender, EventArgs e)
{
    //首先判断是否选定组件中的位置
    if(treeView1.SelectedNode==null)
    {
        MessageBox.Show("请选择一个节点", "提示信息",
        MessageBoxButtons.OK, MessageBoxIcon.Information);
```

```
        }
        else
        {
            if(textBox1.Text !="")
            {
                //创建一个节点对象并初始化
                TreeNode tmp;
                tmp=new TreeNode(textBox1.Text);
                //在 TreeView 组件中加入子节点
                treeView1.SelectedNode.Nodes.Add(tmp);
                treeView1.SelectedNode=tmp;
                treeView1.ExpandAll();
            }
            else
            {
                MessageBox.Show("TextBox 组件必须填入节点名称!", "提示信息",
                MessageBoxButtons.OK, MessageBoxIcon.Information);
                return;
            }
        }
    }
    //加入兄弟节点方法
    private void ToolStripMenuItem2_Click(object sender, EventArgs e)
    {
        //try
        //{
            //首先判断是否选定组件中节点的位置
            if(treeView1.SelectedNode==null)
            {
                MessageBox.Show("请选择一个节点", "提示信息",
                MessageBoxButtons.OK, MessageBoxIcon.Information);
            }
            else
            {
                if(textBox1.Text !="")
                {
                    //创建一个节点对象并初始化
                    TreeNode tmp;
                    tmp=new TreeNode(textBox1.Text);
                    //在 TreeView 组件中加入兄弟节点
                    treeView1.SelectedNode.Parent.Nodes.Add(tmp);
                    treeView1.ExpandAll();
                }
                else
                {
```

```
                    MessageBox.Show("TextBox组件必须填入节点名称!", "提示信息",
                    MessageBoxButtons.OK, MessageBoxIcon.Information);
                    return;
                }
            }
        //}
        //catch
        //{
        //    TreeNode tem=new TreeNode("根节点");
        //    treeView1.Nodes.Add(tem);
        //}
    }
    //删除节点
    private void ToolStripMenuItem3_Click(object sender, EventArgs e)
    {
        //判断选定的节点是否存在下一级节点
        if(treeView1.SelectedNode.Nodes.Count==0)
            //删除节点
            treeView1.SelectedNode.Remove();
        else
            MessageBox.Show("请先删除此节点中的子节点!", "信息提示",
            MessageBoxButtons.OK, MessageBoxIcon.Information);
    }
  }
}
```

11.5 小　　结

WinForm 可用于 Windows 窗体应用程序的开发。标签控件用于显示用户不能编辑的文本或图像,按钮控件提供用户与应用程序交互的最简单方法,组合框控件是列表框控件和文本框控件的组合,MDI 窗口是由多个子窗口构成的多文档窗体,其中父窗口与子窗口的数据传输技术是关键的核心内容。

Windows 高级控件中的 ListView 控件用于以特定样式或视图类型显示列表项,TreeView 控件用于以节点形式显示文本或数据。

习　　题

1. 创建一个登录界面,包括用户名输入框、密码输入框,确定按钮、取消按钮。基本功能:禁止输入空信息,否则弹出对话框禁止;只有用户名和密码都是 admin 时,弹出正确对话框;否则弹出对话框,显示错误信息。

2. 建立一个列表框,下拉列表显示计算机系、电子工程系、数学系和英语系。

第 12 章　ADO.NET 数据访问技术

SQL 既是独立的语言，也是嵌入式语言。那么在开发信息管理应用系统时，如何将对数据库的操作和查询活动以 SQL 语言的形式“嵌入”到程序语言中，通过程序语言所开发的软件来管理数据库呢？开发语言与数据库应通过何种方式进行“对接”呢？这就是本章所要讨论的内容。

12.1　ADO.NET 的起源

早期的程序员在程序中要连接数据库是非常困难的，每种 DBMS 产生的数据库文件的格式都不一样，程序员要对访问的 DBMS 的底层 API(application programming interface，应用程序编程接口)有相当程度的了解，通过 API 来访问特定的 DBMS。例如 Oracle OCI(Oracle call interface)，即 Oracle 调用层接口，是 Oracle 公司提供的由头文件和库函数等组成的一个访问 Oracle 数据库的应用程序编程接口，它允许开发人员在 C、C++ 等编程语言中通过 SQL 来操纵 Oracle 数据库。又如 MySQL 提供的 C 语言的 API，可通过这个接口访问控制 MySQL 数据库。由于 DBMS 不同，因而访问该 DBMS 的 API 也是不同的，必须使用特定的接口来访问特定的 DBMS，这类接口称为“私有”数据库访问接口。

这就产生了一个问题，因为应用程序所使用的访问某个 DBMS 的 API 是私有的、专用的，那么当使用的 DBMS 改变后，应用软件便无法正常访问 DBMS。这就需要开放的数据库连接，也就是需要用一种新的方法来访问不同的数据库，以隐藏各种复杂性，屏蔽各种系统之间的差异。因此，Microsoft 公司推出了一种实现应用程序和关系数据库之间通信的方法标准 ODBC(open database connectivity)，即开放式数据库互连，它实际上是一种标准，符合标准的数据库就可以通过 SQL 语言编写的命令对数据库进行操作，但只能针对关系数据库进行操作(如 SQL Server、Oracle、Access 和 Excel 等)，目前所有的关系数据库都符合该标准。ODBC 本质上是一组数据库访问 API，由一组函数调用组成，核心是 SQL 语句。ODBC 虽然统一了对多种常用 DBMS 的访问，但是由于存在大量的低级调用，用户使用不方便，所以 Microsoft 公司后来又发展推出 OLE DB、ADO、ADO.NET 等数据库接口，使用这些数据库接口开发程序更加容易。

12.1.1　OLE DB

OLE DB，即数据库链接和嵌入对象(object linking and embedding database)，是 Microsoft 公司提出的基于 COM 思想且面向对象的一种技术标准，目的是提供一种统一的数据访问接口访问各种数据源，这里所说的“数据”除了标准的关系型数据库中的数据之外，还包括邮件数据、Web 上的文本或图形、目录服务(directory services)，以及主机系统中的文件和地理数据及自定义业务对象等。OLE DB 标准的核心内容就是要求对以上这些各种各样的数据存储都提供一种相同的访问接口，使得数据的使用者(即应用程序)可以使用同样的方法访问各种数据，而不必考虑数据的具体存储地点、格式或类型。

OLE DB标准的具体实现是通过一组 C++ API 函数，就像 ODBC 标准中的 ODBC API 一样，不同之处只是在于 OLE DB 的 API 是符合 COM 标准、基于对象的。由于 OLE DB 可以访问各种类型的数据源，包括关系型数据库，所以符合 ODBC 标准的数据源是符合 OLE DB 标准的数据源的子集。但是符合 ODBC 的数据源若要符合 OLE DB 标准，还必须提供相应的 OLE DB 服务程序，就像 SQL Server 要符合 ODBC 标准，必须提供 SQL Server ODBC 驱动程序一样。Microsoft 公司已经为所有的 ODBC 数据源提供了一个统一的 OLE DB 服务程序，即 Microsoft OLE DB Provider for ODBC drivers，它允许用户通过 OLE DB 或 ADO 访问 ODBC 提供的所有功能。ODBC 和 OLE DB 这两种技术是互补的，不能完全互相替换。对于非关系型数据源，只要它提供相应的 OLE DB 访问接口，就可以同其他关系型数据源一样进行操作。

12.1.2 ADO

ADO(ActiveX data object)，即 ActiveX 数据对象，是 Microsoft 公司于 1996 年推出的一种面向对象的、基于 COM 思想的数据库访问接口。由于 OLE DB 标准的 API 是 C++ API，只能供 C++ 语言调用(这也是 OLE DB 没有改名为 ActiveX DB 的原因，ActiveX 是与语言无关的组件技术)。为了使流行的各种编程语言都可以编写符合 OLE DB 标准的应用程序，Microsoft 公司在 OLE DB API 之上，提供了一种面向对象、与语言无关的应用编程接口，这就是 ADO。实质上，ADO 就是将 OLE DB 的面向 C++ 的复杂接口封装起来，提供了便于操作的接口。也可以说，ADO 其实只是一个应用程序层次的界面，它用 OLE DB 来与数据库通信，ADO 为 OLE DB 提供高层应用 API 函数。

12.1.3 ADO.NET

ADO.NET 是 Microsoft 公司提供的面向 ADO、基于.NET 框架结构的数据库访问技术，是 ADO 技术的升级版本，ADO.NET 提供了一个面向对象的数据存取架构，是数据库应用程序和数据源间建立联系的桥梁，可以让用户快速简单地存取各种数据。传统的数据访问技术在执行时会始终保持和数据源的连接，浪费宝贵的系统资源，从而降低系统性能，ADO.NET 增强了对非连接编程模式的支持，应用程序只有在查询或更新数据时需要连接数据源，不用和数据源一直保持连接，从而减轻了负载提升了效能。

12.2 ADO.NET 的对象模型

ADO.NET 的对象模型包含两个主要部分：数据提供程序(data provider，有时也称为托管提供程序)和数据集(dataset)。数据提供程序负责与物理数据源进行连接，数据集就像是驻留在客户端内存中的小数据库，能够实现无连接数据源的数据访问。ADO.NET 数据对象模型如图 12-1 所示。

12.2.1 数据提供程序

数据提供程序用于连接数据库、执行命令和检索结果。.Net Framework 提供 4 种数据

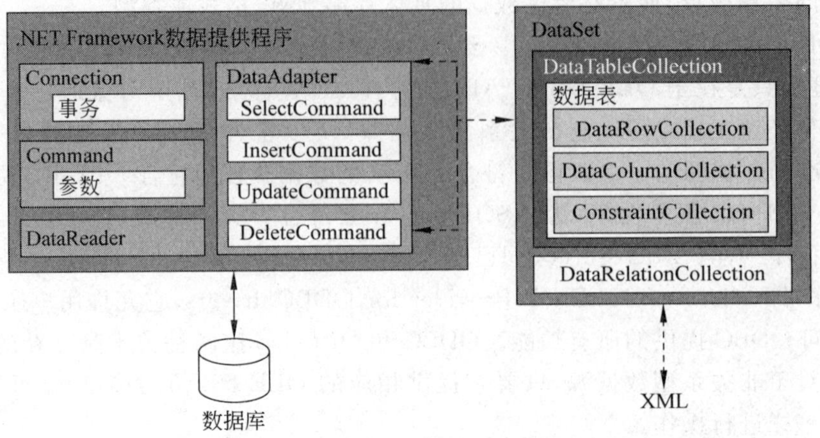

图 12-1　ADO. NET 数据对象模型

提供程序，实现与不同的数据库管理系统交互，如表 12-1 所示。不同数据提供程序使用相似的对象与数据源进行交互。

表 12-1　ADO. NET 的 4 种数据提供程序

ADO. NET 数据提供程序	说　明
SQL Server Data Provider	专门用来连接 SQL Server 7.0 及其以上的数据库系统，具有更高的安全性和连接效率
OLE DB Data Provider	用于连接支持 OLE DB 的数据库，如 Access、SQL Server 6.5 及其以下版本、DB2、Informax 等
ODBC Data Provider	用于连接通过开放数据库连接(ODBC)提供数据服务的数据库系统
Oracle Data Provider	用于 Oracle 数据源，支持 Oracle 客户端软件 8.1.7 版及更高版本

数据提供程序通常包括以下 4 个核心对象。

1. Connection 对象

Connection 对象用于管理与数据库的连接，在连接字符串中描述数据库服务器的类型、数据库名字、用户名、密码等连接数据库所需要的各种参数，从而创建程序和数据库之间的物理连接。Connection 对象处于 ADO. NET 的最底层。不同的数据提供者其 Connection 对象略有差异，分别在 Connection 对象前加上不同的 API 前缀，例如，SQL Server Data Provider 的连接对象是 SqlConnection，OLE DB Data Provider 的连接对象是 OleDbConnection，ODBC Data Provider 的连接对象是 OdbcConnection，Oracle Data Provider 的连接对象是 OracleConnection。

2. Command 对象

Command 对象用于向数据库发出查询、新增、修改或删除等数据操作指令，指令可以是 SQL 语句，也可以是某个存储过程。同 Connection 对象相似，不同的数据提供者其 Command 对象略有差异。

3. DataReader 对象

用于从数据源获得 SELECT 语句执行的查询结果集。DataReader 对象只允许以只读、顺序的方式查看数据，但其效率很高，而且在 DataReader 对象读取期间，应用程序必须始终保持和数据源的连接。DataReader 对象不能用代码直接创建,只能通过调用 Command 对象的 ExecuteReader 方法创建。同 Connection 对象相似,不同的数据提供者其 DataReader 对象略有差异。

4. DataAdapter 对象

DataAdapter 对象用于在数据源和 DataSet 之间执行数据传输,DataAdapter 对象通过 SelectCommand 属性设置对数据源的查询操作,并通过 Fill 方法将查询结果填充到 DataSet 对象中,通过 InsertCommand 属性、UpdateCommand 属性和 DeleteCommand 属性的设置,使 DataSet 对象中的更新数据按指定的方式存回到数据源。DataAdapter 对象会自动打开或关闭连接,不需要用户管理数据源的连接操作。同 Connection 对象相似,不同的数据提供者其 DataAdapter 对象略有差异。

12.2.2 数据集

DataSet 对象是记录在内存中的数据,像一个简化的关系数据库,主要用来支持断开式连接及分布式数据处理。包含了数据表以及表之间的关系,所以 DataSet 对象包含 DataTable 对象和 DataRelation 对象;而数据表又包含行、列和约束等结构,所以 DataTable 对象包含 DataRow、DataColumn 和 Constraint 对象。DataSet 中的数据可以是来自于数据库的数据,也可以是本地产生的数据,还可以是被修改的数据。

12.3 ADO.NET 的数据访问

下面以访问 SQL Server 数据库为例,介绍 C#程序访问数据库的方法。

ADO.NET 提供了两种访问数据库的模式,即连接保持模式和无连接保持模式。在采用连接保持模式访问数据库的过程中,数据库必须保持连接状态,才能正常操作,否则会产生异常现象。由于数据库服务器的连接数量是有限的,在连接保持模式下操作数据库时,数据库操作完毕,应及时关闭与数据库的连接,以免影响其他客户访问数据库。而采用无连接保持模式访问数据库时,数据适配器(Data Adapter)在调用 Fill 方法和 Update 方法时,会自动连接数据库,方法执行完毕,再自动关闭与数据库的连接,不需要编写代码来实现数据库的连接与关闭。

12.3.1 连接保持模式

1. 连接数据库

要开发数据库应用程序,首先需要建立数据库的连接。在 ADO.NET 中,利用 Connection 对象连接指定的数据源,Connection 对象最重要的属性是连接字符串(ConnectionString),这也是 Connection 对象唯一的非只读属性。ConnectionString 提供了登录数据库系统和访问特定数据库所需的信息。如果所连接的数据库是 SQL Server 7.0 及以上版本,ADO.NET 数据提供程序使用 SqlConnection 对象来连接数据源。以下程序段演示了如何使用 SqlConnection 对象,连接本地 SQL Server 中的装备维护考核数据库 ZBWHKH。

【例 12-1】 使用 SqlConnection 对象创建和打开数据库连接。

```
String ConnectionStr="Data Source=(local);Database=ZBWHKH;UID=sa;Pwd=";
SqlConnection myConn=new SqlConnection(ConnectionStr);
myConn.Open();
```

其中，ConnectionStr 为连接字符串，本例中使用 sa 用户，没有口令，访问本地 SQL Server 服务器中的 ZBWHKH 数据库。Data Source 指定了 SQL Server 服务器的地址，UID 为登录 SQL Server 服务器的用户名，Pwd 为登录密码，Database 指定访问的特定数据库。

Connection 对象最常用的方法有 Open( )和 Close( )。其中，Open( )方法使用 ConnectionString 所指定的属性设置打开数据库连接。使用完 Connection 对象后，必须通过调用 Close()显式关闭该连接。

建立数据库连接是进行数据访问的基础，在使用其他的对象进行数据操作之前，必须先进行数据连接。

2. 操作数据库

在连接到数据库后，就可以读取和操作数据库中的数据了。Command 与 DataReader 对象是操作数据库数据的最直接方法。Command 对象可以根据程序员所设置的 SQL 语句或存储过程对数据库进行操作。对返回结果集的 SQL 语句(如查询语句)，调用 Command 对象的 ExecuteReader 方法生成 DataReader 对象，后者提供了一个只读、单向的游标，从而使程序员可以以行为单位获取数据集中的数据。

Command 对象较为重要的属性如下：

- Connection：指定要执行数据命令的连接对象，即指定要执行数据操作的数据源。
- CommandText：是字符串属性，包含要执行的 SQL 语句或者数据源中存储过程的名字。
- Parameters：是针对 CommandText 属性所指定的 SQL 语句或存储过程的参数集合。

按需要设置好 Command 对象的属性后，就可以调用 Command 对象的相关方法来实现对数据源的操作了。Command 对象主要提供了以下方法用于执行命令，具体选择哪一种方法取决于要命令执行后返回什么样的结果。Command 对象用于执行命令的相关方法如表 12-2 所示。

表 12-2 用于执行命令的方法

原　型	含　义
ExecuteNonQuery()	执行一个命令但不返回结果集
ExecuteReader()	执行一个命令返回一个 DataReader 对象
ExecuteScalar()	执行一个命令返回一个值

1) ExecuteNonQuery()方法

ExecuteNonQuery()方法一般用于 UPDATE、INSERT 和 DELETE 这些不返回结果集的 SQL 语句。该方法执行后会返回一个整数，表示本次操作受到影响的行数。

【例 12-2】 利用 Command 对象的 ExecuteNonQuery()方法执行 SQL 语句。

```
String ConnectionStr="Data Source=(local);Database=ZBWHKH;UID=sa;Pwd=";
```

```
SqlConnection myConn=new SqlConnection(ConnectionStr);
myConn.Open();                                          //打开连接
String sql="Insert into 装备类型表(类型编号,类型名称) values(5,'班用机枪');";
SqlCommand cmd=new SqlCommand(sql,myConn);    //建立数据命令对象
int rowsReturned=cmd.ExecuteNonQuery();       //执行命令,返回影响的行数
myConn.Close();                                         //关闭连接
```

2) ExecuteReader()方法

Command 对象如果是执行 SELECT 语句或者执行一个返回结果集的存储过程,需要先对结果集的内容进行获取,然后再加工或输出,这就需要 DataReader 对象来配合。DataReader 对象提供了一个只读的、单向的游标用于访问结果集的行,因为内存中每次访问仅有一个数据行,所以 DataReader 需要的开销很少,效率很高。

DataReader 对象不能直接实例化,而是必须通过 Command 对象的 ExecuteReader()方法来生成。DataReader 最主要的方法是 Read 方法,用来检索行,然后可以用数组访问语法来访问行中的字段。在 DataReader 遍历记录时,数据连接必须保持打开状态,直到 DataReader 对象被关闭为止。

【例 12-3】 利用 Command 对象的 ExecuteReader()方法执行 SQL 语句。

```
String ConnectionStr="Data Source=(local);Database=ZBWHKH;UID=sa;Pwd=";
SqlConnection myConn=new SqlConnection(ConnectionStr);
myConn.Open();                                          //打开连接
String sql="select 人员编号,姓名 from 人员表 order by 人员编号";
SqlCommand cmd=new SqlCommand(sql,myConn);    //建立命令数据对象
SqlDataReader  reader=cmd.ExecuteReader();    //执行命令,返回 SqlDataReader 对象
//依次读取结果集中的行,直到读完最后一条记录
while(reader.Read())
{
    MessageBox.Show(reader["人员编号"].ToString()); //消息框显示人员编写信息
    MessageBox.Show(reader["姓名"].ToString());    //消息框显示姓名信息
}
reader.Close();                                         //关闭 DataReader 对象
myConn.Close();                                         //关闭连接
```

3) ExecuteScalar()方法

Command 的 ExecuteScalar()方法提供了返回单个值的功能,返回查询结果中第一行、第一列的结果,忽略其他行和列。当只需要读取一个统计数据,如 COUNT(*)、AVG(score)等聚集函数的结果时,通常用此方法。

【例 12-4】 利用 Command 对象的 ExecuteScalar()方法执行 SQL 语句。

```
String ConnectionStr="Data Source=(local);Database=ZBWHKH;UID=sa;Pwd=";
SqlConnection myConn=new SqlConnection(ConnectionStr);
myConn.Open();                                          //打开连接
String sql="SELECT COUNT(*)FROM 人员表";
SqlCommand cmd=new SqlCommand(sql, myConn);   //建立命令数据对象
int count=(int)cmd. ExecuteScalar();          //执行命令,返回人员表中的数量
```

```
myConn.Close();
```

12.3.2 无连接保持模式

DataSet对象也称为数据集,主要用来支持ADO.NET的断开式连接及分布式数据处理,是数据的内存驻留结构。DataSet不维持和数据源的连接,从而使用户可以进行真正无连接的数据操作。

1. 用 DataSet 对象管理数据

数据集DataSet对象能够支持多表、表间关系、数据库约束等,可以认为是内存中的数据库,它在程序中对数据的支持功能十分强大,其对象模型如图12-2所示。DataSet的数据结构可以通过可视化的方式完成,也可以通过代码完成,数据集中的数据既可以来自数据源,也可以通过代码直接向表中增加行。

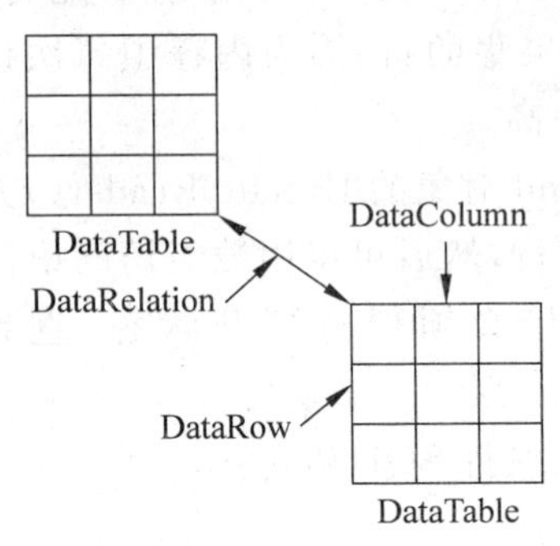

图12-2 DataSet对象模型

DataSet类的Tables属性是一个包含数据表的集合,它所存储的是DataTable类对象。DataTable类用于数据表的行和列的操作,其中DataTable类的Columns属性是该表的列的集合,Rows是该表的行的集合;PrimaryKey属性是该表主键的列的数组,通过调用Columns的Add、AddRange、Insert、Remove和Clear方法可分别用于列的添加、插入、删除和清除操作。DataTable类的Rows属性是一个包含数据表行的集合,它所存储的是DataRow类对象。创建表时必须先创建列,并指定每一列的数据类型,创建完列便限定了表的结构,添加具体数据时,必须通过NewRow的方法创建遵循表结构的行,然后按数据类型进行每个字段的赋值。表创建完成后可以添加到DataSet中。

【例12-5】 用DataSet()方法在内存中直接构造表。

```
DataSet ds=new DataSet();                                  //实例化一个 DataSet
ds.DataSetName="ZBWHKH" ;                                  //给 DataSet 命名
DataTable dt=new DataTable();                              //创建一个新表
dt.TableName="装备类型表";                                  //指定表的名称
//第一列信息
DataColumn dc1=new DataColumn();                           //创建一个列
dc1.DataType=System.Type.GetType("System.Int32");          //指明列的数据类型
dc1.ColumnName="类型编号";                                  //指明列的名称
dt.Columns.Add(dc1);                                       //在表中添加该列
//第二列信息
DataColumn dc2=new DataColumn();                           //创建一个列
dc2.DataType=System.Type.GetType("System.String");         //指明列的数据类型
dc2.ColumnName="类型名称";                                  //指明列的名称
dt.Columns.Add(dc2);                                       //在表中添加该列
DataRow row1=dt.NewRow();                                  //创建新行
row1[0]=6;                                                 //给装备类型编号
row1[1]="迫击炮";                                           //给类型名称赋值
dt.Rows.Add(row1);                                         //将行添加到表中
```

```
ds.Tables.Add(dt);                                        //将表添加到 DataSet 中
```

2. 处理数据源数据

上述例子演示了如何在内存中直接建表,DataSet 对象中的数据还可以来自于数据库管理系统中的数据源,并能保持两者的同步。为了将数据源中的数据填充到 DataSet 中以及实现 DataSet 与数据源的同步,需要使用 DataAdapter 对象。

DataAdapter 对象表示一组数据命令和一个数据库连接,用于填充 DataSet 和更新数据源。作为 DataSet 和数据源之间的桥接器,通过映射 Fill 来向 DataSet 填充数据,通过 Update 向数据库更新 DataSet 中的变化,这些操作实际上是由 DataAdapter 包含的 SelectCommand、InsertCommand、DeleteCommand、UpdateCommand 数据命令对象实现的。

前面例子中,数据集中的数据表的结构和数据是从代码中建立和输入的,利用 DataAdapter 对象,就可以对实际的数据进行操作了。

【例 12-6】 利用 DataSet 更新数据库。

```
String ConnectionStr="Data Source=(local);Database=ZBWHKH;UID=sa;Pwd=";
SqlConnection myConn=new SqlConnection(ConnectionStr);
DataSet  storeSet=new DataSet();
storeSet.Tables.Add("装备类型表");
                              //在 DataSet 中新建一张表,用于存储从数据库中读取的数据
SqlDataAdapter  jyAdpter=new SqlDataAdapter();
String sql="select * from 装备类型表";
SqlCommand cmd=new SqlCommand(sql, myConn);         //建立命令数据对象
jyAdpter.SelectCommand=cmd;                         //设置 SqlDataAdpter 执行的命令
jyAdpter.Fill(storeSet,"装备类型表");               //填充数据集
storeSet.Tables["装备类型表"].Rows[0][ "类型名称"]="92 手枪";
                                                    //修改第一行的类型名称字段的值
SqlCommandBuilder sqlbuilder=new SqlCommandBuilder(jyAdpter);
jyAdpter.Update(storeSet, "装备类型表");
```

上述代码创建了一个 DataAdapter 对象,可以使用该对象的 Fill()方法来为 DataSet 对象填充数据集。需要注意的是,如果修改了 DataSet 中的数据,必须实例化一个 SqlCommandBuilder 创建更新的语句,SqlCommandBuilder 类会先判断表中的数据是否已经修改,如有改动,会自动生成更新语句更新数据库。

12.4 小　　结

使用 ADO.NET 访问数据库时,首先必须通过 Connection 对象建立与数据库的连接,若需要执行 INSERT、UPDATE、DELETE 等语句时,需要使用到 Command 对象的 ExecuteNonQuery 方法或是 ExecuteScalar 方法;若需要执行 select 语句以便返回多行结果,则有两种方法:一是通过 Command 对象来创建 DataReader 对象,实现顺序读取数据;另一种方法是通过 DataAdapter 对象对数据集 DataSet 进行填充,从而实现对数据的读取访问。其整个流程如图 12-3 所示。

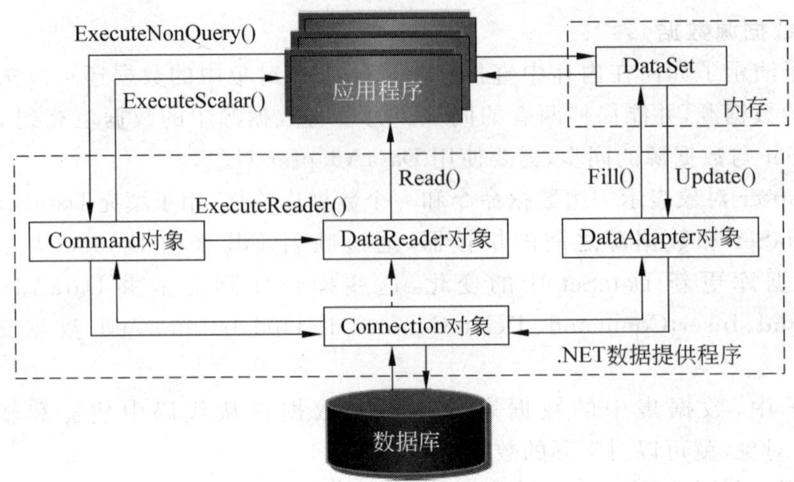

图 12-3　ADO. NET 访问流程

总结使用 ADO. NET 访问数据库的 4 种典型应用场景：

(1) 执行 INSERT、UPDATE、DELETE、不返回结果的存储过程等单向操作，常用 Command. ExecuteNonQuery 方式实现，具体流程如下：

① 使用 Connection 连接数据库。

② 执行 Command. ExecuteNonQuery 命令。

③ 关闭数据库连接。

(2) 对于只获取单个数据的 Select 操作和存储过程操作，常用 Command. ExecuteScalar 方式实现，具体流程如下：

① 使用 Connection 连接数据库。

② 执行 Command. ExecuteScalar 命令。

③ 关闭数据库连接。

(3) 对于获取只读批量数据的 Select 操作和存储过程操作，具体流程如下：

① 使用 Connection 连接数据库。

② 执行 Command. ExecuteReader 命令。

③ 用 DataReader. Read 读取查询数据。

④ 关闭 DataReader 对象和数据库连接。

(4) 对于双向的 Select 操作和存储过程操作，具体流程如下：

① 构造 Command、DataAdaper 对象。

② 设置 DataAdapter. SelectCommand、DeleteCommand 等属性。

③ 通过执行 DataAdapter. Fill 来向 DataSet 填充数据，通过 Update 向数据库更新 DataSet 中的变化。

以上的 4 种操作，前三种均使用连接保持模式，在数据库访问过程中，数据库必须保持连接状态才能正常操作；第四种操作方式属于无连接保持模式，在调用 Fill 和 Update 方法时会自动连接数据库，执行完毕再自动关闭与数据库的连接。

习　题

使用C#语言，利用ADO.NET实现程序访问数据库的相关练习，具体要求：

(1) 在数据库端建立学生成绩表(学生姓名，课程名称，考试成绩)。

(2) 使用两种数据访问模式(连接保持和无连接保持)，对学生成绩表提供增加、删除和修改功能。

(3) 显示每门课程的平均成绩、每名学生的平均成绩。

第13章 案例应用系统设计

本书第2章讨论了信息系统开发的相关概念，给出了一个案例应用系统的开发指导。该案例应用系统实质上是一个小型的信息管理应用系统，此类系统是以数据库技术为基础、为用户提供数据支持和管理功能的应用系统。因而，这类应用系统的设计应该包括数据库设计和应用软件设计两个部分。数据库的设计是基于需求分析中对数据的需求，解决数据的抽象、数据的表达和数据的存储结构等问题，其目标是设计出一个满足应用要求，简洁、高效、规范、合理的数据库；应用软件的设计是基于系统数据处理功能的需求，解决应用系统的用户界面、输入输出接口、数据处理和存取数据库中的数据等功能的设计与实现。

信息管理应用系统的设计一方面要按照信息系统的设计思想和方法，完成软件系统各设计阶段的设计文档；另一方面要熟悉所采用的数据库管理系统的控制机制、存储组织方式和优化策略等，同时要掌握数据库的概念结构、逻辑结构和物理结构的设计方法，另外还要求设计人员应该具有一定的与信息管理应用系统相关应用领域的业务知识和实践经验。

本章主要围绕该“装备维护与考核系统”案例系统，通过讨论如何具体开发一个部队装备维护以及利用装备进行人员考核的信息管理系统，进一步了解信息管理应用系统的基本开发过程，掌握数据库设计和应用软件设计的一般方法和技术。

13.1 案例系统背景介绍

部队单位(特别是基层单位)通常每年都会配发新装备或报废旧装备，为了方便对装备进行管理，通常会将这些装备定人，即将不同装备指定由不同人员负责(该负责人必须熟知装备位置、当前使用状况和基本维护等信息)。另外，部队也会经常考核所属人员使用装备情况，例如利用92式手枪、95式步枪、班用轻机枪等进行射击考核等。当单位人员数量和装备数量都比较多(如超过1000个)时，若使用传统的人工手写和纸质记录来进行装备信息的维护以及人员考核信息的管理，则效率较低，而且极易出错，费时费力。目前，在部队已有专门进行武器装备维护以及人员考核成绩管理这两类信息管理系统，大大提高了信息的管理效率和准确性。本案例系统——装备维护与考核系统将这两大系统的主要功能进行合并，简化了其他的部分功能。具体来说，该系统应该能实现以下基本功能：

- 能够进行人员相关信息的维护，即可以对单位人员进行增加、删除和修改等操作，人员的信息包括人员编号、姓名、性别、出生年月和人员类别等。
- 能够进行装备相关信息的维护，即可以对装备进行增加、删除和修改等操作，装备相关信息包括装备名称、装备类型、装备状态和形状等。装备类型来源于已有的装备类型数据。
- 能够进行装备类型相关信息的维护，装备类型包括类型编号、类型名称和说明。为了简化操作，该部分内容不需要用户进行维护，可直接获取。

- 能够进行考核项目相关信息的维护，考核项目包括考核项目名称、使用装备类型、先期需考项目等。为了简化操作，该部分内容也不需要用户进行维护，可直接获取。
- 能够将某个具体装备编配到特定人员进行维护。
- 能够对人员的各类考核信息进行维护，包括人员编号、考核项目名称和考核成绩等。
- 能够对存储的所有信息（人员信息、装备信息、装备编配信息和考核成绩信息）方便地查询和统计。
- 为便于系统使用，整个系统只在一台普通安装 Windows XP 的 PC 上使用即可。
- 待管理的数据量一般不超过 5 万条。
- 系统能够方便地进行数据备份和恢复。

13.2 数据库设计

在信息管理应用系统中，数据库是应用系统的核心，一个应用系统能否受到用户的欢迎，一个重要的方面就是数据库是否设计得好，它将直接影响着基于该数据库实现的信息管理应用系统的质量。数据库的设计主要是基于用户的各种应用需求（包括数据需求和处理需求），选择适当的系统环境（硬件配置、操作系统和 DBMS 等），使用合理的设计方法与技术，来建立一个数据库。数据库设计解决的主要问题和任务是：

- 各类用户的需求（包括数据、功能和运用）是什么？如何对它们进行表述？
- 这些需求如何转换成有效的逻辑数据库结构？
- 如何在计算机上有效地实现这些逻辑数据库结构，以及如何实现基于这种结构的数据的存取？
- 怎样使基于这种数据库结构与存取的系统实现满足用户当前和将来新的或变化的需求？

关于数据库设计的步骤以及相关内容，已在前面学习讨论。例如，在第 4 章介绍了数据库设计的步骤，重点学习了需求分析和概念结构设计；在第 6 章学习了逻辑设计的方法；在第 7 章学习了物理设计的一些原则，等等。本节主要是通过运用前面所学知识，进行案例系统“装备维护与考核系统”的数据库设计，从而进一步了解数据库设计的一般流程和方法。

13.2.1 调查研究与可行性分析

通过 13.1 节对案例系统背景的描述，可知此信息管理应用系统功能主要涉及的都是数据的基本处理（增加、删除、修改和查询），从信息管理应用系统开发的技术可行性方面考虑，不存在技术难度，具有可行性。

13.2.2 数据需求分析

数据需求分析是数据库设计的起点。在进行数据库设计之前，一定要对所要设计的系统进行细致的调查分析，了解目前的工作方式及存在的问题，把握现行数据的处理、传输的方式和特点，明确用户对目标系统的需求，在此基础上撰写出数据需求分析报告并得到用户确认，使用户和开发者对目标系统有一个共同的理解，从而为后继设计工作建立一个基线。

调查分析的重点是“数据”和“处理”，在此阶段的主要任务是确定系统的数据字典。在本书

第4章已经学习了数据字典的相关内容，这里给出对案例系统进行分析后所确定的数据字典。

1. 数据项

数据项指不可分割的数据单位。

数据项描述={数据项名，数据项含义说明，别名，数据类型，长度，取值范围，取值含义，与其他数据项的逻辑关系}

本案例系统中，有关人员和装备信息以及考核项目的相关数据项描述分别如表13-1、表13-2和表13-3所示。

表 13-1 人员相关数据项

序号	数据项名称	数据项其他描述
1	人员编号	含义说明：唯一标识每个人员 别名：人员标识 类型：字符 长度：不超过20 取值含义：军官证号或士兵证号等 与其他数据项的逻辑关系：该数据项为唯一标识
2	姓名	含义说明：与人员编号对应的人员的姓名 类型：字符 长度：不超过10
3	性别	类型：字符 长度：不超过10 取值范围：男、女 取值含义：描述人员的相关性别信息
4	出生年月	类型：日期型 取值含义：描述人员的出生年月信息
5	人员类别	类型：字符 长度：10 取值范围：军官、文职、士官、义务兵、非现役
其他：为了简化，此处省略		

表 13-2 装备相关数据项

序号	数据项名称	数据项其他描述
1	装备编号	含义说明：唯一标识每个装备 别名：装备名称 类型：字符 长度：50 取值含义：一般取名为装备类型+编号，如92手枪01，92手枪02等 与其他数据项的逻辑关系：该数据项为唯一标识
2	装备类型	含义说明：与装备编号对应的装备类型 类型：字符 长度：不超过50
3	装备状态	类型：字符 长度：不超过10 取值范围：完好、良好、堪用、待修、报废

续表

序号	数据项名称	数据项其他描述
4	形状	类型：图像 长度：不超过 1M 取值含义：描述一个装备的侧面的照片
5	装备描述	含义说明：描述该装备的相关信息 类型：字符 长度：不超过 100

其他：为了简化，此处省略

表 13-3 考核项目相关数据项

序号	数据项名称	数据项其他描述
1	项目名称	含义说明：唯一标识每个考核项目 类型：字符 长度：50 与其他数据项的逻辑关系：该数据项为唯一标识
2	使用装备类型	含义说明：实施该考核项目所需的装备类型，可以为空 类型：字符 长度：不超过 50
3	先期需考项目	类型：字符 长度：不超过 50 取值范围：取自考核项目的项目名称，也可为空值

其他：为了简化，此处省略

2. 数据结构

数据结构描述数据之间的组合关系。

数据结构描述＝{数据结构名，含义说明，组成：{数据项或数据结构}}

本案例系统中，各个数据结构描述如表 13-4 所示。

表 13-4 数据结构

序号	结构名称	结构内容
1	人员	含义说明：定义了人员的有关信息 组成：人员编号、姓名、性别、出生年月、人员类别等
2	装备	含义说明：定义了装备的有关信息 组成：装备编号、装备类型、装备状态、形状、装备描述等
3	考核项目	含义说明：定义了考核项目有关信息 组成：项目名称、使用装备类型、先期需考项目等

3. 数据存储

数据存储是数据结构停留或保存的地方，也是数据流的来源和去向之一。

数据存储描述＝{数据存储名，说明，编号，流入的数据流，流出的数据流，组成：{数据结构}，数据量，存取方式}

本案例系统中，数据存储描述如表 13-5 所示。

表 13-5　数据存储

序号	存储名称	存储描述
1	人员表	说明：记录所有人员的基本信息 流入数据流：UI 输入 流出数据流：人员查询、编配维护、成绩管理 组成：由人员组成 数据量：相对不改变，不超过 1000 条 存取方式：读取、修改、删除
2	装备表	说明：记录所有装备基本信息 流入数据流：UI 输入 流出数据流：装备查询、编配维护 组成：由装备组成 数据量：总量不超过 10 万，每年大概增加 1000、删除 800 个 存取方式：读取、修改、删除
3	考核项目表	说明：记录所有考核项目相关信息 流入数据流：UI 输入 流出数据流：成绩管理 组成：由考核项目组成 数据量：相对不改变 存取方式：读取、修改、删除
…		

4. 处理过程

处理过程指具体的处理逻辑。

处理过程描述＝{处理过程名，说明，输入：{数据流}，输出：{数据流}，处理：{简要说明}}

本案例系统中，处理过程描述如表 13-6 所示。

表 13-6　处理过程

序号	过程名称	过程描述
1	人员添加	处理过程：对人员进行添加 说明：录入未存储到系统的人员 输入：人员编号、姓名、性别、出生年月、人员类别 输出：人员编号、姓名、性别、出生年月、人员类别信息入库 处理：从 UI 上录入人员的基本信息，保存到数据库中
2	人员删除	处理过程：删除系统中已经存储的人员 说明：根据选中的人员，一次删除一个或多个人员相关信息。删除该人员时，该人员所对应的编配关系和考核成绩也自动删除 输入：人员编号 输出：删除是否成功 处理：先从编配关系中删除该人员的编配关系（如果存在），再从考核成绩中删除该人员的考核成绩（如果存在），最后从人员信息列表中删除该人员信息

续表

序号	过程名称	过程描述
3	人员修改	处理过程：对已经录入的人员信息进行修改 说明：人员编号、姓名、性别、出生年月、人员类别均可修改，但要保证人员编号的唯一性 输入：人员编号、姓名、性别、出生年月、人员类别 输出：修改是否成功 处理：从 UI 界面中选中待修改的人员，显示该人员对应的相关信息(人员编号、姓名、性别、出生年月、人员类别)，直接对这些信息进行修改，然后保存入库。若人员编号改变，要修改对应的人员在考核成绩及编配关系中的相关数据
4	装备编配添加	处理过程：给人员编配装备 说明：将不同装备编配给不同人员来负责维护 输入：人员、装备 输出：装备编配关系 处理：首先选择需要编配装备的人员，然后选择待编配的装备，将人员与装备进行绑定，实现装备编配到人员
5	考核成绩添加	处理过程：对人员的考核成绩进行录入 说明：录入未存储到系统的人员参与某项考核项目的成绩 输入：人员编号、考核项目名称、使用装备类型、成绩 输出：人员编号、考核项目名称、使用装备类型、成绩信息入库 处理：首先选择需要录入考核成绩的人员，然后选择考核项目，再输入成绩
装备添加、装备修改、装备删除、装备编配关系修改、装备编配关系删除、考核成绩修改、考核成绩删除等，具体内容省略		

13.2.3 概念结构设计

通过需求分析，得到案例系统相关的一些数据的描述信息。在此基础上，要将其转换为有结构的、易于理解的精确表达，主要是以 E-R 图的形式展示需求分析阶段的结果，并对不同的子 E-R 图进行合并，形成初步 E-R 图，最后对初步 E-R 图进行分析，消除冲突、冗余，进而形成基本 E-R 图。这就是在概念结构设计中需要完成的主要工作。

1. 确定实体及其关键属性

通过分析，可确定有装备、人员和考核项目这三个实体。深入分析后发现，在装备中有装备类型这个属性，也就是说具体某个装备一定是属于某种装备类型的(如编号为 9201 的装备属于 92 式手枪这个类型)；而在考核项目中，某个考核项目也可能需要使用某种类型装备进行考核(如考核项目为 92 手枪 25 米射击，需要使用 92 式手枪这个类型的装备)，考虑数据的统一性和方便性，将装备类型也单独作为一个实体来描述，确定其属性有：类型编号、类型名称和具体说明。最终，本案例系统所涉及的实体以及对应的 E-R 图如图 13-1 所示。

2. 确定实体间的联系

实体间是有相互联系的，这种联系有三种不同的形式：1∶1、1∶n、m∶n(详见第 4 章相关内容)，本案例中各个实体间的联系方式包括：

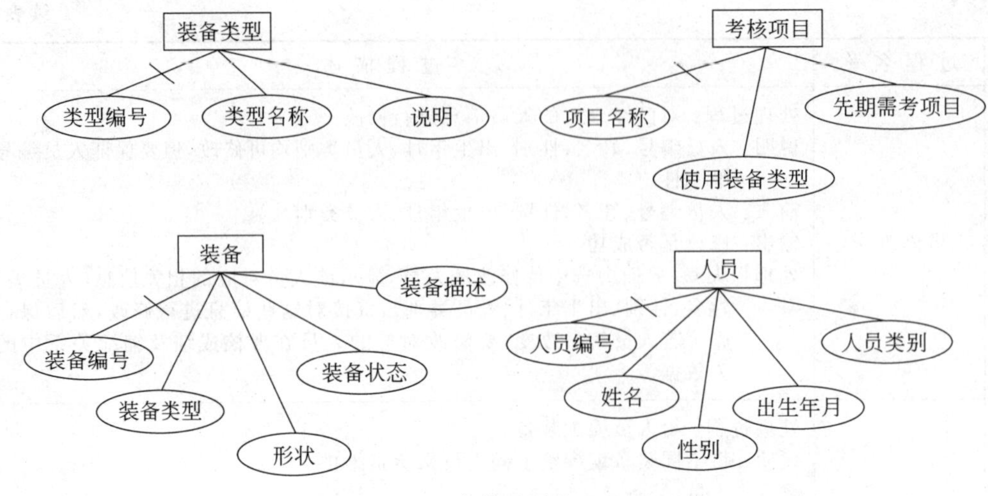

图 13-1 实体及属性 E-R 图

(1) 装备和装备类型之间的联系。一个具体的装备一定属于某一种装备类型，而一种装备类型应有一到多个具体装备与之对应。例如，装备编号为 9201、9202 的装备其装备类型均为 92 式手枪。因此，装备和装备类型之间是 $n:1$ 的联系。

(2) 装备和人员之间的联系。一个具体的装备可以由多个人员来维护，一个人员可以维护多个具体装备，因此装备和人员之间是 $m:n$ 的联系。

(3) 人员和考核项目之间的联系。一个人员可进行多个项目的考核，一个考核项目由多个人员参加，因此人员和考核项目之间是 $m:n$ 的联系。

(4) 装备类型和考核项目之间的联系。多个考核项目可使用一种类型装备进行考核(如使用 92 式手枪分别进行 25 米和 50 米的这两个射击项目考核)，而一个考核项目只使用一种类型装备(也可不使用任何装备)。因此，装备类型和考核项目之间是 $1:n$ 的联系。

3. 形成基本 E-R 图

根据前面分析的实体以及实体之间的联系，最终确定本案例系统的概念结构设计 E-R 图如图 13-2 所示。

13.2.4 逻辑结构设计

在逻辑结构设计阶段，要根据数据库设计的要求，将在概念结构设计阶段得到的 E-R 图，转换成所选定的 DBMS 支持的数据模型表示的数据模式，并进行规范化及优化处理。本案例中，选择的是关系数据库，那么就要将 E-R 图转换为关系模型。具体转换方案如下：

(1) 各个实体转换为各自独立的关系模式，可以得到：

装备类型(<u>类型编号</u>，类型名称，说明)；

装备(<u>装备编号</u>，装备类型，装备状态，形状，装备描述)；

人员(<u>人员编号</u>，姓名，性别，出生年月，人员类别)；

考核项目(<u>项目名称</u>，使用装备类型，先期需考项目)。

(2) 装备类型和装备之间是 $1:n$ 的联系，所以可以有两种转换方式：一种是将联系转化为单独的关系模式；另一种是将联系合并到 n 端实体对应的关系模式中。为简化关系模

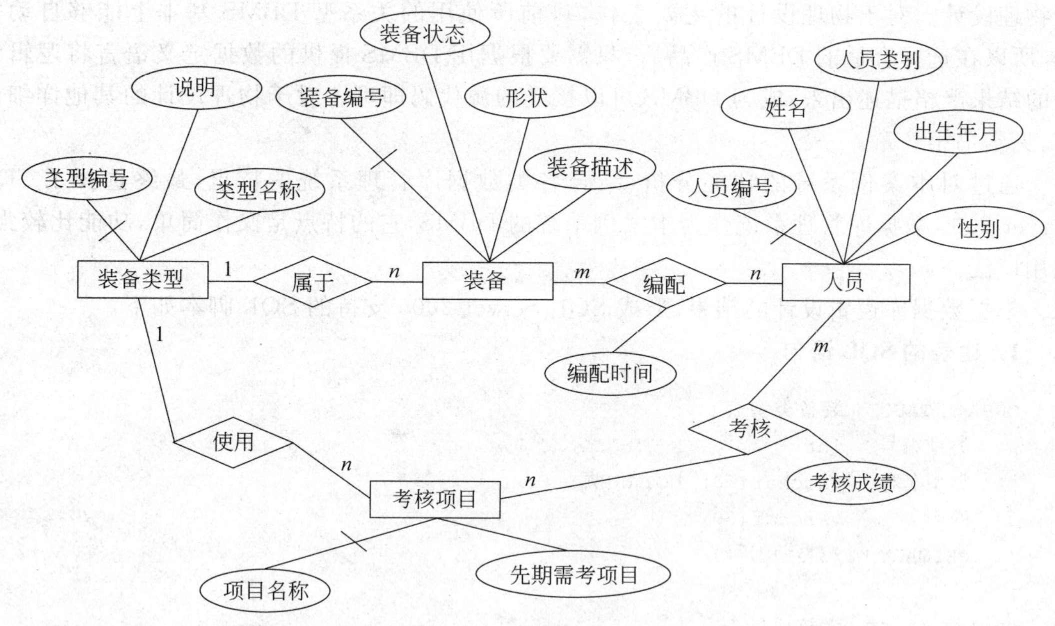

图 13-2 装备维护与考核系统的概念结构设计 E-R 图

型,通常选择第二种方式,将联系合并到 n 端即装备实体所对应的关系模式之中,装备实体关系模式修改为:

装备(<u>装备编号</u>,装备状态,形状,类型编号,装备描述)。

(3) 装备和人员之间是 $m:n$ 的联系,只能转换为一个独立的关系模式,具体如下:

编配(<u>装备编号,人员编号</u>,编配时间)。

(4) 考核项目和人员之间也是 $m:n$ 的联系,只能转换为一个独立的关系模式,具体如下:

考核(<u>项目名称,人员编号</u>,考核成绩)。

(5) 装备类型和考核项目之间是 $1:n$ 的联系,可将联系合并到 n 端即考核项目实体所对应的关系模式之中,考核项目实体关系模式修改为:

考核项目(<u>项目名称</u>,类型编号,先期需考项目);

通过以上分析,针对本案例系统,将概念模型(如 E-R 图)转化为一般的数据模型,得到的数据模型整理如下:

装备类型(<u>类型编号</u>,类型名称,说明);

装备(<u>装备编号</u>,装备状态,形状,类型编号,装备描述);

人员(<u>人员编号</u>,姓名,性别,出生年月,人员类别);

考核项目(<u>项目名称</u>,类型编号,先期需考项目);

编配(<u>装备编号,人员编号</u>,编配时间);

考核(<u>项目名称,人员编号</u>,考核成绩)。

13.2.5 物理设计

为一个给定的逻辑数据模型选取一个最适合应用要求的物理结构的过程,就是数据库的物理设计。对于物理设计的主要工作，目前所使用的关系型DBMS基本上能够自动完成，所以在选择合适的DBMS产品后，只需要根据用DBMS提供的数据定义语言将逻辑设计的结果严格描述出来，成为DBMS可以接受的源代码即可。对于物理设计的其他详细内容，见本书第7章。

通过对本案例系统的功能分析，结合各类数据库管理系统的特点，最终选择了SQL Server 2005数据库管理系统作为本案例系统的DBMS，它的特点是操作简单，功能比较强，应用广泛。

根据数据库逻辑设计的结果，形成SQL Server 2005支持的SQL脚本如下。

1. 建表的SQL语句

```
CREATE TABLE  装备类型表(
    类型编号    int           NOT NULL,
    类型名称    varchar(50)   NOT NULL,
    说明        varchar(50)   ,
    PRIMARY KEY(类型编号)
)
CREATE TABLE  考核项目表(
    项目名称          varchar(50)  NOT NULL,
    使用装备类型      int          ,
    先期需考项目      varchar(50)  ,
    PRIMARY KEY(项目名称),
    FOREIGN KEY(使用装备类型)  REFERENCES 装备类型表(类型编号),
    FOREIGN KEY(先期需考项目)  REFERENCES 考核项目表(项目名称)
)
CREATE TABLE 装备表(
    装备编号  varchar(50)    NOT NULL,
    装备类型  int            NOT NULL,
    装备状态  varchar(10)    NOT NULL,
    形状      image          ,
    装备描述  varchar(100)   ,
    PRIMARY KEY(装备编号),
    FOREIGN KEY(装备类型)  REFERENCES 装备类型表(类型编号),
    CHECK(装备状态 IN  ('完好','良好','堪用','待修','报废'))
)
CREATE TABLE 人员表(
    人员编号  varchar(20)   NOT NULL,
    姓名      varchar(10)   NOT NULL,
    出生日期  datetime      NOT NULL,
    性别      varchar(10)   NOT NULL,
    人员类别  varchar(10)   NOT NULL,
    PRIMARY KEY(人员编号),
    CHECK(性别 IN('男','女')),
    CHECK(人员类别 IN  ('军官','文职','士官','义务兵','非现役'))
)
```

```
CREATE TABLE 编配关系表(
    人员编号 varchar(20)    NOT NULL,
    装备编号 varchar(50)    NOT NULL,
    编配时间 datetime       ,
    PRIMARY KEY(人员编号,装备编号),
    FOREIGN KEY(人员编号) REFERENCES 人员表(人员编号),
    FOREIGN KEY(装备编号) REFERENCES 装备表(装备编号)
)
CREATE TABLE 考核成绩表(
    项目名称 varchar(50)    NOT NULL,
    人员编号 varchar(20)    NOT NULL,
    考核成绩 varchar(20)    NOT NULL,
    PRIMARY KEY(项目名称,人员编号),
    FOREIGN KEY(人员编号) REFERENCES 人员表(人员编号),
    FOREIGN KEY(项目名称) REFERENCES 考核项目表(项目名称)
)
```

2. 创建视图

本案例中,为消除数据依赖中不合适的部分,进行了规范化的设计,使得模式中的各关系模式达到某种程度的分离,让一个关系描述一个概念、一个实体或者实体间的一种联系。例如,将装备类型作为一个实体来描述,而不是放在装备这个关系模式中进行描述。然而具体应用中,在显示装备信息时,除了要显示诸如装备编号、装备状态等信息之外,还要能够显示装备类型信息(这些信息,根据前面的表的设计,可知其存放在别的关系模式中)。为了实现这个功能,可以有以下两种方法:

(1) 在显示装备信息时,直接采用多表的连接查询。

```
SELECT 装备表.装备编号,装备表.装备状态,装备表.形状,装备表.装备描述,装备类型表.类型
名称  FROM  装备表,装备类型表  where  装备表.装备类型=装备类型表.类型编号
```

(2) 前面学习了视图,可知视图具有简化用户操作、提供逻辑上的数据独立性等优点,因此也可以考虑通过视图来进行信息的查询。未来如果对数据库进行重构,若正确处理视图中的数据操作,则数据库的重构对用户和用户程序就没有影响。

```
CREATE VIEW 装备视图
AS
SELECT 装备表.装备编号,装备表.装备状态,装备表.形状,装备表.装备描述,装备类型表.类型
名称  FROM  装备表,装备类型表  where  装备表.装备类型=装备类型表.类型编号
```

3. 创建索引

物理设计还有一个任务是为关系模式选择存取方法,存取方法是快速存取数据库中数据的技术,在前面已经学习了常用的存取方法——索引。在本案例中,进行装备信息查询时,经常需要根据装备所属装备类型来过滤装备信息从而进行查询操作,那么装备类型这个属性经常会在查询条件中出现,因此可以考虑在这个属性上建立索引:

```
CREATE  INDEX 装备查询
ON 装备表(装备类型)
```

13.2.6 数据库的实施与维护

在此阶段，主要是进行应用程序设计与编写、组织数据入库、应用程序的调试与试运行以及数据库的运行和维护。该部分内容在第4章中已有介绍，下面主要针对本案例介绍数据库表的创建及数据载入。

1. 数据库表的创建

完成数据库的逻辑设计和物理设计之后，就要在选定的软件（包括操作系统和DBMS产品）和硬件平台基础上创建数据库、数据表和相关的其他数据库对象（包括视图、索引和各种完整性约束等），可以同时创建，也可以在需要时分别创建。

现代数据库产品中大都提供了建表过程的可视化设计，可以很容易地利用可视化工具定义表的结构及约束，也可以利用所选定的DBMS提供的数据定义语言（DDL）来实现。各种DBMS建立库表的操作稍有不同，但大都先建立数据库，然后再创建数据表。下面以SQL Server 2005为例，介绍两种建立库表的过程。

1）可视化工具创建数据库库表

利用SQL Server 2005的对象资源管理器，依次从弹出的菜单中正确地进行选择与操作，就可以很容易地创建新的数据库及数据表，如图13-3和图13-4所示。

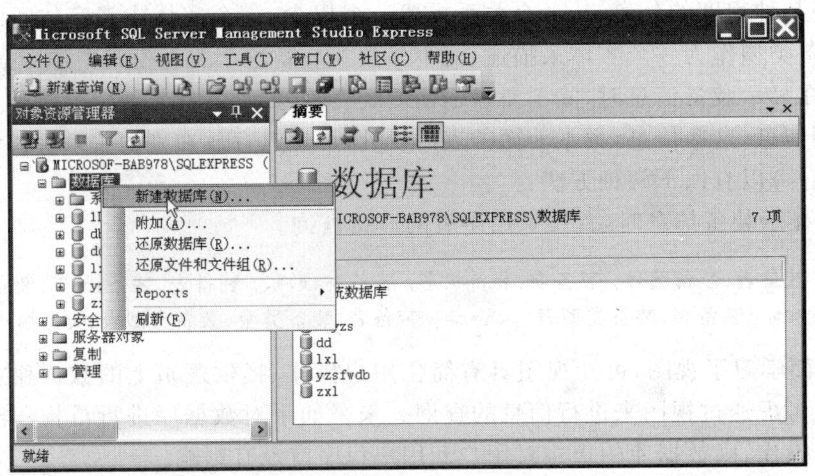

图13-3　利用对象资源管理器创建数据库

利用图形可视化工具创建数据表时，要注意主键和外键等的配置。

2）利用DBMS提供的数据定义语言建立库表

(1) 创建数据库的SQL语句。

在本书第5章中，学习了创建数据库的SQL语句。本案例中，若按默认方式创建一个名为ZBWHKH（装备维护考核）的数据库语句为

```
CREATE DATABASE ZBWHKH;
```

该语句将创建相应的主文件和事务日志文件，其主数据库文件的大小为model数据库主文件的大小，其事务日志文件的大小为model数据库事务日志文件的大小，文件可以增长到填满所有可用的磁盘空间为止。

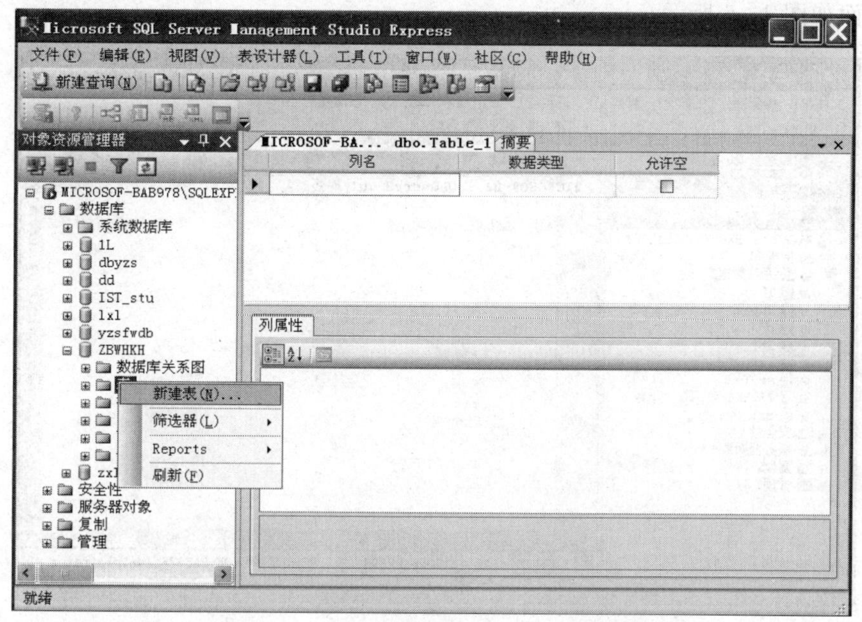

图 13-4 利用对象资源管理器创建数据表

当然,也可以创建指定数据文件和事务日志文件的数据库:

```
CREATE DATABASE ZBWHKH
ON
(NAME=ZBWHKH _dat,
   FILENAME='c:\program files\microsoft sql server\mssql\data\ ZBWHKH.mdf',
   SIZE=10,
   MAXSIZE=50,
   FILEGROWTH=5)
LOG ON
(NAME=' ZBWHKH _log',
   FILENAME='c:\program files\microsoft sql server\mssql\data\ ZBWHKH.ldf',
   SIZE=5MB,
   MAXSIZE=25MB,
   FILEGROWTH=5MB)
```

以上语句创建了一个主文件大小为 10MB、事务日志文件大小为 5MB 的数据库 ZBWHKH,并确定了文件的存取路径。

(2) 在查询分析器中执行建库语句。

SQL Server 查询分析器可执行用户输入的 Transact-SQL 语句构成的程序段或存储过程,并将执行的结果显示在窗口中,从而实现对数据库的操作和管理。

在 SQL Server 2005 对象资源管理器中,选中数据库,并单击工具栏中的"新建查询"按钮,则界面显示如图 13-5 所示。

在 SQL Server 查询分析器中输入建库语句 create database ZBWHKH 后,单击工具条中的执行按钮,系统就创建该数据库,并自动为该数据库分配数据文件和日志文件的大小空间，操作界面如图 13-6 所示。

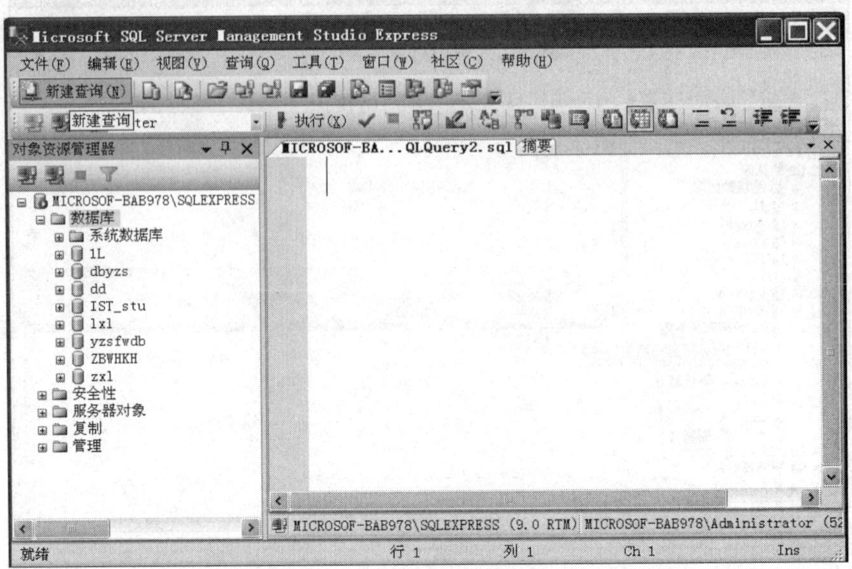

图 13-5 查询分析器

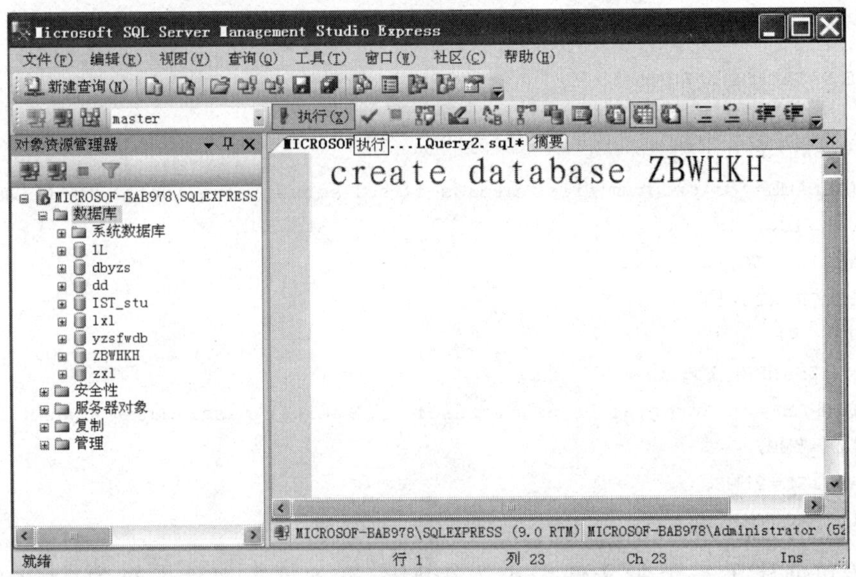

图 13-6 利用数据定义语言创建数据库

(3) 在查询分析器中执行建表语句。

在 13.2.5 节中已经建立了 ZBWHKH 数据库脚本，现在只要在新建的数据库 ZBWHKH 中执行这些脚本，就可以创建对应的数据表，如图 13-7 所示。这里需要注意的是，数据表要建立在 ZBWHKH 数据库中，也就是说在对象资源管理器中要选中 ZBWHKH 结点为当前结点，否则数据表将创建到其他的数据库中。

另外，有外键的数据表，一定要在外键对应的数据表创建完毕后再创建，否则因为外键找不到对应的关系而发生错误。

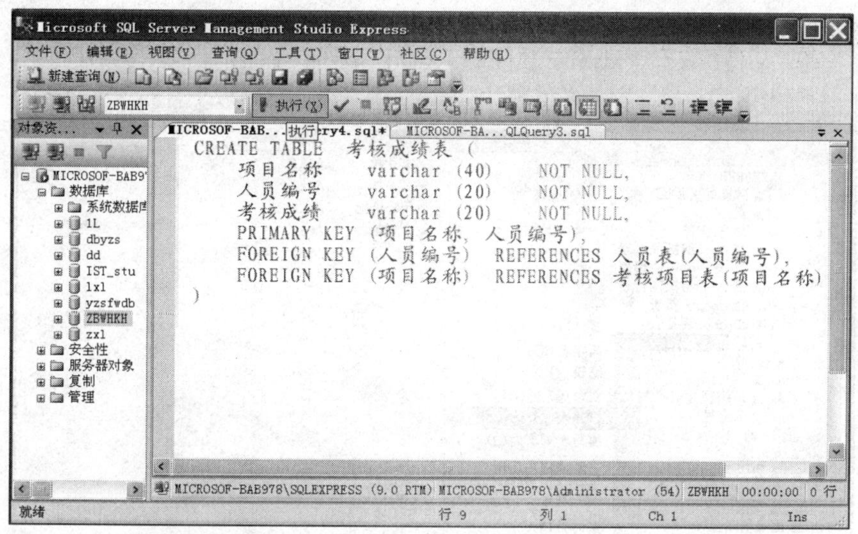

图 13-7 利用数据定义语言创建数据表

2. 数据载入

上面建立的数据表和数据库只是确定了它们的结构，还不能进行实际的操作，为此还必须给它们装载相关的数据，这就是所谓的数据载入。数据载入是一项非常繁重的任务，也是数据库实施中最重要的工作。需要做好如下数据载入的工作。

1）整理数据

对初始数据进行整理与筛选，按规定的要求确定需要载入的数据。根据 13.1 节案例系统背景介绍可知，为了简化操作，各种装备类型信息、考核项目相关信息等不需要维护，可直接从数据库中获取。为此，需要整理并确定这些信息数据，为事先手工录入此类数据做好准备。

2）录入数据

把准备好的数据录入 DBMS 中，录入后还要进行检查核对，改正录入错误的数据。当然，录入数据这部分工作也可以用两种方法来实现，下面仍以 SQL Server 2005 为例，介绍两种方法的实现。

（1）可视化录入数据。

利用 SQL Server 2005 提供的功能，在创建了各类数据表的基础上，为表中每个字段手工添加数据。操作过程：在对象资源管理器中选中要编辑的数据表，然后右击选择打开表，即可手工开始录入数据，如图 13-8 所示。

（2）利用 DBMS 提供的数据操纵语言（DML）录入数据。

利用 SQL Server 2005 的 SQL 查询分析器，输入插入数据语句，为数据表添加记录。注意，在这种方式下也要基于 ZBWHKH 数据库来进行操作，如图 13-9 所示。

3）转换数据

DBMS 通常都提供不同数据库管理系统之间数据转换的工具，如果用户原来已经使用了 DBMS，那么就可以利用 DBMS 提供的数据转换工具，例如 SQL Server 提供的 DTS（data transformation service）等，把旧系统中的数据转换到新数据库系统中来。

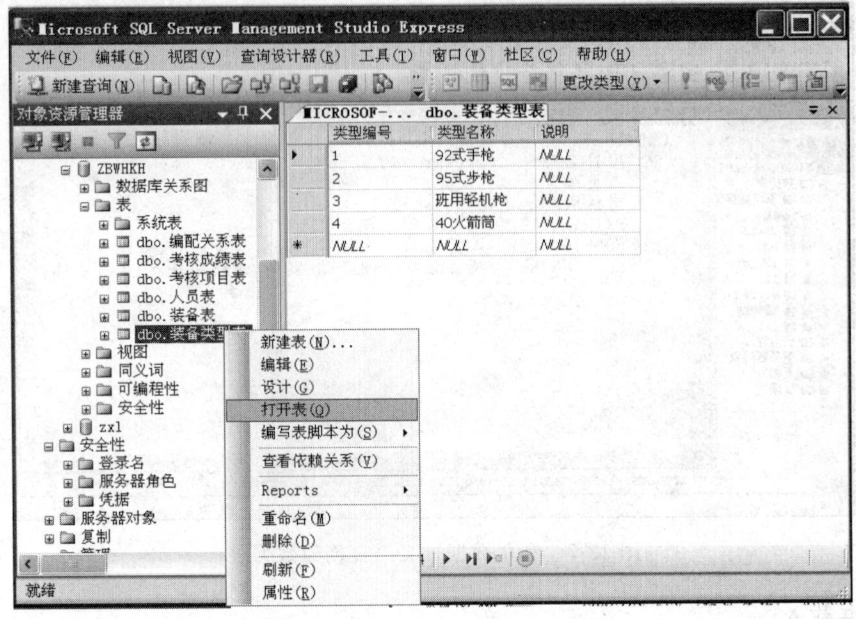

图 13-8　利用对象资源管理器录入数据

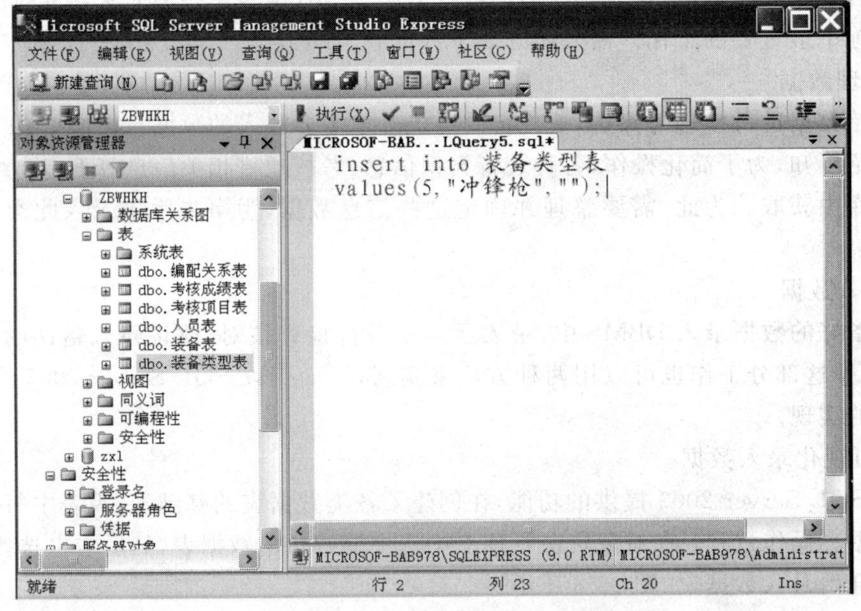

图 13-9　利用数据操纵语言录入数据

只有给数据表等数据库对象载入了正确的数据，应用程序系统才能有效地测试与运行。

13.3　应用程序设计

一个信息管理应用系统的开发过程，可以分为系统规划与可行性分析、需求分析、系统设计、实现与测试、运行维护等阶段。下面以本案例系统为例，讨论每个阶段的具体任务。

13.3.1 系统规划和可行性分析

系统规划和可行性分析阶段的主要任务是调查用户需求，分析新系统的主要目标，分析开发该系统的可行性。用户提出一个软件开发要求后，系统分析员首先要分析该软件项目的性质是什么，通过对用户和使用部门负责人的访问和调查、开会讨论，即可得到解决。因此，用户和系统分析员的相互理解与配合，是搞好这一时期工作的关键。

1. 系统定义

系统定义是第一步，这一步必须回答的问题是"用户需要计算机解决的问题是什么"。由系统分析员根据对问题的理解，提出关于"系统目标与范围的说明"，请用户审查和认可。

2. 可行性分析

在对问题的性质、目标、规模弄清楚之后，还要确定该问题有没有可行的解决办法。在这个阶段要为前一步提出的问题寻找一种以上在技术上可行、且在经济上有较高效益的可操作的解决方案。为此，在已确定系统规模和目标、研究目前正在使用的系统（可能是一个人工操作系统，也可能是一个旧的计算机系统）的基础之上，系统分析员应在高层次上做一次简化的、抽象的需求分析和概要设计，探索这个问题是否值得去解决。最后写出可行性研究报告。

对于本案例，通过分析，开发一个"装备维护与考核系统"无论从经济上、技术上、操作上以及法律上，都是可行的。

13.3.2 需求分析

系统分析是运用系统的思想和方法，把复杂的对象分解成简单的组成部分，找出这些部分的基本属性和彼此之间的联系。系统分析的目的是解决新系统"做什么"的问题，重点是体现"需要什么"和"表达需要"，即完成系统的逻辑设计。该阶段的主要工作就是系统功能分析，进而确定新系统的逻辑结构。

需求分析的任务不是确定系统怎样完成它的工作，而仅仅是确定系统必须完成哪些工作，也就是对目标系统提出完整、准确、清晰且具体的需求。首先，把用户提出来的各种问题和要求（这些问题和要求往往是十分模糊的）归纳整理、分析和综合，弄清楚用户想要做什么，应当做什么。把这些作为要求和条件予以明确，这一步称为"用户意图分析"。第二步，是在完全弄清楚用户对软件系统的确切需求的基础上，建立"软件需求规格说明书"，从逻辑上完整、严密地描述所要开发的系统，并保证它能满足上述要求和条件。这一步称为"规范化"。下面讨论需求分析的具体任务。

1. 确定对系统的综合需求

分析员和用户双方确定对软件系统有下述几方面的综合要求。

(1) 功能需求。指所开发软件系统必须提供的服务，划分出系统必须完成的所有功能，这是最重要的。

例如，对于本案例，经过分析，确定了系统需要完成如下功能（参见图 13-10）。

① 人员维护。

- 添加：提供 UI 界面，能够录入人员的基本信息，人员的基本信息包括人员编号、姓名、性别、出生年月、人员类别。

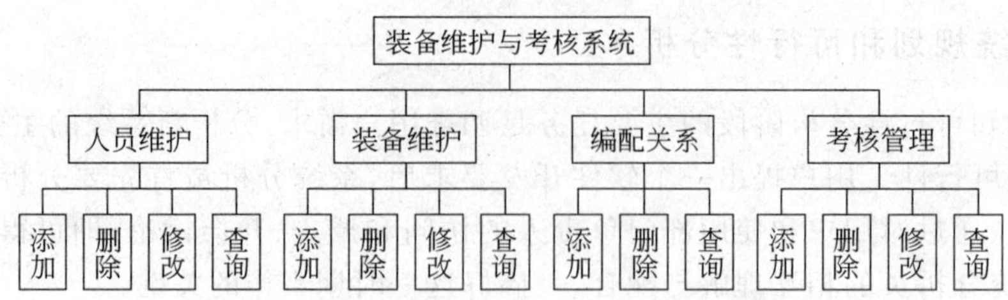

图 13-10 装备维护与考核系统功能需求

要求：人员编号输入军官证或士兵证等编号，要求唯一。出生年月精确到日。人员类别从军官、士官、义务兵、文职人员、非现役中选择。

- 删除：能够选中单个或多个人员，经用户确认后，直接删除。人员删除后，基于此人员的编配关系以及考核成绩一并删除。
- 修改：能够修改选中的单个人员的基本信息；能够对同时选择的多个人员的公共信息进行统一修改，如同时修改多人的人员类别信息。若修改的是人员编号，则基于此人员的编配关系以及考核成绩一并修改。
- 查询：要求根据人员姓名、人员类别等进行任意匹配查询，对查询的结果能够根据人员的相关属性进行升、降排序。

② 装备维护。

- 添加：提供UI界面，能够录入装备的基本信息，包括装备编号、装备状态、形状、装备类型、装备描述。

  要求：装备的编号一般是由装备的类型和序号组合而成，如92手枪01，同时要求装备编号具有唯一性。装备的形状用图片来描述。装备的类型要从装备类型表中来选择。
- 删除：能够选中单个或多个装备，经用户确认后，直接删除。装备删除后，基于此装备的编配关系一并删除。
- 修改：要求能够修改选中的单个装备信息；能够对多个选中的装备的公共信息进行统一修改，如选中多个装备，修改其装备类型。
- 查询：要求根据装备编号、装备类型进行任意匹配查询，对查询的结果能够根据装备的相关属性进行升、降排序。

③ 装备人员编配关系。

能够将一个具体装备编配到指定的人，即“装备定人”，由指定的人员对指定的装备进行维护、保养等工作。

- 添加：将一个装备与一个(或多个)人员进行绑定，实现装备定人。
- 删除：删除一个装备定人联系。
- 显示：查看一个人员编配了哪些装备，一个装备被编配给了哪些人员。

④ 考核管理。

能够维护人员的各项考核项目成绩。

- 添加：选中一个人员，选中一个考核项目，输入考试成绩。
- 删除：删除一个人员参加某项考核项目的成绩；能够删除一个人员参加的所有考试

项目成绩;也能够删除某项考核项目的所有成绩。

- 显示:各种成绩的查询,如个人所有成绩、某项考核项目的成绩等。

(2) 性能需求。指所开发的软件的技术性能指标。通常包括存储容量、运行时间等限制。例如,查询一个人员编配哪些装备时,规定运行时间不超过1秒。

(3) 环境需求。指软件运行时所需要的软件和硬件(如机型、外设、操作系统和数据库管理系统)的要求。

(4) 接口需求。描述应用系统与其他环境通信的格式。常见的接口需求有用户接口需求、软件接口需求和通信接口需求等。

(5) 用户界面需求。指人机交互方式,输入输出数据格式等。

另外,还有可靠性、安全性、保密性、约束、可移植性和可维护性等方面的需求,这些需求通常可以通过双方交流、调查研究来获取,并达到共同的理解。

2. 分析系统的数据需求

分析系统的数据需求也是需求分析的一个重要任务,因为信息管理应用系统本质上就是信息处理系统,系统必须处理的信息和系统应该产生的信息在很大程度上决定了系统的面貌,对软件设计有很大的影响。对于数据需求分析的相关内容,在本章13.2.2节中已经详细讨论,这里不再赘述。

3. 建立软件的业务逻辑模型

分析员综合上述两项获取的需求结果进行一致性的分析检查,以确定系统的构成及主要成分,并用图文结合的形式,建立新系统的业务逻辑模型。

4. 编写软件需求规格说明书

编写软件需求规格说明书(software requirement specification, SRS)的目的是使用户和开发者能对未来软件有共同的理解,明确定义未来软件的需求、系统的构成及有关的接口。需求说明相当于用户和开发者之间的一份技术合同,是测试验收阶段对软件进行确认和验收的基准,是软件开发的基础。因此,需求说明应该具有这样几个特征:准确性和一致性;清晰性和唯一性;完整性和可检验性;运行维护阶段的可利用性;直观、易读和可修改性。为此,应尽量在需求说明中采用标准的图形、表格和简单的符号来表示,尽量不使用用户不容易理解的专业术语,使不熟悉计算机的用户也能一目了然。

5. 需求分析评审

评审的目的是发现需求分析的错误和缺陷,然后修改开发计划。因此,评审是对软件需求定义、软件功能及其接口进行全面而仔细的审查,以确认“软件需求规格说明”,使其作为软件设计和实现的基础。

13.3.3 系统设计

系统设计又称物理设计,它是在系统分析研究的基础上进行的。系统设计的主要目的是为了下一阶段的系统编码实现制定蓝图。系统设计要回答的中心问题是系统“怎么做”,即如何实现规定的系统功能。在这一阶段,要根据实际的技术条件、经济条件和社会条件,确定系统的实施方案,即系统的物理模型。

系统设计相关内容详见第2章。

下面以本案例为例,讨论在系统设计阶段的部分主要工作。

1. 系统体系结构

在本书第2章中,介绍了信息系统的几种物理结构,即单机结构、主从结构、客户机/服务器结构以及面向Web应用的三层客户机/服务器体系结构。根据对案例的需求分析,最终确定以客户机/服务器(C/S)模式作为案例系统的网络系统模式。数据库管理系统运行在服务器端,完成人员和装备等信息的数据处理以及存储管理等后台任务,用户使用客户机执行本地前端应用,通过屏幕交互和输入输出等前台任务完成人员、装备、编配关系和考核成绩等信息维护工作。

2. 系统功能模块设计

系统功能分解的过程就是一个从抽象到具体、从复杂到简单的过程。功能结构图就是按照功能从属关系绘制的图表,图中每一个框成为一个功能模块。一般按照结构化系统分析与设计的基本思想,按照自顶向下把整个系统划分为若干个大小适当、功能明确、具有相对独立性、并容易实现的子系统。从而把一个较复杂的系统的设计转变为多个简单的模块的设计。组成系统的各模块间彼此独立,功能明确。

本案例中,整个系统的功能比较多,但每个功能的内容相似,主要是数据库数据的访问与显示。下面以"装备维护"模块中的"添加"功能为例,描述其模块的设计。

1) 装备信息添加模块调用关系

在进行装备信息添加前,要显示已有的所有的装备信息;用户选择了添加装备操作后,通过UI操作,由用户输入相关的装备信息,如图13-11(a)所示,具体步骤如下:

步骤1:添加,该功能需要调用"装备类型显示"模块获取所有的装备类型(即步骤1.1),然后将来自UI操作数据的装备编号、形状和状态等信息一起组装成SQL语句(步骤1.3),调用装备数据访问模块,添加相应的装备信息;

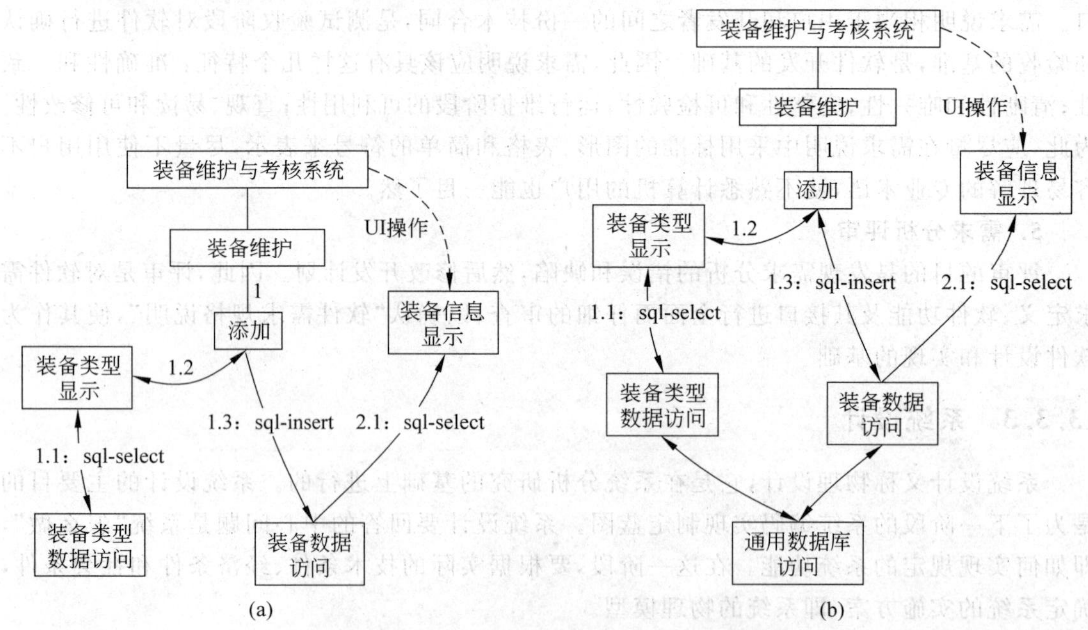

图13-11 装备维护与考核系统装备添加功能模块的设计

步骤 2：生成装备信息的查询 SQL 语句(sql-select)，调用“装备数据访问”模块(步骤2.1)，将所有装备信息显示在 UI 界面中。

在该功能模块中，由于需要进行数据库访问，存在公共的数据库访问功能模块，因此将“装备类型数据访问”、“装备数据访问”等模块中的数据库访问功能单独划出来，形成一个独立的公共模块“通用数据库访问”模块，负责数据访问的公共功能。优化后的模块功能如图 13-11(b)所示，装备类型显示模块、装备信息显示模块和装备添加模块的设计分别如表 13-7、表 13-8 和表 13-9 所示。

表 13-7　装备类型显示模块

选项	功能描述
功能	从数据库的装备类型表获取所有的装备类型，以列表方式显示装备类型，供用户选择，并提供获取当前选中装备的装备类型的外部调用接口
输入	无
输出	以列表方式显示所有可选的装备类型； 用户 UI 操作选中的装备类型
调用	调用“装备类型数据访问”模块
被调用	被所有需要显示装备类型信息的模块调用，如装备的增加和修改

表 13-8　装备信息显示模块

选项	功能描述
功能	从数据库的装备表中读取装备信息，以“列表”方式显示对应装备集的所有信息
输入	无
输出	以“列表”方式显示所有装备基本的信息； 获取当前选中的装备编号
调用	装备数据访问模块
被调用	被所有需要获取当前 UI 操作选中装备的信息模块调用，包括装备维护、装备人员编配等

表 13-9　装备添加模块

选项	功能描述
功能	将用户从 UI 界面操作输入的装备信息添加到数据库的装备表中
输入	UI 输入的装备编号、装备状态等相关信息
输出	向数据库中的装备表中正确添加 UI 输入的装备信息
调用	装备数据访问模块
被调用	装备维护模块

装备维护功能的删除、修改、查询功能与添加功能的模块层次图类似，而人员维护、装备人员编配、考核成绩管理等功能的模块层次图与装备维护功能类似，这里不再详述。

2）整个案例系统模块调用关系

根据“装备维护”模块中的“添加”功能的模块层次图，画出其他功能的层次图，将这些功能模块层次图进行合并后，形成整个信息系统的模块层次图，如图 13-12 所示。

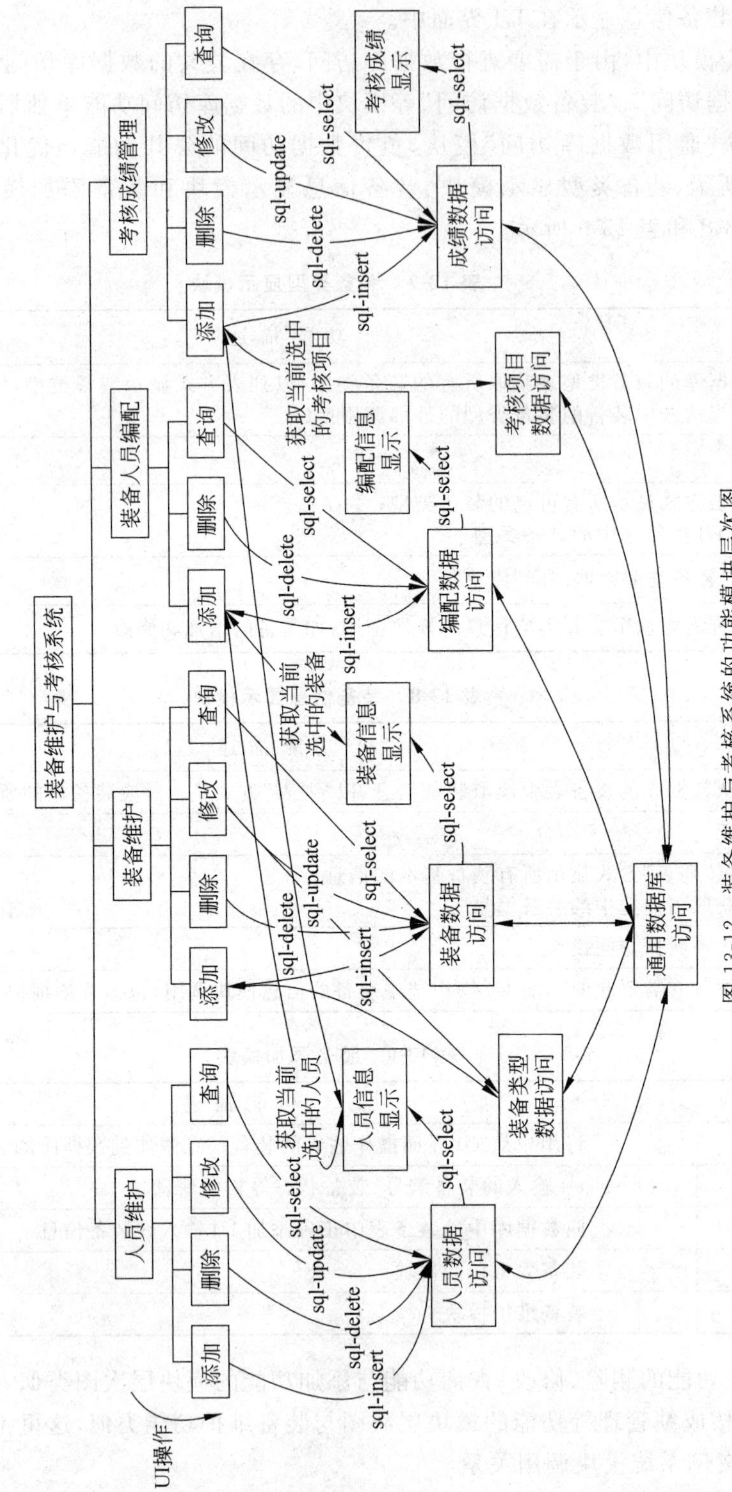

图 13-12 装备维护与考核系统的功能模块层次图

3. 系统流程图

程序流程图又称程序框图，它是一种最古老、应用最广泛且最有争议的描述详细设计的工具。其优点是对控制流程的描绘直观，便于初学者掌握，是开发者普遍采用的工具，但是它缺点明显：①诱使程序员过早考虑控制流程，而不去考虑程序的整体结构；②程序流程图中用箭头代表控制流，因此程序员不受任何约束，可以完全不顾结构程序设计的精神，随意转移控制，容易造成非结构化的程序结构；③程序流程图不易表示数据结构和层次结构。

由于程序流程图历史悠久，被人广泛熟知，尽管它有种种缺点，许多人建议停止使用程序流程图，但至今仍在广泛使用，尤其适合于具体的小模块程序。

在本案例中，各个模块的处理流程都不复杂，这里以考核成绩添加模块为例，描述其程序流程图，如图 13-13 所示。实际运用中，如果某功能模块存在比较复杂的流程或算法，需要针对不同的模块单独以流程图、伪代码算法描述等方式描述模块的流程。

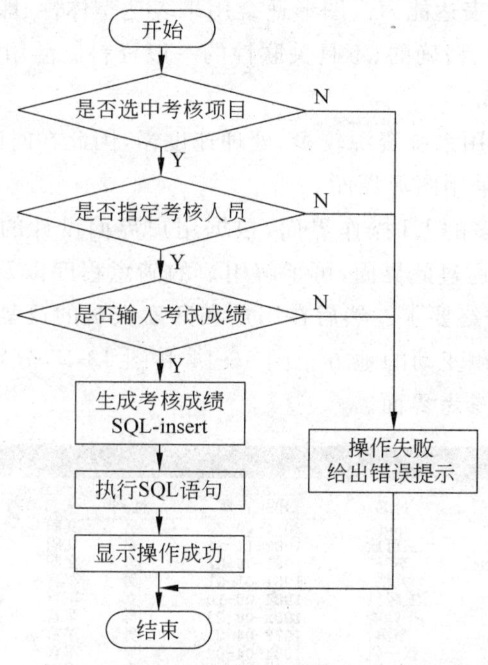

图 13-13　装备维护与考核系统的考核成绩添加模块程序流程图

4. 用户界面设计

人与计算机进行信息交流就是人机对话，即人通过屏幕、键盘等设备与计算机进行信息交换，控制系统运行，人机对话设计也称为用户界面设计。用户界面设计的好坏，关系到系统的应用和推广。友好的用户界面，是信息系统成功的条件之一。

设计用户界面时，应该为用户操作着想，而不应该从设计人员设计方便来考虑，需要注意以下几点：

(1) 对话要清楚简单，用词要符合用户观点和习惯。

(2) 对话要适应不同操作水平的用户，要简单易学，便于维护和修改。

(3) 错误信息设计要有建议性。当错误发生时，要给用户一个好的提示信息，用词应当友善，简洁清楚，并要有建议性，尽可能告知使用者产生错误的原因及解决的方法。用户判断用户界面是否友好，第一印象往往就来自于错误发生时系统有什么样的反应。例如，输入了相同的装备编号，要友好地提示用户“装备编号不能重复，请重新输入编号”。

(4) 关键操作要有强调和警告。对某些要害操作，系统应进一步确认，进行强制发问，甚至警告，不能一接到命令立即处理，以致造成恶劣的后果。例如，用户选择了删除某个装备的操作，要提示用户进行确认。

(5) 用户界面的各个画面在整体上应保持相同或相似的外观。例如，按钮和选择项的位置，尽可能安排在同样的地方，便于用户掌握。

(6) 使用的词汇、图示、颜色、选取方式、交流顺序，其意义与效果应前后一致。

(7) 允许纯键盘输入方式，输入的移动顺序应从左至右，然后从上至下。这样，熟悉的用户可以方便地使用快捷的键盘方式录入。

(8) 正确使用图形的表达能力。图形适合用来表达整体性、印象感和关联性强的信息，而文字适用于表达单一的、精确的、不具关联性的一般资料。滥用图形表示有时会造成画面混乱，反而使用户不易了解。

(9) 由于图形对象占用系统资源较多，处理速度慢，因此在时间响应要求高而硬件资源档次较低的环境中，不宜采用图形界面。

在本案例中，存在较多的UI操作界面，根据用户界面设计的要求，预先形成不同功能所对应的UI操作界面。通过此界面，可了解用户的满意程度以及存在的问题，从而引导和启发用户表达对系统的最终要求。然后在用户和开发人员的反复讨论过程中，进一步提炼用户需求，以及需要修改和变动的地方。图13-14和图13-15分别为所设计的人员维护和装备维护功能对应的UI参考界面。

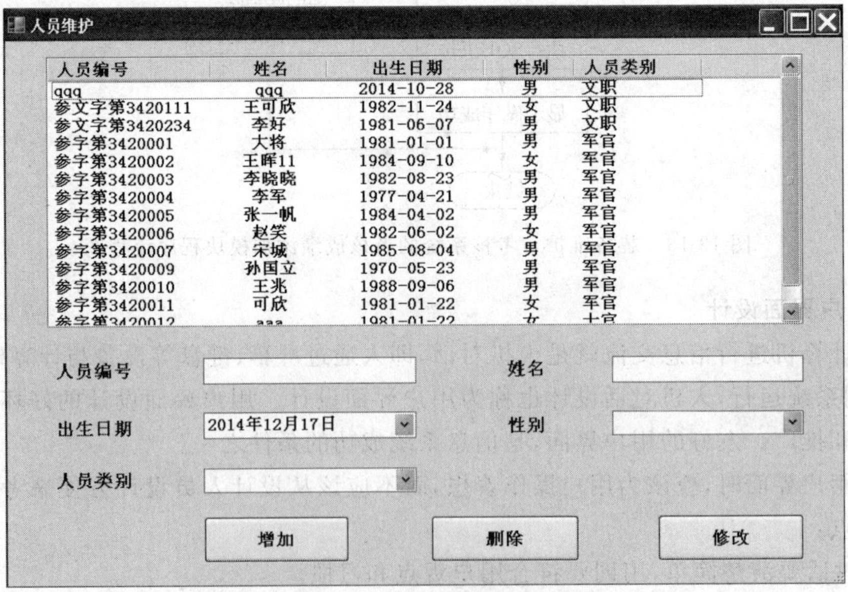

图13-14 人员维护界面

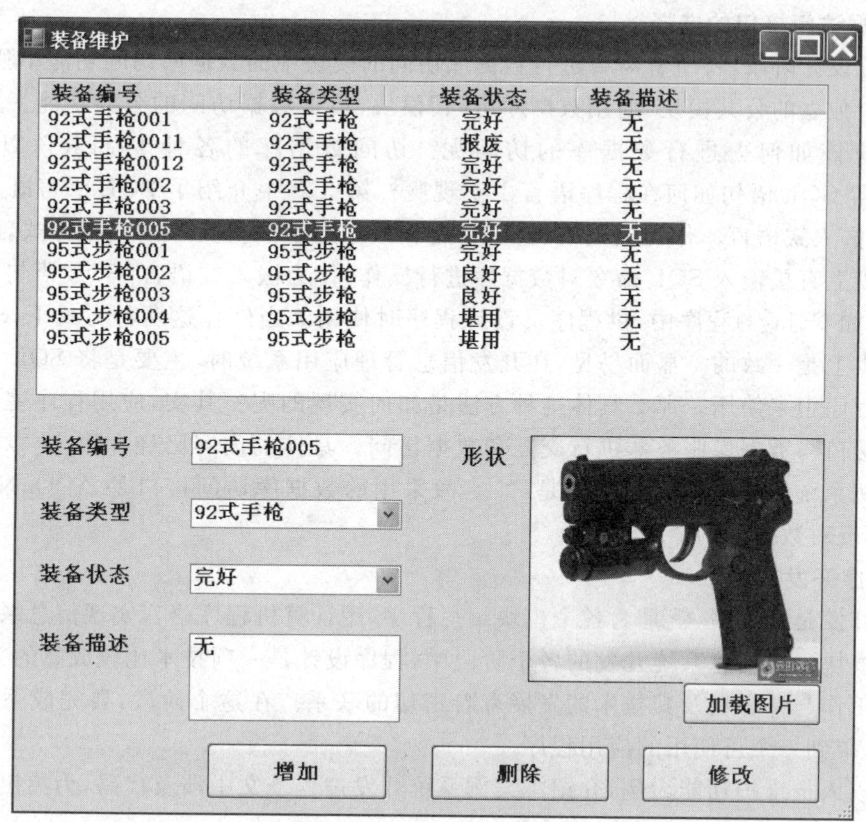

图 13-15 装备维护界面

13.3.4 实现与测试

实现与测试阶段的任务，是实现系统设计阶段提出的物理模型，按实施方案完成一个可以实际运行的信息系统，交付用户使用。在系统设计中详细规定了系统的结构，规定了各个模块的功能、输入和输出，规定了数据库的物理结构，这些是系统编码实现的出发点。如果说研制信息系统是盖一幢大楼，那么系统分析与设计就是根据盖楼的要求画出各种蓝图，而系统编码与测试(即系统实施)则是调集各种人员、设备、材料，在盖楼的现场，根据图纸按实施方案的要求把大楼盖起来，把一幢可实际使用的大楼交给用户。

用户要求的系统环境、不同的程序设计语言的性能以及编码风格等，在很大程度上影响着软件的质量和维护性能，对程序的可靠性、可读性、可测试性和可维护性产生深远的影响。所以，系统环境的确定、程序设计语言的选择、如何编写代码都是要认真考虑的。

1. 系统环境

系统环境主要包括系统的运行环境与系统的开发环境。

通过前面的分析设计及用户的需求，确定本案例系统采用的数据库系统是 SQL Server 2005，工作模式采用的是 C/S，平台是 Windows 操作系统。

2. 程序设计语言的选择

本案例在选择程序设计语言时，考虑到目标系统主要是用于数据处理与数据库应用，所以最终确定的开发语言是 C#，它具有良好的图形界面，开发工具采用的是.Net。

3. 数据访问接口的选择

在系统设计阶段，将所有需要进行数据库访问的模块中的数据库访问功能单独划出来，形成了一个独立的公共模块“通用数据库访问”模块，负责数据访问的公共功能。那么这个模块究竟应该如何去进行数据库的访问呢？访问数据库的各种 INSERT、UPDATE、DELETE 等 SQL 语句如何在程序语言中实现呢？第 5 章中介绍了 SQL 语言既是独立的语言，也是嵌入式语言。作为独立的语言，它能够独立用于联机交互的使用方式，用户可以在终端键盘上直接输入 SQL 命令对数据库进行操作；作为嵌入式语言，SQL 语句可以嵌入高级语言（如 C、Java）程序中，供程序员设计程序时使用。当然在这两种方式下，SQL 的语法结构基本上是一致的。显而易见，在开发信息管理应用系统时，主要是将 SQL 语句嵌入高级语言程序中来使用。那么具体这种方法是如何实现的呢？其实，应用程序主要是通过数据访问接口与数据库服务器进行交互和数据访问。具体的内容已经在第 12 章详细介绍过。本案例系统的开发工具采用的是.Net，故采用的数据库访问接口是 ADO.NET，通过该接口，实现对数据库的操纵。

4. 程序开发

程序开发是指编程，就是为各个模块编写程序，用计算机程序语言实现信息系统设计中的每一个模块。在信息系统开发的各个阶段中，程序设计是一项技术比较成熟的工作，同时这部分的工作与计算机及其技术的发展有着密切的联系。在这个阶段，要完成系统的所有程序开发，得到一个可使用的应用程序。

下面以人员维护功能为例，介绍本案例系统开发过程。文中涉及代码，为突出系统做了精减。

1）建立工程项目

在 Visual Studio 2010 开发环境下新建 Windows 窗体应用程序（选择菜单文件|新建|项目），弹出“新建项目”对话框如图 13-16 所示，选择项目存放的位置并输入项目名称。示例中项目存放于 C 盘，项目名称为 zbwhgl。

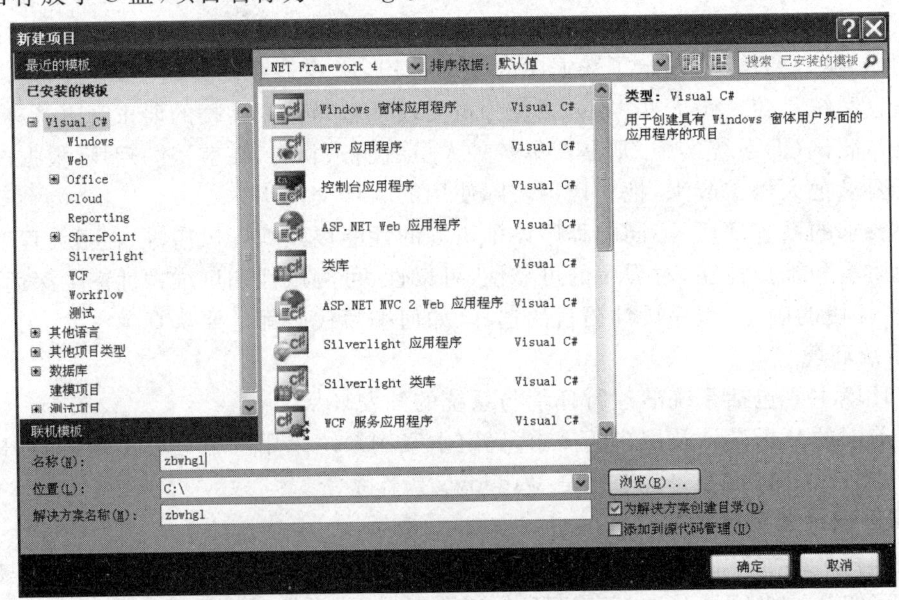

图 13-16 “新建项目”对话框

项目建立后，显示如图 13-17 所示的设计窗口，中间是系统的主窗口，可在如图 13-18 所示的属性页中修改该窗口的相关属性。例如，修改窗口的 Text 为“装备维护与考核系统”，WindowState 为 Maximized(运行时窗口最大化显示)。

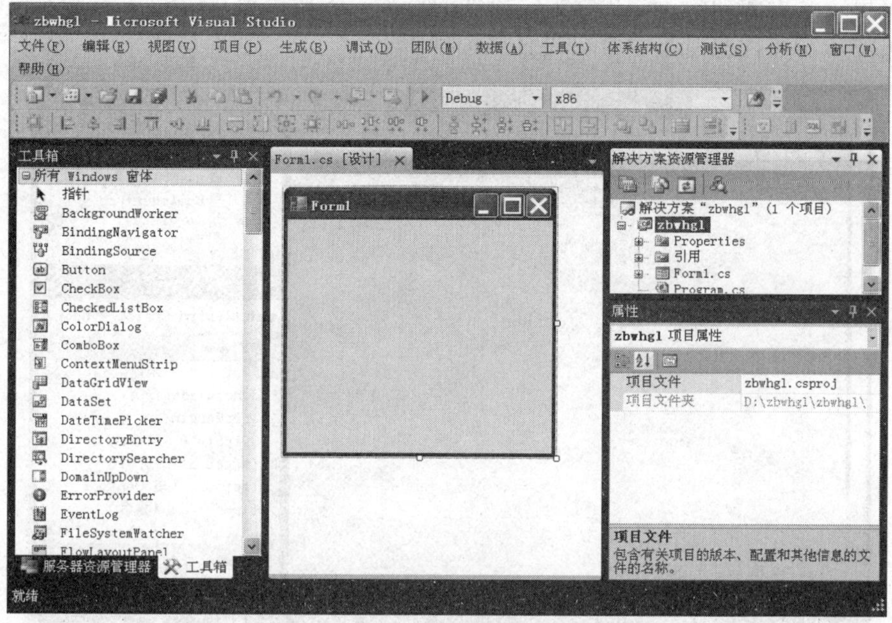

图 13-17 项目设计窗口

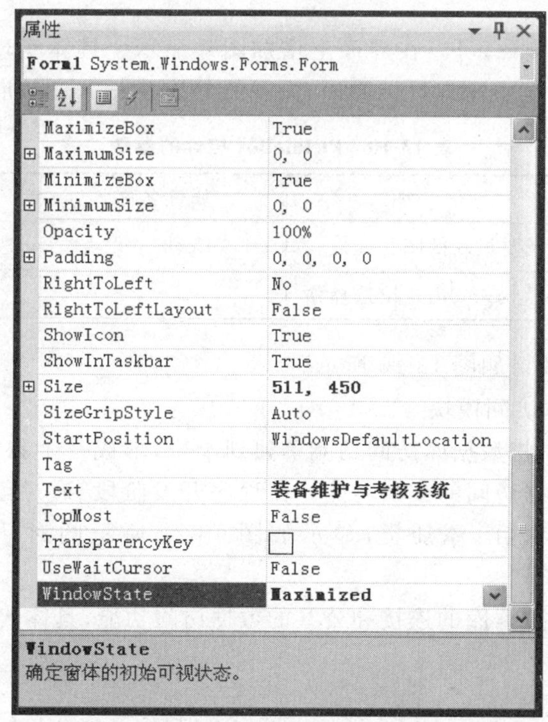

图 13-18 修改主窗口属性

在该主窗口设计界面上加载控件 menuStrip，分别输入4个菜单“人员维护”、“装备维护”、“装备编配”和“考核管理”，4个菜单项对应的 Name 属性分别设置为 m_menuitem_people、m_menuitem_Equip、m_menuitem_Manager 和 m_menuitem_Exam（也可定义其他名称）。菜单定义界面如图13-19所示。控件的添加：选择菜单|视图|工具箱，弹出控制选择窗口，选择所需控件拖曳至主窗口设计界面即可。

图13-19　菜单定义

为了运行时系统的美观，可以在界面上增加图片显示。具体实现：在左侧工具箱中选择 PictureBox 控件并放至主窗口设计界面，设置的参数如表13-10所示。

表13-10　PictureBox 控件的参数

属性名称	说　明	属性名称	说　明
Image	选择要显示的图片文件	Dock	选择 Fill 选择项
SizeMode	选择 StretchImage 选择项		

系统执行后，显示效果如图13-20所示。

2）编程实现数据库访问模块

前面在系统设计时，将数据库访问功能单独划出来，形成一个独立的公共模块“通用数据库访问”模块，负责数据访问的公共功能。在程序开发阶段，通过创建一个单独的类来实现此功能。选择菜单|项目|添加类，显示如图13-21所示的对话框，定义类的名称为 DataBaseHelper。

在该类中主要实现数据库的连接和公共的数据访问功能，具体代码如下：

```
using System;
using System.Collections.Generic;
using System.Text;
using System.Data.SqlClient;
```

```
using System.Data;
using System.Windows.Forms;

namespace zbwhgl
{
    class DataBaseHelper
    {
        private SqlConnection conn;
        private SqlCommand cmd;
        private const string connStr="Data Source=MICROSOF-BAB978\\SQLEXPRESS;
        Initial Catalog=zbwhkh;Persist Security Info=True;User ID=sa;Password=";
                                                        //数据库连接字符串
        public SqlConnection GetConn()                  //创建与数据库的连接
        {
            if(conn==null)conn=new SqlConnection(connStr);
            if(conn.State==ConnectionState.Closed)
                conn.Open();
            else if(conn.State==ConnectionState.Broken)
            {
                conn.Close();
                conn.Open();
            }
            return conn;
        }

        public void CloseConn()                         //关闭连接
        {
            if(conn!=null&&conn.State!=ConnectionState,closed)
                conn.Close();
        }
        //执行一条SQL语句,只返回影响的记录数(insert、update、delete)
        public int ExecuteNonQuery(string sql)
        {
            try
            {
                cmd=new SqlCommand(sql, GetConn());
                return cmd.ExecuteNonQuery();
            }
            catch(Exception ex)
            {
                //MessageBox.Show(ex.Message);
                return 0;
            }
            finally
            {
                conn.Close();
            }
        }
        //执行一条SQL语句,返回符合条件的记录集(select)
        public SqlDataReader ExecuteReader(string sql)
        {
            try
```

```
            {
                cmd=new SqlCommand(sql, GetConn());
                return cmd.ExecuteReader();
            }
            catch(Exception ex)
            {
                MessageBox.Show(ex.Message);
                return null;
            }
        }

        private DataTable GetTable(string sql)
        {
            try
            {
                SqlDataAdapter da=new SqlDataAdapter(sql, GetConn());
                DataSet ds=new DataSet();
                da.Fill(ds);
                return ds.Tables[0];
            }
            catch(Exception ex)
            {
                MessageBox.Show(ex.Message);
                return null;
            }
            finally
            {
                conn.Close();
            }
        }
    }
}
```

图 13-20　系统运行

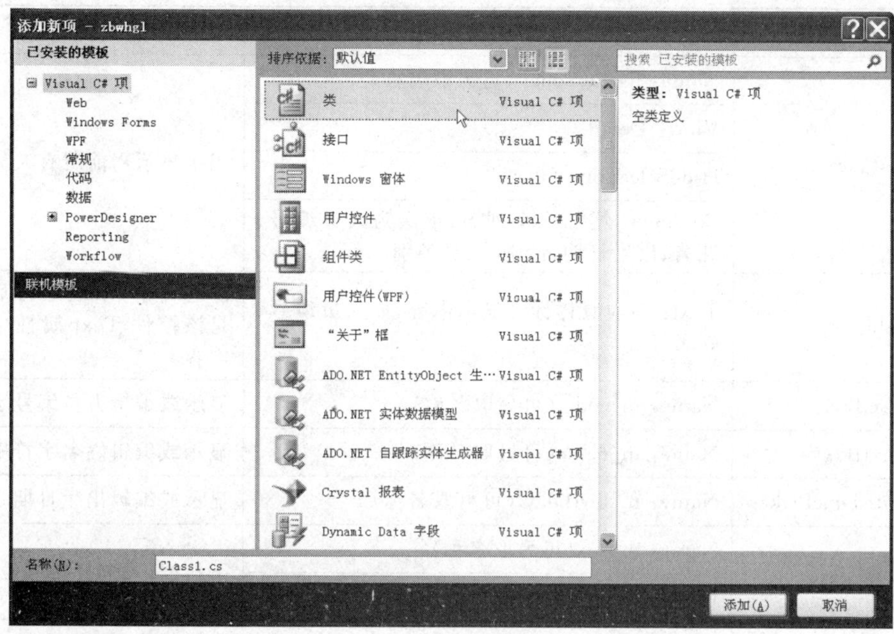

图 13-21　创建类

3) 编程实现人员维护模块

(1) 窗口设计

选择菜单|项目|添加 Windows 窗体，在窗口上添加控件，并调整位置，最终显示界面如图 13-22 所示，图中加圈的编号所对应的控件及属性设置如表 13-11 所示。

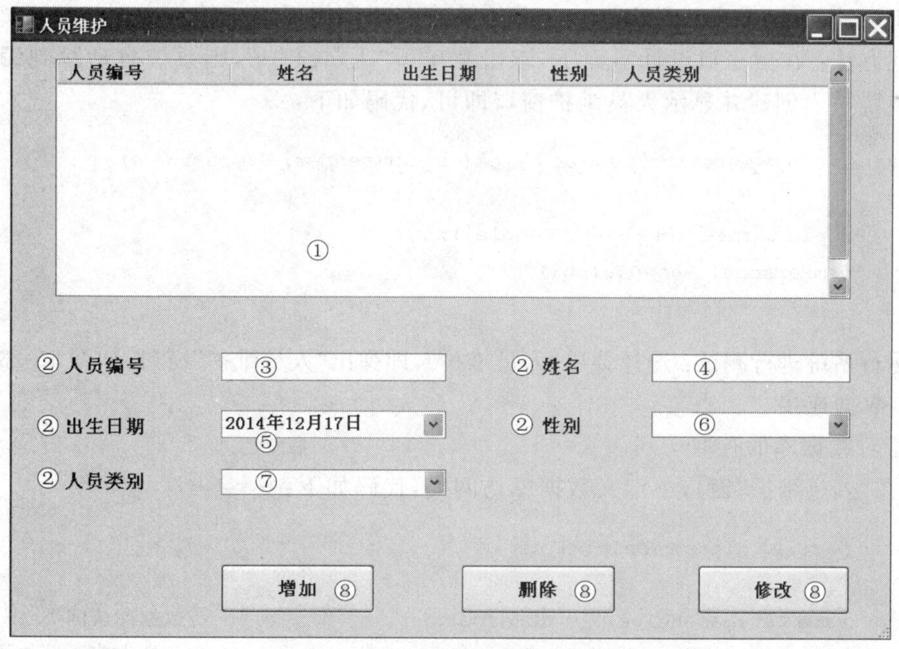

图 13-22　"人员维护"界面

表 13-11 "人员维护"界面控件属性

序号	使用控件	修改相关属性	说　　明
①	ListView	Name：listPersonal（可另取名称）	用于显示当前所有人员的信息
		View：Details	
		HideSelection：false	
		Columns：增加 5 个列名，依次为人员编号、姓名、出生日期、性别、人员类别	
②	Lable	Text：对应具体标签显示内容，如人员编号、姓名等	静态文本，系统运行后显示的是该控件 Text 属性中设置的内容
③	TextBox	Name：m_code（可另取名称）	显示或编辑人员编号字符串
④	TextBox	Name：m_name（可另取名称）	显示或编辑姓名字符串
⑤	DateTimePicker	Name：m_birthday（可另取名称）	显示或编辑出生日期
⑥	ComboBox	Name：m_sex（可另取名称）	下拉框，可选择男或是女
		Items：男、女（注：分行输入）	
⑦	ComboBox	Name：m_type（可自己另取名称）	下拉框，可选择军官、文职、士官、义务兵或非现役
		Items：军官、文职、士官、义务兵、非现役（注：分行输入）	
⑧	Button	Text：对应按钮显示内容：增加、删除、修改	用于执行增加、删除、修改人员的操作

(2) 窗口调用

对于设计好的"人员维护"窗口，如何在主窗口下调用呢？

实现方法：在主窗口设计界面下，双击菜单项"人员维护"，则系统自动跳到编码位置，在编码位置写入创建并显示人员维护窗口即可，代码如下：

```
private void m_menuitem_people_Click(object sender, EventArgs e)
  {
      People formPersonal=new People();
      formPersonal.ShowDialog();
  }
```

可运行系统进行测试：选择菜单"人员维护"，即弹出"人员维护"窗口，如图 13-23 所示。

(3) 数据连接

用于对数据库的存取访问。

① 在"人员维护"窗口中定义数据库访问类，代码如下：

```
public partial class People : Form
{
    private DataBaseHelper  m_dbHelper;                    //数据库访问类
    …                                                      //此处省略了其他语句，下同
}
```

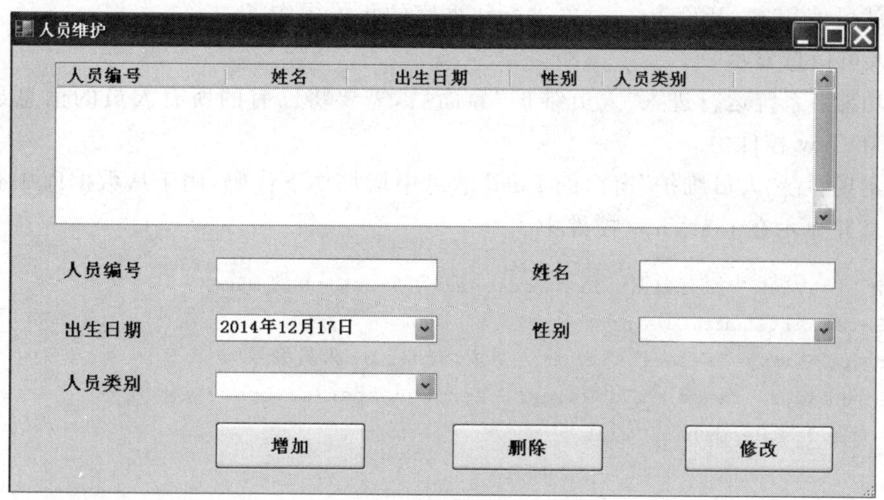

图 13-23 “人员维护”窗口

② 要实现在“人员维护”窗口运行时，建立与数据库的连接，需在“人员维护”的设计窗口中，增加事件 Load，如图 13-24 所示。并且添加如下代码，创建数据访问对象。

```
private void People_Load(object sender, EventArgs e)
{
    m_dbHelper=new DataBaseHelper();
    …
}
```

图 13-24 Load 事件

以后就可使用 m_dbHelper 对象进行数据库的相关操作了。

(4) 人员信息显示

实现功能：系统运行进入"人员维护"界面后，需要将已有的所有人员的信息显示在人员列表 ListView 控件中。

具体实现：在"人员维护"窗口的 Load 消息中增加如下代码，用于从数据库中获取所有人员的信息并显示在 ListView 控件中。

```
//清空 ListView 中原有数据。listPersonal 为 ListView 的 Name
listPersonal.Items.Clear();
string strQuery="select * from 人员表 order by 人员编号";
SqlDataReader  reader=m_dbHelper.ExecuteReader(strQuery);
while(reader.Read())
{
    ListViewItem item=new ListViewItem();
    tem.SubItems.Clear();
    item.SubItems[0].Text=reader["人员编号"].ToString();
    item.SubItems.Add(reader["姓名"].ToString().Trim());
    item.SubItems.Add(((DateTime)reader["出生日期"]).ToString("yyyy-MM-dd"));
    item.SubItems.Add(reader["性别"].ToString().Trim());
    item.SubItems.Add(reader["人员类别"].ToString().Trim());
    listPersonal.Items.Add(item);
}
reader.Close();
```

注意，因为要使用 SqlDataReader 类，因此在 People.cs 中需要添加命名空间 System.Data.SqlClient，即在 People.cs 中添加引用 using System.Data.SqlClient。

运行后"人员维护"界面效果如图 13-25 所示。

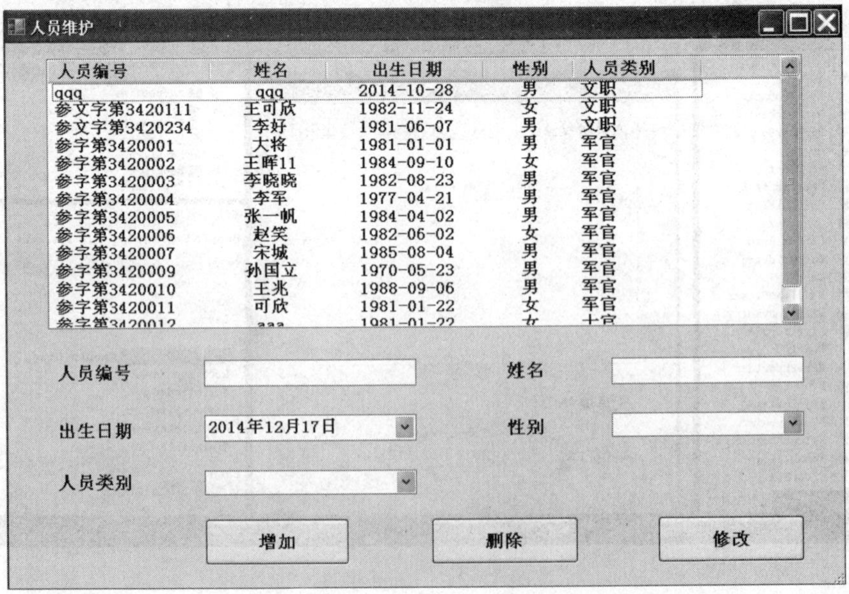

图 13-25 "人员维护"界面效果

(5) 人员信息修改

实现功能：系统运行后，在“人员维护”窗口的人员信息列表中选择某个人员后，需要将该人员的相关信息显示在下面所对应的各个控件中，用户编辑后，单击“修改”按钮，修改当前选中的人员信息。

具体实现：

① 在“人员维护”设计窗口中，选中 ListView 控件，在其属性页的事件中，增加事件 SelectedIndexChanged。在此事件处理中，将当前选中的行的人员信息显示在各个对应控件中，具体代码如下：

```
private void listPersonal_SelectedIndexChanged(object sender, EventArgs e)
{
    //selected 为当前选中行的集合(可能会选中多条记录)
    ListView.SelectedListViewItemCollection selected=listPersonal.SelectedItems;
    if(selected.Count==1)                                    //只处理选中一行的情况
    {
        ListViewItem item=selected[0];
        m_code.Text=item.SubItems[0].Text;
        m_name.Text=item.SubItems[1].Text;
        m_birthday.Value=Convert.ToDatatime(item.SubItems[2].Text);
        m_sex.Text=item.SubItems[3].Text;
        m_type.Text=item.SubItems[4].Text;
    }
}
```

② 在“人员维护”设计窗口中，选中修改按钮控件，在其属性页的事件中，增加事件 Click，添加处理代码如下：

```
private void m_update_Click(object sender, EventArgs e)
{
    ListView.SelectedListViewItemCollection selected=listPersonal.SelectedItems;
    if(selected.Count !=1)
    {
        MessageBox.Show("只可选择一名人员进行相关信息的修改!","提示");
        return;
    }
    string  m_ClickCode=selected[0].SubItems[0].Text;    //当前选中的人员编号
    //修改数据库中的对应数据
    string sqlStr="update 人员表 set 人员编号='"+m_code.Text+"',姓名='"+m_name.
    Text+"',出生日期='"+m_birthday.Value+"',性别='"+m_sex.Text+"',人员类别='"+m
    _type.Text+"' where 人员编号='"+m_ClickCode+"'";
    if(m_dbHelper.ExecuteNonQuery(sqlStr)!=0)            //如果成功修改数据库中的数据
    {
```

```
            //修改该人员在 ListView 中的信息显示
            selected[0].SubItems[0].Text=m_code.Text;
            selected[0].SubItems[1].Text=m_name.Text;
            selected[0].SubItems[2].Text=m_birthday.Value.ToString("yyyy-MM-dd");
            selected[0].SubItems[3].Text=m_sex.Text;
            selected[0].SubItems[4].Text=m_type.Text;
        }
    }
```

(6) 人员信息增加

实现功能：系统运行后，在“人员维护”窗口中，输入人员编号、姓名、出生日期等信息后，单击“增加”按钮，将输入的人员信息添加到数据库中，同时在 ListView 中显示该新增人员。

具体实现：在“人员维护”设计窗口中，选中“增加”按钮控件，在其属性页的事件中，增加事件 Click，添加处理代码如下：

```
private void m_add_Click(object sender, EventArgs e)
{
    string sqlStr="insert into 人员表 values('"+m_code.Text+ "','"+m_name.Text+
    "','"+m_birthday.Value+"','"+m_sex.Text+"','"+m_type.Text+"')";
    if(m_dbHelper.ExecuteNonQuery(sqlStr)!=0)           //新增人员信息成功写入数据库
    {
        //在 ListView 中增加该人员信息
        ListViewItem item=new ListViewItem();
        item.SubItems.Clear();
        item.SubItems[0].Text=m_code.Text;
        item.SubItems.Add(m_name.Text);
        item.SubItems.Add(m_birthday.Value.ToString("yyyy-MM-dd"));
        item.SubItems.Add(m_sex.Text);
        item.SubItems.Add(m_type.Text);
        listPersonal.Items.Add(item);
    }
}
```

(7) 人员信息删除

实现功能：系统运行后，在“人员维护”窗口下，用户在人员信息列表中选中要删除的人员，单击“删除”按钮，则在 ListView 中删除该人员信息，同时删除数据库中对应的人员信息。

具体实现：在“人员维护”设计窗口中，选中“删除”按钮控件，在事件窗口中，增加事件 Click，添加处理代码如下：

```
private void m_del_Click(object sender, EventArgs e)
{
    ListView.SelectedListViewItemCollection selected=listPersonal.SelectedItems;
    if(MessageBox,Show("您确定要删除所选人员吗？", "提示", MessageBoxButtons.YesNo)==
```

```
DialogResult.Yes)
    {
        //可能选中多行,一条条删除
        for(int i=selected.Count-1; i>=0; i--)
        {
            ListViewItem item=selected[i];
            string code=item.SubItems[0].Text;
            string sqlStr="delete from 人员表  where 人员编号='"+code+"'";
            if(m_dbHelper.ExecuteNonQuery(sqlStr)!=0) //删除数据库中的对应人员
                item.Remove();                        //删除 ListView 中的数据
        }
    }
}
```

4）编程实现装备维护模块

(1) 窗口设计

“装备维护”模块界面如图 13-26 所示。本窗口中所使用的控件及命名如表 13-12 所示。其中,装备的形状是由图片来描述的,这里使用了 PictureBox 控件,故需要添加命名空间 using System.IO。

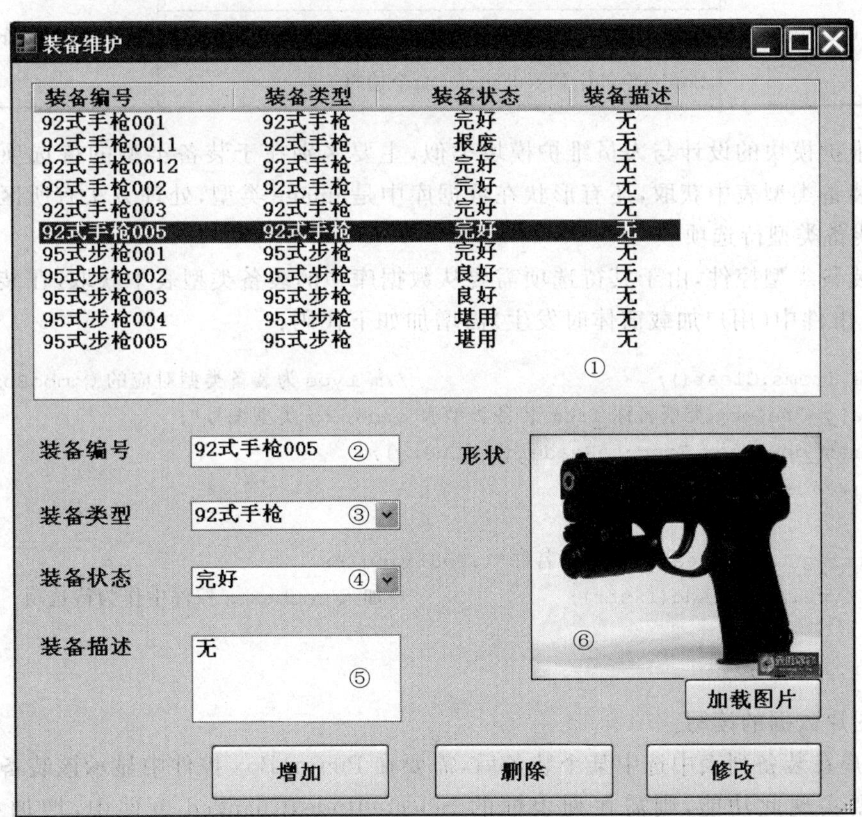

图 13-26 “装备维护”界面效果

表 13-12 “装备维护”界面的控件设置

<table>
<tr><th>序号</th><th>使用控件</th><th>修改相关属性</th><th>说　明</th></tr>
<tr><td rowspan="4">①</td><td rowspan="4">ListView</td><td>Name：listEquipment（可另取名称）</td><td rowspan="4">用于显示当前所有装备的信息</td></tr>
<tr><td>View：Details</td></tr>
<tr><td>HideSelection：false</td></tr>
<tr><td>Columns：增加4个列名，依次为装备编号、装备类型、装备状态、装备描述</td></tr>
<tr><td>②</td><td>TextBox</td><td>Name：m_code（可另取名称）</td><td>显示或编辑装备编号字符串</td></tr>
<tr><td rowspan="2">③</td><td rowspan="2">ComboBox</td><td>Name：m_type（可另取名称）</td><td rowspan="2">下拉框，可选择装备类型</td></tr>
<tr><td>Items：待选项数据应从数据库的装备类型表读取</td></tr>
<tr><td rowspan="2">④</td><td rowspan="2">ComboBox</td><td>Name：m_state（可另取名称）</td><td rowspan="2">下拉框，可选择装备状态</td></tr>
<tr><td>Items：完好、良好、堪用、待修、报废（注：分行输入）</td></tr>
<tr><td rowspan="2">⑤</td><td rowspan="2">TextBox</td><td>Name：m_attr（可另取名称）</td><td rowspan="2">输入装备的描述信息</td></tr>
<tr><td>MultiLine：true（允许跨越多行）</td></tr>
<tr><td rowspan="3">⑥</td><td rowspan="3">PictureBox</td><td>Name：m_look（可另取名称）</td><td rowspan="3">用于显示装备图片</td></tr>
<tr><td>SizeMode：StretchImage（适合框大小）</td></tr>
<tr><td>BorderStyle：FixedSingle（加个边框）</td></tr>
</table>

装备维护模块的设计与人员维护模块类似，主要区别在于装备类型的待选项需要从数据库中的装备类型表中获取，还有形状在数据库中是 image 类型，处理方法有所区别。

(2) 装备类型待选项

对于装备类型控件，由于其待选项需要从数据库中的装备类型表中获取，在装备维护窗口的 Load 事件中（用户加载窗体时发生）需增加如下代码：

```
m_type.Items.Clear();                          //m_type 为装备类型对应的 ComboBox 控件
strQuery="select 类型名称 from 装备类型表 order by 类型编号";
reader=m_dbHelper.ExecuteReader(strQuery);
while(reader.Read())
{
    string lxstr=reader["类型名称"].ToString();
    m_type.Items.Add(lxstr);                   //加入 ComboBox 控件中作为待选项
}
reader.Close();
```

(3) 图片数据的读写

① 用户在装备列表中选中某个装备后，需要在 PictureBox 控件中显示该装备对应的图像信息。要实现此功能，则需在列表框的 SelectedIndexChanged 事件中，增加如下处理代码：

```
//首先获取选中行信息
```

```
ListView.SelectedListViewItemCollection selected=listEquipment.SelectedItems;
//将选中装备的各类信息显示在对应的控件中
if(selected.Count !=1)
  return;
ListViewItem item=selected[0];
m_code.Text=item.SubItems[0].Text;
m_type.Text=item.SubItems[1].Text;
m_state.Text=item.SubItems[2].Text;
m_attr.Text=item.SubItems[3].Text;
//显示图片
string strQuery="select 形状 from 装备表 where 装备编号='"+m_code.Text+"'";
SqlDataReader reader=m_dbHelper.ExecuteReader(strQuery);
reader.Read();
if(!reader.IsDBNull(0))                              //如果形状字段不为空
{
    byte[] bytes=(byte[])reader["形状"];
    if(bytes.Length>0)
    {
        MemoryStream ms=new MemoryStream((byte[])reader["形状"]);
        m_look.Image=Image.FromStream(ms);
    }
}
else
    m_look.Image=null;                               //如果没有数据,则控件清空
reader.Close();
```

② 加载本机图片到 PictureBox 控件中显示。

具体方法,双击"加载图片"按钮,在其 Click 事件中增加如下代码:

```
string imageFile="";
OpenFileDialog dialog=new OpenFileDialog();          //打开文件对话框
dialog.Filter="图片文件(* .bmp;* .jpg;* .png)|* .bmp;* .jpg;* .png";
                                                     //文件过滤
if(dialog.ShowDialog()==DialogResult.OK)
{
    imageFile=dialog.FileName;
    if(File.Exists(imageFile))
    {
        Bitmap bm=new Bitmap(Image.FromFile(imageFile));
        m_look.Image=bm;
        m_strPhotoFile=imageFile;
    }
}
```

代码中 m_strPhotoFile 为定义的全局变量,类型为 string,以便在新增装备时,从该文件获取图片数据增加到数据库中。

③ 新增装备

在窗口设计界面下，双击“增加”按钮，进入该按钮的 Click 事件，具体代码如下：

```
//新增加装备
//获取装备类型对应的编号
  string strQuery="select 类型编号 from 装备类型表 where 类型名称='"+m_type.Text+"'";
  SqlDataReader reader=m_dbHelper.ExecuteReader(strQuery);
  int lxbh=0;
  if(reader.Read())
      lxbh=int.Parse(reader["类型编号"].ToString());
  reader.Close();
  //将新装备数据写入数据库
  string sql="";
  if(m_strPhotoFile !="")
      sql="insert into 装备表(装备编号,装备类型,装备状态,装备描述,形状)values"+
      "(@equCode,@equType,@equStatus,@equRemark,@equPhoto)";
  else
      sql=" insert into 装备表(装备编号,装备类型,装备状态,装备描述)values "+
      "(@equCode,@equType,@equStatus,@equRemark)";

  SqlCommand comm=new SqlCommand(sql, m_dbHelper.GetConn());
  comm.Parameters.AddWithValue("equCode", m_code.Text);
  comm.Parameters.AddWithValue("equType", lxbh);
  comm.Parameters.AddWithValue("equStatus", m_state.Text);
  comm.Parameters.AddWithValue("equRemark", m_attr.Text);
  if(m_strPhotoFile !="")                    //单击“加载图片”按钮后记录下的文件名称
  {
      FileStream fs=new FileStream(m_strPhotoFile, FileMode.Open, FileAccess.
      Read);
      Byte[] bytes=new Byte[fs.Length];
      fs.Read(bytes, 0, bytes.Length);
      fs.Close();
      SqlParameter p=new SqlParameter("equPhoto", SqlDbType.Image);
      p.Value=bytes;
      comm.Parameters.Add(p);
  }
  if(comm.ExecuteNonQuery()==0)
    return;

  //新装备数据写入 List
  ListViewItem item=new ListViewItem();
  item.SubItems.Clear();
  item.SubItems[0].Text=m_code.Text;
  item.SubItems.Add(m_type.Text);
  item.SubItems.Add(m_state.Text);
```

```
item.SubItems.Add(m_attr.Text);
listEquipment.Items.Add(item);
```

关于装备编配与成绩考核模块的实现,这里不再一一叙述。

5. 系统测试

为了保证新系统运行的正确性和有效性,必须做好系统的测试工作,把一切可能发生的问题和错误尽量消灭在正式运行之前,这是系统测试的主要目的。测试的关键是要尽早发现和纠正这些错误,减少错误造成的损失。

按照测试的步骤,在单元测试中,对案例系统的测试,可按照系统功能模块的划分,分别对人员添加模块、人员删除模块、人员查询模块、装备添加模块等分别进行单元测试,以保证每个模块作为一个单元能正确运行。以人员添加模块为例,在进行人员信息录入(见图13-25)时,测试内容可包括:若姓名输入为空,是否给用户以提示;若该人员编号在库中已经存在,是否给用户以提示;若年龄输入超过100,是否进行了边界条件测试,等等。最后,用户按下"确定"按钮后,检测该人员信息是否正确地添加到数据库中。

在执行完人员添加模块、删除模块、修改模块之后,可进行集成测试。例如,执行完以上操作后,在人员信息显示模块中,测试是否正确反映了以上的各种更新操作。

在确认测试阶段,确认用户是否对系统各个界面设计表示认同;当要显示所有人员或装备信息时,其执行时间是否在用户可接收的范围之内,等等。

13.3.5 运行与维护

一旦信息系统通过验收测试,就可以直接交给用户使用了。在用户接受该系统之后,对产品的各种变更便构成了运行维护阶段的任务了。整个系统不仅仅包括源代码,任何对文档、手册或系统的其他组成部分的修改都属于维护的范围。

系统交付给用户之后,可能要对系统进行变更,主要有下面三种类型。

1. 改正性维护

要改正任何残留的错误,包括规格说明错误、设计错误、编码错误、文档错误等。用户在长期的使用过程中,可能会发现许多在测试阶段没有被发现的问题,那么这些问题会报告给系统开发人员或是维护人员进行改正性维护。

2. 完善性维护

对代码进行修改以使系统更加高效。用户在不断使用系统的过程中,可能想增加附加功能或者要求修改系统使其运行的速度更快。例如,在本案例中,用户原来认为人员所属的类别信息是不用系统去维护的。但系统交付使用后,用户又提出人员所属的类别信息需要系统进行维护和管理,另外还要增加人员职务类别信息、人员军衔等级信息等,那么这就需要对代码进行修改。又如,当数据量很大时,用户希望能提高访问的速度,那么可能需要对代码算法进行优化或是考虑增加索引等。

3. 适应性维护

修改系统使之适应运行环境的变化。未来用户可能希望将系统移植到一种新的编译器、操作系统或硬件环境下,这意味着要对该系统进行修改。例如,本案例原本是运行于Windows操作系统、基于SQL Server数据库管理系统的,而用户又提出该软件也能基于Oracle数据库管理系统,或是运行的操作系统改为Android平台,那么就必须对原系统进行修改以便能够适应运行环境的变化。

在系统的生命周期里，维护花费的时间比任何其他阶段都要多。

13.4 小 结

信息管理应用系统的设计包括数据库设计和应用软件设计两个部分。数据库设计的目标是设计出一个满足应用要求，简洁、高效、规范、合理的数据库；应用软件的设计是基于系统数据处理功能的需求，解决应用系统的用户界面、输入输出接口、数据处理和存取数据库中的数据等功能的设计与实现。

一个信息管理应用系统的开发过程可以分为软件定义与可行性分析、需求分析、系统设计（包括概要设计和详细设计）、实现与测试、运行维护等阶段。针对需要保存多种类型数据结构的信息管理应用系统，相应的还有一个数据库分析与设计的过程，其设计开发过程分为调查研究与可行性分析、数据需求分析、概念结构设计、逻辑结构设计、物理设计以及数据库的实施与维护。

习 题

1. 按照人员维护模块的程序开发过程，实现装备维护模块。

2. 根据本章所学内容，通过数据库访问编程的方式，建立到数据库的连接，并基于数据库中的考核成绩表进行查询。

3. 尝试实现装备编配与成绩考核模块的主要功能。

参考文献

[1] 张毓森,裘杭萍,宋金玉,唐尧.信息战概论[M].北京:解放军出版社,2010.

[2] 刘晓明,鲍广宇,裘杭萍,杨飞.信息分析与处理[M].北京:解放军出版社,2010.

[3] 唐朝京,刘培国,陈荦,马东堂.军事信息技术基础[M].北京:科学出版社,2013.

[4] 陈平,张淑平,褚华.信息技术导论[M].北京:清华大学出版社,2011.

[5] 张海藩.软件工程导论[M].5版.北京:清华大学出版社,2008.

[6] Stephen R Schach.软件工程面向对象和传统的方法[M].7版.邓迎春,韩松,徐天顺,等译.北京:机械工业出版社,2007.

[7] 李昌武,等.软件开发技术与应用[M].北京:清华大学出版社,2008.

[8] 宋金玉,陈萍,陈刚.数据库原理与应用[M].2版.北京:清华大学出版社,2014.

[9] 刘云生.数据库系统分析与实现[M].北京:清华大学出版社,2009.

[10] 景雪琴.数据库技术与应用系统开发[M].北京:清华大学出版社,2013.

[11] 陈洛资.数据库系统及应用基础[M].北京:清华大学出版社,2007.

[12] Microsoft,MSDN. http://msdn. mocrosoft. com[EB/OL].

[13] 郑宇军.C#面向对象程序设计[M].北京:人民邮电出版社,2009.

[14] 张立.C#2.0宝典[M].北京:电子工业出版社,2007.

[15] 钱哨,李挥剑,李继哲.C# WinForm实践开发教程[M].北京:中国水利水电出版社,2009.